Axel Schaffer, Eva Lang, Susanne Hartard (Hg.)
An und in Grenzen – Entfaltungsräume für eine
nachhaltige Entwicklung

An und in Grenzen – Entfaltungsräume für eine nachhaltige Entwicklung

Herausgegeben von

Axel Schaffer, Eva Lang und
Susanne Hartard

Metropolis-Verlag
Marburg 2016

Bibliografische Information der Deutschen Nationalbibliothek

Die Deutsche Nationalbibliothek verzeichnet diese Publikation in der Deutschen Nationalbibliografie; detaillierte bibliografische Daten sind im Internet über http://dnb.d-nb.de abrufbar.

Metropolis-Verlag für Ökonomie, Gesellschaft und Politik GmbH
http://www.metropolis-verlag.de
Copyright: Metropolis-Verlag, Marburg 2016
Alle Rechte vorbehalten
ISBN 978-3-7316-1194-3

Vorwort der Herausgeber

Die sehr einfache Frage: „Was ist eine Grenze?" ist nicht leicht zu beantworten. Grenzen inkludieren und exkludieren Individuen, soziale und funktionale Gruppen, Gemeinschaften, Unternehmen, Volkswirtschaften und Nationalstaaten. Sie strukturieren Räume, Sprach- und Kulturgemeinschaften, komplexe Lebenswirklichkeiten sowie wirtschaftliche und politische Machtarenen. Während durch die Grenzenlosigkeit des Geistes den Innovationspotenzialen offenbar keine Grenzen gesetzt sind, scheinen wir durch den immensen Durst nach Rohstoffen gleichwohl in der Verfügbarkeit und Nutzbarkeit natürlicher Ressourcen sowie der Reproduktionszeiten der Natur an Grenzen zu stoßen.

Stößt also die Grenzenlosigkeit doch an Grenzen? Sind Grenzen fest, sind sie elastisch, verändern sie sich in der Zeit? Kann es sein, dass die physischen Grenzen des Planeten durch technische, sozialökonomische oder kulturelle Innovationen dauerhaft überwunden werden können? Brauchen wir eine neue Dialektik von Grenzen, die einerseits Grenzen überwindet und andererseits die Einhaltung von Grenzen erfordert?

Das diesjährige 14. Weimarer Kolloquium greift diese im letztjährigen Kolloquium diskutierten Fragen auf und widmet sich insbesondere der Bedeutung von Grenzen im Kontext einer nachhaltigen Entwicklung der Gesellschaft. Im 13. und 14. Weimarer Kolloquium wurden diese Fragen aus verschiedenen Blickwinkeln beleuchtet und diskutiert, wobei der Fokus speziell auf die Bedeutung von Grenzen im Kontext einer nachhaltigen Entwicklung der Gesellschaft gerichtet wurde.

Wir bedanken uns bei allen Autoren, die sowohl zum Gelingen der beiden Kolloquien als auch zu diesem Themenband beigetragen haben. Weiterhin geht unser Dank an Frau Adolina Lindner von der Universität der Bundeswehr für ihre gewissenhafte redaktionelle Arbeit an dem vorliegenden Band sowie an Silvia Moser und ihr Team vom Zentrum für Umwelt und Kultur am Kloster Benediktbeuern für die herzliche Gastfreundschaft. Schließlich geht unser Dank an die Universität der Bundeswehr München, durch deren finanzielle Unterstützung sowohl die Durchführung der Kolloquien als auch die Publikation ermöglicht wurde.

Axel Schaffer

Eva Lang

Susanne Hartard

Inhalt

– Bedeutung von Grenzen für eine nachhaltige Entwicklung –

Soziale und natürliche Grenzen für eine nachhaltige Entwicklung

Eva Lang, Axel Schaffer

Als vor gut 300 Jahren Hannß Carl von Carlowitz (1713) eine „nachhaltende" Bewirtschaftung der Wälder forderte, war diese Forderung weniger intrinsisch motiviert als vielmehr der Erkenntnis *begrenzter* Holzressourcen für die wirtschaftliche Entwicklung Sachsens geschuldet. Grenzen oder zumindest Begrenzungen stehen somit von Geburt an in enger Beziehung mit der nachhaltigen Entwicklung von Wirtschaft und Gesellschaft.

Gleichwohl dauert es bis zu den späten 60er bzw. frühen 70er Jahren des 20. Jahrhunderts ehe das Thema Nachhaltigkeit auch außerhalb der Forstwirtschaft an Bedeutung gewinnt. Wiederum spielen dabei Grenzen eine entscheidende Rolle. So deutet Boulding's Metapher vom *Spaceship Earth* sowohl auf die Begrenztheit der (energetischen) Ressourcen als auch auf die begrenzte Aufnahmekapazität der Erde bzw. der Atmosphäre als Senke für Emissionen und Abfälle hin (Boulding 1966).[1] Ein Gedanke, den Meadows et al. (1972) in ihrer Veröffentlichung zu den „Grenzen des Wachstums" aufgreifen, vertiefen und anhand eines *overshoot* bzw. *sustainable scenario* einer Bewertung unterziehen.

Vier Jahrzehnte später zeigt sich, dass die globale Entwicklung recht nah am damaligen *overshoot scenario* verlaufen ist. Auch wenn nicht alle

---

[1] Auch im weiteren Verlauf der Nachhaltigkeitsdebatte stehen Grenzlinien immer wieder im Fokus der Debatte. Beispielhaft hierfür sei Daly's Bild der *Plimsoll Line* eines Schiffes genannt. Stimmt diese Linie mit der Wasserkante überein, so ist die Tragekapazität des Schiffes erreicht. Die Überschreitung dieser Grenze ist zwar möglich, aber ein sicherer Transport nicht mehr gewährleistet. Daly zufolge verhält es sich ähnlich mit der Aufnahmekapazität der Erde (Daly 1996).

damit einhergehenden Prognosen, etwa zur Knappheit fossiler Energieträger, eingetroffen sind, hält Meadows (2012) in der Rückschau die meisten der damals aufgezeigten Grenzen für noch immer relevant und existent. Allerdings stellen diese Grenzen nach Meadows kein undurchdringbares Hindernis dar. Sie können verschoben und überschritten werden. Aus seiner Sicht bleibt eine dauerhafte Überschreitung jedoch langfristig nicht ohne Konsequenzen. Sie führt vielmehr zu tiefgreifenden, teilweise irreversiblen Einschnitten in Umwelt und Gesellschaft und schließlich zu einer Verletzung der unabdingbaren Resilienz sozialer und ökologischer Systeme.

Die Grenzen unseres Planeten wurden auch in der Studie „Planetary Boundaries" unter der Leitung des Stockholm Resilience Center im Jahr 2009 von 28 international anerkannten Wissenschaftlern erstmals definiert und 2015 auf den neuesten Stand gebracht (Steffen et al. 2015). Hierbei wurden 9 wichtige Erdsysteme identifiziert und mittels eines Ampelsystems die sicheren (grün), unsicheren (orange) und desaströsen (rot) Handlungsräume aufgezeigt. Schon heute befindet sich unser Planet in der unsicheren Zone für den Klimawandel und die Landnutzungsveränderung. Für die biologische Vielfalt und den Eintrag von Stickstoff und Phosphor in der Biosphäre liegt der Planet schon in der roten Zone. Das Ampelsystem zeigt auch hier, dass Grenzen nicht eindeutig sind und sich die Grenze einer Variablen aufgrund der Verschiebung einer anderen Variablen verändern kann.

Die Autoren des vorliegenden Sammelbandes greifen diese Gedanken auf und diskutieren die Bedeutung von Grenzen für eine nachhaltige Entwicklung aus der Perspektive verschiedener Disziplinen. Dabei widmet sich der erste Teil des Buches dem Verständnis von und dem Umgang mit Grenzen. Die Beiträge im zweiten Teil stellen einen konkreten Bezug zu aktuellen Themen der Nachhaltigkeitsdebatte her.

1. Verständnis von und Umgang mit Grenzen

Für den Philosophen Konrad Paul Liessmann (2013, S. 100) ist eine Grenze „eine wirkliche oder gedankliche Linie, die zwei Dinge voneinander trennt". Dabei steht diese Grenze, die aus seiner Sicht nicht von der Natur, sondern immer vom Menschen dazu gemacht wird, keineswegs fest, sondern lässt sich verschieben und überwinden. Schließlich seien

Grenzen dadurch gekennzeichnet, dass man sich ihnen von zwei Seiten nähern kann und sich beide Seiten an der Grenze berühren (a.a.O.). *Peter Finke* geht in seinem Beitrag einen Schritt weiter und definiert Grenzen nicht als bloße Linie, sondern als Zonen des Übergangs von einer in eine andere Sphäre. Dies schließt im Einzelfall die unmittelbare Berührung und Existenz einer *Grenzlinie* nicht aus. In den meisten Fällen handelt es sich aber um *Grenzräume*, die von unscharfen Grenzen und kontinuierlichen Übergängen geprägt sind. Er verdeutlicht aber gleichzeitig, dass das Liniendenken alte, bis heute wirksame Wurzeln zum Beispiel in der zweiwertigen Logik hat und sich in vielen aktuellen Ansätzen in verschiedenen Wissenschaften nach wie vor niederschlägt. Ein räumliches Grenzkonzept, das sich auch aus der Evolution in Natur und Kultur begründen lässt, stellt deshalb eine bewusste Abkehr von dieser fortwirkenden Tradition dar und ermöglicht kritische Positionen, die einen Erkenntnisfortschritt markieren können.

Martin Schneider legt den Fokus auf die Dialektik zwischen Entgrenzung und Begrenzung. Er bezieht sich dabei auf Hegel (1812), der betont, dass Identitätskonstruktionen nur durch Grenzsetzungen möglich sind. Grenzen haben zudem eine anthropologische Funktion. Durch sie werden Räume und Praktiken konstituiert, die der Einhegung, der Schonung, dem Schutz und der Souveränität dienen. Dieser Zusammenhang ist auch die Grundlage für den Schutz der Menschenwürde. Dabei gilt immer auch wie bei Liessmann: Grenzen sind nicht einfach vorgegeben, sondern soziale Konstruktionen.

Die Grenzen können dabei sehr bewusst und reflektiert oder aber unreflektiert und als von allen geteilte soziale Wirklichkeit gezogen werden. Während die bewusste Grenzziehung die Existenz und Akzeptanz *regulativer Institutionen* (z.B. Verträge, Gesetzgebung) voraussetzt, deutet die Vielzahl unbewusster Grenzziehungen auf eine tiefe Verwurzelung ethischer Normen und die Existenz *normativer* oder *kognitiver* Grenzen hin.

In diesem Kontext nähert sich *Friedrich Lohmann* dem Thema Grenzen ausgehend vom kritisch verstandenen Naturrechtsgedanken und diskutiert die Frage, inwieweit die Natur des Menschen als Maßstab ethischer Grenzziehungen herangezogen werden kann. Hierbei wird deutlich, dass die Rede von Natur in ethischen Diskursen jederzeit soziokulturell wandelbar ist, zugleich aber immer die Vorstellung einer Begrenzung durch Bedingungen, die jedem menschlichen Handeln vorgegeben sind, impliziert. Hier kommt gerade die leibliche Seite der Natur des Menschen zur

Geltung, die ihn mit seiner Umwelt verbindet und ihm zugleich Grenzen im Sinne eines verantwortlichen und nachhaltigen Umwelthandelns auferlegt.

Die Verantwortung des Menschen ist dabei nicht auf seine (räumlich und zeitlich) nahe Umgebung begrenzt, sondern erstreckt sich, mit Hans Jonas, nicht zuletzt auch auf die Verantwortung gegenüber zukünftigen Generationen und der Erde an sich. Somit stellen Bildung und Erziehung ein wichtiges Fundament ethischen und verantwortungsvollen Handelns dar. Diesem Gedanken folgend geht *Alfons Matheis* in seinem Aufsatz der Frage nach, wie wir dieser Verantwortung gerecht werden. Dabei widmet er sich insbesondere den Grenzen der praktischen Vernunft.

Dass sich der Mensch dieser Verantwortung stellen muss, zeigen auch die Überlegungen von *Klaus Kraemer*, der in seinem Beitrag die Problematik der Wachstumskritik in der Nachhaltigkeitsdebatte aufzeigt und einen konzeptionellen Rahmen vorstellt, der aus diesem Dilemma herausführen könnte. Ausgehend von den grundlegenden Schwierigkeiten, die „Grenzen" der gesellschaftlichen Nutzung natürlicher Ressourcen, Senken und Flächen halbwegs zuverlässig zu bestimmen, und den ebenso großen Schwierigkeiten, einen globalen Konsens über die normative Richtigkeit einer an Prognosen – und daraus abgeleiteten substantiell definierten Grenzen – ausgerichteten Nachhaltigkeitsstrategie (z.B. CO_2-Reduktionsziele) herzustellen, wird die Frage aufgegriffen, welchen Beitrag die Soziologie zur Analyse der Verschiebung oder Transformation der „Grenzen des Wachstums" leisten könnte.

Nach diesen Beiträgen zu den normativen oder kognitiven Grenzen, schließt der erste Teil mit einer Diskussion zu den regulativen Grenzen in der Form des Rechts. *Helge Rossen-Stadtfeld* verdeutlicht hierbei, dass Werte wie die Menschenwürde, die Meinungsfreiheit, das Privateigentum oder eben auch die nachhaltige Entwicklung erst durch rechtsgesetzte Grenzen gesellschaftliche Verbindlichkeit erlangen. Gleichwohl sind diese Grenzen immer wieder durch den Gesetzgeber, letztlich also durch die Gesellschaft, zu hinterfragen und zu verändern. Dies gilt insbesondere, als durchgesetztes Recht letztlich über die Zugehörigkeit zur (Drinnen) bzw. die Ausgrenzung aus der Gesellschaft (Draußen) entscheidet.

2. Bedeutung von Grenzen für eine nachhaltige Entwicklung

Die Möglichkeiten des Verschiebens und Überschreitens von Grenzen spielen eine zentrale Rolle für jede Form von Entwicklung. Man denke nur an die Evolution, die Entwicklung eines Kindes, an Innovationen oder die einem beständigen Wandel unterliegenden Randbereiche von Klimazonen und natürlichen Grenzräumen (Küstenlinien, Waldränder).

Der zweite Teil der vorliegenden Publikation nimmt sich dieser Thematik aus dem Blickwinkel einer nachhaltigen Entwicklung an. Im Einklang mit den Ausführungen im ersten Teil erweisen sich viele der relevanten Grenzen als soziale Konstrukte, die vom Menschen gemacht und somit überschritten, überwunden und verschoben werden können. Die Bedeutung dieser Überschreitungen und Verschiebungen für eine nachhaltige Entwicklung ist nicht eindeutig festzumachen. Sie können sich als hinderlich oder aber auch als geradezu notwendig für eine erfolgreiche Nachhaltigkeitstransformation erweisen. Einige Beiträge deuten jedoch auch auf die Relevanz natürlicher Grenzen hin. Diese können vom Menschen zwar durchaus auch überschritten werden, nur kommt es dann zumeist zu einer negativen Inwertsetzung der physischen Umwelt und zu einem Konflikt mit den Zielen einer nachhaltigen Entwicklung.

In diesem Zusammenhang setzt sich *Gerhard Oesten* in seinem Aufsatz sowohl mit den Grenzen der Natur als auch mit der Natur als Grenze für anthropogene Aktivitäten auseinander. Dabei geht es ihm um die Frage, wie im Rahmen von Nachhaltigkeitsdiskursen Grenzen der Naturnutzung gefunden werden können. Er entwickelt aus der kritischen Auseinandersetzung mit der „forstlichen Nachhaltigkeit" ein Begriffsverständnis von Nachhaltigkeit als Gegenwartsbegriff. Nachhaltigkeit erlangt in dieser Sicht die Funktion eines Grenzkonzepts, im Sinne eines gemeinsamen Nenners unterschiedlichster Denkmuster, Problemwahrnehmungen und Indikatoren.

Mit der Diskrepanz der in einer zunehmend beschleunigten Erwerbsarbeitswelt immer stärker getakteten Zeit einerseits und den auf der chronobiologischen Zeit beruhenden natürlichen Rhythmen andererseits stellt auch *Eva Lang* eine natürliche Grenze in den Mittelpunkt ihres Beitrages. Auch wenn sich die Außerachtlassung der natürlichen Rhythmen auf alle Bereiche der modernen Arbeitswelt erstreckt, wird dieser Konflikt im Bereich der Altenpflege besonders deutlich. So führen die Reibungsverluste zwischen den Gepflegten, die in der chronobiologischen Zeit leben, und den getakteten Zeiten der Pflegenden zu permanenten Verwerfungen und Konflikten mit zum Teil erheblichen gesundheitlichen Folgen. In gleicher Weise geht es auch in der Stoffstrompolitik um die Annäherung der ökonomischen Zeiten an die Zeiten der Natur. *Lang* begründet, dass unter der Prämisse einer nachhaltigen Entwicklung die Beschleunigung der Produktionsprozesse durch die Reproduktionszeiten der Stoffe begrenzt werden muss.

Aber auch im Bereich der Land- und Forstwirtschaft sowie der Ressourcenbewirtschaftung erschwert und gefährdet die regelmäßige Missachtung der Reproduktionszeiten der Natur eine nachhaltige Entwicklung. Im Extremfall kann eine dauerhafte Überschreitung dieser Grenze auch zu einer bedrohlichen Knappheit von Ressourcen führen. *Orhan Uslu* illustriert dies am Beispiel der für die Nahrungsmittelproduktion unverzichtbaren (und nicht substituierbaren) Land-, Wasser-, Energie und Phosphatressourcen, die bei einer Beibehaltung der heutigen Abbau- und Recyclingraten nur noch begrenzte Zeit verfügbar sind.

Inwieweit die Überschreitungen natürlicher Grenzen tatsächlich irreversible Schäden verursachen, lässt sich aus heutiger Sicht nicht sicher sagen. Die daraus entstehende Unsicherheit zeigt, dass wir viele Zusammenhänge noch immer nicht verstehen und unser Wissen begrenzt ist. *Anton Lerf* geht diesen Grenzen des Wissens nach und untersucht, welche Folgen sich daraus ergeben. Zweifellos ist die Grenze des Wissens kontinuierlich verschoben worden; wir wissen heute so viel wie vermutlich niemals zuvor. Gleichzeitig aber wächst mit dem Wissen auch das (uns bekannte) Unwissen. Die Sphäre der Unwissenheit wird also nicht automatisch kleiner oder weniger relevant, wenn es uns gelingt, auf der anderen Seite der Grenze Wissen zu mehren.

Ob die Grenze des Wissens natürlich oder sozial konstruiert ist, lässt sich nicht abschließend beantworten. Unbekanntes und/oder unauflösbares Wissen gleicht durchaus einer natürlichen, anthropogen kaum zu beeinflussenden Grenze. Uns bekanntes, unbeabsichtigtes und temporäres Nicht-Wissen hat dagegen eher den Charakter einer sozial konstruierten Grenze, die (langfristig) durch Forschung und Bildung überwunden oder verschoben werden kann.

Die Grenzen des Wissens dürfen jedoch nicht als Alibi für politisches Nicht-Handeln verstanden werden. So lassen sich komplexe Zusammenhänge, wie etwa die Prognose von Klimaschäden oder die Stresstauglichkeit des Finanzsystems, häufig unter Berücksichtigung von Eintrittswahrscheinlichkeiten bewerten. Zwar signalisieren auch hohe Eintrittswahrscheinlichkeiten eine gewisse Unsicherheit und deuten auf die prinzipielle Möglichkeit des Nicht-Eintreffens eines schädigenden Ereignisses hin, eine Rechtfertigung für eine abwartende Haltung, etwa in Verbindung mit der Klimapolitik oder auch der Finanz- und Geldpolitik, lässt sich daraus jedoch nicht ableiten.

In diesem Kontext beschäftigt sich *Beate Sauer* in ihrem Beitrag mit dem Nicht-Wissen der Zentralbanken bzgl. der Auswirkungen virtueller Währungen auf die Geldschöpfung und somit unter anderem auf die Preisniveaustabilität. Zwar ist die Marktkapitalisierung von Bitcoin, Ripple oder Litecoin noch zu gering, um spürbar Einfluss zu nehmen, die stark steigende Zahl der Akzeptanzstellen sowie der täglichen Transaktionen deutet aber auf mögliche Gefahren für das Geldschöpfungsmonopol und in der Folge die Stabilität des konventionellen Geldsystems hin. Die Unwissenheit respektive Unsicherheit des Bankensystems bezieht sich dabei weniger auf die Funktionsweise dieser Währungen als vielmehr auf den Umgang mit dieser dezentralen, weitgehend unregulierten Währungsart, die, so scheint es, nicht zu kontrollieren ist.

Um den Graubereich von Wissen und Nicht-Wissen geht es auch in *Susanne Hartards* Aufsatz zur Festlegung von Grenzwerten. Tatsächlich suggerieren die festgelegten Grenzwerte oftmals eine Genauigkeit, die in der Regel nicht gegeben ist. Diese Unschärfe resultiert zuvorderst aus Verhandlungsprozessen, die von der Politik im Rahmen der endgültigen Festlegung mit verschiedenen Interessensgruppen geführt werden. Um Gefahren richtig einschätzen und bewerten zu können, bedürfte es jedoch zunächst einer eingehenden wissenschaftlichen Analyse, an der neben natur- und ingenieurwissenschaftlichen Aspekten auch ökonomische und ethische Gesichtspunkte beleuchtet werden. Unsicherheiten könnten dann durch Sicherheitsfaktoren bereinigt werden.

Ähnlich verhält es sich bei geographischen Grenzen. Auch hier scheinen die Grenzen, beispielsweise die einer Gemeinde, starr und klar. *Olaf Kühne* zeigt jedoch in seinem Beitrag, dass Regionen weniger durch Katasterämter als vielmehr durch soziologische Gegebenheiten begrenzt werden. Eine erfolgreiche Kommunalpolitik darf also nicht an amtlich festgelegten Grenzlinien Halt machen, sondern muss sich an den betroffenen Akteuren orientieren (die sehr wohl jenseits dieser Grenzlinien beheimatet sein können). Hier wird deutlich, dass eine Trennung beispielsweise von Stadt- und Landkreis in vielen Fällen nicht mehr zielführend ist und die vormals klar regulierten Grenzen immer öfter einer Stadtlandhybride weichen. Der Übergang von Stadt und Land ist dabei zunehmend kontinuierlich, zumindest unscharf, so dass *Kühne* den Begriff der Grenze (die zwei klar regulierte Gebiete voneinander trennt) durch den Begriff des Randes (in dem beide Gebiete sich vermengen und ineinander übergehen) ersetzt.

Die Verschmelzung an den Rändern offenbart sich insbesondere beim scheinbar grenzenlosen Wachstum der Metropolen. *Dirk Löhr* führt diesen Trend insbesondere auf raumwirtschaftliche Kräfte zurück, die Lage und wirtschaftliche Stärke des „Grenzlandes" bestimmen – also der Regionen, in denen gerade noch kostendeckend gewirtschaftet werden kann. Dem augenscheinlichen Reurbanisierungstrend steht nämlich eine zunehmende Schwächung des ländlichen Raumes (Peripherie) gegenüber. Diese Entwicklungen können letztlich nur abgefedert, aber nicht aufgehalten werden. Zu diesem Zwecke schlägt *Löhr* eine deutliche Stärkung der Grundsteuer und eine Reform des Finanzausgleichssystems vor. Ziel wäre es, die Verluste der Peripherie zu begrenzen, zugleich aber die Auffangfunktion der Zentren zu stärken.

In diesem Zusammenhang kommt dem strukturellen Wandel im ländlichen Raum eine Schlüsselrolle zu. Dieser könnte beispielsweise durch den Ausbau der erneuerbaren Energien vorangetrieben werden. *Axel Schaffer* nimmt sich im abschließenden Beitrag des vorliegenden Bandes dieser Thematik an und untersucht, welchen Einfluss betriebliche und regionale Faktoren auf die Durchdringung bzw. die Sättigungsgrenze der relevanten Technologien (Biogas, Photovoltaik, Wind) haben. Mit Blick auf die Grenzen der Energiewende ist das Ergebnis ambivalent. Einerseits wird deutlich, dass die sich anbahnenden Sättigungsgrenzen, insbesondere hinsichtlich der Verbreitung von Photovoltaik- und Biogasanlagen, durch geeignete politische Maßnahmenbündel durchaus verschoben werden können. Im Erfolgsfall wird dies jedoch unweigerlich erheblichen Einfluss auf die Struktur der Landwirtschaft haben. Die eigentliche Herausforderung und ggf. Begrenzung könnte dann weniger in der technischen Machbarkeit der Energiewende als vielmehr im Erhalt der regionalen Integrität liegen.

Auch wenn die vorliegenden Beiträge ein facettenreiches Bild der Beziehung von Grenzen und Nachhaltigkeit zeichnen, öffnet der Band eher ein Forschungsfeld, als dass er endgültige Antworten liefert. Dennoch können als Zwischenfazit drei Schlussfolgerungen gezogen werden. Erstens herrscht bei den Autoren weitgehend Einigkeit darüber, dass es sich bei Grenzen um vage Gebilde handelt, die eher als Zonen denn als Linien beschrieben werden können. Zweitens sind Grenzen nicht unüberwindbar oder unverrückbar, sondern lassen sich verschieben und überschreiten. Die Folgen sind dann meistens nicht eindeutig. In einigen Fällen bedarf es gerade der Überwindung von Grenzen, um die Nachhaltigkeitstransformation voranzubringen. An anderer Stelle kommt es durch die Überschreitung von Grenzen zu irreversiblen Schäden, die eine nachhaltige Entwicklung erschweren. Schließlich zeigen einige Autoren, dass Grenzen nicht alleine als soziales Konstrukt gesehen werden können. Vielmehr wird eine nachhaltige Entwicklung nicht zuletzt durch natürliche Grenzen determiniert.

Literatur

Boulding, K.E. (1966): The Economics of the Coming Spaceship Earth. In: Jarrett, H. (Hg.), Environmental Quality in a Growing Economy. Baltimore: John Hopkins University Press, S. 3-14.

Carlowitz, H.C. von (1713): Sylvicultura oeconomica. Anweisung zur wilden Baum-Zucht. Leipzig: Braun.

Daly, H.E. (1996): Beyond Growth: The Economics of Sustainable Development. Boston: Beacon Press.

Hegel, G.W.F. (1812): Wissenschaft der Logik. Band 1,1. Nürnberg: Schrag.

Liessmann, K.P. (2013): „Ohne Grenzen könnten wir nicht leben". Interview mit Oliver Link. In: brandeins, 03/2013, S. 100-105.

Meadows, D.L. (2012): The Limits to Growth and the Future of Humanity. Vortrag im Rahmen der Ringvorlesung Leitbild Nachhaltigkeit, München, http://www.bene-muenchen.de/ fileadmin/user_upload/PDFs/12120 4_meadows_presentation.pdf

Meadows, D.H. / Meadows, D.L. / Randers, J. / Behrens III, W.W. (1972): Limits to Growth. New York: Universe Books.

Steffen, W. et al. (2015): Planetary boundaries: Guiding human development on a changing planet. In: Science, 13 February 2015, Vol. 347, iss. 6223.

Was ist eine Grenze?

Wider die digitale Weltsicht oder:
Was wir von den Fröschen lernen können

Peter Finke

> „Die Wahrheit verträgt kein Mehr oder Minder"
> *(Gottlob Frege, Der Gedanke)*
>
> „Dort, wo der Wald aufhört, beginnt aufzuhören"
> *(Ödön von Horvath, Der Gedanke)*

Mein Beitrag wird eingeleitet durch ein doppeltes Motto aus sehr verschiedenartigen Texten gleichen Titels, aber gegensätzlicher Position. Er kommt aus der Evolutionären Kulturökologie, also jener Theorie, die ich gemeinsam mit anderen auf dem Hintergrund der epochemachenden Ideen von Gregory Bateson entwickelt habe, um ein besseres Verständnis des Zusammenhangs von Natur und Kultur zu erreichen (Finke 2014a, S. 293ff.).[1] Das Grenzthema ist dort sehr zentral. Es ist ein Paradefall für das Problem, dass wir in der Kultur vieles falsch machen, weil wir nicht (mehr) kennen oder wissen wollen, was die Natur bereits an Lösungen gefunden hat. Die Arbeit an meinen beiden letzten Büchern (Finke 2014b und 2015) hat dem Thema weitere Facetten hinzugefügt; ich behandle einige kurz im letzten Kapitel.

---

[1] Der Herausgeber D.P. Arnold schreibt hierzu: „Various developments in present environmental philosophy (…) run parallel to the ideas Finke presents here. Indeed, the spirit of this is evident in developments of ecological economics, which both Boulding and Donella Meadows strongly influenced. Finke's view (…) highlights the importance of recognizing the basis of all social systems in the basic earth system and the need for the varying social systems – or what Bateson characterized as the ‚ecosystem of ideas' – to be sustainable" (Arnold 2014, S. 257).

Die These dieses Beitrags ist, dass wir unzureichend verstehen, was eine Grenze ist. Mit anderen Worten: Es geht nicht vordringlich um die Frage, ob eine Grenze geschlossen oder offen ist, halbgeschlossen oder halboffen, ob sie hart oder weich ist, ob sie nützt oder schadet, erst recht geht es nicht darum, Grenzen zu errichten oder abzuschaffen, sondern es geht in erster Linie um die schlichte Frage, was das überhaupt ist: eine Grenze. Bevor wir kein sachangemessenes Grenzverständnis haben, sind jene Alternativen bedeutungslos. Nach meiner Meinung ist unser Grenzverständnis massiv von Vorurteilen belastet, es ist zu einfach, nicht zu Ende gedacht. Eine Grenze ist eben nicht nur eine Abgrenzung des einen gegen das andere, sondern sie ist etwas ganz anderes: Sie ist selbst ein Raum. Die Lösung unserer Probleme mit Grenzen besteht weniger darin, dass wir verschiedene Formen von Grenzen akzeptieren und uns überlegen, wie wir auf sie reagieren wollen, oder dass wir uns jeweils konkret anschauen und entscheiden müssten, welche Art von Grenze vorliegt, sondern darin, unter einer Grenze generell etwas anderes zu verstehen, als wir es gemeinhin tun. Sie ist ein gutes Beispiel dafür, dass manche Vereinfachungen tatsächlich zu stark sind und richtige Lösungen verhindern.

Es geht ganz allgemein um ein neues Grenzdenken. Das entscheidende Grenzproblem ist ein erkenntnistheoretisches und logisches, nicht vordringlich das der Festlegung von Regeln für verschiedene Arten von Grenzen. Es gibt zwar verschiedene Arten von Grenzen, aber nur deshalb, weil wir noch nicht richtig verstanden haben, was eine Grenze bedeutet. Wir müssen ganz allgemein bei Grenzen umdenken; dann entfallen viele Probleme, die wir mit ihnen haben.

1. Das übliche Grenzverständnis:
Die Grenze als eine Linie

Was tun wir gemeinhin? Üblicherweise verstehen wir unter einer Grenze eine Linie, die einen Bereich A von einem anderen Bereich B abtrennt. Eine Staatengrenze, eine Grundstücksgrenze, eine Zulässigkeits- oder Erlaubnisgrenze: All diese Grenzen sind nach diesem gewöhnlichen Grenzverständnis konzipiert. Es ist das Grenzverständnis, das in der gewöhnlichen Rechtsprechung üblich geworden ist. Juristische Grenzen sind in der Regel Ja-nein-Grenzen; dort werden Linien gezogen, deren Übertretung eine Sanktion nach sich zieht.[2]

Dies ist unser gewöhnliches schlichtes Grenzverständnis. Eine Grenze als eine Linie zu sehen, deren Übertretung das Problem ist, was entweder zu vermeiden oder zu erlauben oder zu sanktionieren ist, ist ebenso verbreitet, wie zu stark vereinfacht, ja unreif. Es ist ungefähr so, als wenn man ein Kind nach dem Auto fragt, das Onkel Otto hat, und das Kind antwortet: ein blaues. Die Antwort ist nachvollziehbar, aber doch etwas zu schlicht; man hatte etwas anderes gemeint.

Ich glaube, dass dieses Normalverständnis einer Grenze als einer Linie falsch ist und nur anzeigt, dass wir noch nicht richtig verstanden haben, was eine Grenze eigentlich ist. Dabei geht es mir nicht um die Frage, welche Sanktionen oder ob überhaupt Sanktionen für das Überschreiten der Grenzlinie in Frage kommen, sondern um das so zu kennzeichnende Grenzdenken überhaupt. Wir sind gewissermaßen in Sachen Grenzen noch nicht richtig erwachsen geworden und machen es uns mit dem nicht hinreichend durchdachten Grenzverständnis bequem, als ob es kein anderes gäbe. Eine Grenze ist, *vulgo*, eine Linie, und eben dies ist das Problem. Denn sie ist keine Linie.

2. Der philosophische Hintergrund

Dieses verbreitete, gewöhnliche Grenzverständnis hat einen alten philosophischen Hintergrund wie jedes schlichte, noch entwicklungsfähige Denken. Zwar gibt es die Position, dass nichts so ohne jeden Fortschritt ausgekommen sei wie die Geschichte der Philosophie, aber ich halte diese Position für falsch. Am Anfang war die Philosophie archaischer, einfacher, undifferenzierter als später. Zwischen Heraklit und Kant liegen doch ein paar nicht sinnlos vergeudete Jahrtausende, und sogar zwischen Kant und Wittgenstein liegen zwar nur anderthalb Jahrhunderte, aber zum Beispiel die Entdeckung der Rolle der Sprache in der Erkenntnis; Kant, der sonst sehr umsichtig argumentiert, erwähnt Sprache mit keinem Wort. Es ist ein archaischer Rest in seiner Philosophie. Offenbar haben auch wir trotz aller Veränderungen, die die weitere philosophische Geschichte mit sich

---

[2] Eine Diskussion dieses Grenzverständnisses, die zu stärker differenzierenden Einsichten gelangt, findet sich bei Rossen-Stadtfeld in diesem Band.

gebracht hat, die Lust an der Vereinfachung nicht verloren. Alle Auseinandersetzungen werden trotz der häufig zu hörenden Warnung, dass man
nicht schwarz-weiß malen sollte, am liebsten auch heute noch in dem
archaischen Gegensatzschema zwischen Meinung A und der mit dieser
unverträglichen Meinung B ausgetragen. Regierung und Opposition sind
oft nicht in allem verschiedener Meinung, aber am schwersten haben es
diejenigen, die dies herausarbeiten. Zwar ist die Debatte oft differenzier-
ter, aber man will es nicht hören; das Gegeneinander soll sichtbar sein:
eine Art Talkshow-Effekt.

Der philosophische Hintergrund des so vereinfachten Grenzverständnisses ist noch vorsokratisch. Bei den Vorsokratikern ging es noch um
elementare Gegensätze: das Unbewegte oder das Fließende bei Heraklit,
das Atomare oder das Zusammengesetzte bei Demokrit, das Sein oder
das Nichtsein bei Parmenides. Es ist diese Faszination durch das Einfache
jener Gegensätze, die die Lektüre der Vorsokratiker für uns noch heute
verlockend macht, denn auch für uns hat die einfachste Lösung eines
Problems meist Vorrang.

Grenzen werden zwar bei den Vorsokratikern kaum als Problem thematisiert, aber sie spielen bei ihnen dennoch wichtige Rollen als Tren-
nungsgrößen. Zwar waren die Vorsokratiker durchaus dem Diesseits zu-
gewandte Menschen, aber sie suchten doch die eigentliche Wahrheit
hinter den alltäglichen Dingen. Diese Konstellation – dass es eine solche
eigentliche Wahrheit gibt, die von den alltäglichen Wahrnehmungen nur
verdeckt wird – beherrschte ihr Denken in einem Maße, dass der damit
benannte Unterschied nur als ein Gegensatz gedeutet werden konnte; die
Grenze zwischen beidem war eine Art Umschlagpunkt, eine rote Linie,
deren Überschreitung den Einstieg in eine andere Weltsicht bedeutete.
Diese andere Welt machte aus dem Wahren das Falsche und umgekehrt.

Man kann den philosophischen Hintergrund des zu einfachen Grenzverständnisses deshalb noch genauer auf den Punkt bringen als ein Problem der Logik. Es ist die sogenannte zweiwertige Logik, die bis heute
ein archaisches Element in unserem Denken darstellt. Nichts hat die uns
vertraute Wissenschaft so geprägt wie eine Rationalität, die hieran Maß
genommen und dabei Spuren in allen Wissenschaften hinterlassen hat.

3. Die Digitalisierung der Welt:
Die Logik des Wahren und des Falschen

Die Logik ist die Theorie des Verhältnisses zwischen dem Wahren und dem Falschen, insbesondere bei Aussagen, bei denen man keine empirischen Beobachtungen anstellen muss, um ihren Wahrheitswert herauszufinden. Der Begriff „Wahrheitswert" ist eine glückliche Erfindung von Gottlob Frege, einem bedeutenden deutschen Mathematiker des 19. Jahrhunderts, der heute als einer der großen Neuerer der Philosophie international anerkannt ist.[3] Für die meisten Menschen, ja auch für die meisten Wissenschaftler ist es geradezu selbstverständlich geworden, dass es genau zwei Wahrheitswerte gibt, wahr und falsch (oder wie der Platoniker Frege es ausgedrückt hat: das Wahre und das Falsche), und sie glauben, dass dasjenige, was nicht wahr ist, falsch sein müsse.[4]

Die Alltagserfahrung scheint dies zu bestätigen. Wenn es nicht wahr ist, dass Goethe der Verfasser des „Wallenstein" war, dann ist es falsch. Und wenn es wahr wäre, dann wäre es nicht falsch. Zwischen dem Wahren und dem Falschen scheint eine Linie zu existieren, die beides voneinander scharf trennt, eben jene ominöse Grenze, ohne die unsere gesamte Vernunftordnung anscheinend im Chaos versinken würde. Insofern haben wir mit der zweiwertigen Logik ganz gut gelebt, zumindest hat sie uns einen Ordnungsrahmen gegeben, der die Welt verstehbar gemacht hat, weil er ihr eine klare Struktur gegeben hat. Es hat den Anschein, dass diese Struktur richtig ist, weil sie in der Welt vorgeblich selbst vorkommt; der Unterschied zwischen Katze und Hund zeigt, dass die Katze ein Nichthund ist und jeder Hund eine Nichtkatze. So ist es wahr und wer das Gegenteil behaupten würde, sagte etwas Falsches.

Die Unterscheidung des Wahren und des Falschen als eine die jeweils andere Qualität ausschließende Größe ist die eigentliche Quelle dessen, was wir heute als Digitalisierung bezeichnen. Die digitale Sicht der Welt ist eine der wirkungsmächtigsten einfachen Denkweisen, vielleicht diejenige mit den weitreichendsten Konsequenzen. Die Wahr-falsch-Logik hat in unserer Zeit durch die Digitaltechnik eine ungeheuer wirksame

---

[3] In Freges Abhandlung „Der Gedanke" (Frege 1918/19) findet sich auch das eine meiner beiden Motti. Das Horvath-Motto habe ich als Wandinschrift in einer Ausstellung im Franz-Marc-Museum in Kochel gefunden.

[4] Meine grundsätzliche Position zum Wahrheitsproblem habe ich in Finke 2005, S. 273ff. dargelegt.

Verstärkung bekommen. Viele glauben sogar, dass die Digitaltechnik des „Strom fließt" oder „Strom fließt nicht" die zweiwertige Logik geradezu bestätige, also ihre Wahrheit sich als die richtige Logik erweise. Das ist freilich Unsinn, es ist eher umgekehrt: Die zweiwertige Logik ermöglicht die Digitaltechnik. Diese nutzt die Einfachheit der zweiwertigen Logik zur Realisierung einer technischen Problemlösung, nicht mehr und nicht weniger. Zwischen dem Strom, der fließt, und dem, der nicht fließt, gäbe es alle Möglichkeiten des Übergangs: Strom kann schwach oder stärker fließen; und selbst dort, wo er für normale Messgeräte nicht mehr fließt, fließt er für extrem empfindliche eben doch noch. Das Einfache hat aber immer Vorteile gegenüber dem Komplexeren, wenn es um die Erschließung des Neuen geht, und dies gilt auch für das künstlich Vereinfachte. Man versucht erst einmal den einfachsten Weg, nur ist dies auch gefährlich: Es passiert leicht, dass man angesichts seiner Mühelosigkeit gar nicht mehr weitersucht, ob es vielleicht doch noch einen anderen Weg gibt, der vielleicht nicht ganz so einfach, aber aus bestimmten Gründen dennoch angemessener, empfehlenswerter oder richtiger wäre. Einfache Lösungen haben Vorteile, sie können aber auch Nachteile aufweisen. Wer nur die Vorteile sieht, verschließt den Blick vor ihren Nachteilen.

Nachteile der Digitaltechnik? Es ist fast schwierig geworden, auf solche hinzuweisen, so beeindruckt sind wir heute von ihren immer wieder propagierten Vorteilen. Aber das sind lediglich technische Vorteile; wir erkaufen sie uns durchaus auch mit Nachteilen bei der Anschaulichkeit, was uns kaum noch auffällt. Die Digitaluhr spricht nur noch den Verstand an, nicht mehr das Raumgefühl für Zeitverläufe. Die Einfachheit eines Drehknopfs für die Sendersuche an einem alten Radiogerät wird durch ein abstraktes Getippe von Zahlen abgelöst, und die Modellierung eines Kontinuums allmählich ab- oder zunehmender Werte erfordert eine komplizierte Programmierung, während sie in der Analogtechnik einfach und anschaulich war. Dieser Verlust der Anschaulichkeit sollte uns eigentlich zu denken geben, denn er ist schon ein erster Hinweis darauf, dass die Welt anders aussieht. Wir vereinfachen sie, wenn wir sie digital beschreiben. Dies ist manchmal bequem, aber wenn man es genau nimmt, dennoch falsch.

In der zweiwertigen Logik existieren zwei Oder: das ausschließende und das nicht-ausschließende Oder. „Zum Nachtisch kannst du Eis oder Käse haben" heißt normalerweise: entweder – oder, beides zusammen geht nicht. Aber der Satz beim NABU-Vogelbeobachtungswettbewerb „Um deine Beobachtung anerkannt zu bekommen, musst du den Vogel gesehen oder gehört haben" bedeutet natürlich nicht, dass nicht auch beides der Fall sein kann. Schon dies deutet darauf hin, dass ein Entweder-oder die Welt nicht hinreichend genau beschreibt. Doch die zweiwertige Logik ist die Logik des Entweder-oder; das Sowohl-als-auch wird in ihr nur als merkwürdiger Sonderfall zugelassen: nämlich als ein Entweder-oder, bei dem zugleich auch ein Und gilt; der Sonderfall, dass die Bedingungen dieser beiden Junktoren der zweiwertigen Logik gleichermaßen zutreffen.

Festzuhalten bleibt: Wenn wir die Welt beschreiben, wenden wir oft, ja meistens die zweiwertige Entweder-oder-Logik an, aber dabei müssen wir sehr aufpassen. Wir dürfen daraus nicht ableiten, dass wir in einer digitalen Welt lebten. Die Welt selbst ist nicht digital. Sie ist eine Welt vielfältigster Übergänge des einen in das andere, des Schwarzen in das Weiße, des Blauen in das Blaugrüne, Grüne, Grüngelbe und Gelbe, des Wahren in das Falsche. Die meisten unserer Sätze sind weder komplett wahr noch komplett falsch, sondern in mancher Hinsicht wahr und in anderer Hinsicht falsch. In gewisser Weise bemühen wir uns in der Wissenschaft, diese Unklarheit zu beseitigen und solche Sätze zu vermeiden. Wir sehen aber auch, dass diese Bemühungen oft, ja meistens erfolglos sind, denn viele Wissenschaftler lieben das Einfache so sehr, dass sie oft auch das zu sehr Vereinfachte lange noch verteidigen, wenn schon differenziertere Einsichten vorliegen.

4. Exkurs zur Logik und die Rolle des Satzes vom ausgeschlossenen Dritten

Ein Exkurs zu den Grundlagen der Logik soll dies untermauern. Es gibt heute durchaus Alternativen zur zweiwertigen Logik. Diejenige, welche für ein Umdenken beim Grenzverständnis besonders nützlich erscheint, ist die sogenannte Fuzzy Logic des bedeutenden iranisch-amerikanischen Mathematikers Lotfi A. Zadeh (1975). Zadeh hat sich die Frage gestellt, wie man bei der Beschreibung der Welt die prinzipielle Trennschärfe des Liniendenkens zwischen wahr und falsch durch eine Logik der Unschärfe vermeiden könne. Tatsächlich ist es viel einfacher, eine Logik scharfer Grenzlinien zu entwickeln als eine solche, die die prinzipielle Bedeutung von Unschärfen bei der Weltbeschreibung ernst nimmt und diese nicht erst künstlich wie bei der Digitaltechnik aus vielen kleinen Schärfekomplexen zusammensetzen muss. Und doch bleibt ein Problem: Wir können auf die grundsätzliche Wahr-falsch-Unterscheidung nicht verzichten. Könnten wir es, hätten wir die zweiwertige Logik längst aufgegeben. Der Grund, wieso wir sie immer noch benutzen und sie für vieles in Alltag und Wissenschaft ausreicht, wo es auf manche Unschärfe nicht ankommt, wird schnell deutlich, wenn wir uns mit der Hauptmethode beschäftigen, mit der man heute formale Theorien meistens begründet: der axiomatischen Methode.

Diese Methode besteht darin, bestimmte Grundannahmen auszuzeichnen, die man selbst nicht begründet, sondern als selbstverständlich oder zumindest pragmatisch notwendig einer Theorie vorausschickt: die sogenannten Axiome. Dabei kann man verschiedene Wege gehen, die oft einen typischen Zusammenhang erkennen lassen: Entweder einigt man sich auf relativ viele, sehr einfache, als evident erscheinende Axiome oder auf sehr wenige, im Extremfall ein einziges, die dann freilich meistens sehr unanschaulich und wenig unmittelbar einleuchtend erscheinen. Es ist verständlich, dass diese Situation für manchen philosophisch orientierten Logiker und Mathematiker unbefriedigend war und zu der grundsätzlichen Frage geführt hat, ob man formale Systeme auch ganz anders, nämlich unter Verzicht auf die axiomatische Methode begründen könnte.

Da dies kein Logikseminar ist, beschränke ich mich auf die Kritik dieser Methode, die der mathematische Intuitionismus formuliert hat, also der holländische Mathematiker Luitzen Egbertus Jan Brouwer (1918) und viele, die ihm später in die sogenannte konstruktive Mathematik gefolgt sind, wie etwa der deutsche Logiker Paul Lorenzen (1962). Brouwer hat herausgefunden, dass es vor allem ein einziges Axiom war, das in keiner Konfiguration selbst aus anderen Axiomen ableitbar war, der sogenannte Satz vom ausgeschlossenen Dritten: entweder wahr oder falsch, „ein Drittes gibt es nicht", *tertium non datur*. Er konstruierte deshalb eine Logik, die ohne ihn auskam. Ich denke, dies war ein sehr wichtiger Erkenntnisschritt, weil die Welt nicht digital ist und daher die grundsätzliche Annahme der Gültigkeit des *tertium non datur* keine Plausibilität besitzt. Aber Brouwer hatte keinen durchschlagenden Erfolg bei den meisten Kollegen, weil die zweiwertige Logik und der Satz vom ausgeschlossenen Dritten so schön einfach und bequem sind. Die Wissenschaft hat sich leider seit langem an die Beruhigung gewöhnt, sie müsse die Wirklichkeit ohnehin modellieren, weil sie sie nicht so nehmen könne wie sie ist, und das benutzt sie seit langem zur Rechtfertigung, um den

Satz vom ausgeschlossenen Dritten in der Regel ohne große Diskussionen zu akzeptieren, ja für wahr zu halten. Dies ist der eigentliche Skandal, und es ist ein philosophischer, ein logischer Skandal. Aber das ist nicht unser jetziges Problem.

Die Alternative zu einem Satz, der nicht wahr ist, ist nicht, dass er falsch ist, sondern dass er jedenfalls nicht vollständig wahr oder dass er zumindest teilweise falsch bzw. möglicherweise auch teilweise wahr ist. Viele wissenschaftliche Sätze konstruieren wir mit Absicht so, dass wir diese komplizierten Zwischenlösungen nicht brauchen und mit dem einfachen wahr oder falsch auskommen. Aber die meisten Aussagen über unsere Alltagswelt sind anders: Sie sind nicht komplett und ohne Einschränkungen wahr oder falsch, sondern sie sind mehr wahr oder mehr falsch. Wenn ich z.B. sage „Heute scheint die Sonne", dann ist es vielleicht im Großen und Ganzen wahr, aber vielleicht auch für zwei Stunden weniger wahr, weil Wolken durchziehen. Wenn ich sage „Ich bin 1,78 groß", reicht das für die normale Verständigung aus, weil man dafür die wenigen Millimeter mehr oder weniger nicht braucht, aber bei anderen Objekten oder Kontexten vielleicht doch. Vielfach hilft uns das *tertium non datur*, die Welt und die Kommunikation einfacher zu machen, als sie ist, aber oft spüren wir auch seine Verfälschung. „Die ‚Neue Westfälische' ist eine Tageszeitung" ist eine Tatsachenbeschreibung, ebenso unproblematisch wahr wie wenig informativ; „Die ‚Neue Westfälische' ist ein echtes Käseblatt" ist eine sehr informative Wertung und schon gehen die Meinungen über deren Wahrheit weit auseinander. Unser Alltag ist mit klaren Tatsachenaussagen nur sehr unzureichend beschrieben, denn wir bestreiten ihn nicht als wissenschaftliches Kommunikationslabor; Tatsachen und Wertungen, Meinungen und Einschätzungen, Behauptungen und Irrtümer gehen munter durcheinander, die Perspektiven wechseln, die eine ist nicht allein richtig und die andere falsch, sondern sie sind schlicht unterschiedlich, aber all dies ist die Wirklichkeit. Die Wissenschaft versucht, deren Vielfalt wenigstens ein bisschen zu reduzieren, um sie in den Griff zu bekommen, sie benutzt dazu die zweiwertige Logik, aber sie bekommt sie so nicht in den Griff, weil in der Wirklichkeit das Dritte nicht ausgeschlossen ist. Übergänge zwischen dem einen und dem anderen sind überall Teil unserer Wirklichkeit, das hatte Brouwer erkannt und versucht, die Logik entsprechend zu reformieren. Aber der Mehrzahl der Mathematiker und Logiker war dies zu kompliziert und sie ist ihm deshalb nicht gefolgt.

Im Übrigen gibt es viele Situationen, in denen die zweiwertige Logik als das einfachere System durchaus ausreicht. Wenn mir jemand um 12:15 mitteleuropäischer Zeit sagt, dass es erst 8:45 Uhr ist, genügt es völlig, ihm zu sagen, dass dies falsch ist. Wenn jemand einen Verächter der Menschenrechte als großen Politiker lobt, muss ihm schlicht Irrtum oder Schlimmeres vorgehalten werden. Es gibt falsche Behauptungen und Positionen, die keinerlei Differenzierung erfordern oder nötig machen, sondern schlicht mit guten Argumenten zurückgewiesen werden können. Ein massiver Etikettenschwindel kann und muss als solcher benannt werden, ohne dass groß mit „einerseits-andererseits" herumdiskutiert werden muss; das wäre Zeitverschwendung. Die zweiwertige Logik ist nicht dumm oder grundsätzlich überholt, sondern in sehr vielen Fällen zur Analyse eines Problems ausreichend, allerdings in vielen anderen Fällen auch nicht. Es geht hier aber nicht um die Spezialfälle, die unsere logische Methodenwerkstatt zur Recht vereinfacht, sondern ums Grundsätzliche. Es geht um die schlichte Frage, ob wir in jedem Falle mit der klaren Wahr-falsch-Unterscheidung auskommen, noch genauer darum, ob sie uns bei unserem Verständnis dessen, was eine Grenze ist, hilft oder irreführt. Und dort ist Letzteres der Fall.

Ein Resultat dieser Sachlage ist eine entscheidende Kritik unseres bisherigen, archaischen Grenzverständnisses, das die hohe Wertschätzung der zweiwertigen Logik mit dem *tertium non datur* als gesetztem Axiom zu verantworten hat: entweder drinnen oder draußen, richtig oder falsch, dein oder mein, eigen oder fremd, System oder Umwelt. Es ist falsch, zu stark vereinfacht. Wenn das Dritte nämlich nicht ausgeschlossen ist, sieht alles anders aus: komplexer, aber auch realitätsnäher. Beenden wir also den Exkurs in die Logik und kommen wieder zu der eigentlichen Frage, um die es hier geht: der Frage, was eine Grenze ist.

5. *Unterwegs zu einem neuen Grenzverständnis:*
Jede Grenze ist ein Raum

Das alte, bisherige archaische Grenzverständnis ist das Verständnis einer Grenze nach Art der Digitaltechnik, und sein Symbol ist die Linie. Der Horizont erscheint mir als eine Linie, obwohl ich weiß, dass dort in Wirklichkeit nirgendwo eine Linie zu finden ist; und doch markiert die Grenzlinie des Horizonts für mich den Bereich des Sehfeldes, den ich noch überblicke. An jener Linie ist es – vom jetzigen Aussichtspunkt aus gesehen – zu Ende. Das Schöne am Horizont ist, dass jedem dort bewusst ist, dass seine linienhafte Erscheinung eine Fiktion ist; im Falle vieler anderer Grenzen ist dies aber nicht der Fall.

Eine Linie ist eine mathematische Größe. Sie hat nur eine eindimensionale Ausdehnung, nämlich nur in der Länge. Ihre Breite ist gleich Null. Streng genommen sind die Kreidelinie auf der Tafel oder die Bleistiftlinie auf dem Papier schon viel zu breit, ebenso wie der Zaun auf der Grundstücksgrenze oder die Mauer an der Grenze zur ehemaligen DDR. Es sind – so gut es halt geht – physikalische Annäherungen an die mathematische Linie, die nur durch Länge und durch Nichtbreite charakterisiert ist. Konsequenterweise sind die meisten Staatsgrenzen oder Gemeindegrenzen in der Landschaft deshalb auch nicht markiert, jedenfalls bei souveränen, sich ihrer Macht sicheren Körperschaften, die es nicht nötig haben, sie zu markieren. Deshalb weiß man im Einzelfall meist nicht so genau, wo sie verlaufen, aber dies ist auch nicht so wichtig; sie sind gleichwohl hinreichend wirksam, nämlich juristisch. Wenn ein Problem auftritt, muss man entscheiden, ob die imaginäre, nur juristisch wirksame Linie überschritten wurde, sonst ist ihr physischer Verlauf ziemlich irrelevant. Man könnte auch sagen: Es gibt keinen. Exaktheit ist hier nur juristisch gefragt, nicht physikalisch.

Schon dies ist ein Hinweis darauf, dass die Linie als mathematische Präzisierung des Grenzkonzepts eine Fiktion ist, ein Hilfskonstrukt, aber nicht eine wirklich zutreffende Beschreibung dessen, worum es eigentlich geht. Die einfache Mathematik hilft uns bei der Beschreibung der Welt nur dann, wenn wir auch diese bewusst vereinfachen. Diese Vereinfachung ist nur dann akzeptabel, wenn lediglich unwesentliche Eigenschaften fortgelassen werden. Aber wer jede Grenze als Linie beschreibt, lässt Wesentliches aus. In der physischen Welt gibt es keine Linien. Der Horizont zeigt dies; aber auch der gelegentliche Flussverlauf als Grenze zwischen zwei Staaten ist keine Linie. Nur unsouveräne Staaten setzen gelegentlich Baken ungefähr in die Mitte des Flusses, um auf jene juristische Linie zu pochen. In der Welt gibt es zwar viele Unterschiede zwischen Einzeldingen und Mengen und Strukturen, Organismen und Lebensräumen, aber dort, wo sich diese gegeneinander abgrenzen, existiert nie eine Linie.

Die Physik sagt genauer, was vorliegt. Physikalisch gesehen sind selbst alle Oberflächen, die Dinge oder Lebewesen begrenzen, selbst Körper, die drei Dimensionen besitzen: Ausdehnung in Länge und Breite und Tiefe. In der Physik gibt es keine Linien, nur Körper und Räume. Deren Tiefe mag gering sein, aber sie ist in allen Fällen vorhanden und nicht gleich Null. Viele solcher physikalischen Oberflächen bezeichnen wir als Häute, weil uns ihre Tiefe nicht sehr interessiert, obwohl es sie gibt. Bei vielen Artefakten interessiert uns eine Oberflächenhaut nur als Abschluss gegenüber der Umwelt, und wichtig ist nur ihre Effizienz oder Haltbarkeit. Bei Lebewesen hat sie in jedem Falle eine besondere Funktion: Sie ermöglicht etwas, das wir als „Halbdurchlässigkeit" bezeichnen. Dies ist aber nur eine vereinfachte Bezeichnung dafür, dass es nicht um einen völligen Abschluss des Einen gegen das Andere, des Systems gegen seine Umwelt gehen soll, sondern dass es eine Austauschmöglichkeit für Informationen von außen nach innen und umgekehrt von innen nach außen geben muss. Die Grenze eines Lebewesens ist also als lebenserhaltende Maßnahme nur dann nützlich und sinnvoll, wenn sie beides leistet: hinreichenden Abschluss gegenüber und hinreichenden Austausch mit der Umwelt.

Die semipermeablen Häute der Organismen sind nur ein Spezialfall. Es gibt in der Natur sehr viel anschaulichere, weil besser wahrnehmbare, in der Tiefenausdehnung eindrucksvollere, variablere Formen der Grenzgestaltung: Man schaue sich komplexe Großsysteme an, Ökosystemtypen, Lebensräume. Beispielsweise gibt es unverbaute und nicht begradigte Uferzonen an naturnahen Bächen, Flüssen, Weihern und Seen, die sehr verschieden breit sein können, oder nicht durch Straßenbau geschädigte oder ganz vernichtete Waldsäume aus zunächst niedrigen Kräutern und Waldmäntel aus immer höheren Gebüschen bis hin zu den hohen Bäumen des Waldes oder ausgedehnte Heckenlandschaften, die ebenfalls auf beiden Seiten allmählich flacher werden und ins offene Land auslaufen können, oder Bruchwälder, die bewaldete Übergangsformationen des Nassen, Feuchten und Trockenen bilden, oder das Wattenmeer, das die verbindende Zone vom festen Land zum offenen Meer bildet, oder Randzonen von Trockengebieten, Steppen oder Felslandschaften, bei denen ebenfalls entsprechende Übergangszonen ausgebildet sind, und vieles andere mehr: All diese Landschaften haben Grenzen, wo sie in andere Landschaftstypen übergehen, und es ist keine einzige Linie dabei. Alle diese Grenzen haben nicht nur eine Längen-, sondern auch eine Breiten- oder Tiefenausdehnung; sie sind selbst Räume oder Gebiete unterschiedlicher Breite, Zonen der Abgrenzung und des Übergangs gleichermaßen.

Um einen anschaulichen Begriff zu haben, der all diese Grenzzonen umfasst, nenne ich sie nach einer Gruppe von Lebewesen, deren besonderes
Merkmal es ist, in zwei benachbarten Räumen leben zu können: den Am-
phibien (Finke 2005a). *Grenzen sind Zonen, amphibische Zonen.* Und jede
amphibische Zone ist selbst begrenzt: von der nächsten amphibischen
Zone. Alle normalen Räume besitzen jene innere Heterogenität einer amphibischen Zone, die sie nicht überall gleich sein lässt.

6. Die Welt ist nicht digital:
Das Prinzip der intelligenten Orientierung an der Natur

Wir sollten uns immer vor Augen führen, dass die natürliche Evolution
riesige Zeiträume zur Verfügung hatte, um eine ungeheuer vielfältige
Biodiversität zu entwickeln und für sehr viele Probleme Lösungen zu
finden, die teilweise bis heute Bestand haben. Teilweise freilich auch
nicht, doch unzureichende Lösungen wurden durch Selektion mehr oder
weniger schnell erledigt. Bei Arten, die heute auf unseren Roten Listen
stehen, ist dies etwas anders: Sie stehen meistens dort nicht deshalb, weil
die Natur bei ihnen keine perfekte Lösung gefunden hat, sondern weil
wir es sind, die ihnen das Überleben heute schwer machen. Sie passen uns
nicht, konkurrieren mit uns um Lebensraum, haben andere Ansprüche an
ihn als wir; und da sie für uns nutzlos zu sein scheinen, trennen wir uns
von ihnen, löschen ihre Existenz aus, weil wir nichts mit ihnen anzufan-
gen wissen: eine Dummheit, aber eine fast unausrottbare.

Wer daraus allerdings ableitet, dass wir in der Kultur grundsätzlich
Konflikte mit der Natur produzieren, ist sicherlich auf dem Holzweg. Es
gibt manchen Kulturphilosophen, der diesem ausweglosen Weg beharr-
lich folgt. Zum Beispiel macht man häufig den Fehler, Kultur erst mit
dem Menschen beginnen zu lassen; sie beginnt längst vorher mit dem
Verhalten der Tiere. Meist ist uns leider nicht bewusst, dass viele unserer
Kulturprobleme Vorläuferprobleme in der Natur haben, deren Kenntnis
und Beachtung uns von Nutzen sein könnte.[5] Ein großer Anwendungs-
bereich dieser Maxime ist die Bionik, doch es ist sehr naheliegend, dass

---

[5] Schon die Sprache, ein Produkt des Übergangs von der natürlichen zur kulturellen
Evolution, zeigt bis heute die erhalten gebliebenen Spuren des Lernens von den erfolgreichen natürlichen Systemen (vgl. Finke 1996).

auch komplexere Formen der systemischen Organisation solche Vorbild-Nachbau-Beziehungen kennen. Das beste Beispiel ist unser gegenwärtiges Bemühen um nachhaltige Wirtschaftsformen, das endlich Konsequenzen aus der Kreislaufwirtschaft der Natur in ihren ungestörten Ökosystemen zu ziehen versucht. Produktion ist dort an die Verfügbarkeit der Ressourcen und die komplette Wiederaufarbeitung der Reste gebunden; Abfall gibt es nicht. Wir schaffen das mit unserer Wirtschaft bis heute nicht.

Im Prinzip ist es immer lehrreich zu überlegen, ob es für ein bestimmtes Problem, das wir im kulturellen Bereich haben, womöglich bereits ein Vorläuferproblem gibt, das die natürliche Evolution lösen musste. Deshalb gibt es in der Evolutionären Kulturökologie ein Prinzip, nämlich das Prinzip der intelligenten Orientierung an der Natur, das sicherstellen soll, Erkenntnisgewinne der natürlichen Evolution auf die kulturelle zu übertragen. Ein Paradebeispiel hierfür ist der Unterschied zwischen unserem gewöhnlichen Grenzverständnis und der Praxis des Umgangs mit Grenzen in der Natur. Hier gibt es nur eine Maxime, die vernünftig ist: von der Lösung zu lernen, die die Natur für den Umgang mit dem Grenzproblem gefunden hat. Und dies bedeutet: Grenzen sind Räume, Zonen des Übergangs.

Eine dumme Kritik des Prinzips der intelligenten Orientierung an der Natur lautet, dieses führe zwangsläufig in den Sozialdarwinismus. Wer das Lernen an der Natur propagiere, würde im Kampf aller gegen alle, im Überlebenskampf enden, bei dem immer der Stärkere siegte. Diese Auffassung ist sehr dumm, denn sie gründet auf eine falsche Evolutionstheorie.[6] Wer so argumentiert, übersieht völlig, wie viele kooperative, ja symbiotische Beziehungen ebenfalls natürlich entstanden sind und sich bewährt haben. Die Natur ist kein Kampf aller gegen alle; sie kennt das Kampfprinzip, aber sie kennt auch das Gegenteil, das Kooperationsprinzip. Mit diesem hat sie viel mehr erreicht als mit jenem; z.B. auch die Evolution der Kultur.

---

[6] Dass Darwin („the survival of the fittest") für diese Einseitigkeit mitverantwortlich ist, hat niemand so deutlich herausgearbeitet wie Michael Beleites (Beleites 2014). Die Konsequenzen reichen bis in die Standardauffassungen von Ökonomik und viele Grenzziehungen innerhalb einer Gesellschaft.

7. Das Grenzverständnis der amphibischen Zone

Für Technikfreaks hört es sich merkwürdig an, wenn man die Digitaltechnik archaisch nennt. Als Technik ist sie natürlich nicht archaisch, sondern *state of the art*. Doch wie immer die Zukunft der Technik aussehen
mag: Die Zukunft des Denkens sollte nicht digital geprägt sein. Derjenige,
dem an einem wirklichkeitsnahen Weltbild liegt, kann mit dem Satz vom
ausgeschlossenen Dritten nichts anfangen. Die Idee der amphibischen
Zone verscheucht ein für allemal die Fiktion der Grenze als einer Linie.

Man sollte deshalb eine Grenze grundsätzlich als einen Raum verstehen, nämlich eine amphibische Zone. Das Gute bei diesen Zonen ist, dass
sie wirkungsvoll von einem System abhalten, was nicht hineingelangen
soll, aber zugleich hineinlassen, was das System braucht oder was ihm
nützt. Wir machen also den Fehler, nur eines von beidem mit dem falschen
Grenzverständnis zu verbinden – das Ausschließen und Abwehren – nicht
aber auch das andere, das zu organisieren ebenfalls Funktion einer wir-
kungsvollen Grenze ist, nämlich das Zulassen und Erlauben oder noch
anders benannt: das Lernen.

Die wichtigste Frage in Bezug auf eine Grenze ist also nicht, ob sie hart
oder weich, geschlossen oder offen ist, sondern ob sie Lernen zulässt
oder nicht. Und jede Grenze, die es nicht zulässt, taugt nichts. Grenzen
sind immer die Endzonen eines Systems, und ein System, das lernunfähig
ist, wird keinen langen Bestand haben. Ob es lernfähig oder lernunfähig
ist, entscheidet sich an seinen Grenzen. Sie sind es, die es von seiner
Umwelt trennen und zugleich mit ihr verbinden, und sie tun dies, indem
sie auch die Grenzen der umgebenden Systeme bilden. Räume sind durch
Räume getrennt und verbunden, nicht durch Linien; diese gibt es nicht.
Der ganze Raum der Welt ist ein einziger Raumzusammenhang, aber er
ist doch inhomogen, sehr differenziert und macht es sinnvoll und möglich, Teilräume von anderen Teilräumen zu unterscheiden. Nur sind die
Grenzen zwischen den Teilräumen ebenfalls Räume, nämlich diejenigen,
welche benachbarte Räume zugleich voneinander trennen als auch miteinander verbinden.[7] Es ist nicht möglich, Anfangs- oder Endlinien festzulegen, wo sie beginnen oder enden, und es ist auch unnötig. Systeme stoßen
an Systeme, ihre Umwelten sind ebenfalls nichts anderes, aber sie bilden

---

[7] Im vorliegenden Sammelband wird dieser Gedanke von Olaf Kühne aufgegriffen
und am Beispiel von Stadtlandhybriden vertieft.

im Übergangsbereich jene amphibischen Zonen aus, die wir als Grenzen wahrnehmen und die auch als Grenzen wirken.

Im naiven Verständnis einer Grenze ist diese dann besonders wirksam, wenn sie den Zutritt zu einem Raum wirksam verwehrt. Im amphibischen Grenzverständnis ist die Qualität einer Grenze an die Lernfähigkeit der benachbarten Systeme gebunden.

8. Die Breitenvarianz amphibischer Zonen

Das, was wir als Varianz des Offenen und Geschlossenen, des Harten und des Weichen, des Strikten und des weniger Strikten erleben oder beschreiben, ist also in Wahrheit eine Varianz jener ganz normalen Heterogenität von Räumen und damit eine Varianz des mehr oder weniger Schmalen bzw. Breiten; nicht die Varianz des Umgangs mit einer Linie, sondern die Varianz der Breite einer Zone. Es gibt schmale Zonen und breite, solche, die fast zu einer Linie zusammenschrumpfen, doch die tatsächliche Linie gibt es nur in der Definition, also auf dem Papier der Mathematiker und Juristen, wobei insbesondere das Recht meistens noch ähnlich archaisch denkt wie wir alle in unserem gewöhnlichen Grenzverständnis. Die Richter müssen deshalb oft ausbügeln, was die Definitionen ihrer Gesetze noch vereinfachend beschreiben.

Es gibt keine Regel derart, dass schmalere amphibische Zonen grundsätzlich bessere Grenzen wären als breitere oder umgekehrt. Welche Grenze in einem gegebenen Fall die zu einer bestimmten Systemkonfiguration am besten passende, ihren Grenzbedarf am besten regelnde ist, kann nicht ohne genaue Kenntnis der Bedarfslagen dieser Systeme einheitlich festgelegt werden, sondern ist immer relativ zu diesen zu entscheiden. Im Falle eines Bachs ist eine schmalere Uferzone ausreichend, im Falle eines breiten Stroms nicht. Ein Waldmantel mag mit einer Breite von zehn bis dreißig Metern auskommen, um den Wald effizient gegenüber dem umliegenden offenen Land zu begrenzen, für das Wattenmeer reicht dies sicherlich nicht aus. Die Grenze zwischen den Holländern und den Deutschen kann schmaler sein als die zwischen Völkern, die verschiedenen Kulturen angehören. Auch deshalb ist die Situation eines Staates wie Israel oder des Volkes der Palästinenser besonders schwierig. Doch wenn man hieran nichts ändern kann, muss die Lösung in den Köpfen der Menschen stattfinden, indem das linienhafte Grenzdenken weiter als falsch bekämpft wird.

Viel bessere Voraussetzungen als bei solchen Grenzkonflikten im physischen Raum sind bei Abgrenzungen im Raum der Ideen gegeben, zum Beispiel bei Grenzen der einzelnen Wissenschaften gegeneinander. Auch wenn manche Institutionen willkürliche Grenzlinien festlegen, ist de facto doch eine Anerkennung von amphibischen Übergangszonen zwischen benachbarten Disziplinen gegeben, die mal als schmaler und mal als breiter empfunden werden. Interdisziplinarität operiert in der Regel mit einem schmaleren, Transdisziplinarität mit einem breiteren Grenzverständnis.[8] Häufig reicht Interdisziplinarität nicht aus, um die Fehler zu beseitigen, die durch die Ausschnitte der Disziplinen verursacht worden sind, und der Ruf nach ihrer Korrektur durch eine transdisziplinäre Zugangsweise ist berechtigt. Andererseits wäre es aber illusionär, hierdurch jegliche Spezialisierung abschaffen zu wollen, da erst die Nichtberücksichtigung vieler Faktoren manchen Erkenntnisfortschritt ermöglicht hat. Doch es geht nicht um ein grundsätzliches Ignorieren oder das Gegenteil; dies wäre der Rückfall in das archaische, linienhafte Grenzdenken. Nur ein flexibler Umgang mit der Frage, wie man im konkreten Fall mit gegebenen Spezialisierungen und vernachlässigten Zusammenhängen umgeht, hilft dabei, das zu Ende gehende Disziplinäre Zeitalter in das notwendige Transdisziplinäre Zeitalter weiterzuentwickeln. Weder in der Natur, noch in der Kultur gibt es eine einzige Idealbreite der amphibischen Zonen.

9. Grenzen in Natur und Kultur

Ein angemessenes Verständnis von natürlichen Grenzen ist von großer Hilfe auch für das bessere Verständnis kultureller Grenzen. Die perfekte Grenze in der Natur ist nicht diejenige, die ein System perfekt gegen ein benachbartes abschottet, sondern diejenige, die es schützt, wenn es eines Schutzes bedarf, aber zugleich mit seiner Umgebung wie ein Straße verbindet, wenn diese Verbindung benötigt wird. Und diese Verbindung wird häufig benötigt: für den Input der Sonnenenergie und zugleich die Abgabe überflüssiger Wärme, für die Erneuerung der erneuerbaren und die Entsorgung der nicht verwendbaren Ressourcen, von Lebewesen zum

---

[8] Vgl. Novotny et al. (2001) für eine differenzierte Diskussion der Transdisziplinarität.

Einwandern und Auswandern, als Straßen der Evolution, wenn Veränderungen ausprobiert werden, deren Erfolg oder Nichterfolg niemand vorher weiß. Sollte es jemals Versuchssysteme mit abgeschotteten Grenzen gegeben haben, dann hat es sie nicht lange gegeben und sie sind wieder ausgestorben.

Das Gegenteil ist die genau so dumme Fiktion einer Welt ohne Grenzen. Die Dummheit mancher existierender Grenzen kann leicht dazu verführen, sich eine grenzenlose Welt zu wünschen. Ich kann mich an eine hochaufkochende Internetdebatte erinnern, bei der sich Freiheitskämpfer aller Couleur in dem Ruf nach dem Ende aller Grenzen vereinigten. Aber der Abbau aller Grenzen würde nicht die Freiheit erhöhen, sondern die Vielfalt vernichten. Sowohl die natürliche wie die kulturelle Vielfalt braucht Grenzen, und zwar viele Grenzen (Finke 2003).

Biodiversität ist nur auf der Basis funktionierender Grenzen möglich. Die heutige kulturbedingte Regression der natürlichen Vielfalt vernichtet Grenzen und damit Diversität. Auch die kulturelle Diversität regrediert durch Grenzvernichtung. Die sogenannte Globalisierung vernichtet Grenzen zwischen den Kulturen und damit kulturelle Vielfalt. Sprachenschwund bewirkt das Gleiche (Finke 2016). Der Verlust von Grenzen zieht zwangsläufig natürliche und kulturelle Verluste nach sich. Eine positive Wende dieser Entwicklung ist nur durch die Schaffung neuer Grenzen möglich, die beide Leistungen erbringen, welche für Diversität notwendig sind: den Schutz vor Störungen und die Zulassung von Innovationen. Eine wirksame Grenze leistet beides; sie bewirkt Erhaltung und Weiterentwicklung zugleich. Beides ist kein Gegensatz, sondern ein Komplementärverhältnis. Wenn einer der beiden Faktoren fehlt, erfüllt eine Grenze ihre Funktion nicht optimal. Erhaltung darf Weiterentwicklung nicht ausschließen, wenn ein natürliches oder kulturelles System flexibel bleiben und sich mit seiner ebenso konstanten wie wandelbaren Umwelt koordiniert entwickeln soll.

Für die Wissenschaft ist das Grenzproblem jedenfalls von allergrößter Bedeutung. Gemessen hieran ist es erschreckend, wie viele Beispiele eines unzureichenden, archaischen Grenzdenkens sie noch heute kennzeichnen. Aus Sicht einer kritischen Wissenschaftstheorie ist dies einer der gravierenden Mängel, die repariert werden müssen, wenn die Wissenschaft wieder die Fortschrittshoffnungen auslösen soll, die sie zu Beginn ihrer nachaufklärerischen Entwicklung einmal zu Recht ausgelöst hat.

10. Prominente Problemfälle

Ich möchte das hier diskutierte Umdenken in Bezug auf unser Grenzverständnis gern durch die kurze Diskussion einiger prominenter Problemfälle illustrieren.[9] Dabei ist eine Vorbemerkung notwendig. Wenn ich im Folgenden Wissenschaftler oder Disziplinen dahingehend kritisiere, dass sie typische Vertreter des archaischen, linienhaften Grenzdenkens sind, ist dies natürlich nicht gleichbedeutend damit, dass ich ihre Verdienste grundsätzlich in Frage stellte. Es handelt sich zwar um Kritik in einem wesentlichen Punkt, aber hieraus folgt nicht zwangsläufig der Zusammenbruch einer ganzen Theorie oder die völlige Wertlosigkeit des Ansatzes, um den es geht. Wer in einer wichtigen Frage einen Fehler macht, beeinträchtigt zwar die generelle Akzeptanz seiner Ansichten, aber er kann möglicherweise immer noch viele weiterführende Ideen vertreten. Diese Differenzierung ist nötig; meine Kritik ist keine Pauschalkritik, sondern eine solche, die ausschließlich das Verständnis betrifft, das in den nachfolgend erwähnten Theorien in Bezug auf das Grenzproblem zum Ausdruck kommt. Andererseits ist dies freilich auch kein nebensächliches Problem. Es minimiert den Wert der behandelten Theorien zweifellos.

10.1 Luhmann (Soziologie)

Mein verstorbener Bielefelder Kollege Niklas Luhmann hat einen ungeheuren internationalen Einfluss auf viele Disziplinen ausgeübt, nicht nur auf die Soziologie. Aber sein Grenzverständnis war archaisch. Seine Systemsoziologie benutzt ein Systemdenken auf der Basis von lediglich abschottenden Grenzen. Auch dort, wo sie inhomogene Systeme zulässt, werden sie durch ihre Grenzen von den angrenzenden Systemen nur getrennt, statt diese als Verbindungsräume zu jenen zu denken. Luhmann nimmt nicht wahr, dass auch eine Systemgrenze bereits ein eigenes System ist, nämlich ein Raum, der inhomogen ist.

---

[9] Die Diskussion dieser Thesen, die im Rahmen des Weimarer Kolloquiums 2014 in Benediktbeuern stattfand, hat sich besonders auf die hier nachfolgenden Beispiele bezogen. Hilfreich waren für mich hierbei besonders die Anmerkungen von Anton Lerf, aber auch Bemerkungen von Helge Rossen-Stadtfeld, Friedrich Lohmann und Orhan Uslu, wobei dies nicht immer bedeutet, dass ich ihre Positionen übernehmen konnte.

Er charakterisiert die für seine Theorie fundamentale Auffassung einer „Innen-Außen-Differenzierung" von Systemen, indem er in seinem Buch „Soziale Systeme" sagt, sie habe den Charakter einer „Schnittlinie" (Luhmann 1984, S. 22). Verschiedene Einflusssphären von Systemen seien durch „Grenzlinien" getrennt (177). Von einzelnen Elementen, die zu einem System gehören, sagt er, sie müssten, „wenn Grenzen scharf definiert sind, entweder dem System oder dessen Umwelt zugerechnet werden" (52). Und eine besonders verräterische Bemerkung findet sich an einer Stelle, wo er deren Grenzen direkt zu charakterisieren versucht, indem er sagt: „Es handelt sich dann (…) um (…) Membranen, Häute, Mauern und Tore, Grenzposten, Kontaktstellen" (54). Dies ist das Liniendenken pur.

10.2 Maturana (Neurobiologie)

Der Grundlagenforscher, auf den Luhmann sich am liebsten berufen hat, ist der chilenische Neurobiologe Humberto Maturana mit seiner Theorie der Autopoiese. Es ist eine sehr komplizierte Theorie, die gleichwohl große Resonanz im wissenschaftlichen Raum gefunden hat. Doch diese Resonanz erklärt sich schnell aus dem archaischen Grenzverständnis, das auch Maturana mit einer ebenso einfachen, wie entlarvenden Überlegung bedient: Die übliche Redeweise von der „Übertragung von Information von einem System zum anderen" ist für ihn ein glatter Fehler. Informationen können nie von einem System in ein anderes übertragen werden, weil die Systemgrenzen dies verhindern. Der Modellfall ist für ihn immer eine einzelne lebende Zelle. Die Zellgrenzen verhindern Informationsübertragung (Maturana 1982).[10]

Maturana sagt zum Beispiel: „Lebende Maschinen" sind „autonom" (186). Abgesehen davon, dass ich meine, das Zeitalter der Maschinenmetaphern für die Erklärung allein schon unbelebter physikalischer Phänomene, dann aber erst recht für die Erklärung des Lebens sei abgelaufen, ist diese Vorstellung von Autonomie irreführend. Auch wenn Maturana die ökologischen Abhängigkeiten natürlich nicht leugnet, bleibt es abenteuerlich, den Gedanken der Autonomie einer Zelle damit gleichzusetzen, dass wir sie als selbständige, völlig in sich geschlossene Größe beschreiben. Wenn er zugleich sagt: Eine „Membran" bilde den „Rand" einer Zelle (53),

---

[10] Für eine kritische Auseinandersetzung siehe Finke 2005, S. 241ff.

dann zeigt dies die Auswirkung des Grenzliniendenkens; die Tiefenausdehnung und die damit verbundenen lebenserhaltenden Funktionen auch
dünner Häute oder Membranen werden hierbei ignoriert. Ein grund-
legender Fehler, eine falsche Grenzlogik, zieht andere Fehler nach sich,
wenn er buchstäblich alles, nicht nur ganze Lebewesen, sondern auch
Gesellschaften nach dem gleichen Muster beschreibt, indem er z.B. sagt:
Gesellschaften seien „metazelluläre" Systeme (216), sprich: Systeme nach
dem gleichen Aufbau wie einzelne Zellen.

Es kommt hinzu, dass einzelne Zellen nicht, wie es bei Maturana geschieht, als Modellfall für lebende Systeme aller Art genommen werden
können. Die Konsequenzen sind abenteuerlich, wenn ganze mehrzellige
Lebewesen, kommunikations- und kognitionsfähige, sogar vernunft- und
sprachbegabte sowie kommunikativ verbundene Gruppen solcher Lebewesen, in Hinsicht auf ihren Umgang mit Information Einzellern gleich-
gestellt werden. Diese kommunikative Verbundenheit besteht ja nicht
darin, dass Informationen von einem Teilnehmer zum anderen physisch
weitergegeben werden, wie akustische Einheiten zwischen zwei telefo-
nierenden Personen hin- und hergeschoben werden, sondern es handelt
sich um nichtphysische, semantische Größen, die mit Maturanas Maschi-
nenmodell grundsätzlich nicht verstanden werden können. Kommunikation funktioniert völlig anders als physische Informationsweitergabe.

10.3 C.P. Snow

Auch die Theorie der „zwei Kulturen", die den englischen Naturwissenschaftler und Romancier Charles Peirce Snow berühmt gemacht hat, ist
ein Beispiel, wohin das archaische Grenzliniendenken führen kann
(Snow 1959). So sehr diese einfache Theorie auch vielen Kulturkritikern
gefallen hat, sie ist zu einfach, wenn man die heutige Realität abbilden
will. Es gibt nicht nur zwei säuberlich voneinander getrennte Formen von
Intelligenz, die N-Intelligenz und die K-Intelligenz. Es mag sein, dass eine
Kluft zwischen einer überwiegend naturwissenschaftlich-technischen und
einer überwiegend literarisch-künstlerischen Intelligenz die westlichen
Gesellschaften in den fünfziger Jahren des letzten Jahrhunderts gespalten
hat und teilweise vielleicht auch heute noch spaltet, aber diese Sicht war
schon damals zu stark vereinfacht. Schon damals gab es manchen, der
sich persönlich darum bemüht hat, diese Spaltung für sich nicht wirksam

werden zu lassen; heute gibt es noch viel mehr Tendenzen, dem entgegen-
zuwirken.

Die Snow'sche These jedenfalls: „Eine ehemals homogene Werte-
gemeinschaft zerfällt durch lineare Kommunikationsbarrieren und Nicht-
verstehen in weitgehend voneinander separierte Teilgesellschaften" (Snow
1959) mag empirisch-soziologisch begründet gewesen sein; sie zeigt aber
vor allem die Kraft des Grenzliniendenkens, dem die vielen Übergänge
und Bemühungen um seine Entkräftung nicht hinreichend auffallen;
sonst hätte Snow seine zu stark vereinfachte Theorie gleich mit ebenfalls
empirischen Hinweisen auf ihre Fragwürdigkeit begleiten müssen.

10.4 Huntington (Kulturtheorie)

Der problematischste Begriff bei dem mit seinem Bestseller „The Clash
of Civilizations" zeitweilig sehr erfolgreichen amerikanischen Regierungs-
berater Samuel Huntington (1966) war der Begriff einer „Bruchlinie"
zwischen den Kulturen. Kaum irgendwo sonst wird in den Schreibweisen
der hier zu besprechenden Problemfälle das Liniendenken in Bezug auf
das Grenzproblem so deutlich wie hier. Huntingtons Kulturgrenzen sind
Linien, und die ganze Hilflosigkeit, der er sich angesichts der dadurch
auftretenden Probleme ausgeliefert sieht, wird durch den Begriff „Bruchlinie" deutlich. Es geht nicht um ordentliche Linien, wie er sich offenbar
wirksame Grenzen vorstellt, sondern um durchbrochene oder zerbrochene
Linien. Aus der Sicht des amphibischen Grenzdenkens ist dies nichts
anderes als das Eingeständnis, dass man mit seinem begrifflichen Latein
am Ende ist.

Nehmen wir die Türkei und die Ukraine als aktuelle Beispiele. In beiden Fällen fragen viele, ob sie noch zu Europa gehören sollen oder nicht.
Wer diese Alternative im Sinne des ausschließenden Oder versteht, pro-
voziert geradezu politische Konflikte großen Ausmaßes. An den Rändern
politischer und kultureller Systeme kann es keine Ja-nein-Grenzen, sondern nur Übergangszonen geben. Sie stellen nicht nur so etwas wie Puffer
zwischen den verschiedenen Systemen dar, sondern auch Mischzonen, in
denen zukunftsfähige Innovationen ausprobiert werden können und müssen. Das Bruchliniendenken Huntingtons entbehrt jeglicher Vision, wie
eine nichtmonokulturelle Welt überleben können soll. Der Sieg der soge-

nannten Westlichen Zivilisation kann ja kaum eine ernstgemeinte Lösung sein.

Viele der heutigen Vulgärdiskussionen über das Eigene oder das Fremde, über kulturelle Identität oder deren Verlust sind ungenießbare Früchte eines von Huntington beeinflussten archaischen Grenzliniendenkens, ob die Vertreter nun Sarrazin oder Gauweiler heißen. Viele der politischen Akteure, die wir gern als Täter in einem unerquicklichen Kontext beschreiben – wie Putin oder Erdogan –, sind mindestens genauso Opfer jenes Denkens, das sie allenfalls zeitweilig vielleicht teilweise hinter sich zu lassen bemüht waren, doch die Macht des herrschenden archaischen Grenzdenkens war stärker.

10.5 Ökonomische Beispiele

Auch in der Ökonomik feiert das archaische Grenzdenken in ausschließenden Linien fröhliche Urständ. Das oft beschworene Gegeneinander von Ökonomie und Ökologie existiert nur so lange, wie man nicht die Ökonomie in der Ökologie sieht und ernst nimmt, aber gleichfalls auch umgekehrt; man ist Opfer der selbstproduzierten Abgrenzungen (vgl. Lang et al. 2007; Finke 2007). Für das hiermit verbundene Problem des Wachstums gilt das Gleiche. Die Behauptung, es gäbe im kulturellen (und damit auch im ökonomischen) Bereich ein Wachstum, das im Unterschied zum natürlichen Wachstum keine Grenzen kenne, setzt voraus, dass man eine Grenze als Demarkationslinie zwischen dem, was zulässig, und dem, was unzulässig ist, versteht; nur das Aufgeben dieser Fiktion kann dann auch das Problem zum Verschwinden bringen.

Die geradezu weltanschaulichen Paradigmenkämpfe, die zwischen verschiedenen ökonomischen Schulen ausgetragen werden, sind fast immer Streitformen des Ja-nein-Typs, bei denen oft Meinungs- und Auffassungsunterschiede zu Gegensätzen überhöht und verschärft werden, um eigene Territorien gegen fremde künstlich abzugrenzen. Sicherlich sind Unterschiede gegeben, aber sie verlieren nichts von ihrer Bedeutung, wenn vielen von ihnen die Ja-nein-Schärfe genommen und durch eine realistischere Unschärfe ersetzt würde. Es sind Profilierungsgründe, die jene Schärfe nach sich ziehen, nicht Sachgegebenheiten. Diese nicht von der Sache, sondern den Interessen der Beteiligten provozierten Verschärfungen werden dadurch noch verstärkt, dass Ökonomen heute die wichtigsten Politikberater sind und diese Rolle deutlich auskosten. Gerade in der Politik, in der es im Unterschied zur Wissenschaft offen um Macht geht, werden solche Verschärfungen geliebt und begünstigt und deshalb womöglich auch in den politikbegleitenden Disziplinen wie der Ökonomie verstärkt.

Wir brauchen das genaue Gegenteil: die Entschärfung dieser Grenzkonflikte. Ich denke, die wichtigste Einsicht, die uns hierbei helfen kann, ist die Einsicht in den verhängnisvollen archaisch-logischen Charakter, der ihnen zugrunde liegt. Mit dieser Einsicht allein sind sie nicht vom Tisch, aber wir haben einen Grund ihrer Entstehung benannt, den wir beseitigen können.[11] Wenn wir ihn beseitigt haben, ist das noch nicht ausreichend, aber wenn diese Wurzel nicht ausgerissen wird, werden sie weiter und weiter wachsen.

10.6 Kuhn (Wissenschaftstheorie)

Auch Thomas Kuhn hat seine Theorie auf der Basis eines zu stark vereinfachten Grenzverständnisses entwickelt.[12] Wenn man dieses aufgibt, fallen nicht nur wesentliche Teile dieser Theorie in sich zusammen, sondern auch einige Probleme, die Kuhn mit ihr lösen wollte, werden leichter und eleganter lösbar. So hat er sich manches Problem dadurch eingefangen, dass er unnötigerweise in digitalen Alternativen dachte. Der Fall zeigt Parallelen zum Fall Snow.

Kuhn meinte zum Beispiel, es gäbe nur die vorparadigmatische und die paradigmatische Wissenschaft. Wissenschaft sei entweder das eine oder das andere. Dies ist eine unnötige, ja unzulässige Vereinfachung des Problems, denn eine unvoreingenommene Bestandsaufnahme von Forschungsformen zeigt, dass die Gewinnung eines Paradigmas ein sehr komplexer, oftmals lange Zeit nicht abgeschlossener Vorgang ist und

---

[11] Ein Beispiel dafür, was es bedeutet, wenn eine neue Wissenschaftlergeneration die Fehler ihrer Vorgänger nicht übernimmt, liefert Woynowski 2015.

[12] Dieses Beispiel hat in unserer Diskussion besonderen Widerspruch hervorgerufen, doch er hat mich nicht überzeugt. Der Erfolg von Kuhns Paradigmatheorie ist der Erfolg eines genialen Vereinfachers, der die Schäden nicht ernst genommen hat, die eine paradigmageleitete Wissenschaft, die er als „normal" bezeichnet, an offener, hypothesenbewusster, durch Ungewissheit gekennzeichneter Forschung anrichten kann. Mehr dazu u.a. in Finke 2015 und 2016.

dennoch die Vorformen eines Paradigmas bereits auf unterschiedliche Rezipientengruppen mehr oder weniger wie Paradigmen wirken können. Auch Kuhns grundlegende Einteilung der Wissenschaft in die normale und die außerordentliche Forschung zeigt die gleiche unnötige Schärfe einer Grenzziehung, die von der Realität nicht gedeckt wird. Sehr viel kreative, lebendige Forschung ist weder eindeutig das eine noch eindeutig das andere. Dies gilt für alle Wissenschaften und Wissenschaftsgruppen. Schließlich ist Kuhns Meinung, die Alternative zu einem Paradigma sei immer nur ein anderes Paradigma, nicht überzeugend. Tatsächlich kann es mehrere koexistierende Paradigmen geben, und auch die Alternative, das Denken in Paradigmen ganz zu unterlassen, ist für denjenigen, der sich ernsthaft hierum bemüht, eine ganz realistische Option.

Auch große Teile der heute in den Köpfen verbreiteten De-facto-Wissenschaftstheorie, zum Beispiel das Festhalten an den Disziplinen und die hiermit häufig einhergehende Verteufelung des transdisziplinären Denkens, leiden unter den Nachwirkungen des archaischen Denkens, das Wissensbereiche gegeneinander abgrenzt, statt aktiv danach zu suchen, wo und wie wir sie miteinander verbinden können. Alle Behauptungen, die Beibehaltung der Disziplinen sei notwendig, wenn die Rationalität der Forschung nicht gefährdet werden sollte, sind bloße Ideologie. Dabei werden kontingente Organisationsformen der Wissenschaft mit dieser selbst verwechselt. Auch hier ist es das digitale Entweder-oder-Denken einer erfundenen, noch dazu problematischen Abgrenzung, welches einen durchaus möglichen, weitaus stärkeren Zuwachs der Zusammenhangsforschung wirksam behindert.[13]

11. Schlussbemerkung zum Wandel vom Disziplinären ins Transdisziplinäre Zeitalter

Das zu simple linienhafte Grenzdenken ist nicht nur eines der durchgängigsten, nahezu überall zu findenden Handicaps vieler Wissenschaften, die durchgängig Probleme, die ihnen zu komplex erscheinen, „methodisch vereinfachen" (Stichworte: Reduktion, Modellbildung), sondern weit darüber hinaus ein herausragendes Merkmal der grundlegenden Schwäche

---

[13] Eine weiter differenzierte Auseinandersetzung mit Kuhns Erfolgstheorie liefert Finke (2005, S. 244ff.) unter dem Stichwort „Alte Probleme mit neuen Augen sehen".

des einzelwissenschaftlichen Zeitalters, das das Schicksal der Erde massiv geprägt hat. Ein verhängnisvolles Abgrenzungsdenken separiert zusammenhängende Wissensfelder zu voneinander isolierten Disziplinen und ist durch die Ausblendung der diese weit übersteigenden Zusammenhänge für die vielen Kollateralschäden verantwortlich, die das bisherige Disziplinäre Zeitalter an den Systemen der natürlichen und kulturellen Vielfalt unseres einzigen Lebensraums angerichtet hat. Ich habe deshalb in meinem Buch über Citizen Science das Grenzproblem noch einmal aufgegriffen (Finke 2014b, S. 70ff.). Dort gibt es ein Kapitel mit dem Titel „Grenzen: Was wir von den Fröschen lernen können". Wir können von den Fröschen weniger das laute Quaken oder die großen Sprünge lernen – beides praktizieren wir übergenug. Wir können von ihnen lernen, dass es sich auch in einer Übergangszone gut leben lässt: Aus Sicht der Frösche ist es ein ganz normaler Lebensraum.

Wir werden mithin darauf hingewiesen, dass alle unsere normalen Lebensräume Übergangszonen sind. Deshalb können wir diese Einsicht auch verallgemeinern: Jeder Lebensraum ist differenziert und besteht aus einer oder vielen Übergangszonen. Übergangszonen sind keine Sonderlebensräume, sondern das Normalste von der Welt. Nicht das völlig homogene System ist das normale System; es ist ein empirisch kaum auftretender vereinfachter Grenzfall. Jedes normale System ist bis zu einem gewissen Grade nichthomogen, enthält also Übergangszonen oder ist selbst eine Zone des Übergangs zwischen seinen Nachbarsystemen. Die Grenze ist nicht Anfang oder Ende eines Raums, sondern selbst ein Raum, nämlich der Raum, der auf dasjenige verweist, womit man sich im konkreten Fall nicht identifizieren will. Grenzen sind daher in gewissem Sinne willkürlich definierte Bereiche, die von der jeweiligen Perspektive des Betrachters abhängen. Die schon erwähnte Horizontlinie ist ein gutes Beispiel: Wir wissen, dass es sie nicht gibt, dass sie nur einen Raum andeutet oder verbirgt, den wir nicht sehen; deshalb halten wir uns an die Linie. Deren Vereinfachung ist uns freilich bewusst; in vielen anderen Fällen von Grenzen ist sie uns aber nicht bewusst: Das ist das Problem. Für den Frosch markieren absolute Trockenheit und das reine Wasser solche angrenzenden Räume, die er nur kurzzeitig in bestimmten Lebensphasen aufsucht, aber meistens von seinem mehr oder weniger feuchten bzw. trockenen Hauptlebensraum aus nur als seinen Horizont wahrnimmt. In Wahrheit ist also jede vermeintliche Grenzlinie ein eigener Raum, ein eigenes System, ein eigenes Biotop, eine eigene Kultur, die wieder an andere Räume, Systeme, Biotope, Kulturen angrenzt.

Für ein nicht bürokratisch durch sogenannte Disziplinen und Unterdisziplinen in tausend Spezialgebiete separiertes Wissenschaftsverständnis ist diese Sichtweise lebenswichtig, denn es gibt kaum ein anderes Feld, das so eindringlich demonstrieren kann, dass Alltagswissen und Wissenschaft keine scharf gegeneinander abgegrenzten Bereiche sind, sondern Letztere auf Ersterem basiert, aus Wissen allmählich erwächst und aus unscharf ineinander übergehenden Wissensfeldern besteht. Alle hier bisweilen durch überforderte Stichworte wie „Wahrheit" oder „Objektivität" oder „Theorie" markierten Grenzlinien halten einer kritischen Diskussion nicht stand. Entsprechend erwächst auch die Wissenschaft der Bürger und Laien („Citizen Science") einerseits aus dem Alltag und der gewöhnlichen Erfahrungswirklichkeit, wie sie andererseits an die akademische, institutionelle Wissenschaft von Professional Science angrenzt und in diese münden kann, ohne dass irgendwo scharfe Grenzlinien erkennbar würden; das Wissenschaftsverständnis ist im Wesentlichen das gleiche. Nur bei organisatorischen Fragen (institutionelle Bindung oder Finanzierung) gibt es deutliche Unterschiede. Wenn manche akademisch geschulten Berufswissenschaftler dies nicht wahrhaben wollen, weil es die Gewohnheit stört, Forscher auf bestimmte Fakultäten, Disziplinen oder venia legendi festzulegen, ist das ihr Problem; durch die Welt vorgegebene wohlgegliederte Alleinzuständigkeiten gibt es nicht.

Die Abkehr vom falschen Grenzdenken hat mit der Interdisziplinären Forschung schon im Disziplinären Zeitalter begonnen, aber erst ein bewusst eingeleitetes Transdisziplinäres Zeitalter kann diese Forschungswende vollenden (Finke 2015; Oekom e.V. 2015). Letztlich ist für die professionelle Wissenschaft die sehr folgenreiche Abkehr vom archaischen Grenzdenken zwingend, denn die Kollateralschäden, die die bisherigen Einzelwissenschaften an unserem Lebensraum angerichtet haben, können mit den gleichen Denkweisen, die zu ihnen geführt haben, sicherlich nicht beseitigt werden (Finke 2016).

Literatur

Arnold, D.P. (Hg.) (2014): Traditions of Systems Theory. Major Figures and Contemporary Developments. New York/Abingdon: Routledge (Routledge Studies in Library and Information Science, Vol. 11).

Beleites, M. (2014): Umweltresonanz. Treuenbrietzen: Telesma.

Brouwer, L.E.J. (1918): Begründung der Mengenlehre unabhängig vom logischen Satz vom ausgeschlossenen Dritten. Verhandelingen der Koninklijke Akademie van Wetenschappen te: Amsterdam (eerste sectie) 12/5, S. 1-43.

Fill, A. / Steffensen, S.V. (Hg.) (2014): Ecolinguistics – The Ecology of Language and the Ecology of Science. Language Sciences 41, Part A. Amsterdam: Elsevier.

Finke, P. (1996): Sprache als *missing link* zwischen natürlichen und kulturellen Ökosystemen. Überlegungen zur Weiterentwicklung der Sprachökologie. In: A. Fill (Hg.), Sprachökologie und Ökolinguistik, Tübingen: Stauffenburg, S. 27-48.

Finke, P. (2003): Die Wechselwirkung der Vielfalt. Eine Erwiderung auf alle Beiträge. In: Yüce/Plöger (2003), S. 237-324.

Finke, P. (2005): Die Ökologie des Wissens. Exkursionen in eine gefährdete Landschaft. Freiburg: Alber.

Finke, P. (2005a): Über Grenzen, oder: Was wir von den Fröschen lernen können. Geleitwort. In: Haerdter (2005), S. 9-12.

Finke, P. (2007): Wirtschaft – ein kulturelles Ökosystem. Über Evolution, Dummheit und Reformen. In: Lang/Busch-Lüty/Kopfmüller (2007), S. 60-74.

Finke, P. (2014a): A Brief Outline of Evolutionary Cultural Ecology. In: Arnold (2014), S. 293-308.

Finke, P. (2014b): Citizen Science. Das unterschätzte Wissen der Laien. München: oekom.

Finke, P. (2014c): The Ecology of Science and its Consequences for the Ecology of Language. In: Fill/Steffensen (2014), S. 71-82.

Finke, P. (Hg.) (2015): Freie Bürger, freie Forschung. Die Wissenschaft verlässt den Elfenbeinturm. München: oekom.

Finke, P. (erscheint 2016): Transdisciplinary Linguistics. Ecolinguistics as a Pace-Maker into a New Scientific Age. London: Routledge.

Frege, G. (1918/19): Der Gedanke. Eine logische Untersuchung. In: Beiträge zur Philosophie des deutschen Idealismus 1 (1918/19), Erfurt: Verlag der Keyserschen Buchhandlung, S. 58-77.

Haerdter, M. (2005): Amphibische Zonen. Künster, Künste und Kulturen. Bonn: Klartext-Verlag.

Huntington, S. (1966): The Clash of Civilizations and the Remaking of World Order. New York: Simon & Schuster.

Lang, E. / Busch-Lüty, Chr. / Kopfmüller, J. (Hg.) (2007): Wiedervorlage dringend. Ansätze für eine Ökonomie der Nachhaltigkeit. München: oekom.

Lorenzen, P. (1962): Metamathematik. Mannheim: Bibliographisches Institut. Neuauflagen und Übersetzungen.

Luhmann, N. (1984): Soziale Systeme. Grundriss einer allgemeinen Theorie. Frankfurt a.M.: Suhrkamp.

Maturana, H. (1982): Erkennen: Die Organisation und Verkörperung von Wirklichkeit. Ausgewählte Arbeiten zur biologischen Epistemologie. Braunschweig: Vieweg.

Novotny, H. / Scott, P. / Gibbons, M. (2001): Re-Thinking Science. Knowledge in the Public in an Age of Uncertainty. Cambridge: Polity Press.

Oekom e.V. (Hg.) (2015): Forschungswende. Wissen schaffen für die Große Transformation. Politische Ökologie 140. München: oekom.

Snow, Ch.P. (1959): The Two Cultures. London: Cambridge University Press.

Woynowski, B. (2015): Wissenschaftskulturwandel. In: Finke (2015), S. 194-198.

Yüce, N. / Plöger, P. (Hg.) (2003): Die Vielfalt der Wechselwirkung. Eine transdisziplinäre Exkursion im Umfeld der Evolutionären Kulturökologie. Freiburg/München: Alber.

Zadeh, L. (1975): Fuzzy logic and approximate reasoning. In: Synthese, 30, S. 407-428.

Grenzen aus ethischer Sicht

Martin Schneider

Wir leben in einer Zeit, die von Grenzüberschreitungen und Entgrenzungen geprägt ist. In der Arbeitswelt fallen die Grenzen zwischen Arbeit und Freizeit, deswegen sprechen wir von einer Entgrenzung der Arbeit, in Politik und Wirtschaft verlieren die territorialen Grenzen an Bedeutung – weil sich das mobile Finanzkapital, die zunehmenden Migrationsströme und die ökologischen Herausforderungen nicht an diese Grenzen halten. Eine Grundlage für die Entgrenzungspraktiken sind die Medien: angefangen von den Verkehrsmitteln (Postkutsche, Schiff, Auto) über die Telekommunikationsmittel (Radio, Fernsehen) bis zu den digitalen Medien.

Entgrenzungen sind ein Signum der Moderne. Die „neue Zeit" definiert sich gerade dadurch, dass räumliche Grenzen überwunden und unbekanntes Land entdeckt wird, dass Grenzen des Wissens überschritten werden, um Fortschritt zu ermöglichen, und dass die durch Tradition, Ethos und Moralkodizes überlieferten Grenzen des Handelns unterlaufen werden, um ein selbstbestimmtes Leben führen zu können.

Dabei darf aber nicht übersehen werden: Jede Entgrenzungspraxis hat eine Begrenzung zur Voraussetzung. Grenzen können nur überwunden werden, wenn es eine Grenze gibt, und jede Entgrenzung zielt als Ergebnis auf eine neue Begrenzung. Es gibt also eine Dialektik zwischen Entgrenzung und Begrenzung. Bei den folgenden, um die ethische Rolle von Grenzen kreisenden Überlegungen spielt dieses Wechselverhältnis eine zentrale Rolle. Die ersten zwei Kapitel haben die ethischen Implikationen der *Praxis* von Grenzziehungen zum Thema. In Kapitel 3 wird die Perspektive gewechselt und das *Ergebnis* von Grenzziehungen in den Blick genommen. Ausgangspunkt ist hier die Annahme, dass Grenzen soziale Konstruktionen sind und daher wie soziale Strukturen daraufhin bewertet werden können, ob sie gerecht oder ungerecht sind. In Kapitel 4 nähere ich mich der Notwendigkeit von Selbstbegrenzungen. Den Abschluss meiner Überlegungen bildet die These, dass die Förderung von Resilienz und die Wiederentdeckung von Grenzen zwei Seiten einer Medaille sind.

1. Das Spannungsfeld von Grenzsetzung und Entgrenzung

1.1 Die immanente Logik der Grenze: es gibt ein Diesseits und Jenseits der Grenze

Um die Dialektik von Entgrenzung und Grenzsetzung zu verstehen, können wir immer noch viel von *dem* Dialektiker der Neuzeit, von Georg Wilhelm Hegel lernen.[1] Hegel erläutert in der *Enzyklopädie der philosophischen Wissenschaften* den Zusammenhang zwischen dem Problem der Grenze und den Fragen der Ethik. Ihm geht es dabei nicht darum, dass Grenzen so etwas wie moralische Verdikte enthalten. Ihm geht es um etwas Grundsätzliches: Wir können gar nicht anders, als Grenzen zu ziehen. Hegel führt in diesem Zusammenhang den Begriff der qualitativen Grenze ein. Er meint damit: „Etwas ist nur *in* seiner Grenze und *durch* seine Grenze das, was es ist. Man darf somit die Grenze nicht als dem Dasein bloß äußerlich betrachten, sondern dieselbe geht vielmehr durch das ganze Dasein hindurch" (Hegel 1970, S. 197).[2] Auf den Menschen bezogen heißt dies seiner Ansicht nach: „Der Mensch, insofern er wirklich sein will, muß dasein, und zu dem Ende muß er sich begrenzen" (a.a.O.). Jede und jeder muss sich demnach abgrenzen, um sich als Individuum entwerfen zu können. Er bleibt auf die Grenze angewiesen als etwas, was das Abgegrenzte zum Anderen macht und seinerseits von beiden unterschieden ist. Indem er aber eine Beziehung zu dem Anderen eingeht, überschreitet er Grenzen bzw. es werden neue, vielleicht auch gemeinsame Grenzen gezogen.

---

[1] Profitiert habe ich bei den folgenden Ausführungen von Kleinschmidt 2014, S. 6f.; Liessmann 2012, S. 33f.

[2] Hervorhebungen im Original.

1.2 Die anthropologische Rolle von Grenzen

Die Ausführungen von Hegel weisen auf eine zentrale anthropologische Erkenntnis hin: Grenzen sind wichtig für die Identitätskonstitution. Wäre alles unterschiedslos eines, gäbe es auch nichts zu sehen, nichts zu identifizieren. Jeder Versuch, Sinneseindrücke zu ordnen, zieht Grenzen. Niemand könnte „ich" sagen, wenn damit nicht auch schon eine Grenze zwischen mir und anderen gezogen wäre. Um aber Relationen herzustellen, sind Grenzüberschreitungen notwendig: Damit ich mich zum Beispiel entwickle und etwas dazulerne, ist es entscheidend, Grenzen zu überschreiten, sich auf Neues einzulassen und etwas dazuzulernen. Das Entdecken von Neuem führt aber wieder zu neuen Begrenzungen und Entgrenzungen. Sehr gut lässt sich dies am Beispiel von Aneignungspraktiken veranschaulichen (Schneider 2012a, S. 331-333 und 2016, S. 183-185): Wer sich etwas aneignet, überschreitet die Grenzen des schon Eigenen, lässt sich auf Fremdes ein und eignet sich dieses Fremde an. Im Rahmen des Lernprozesses macht er sich das Unbekannte zu eigen. In dieser Hinsicht lassen sich viele entwicklungspsychologische und pädagogische Phänomene auf die Dialektik von Grenzüberschreitung und Grenzsetzung zurückführen. Die Dynamik von Grenzüberschreitung und Grenzsetzung sollte daher nicht zum Stillstand kommen. Jede Einseitigkeit ist schon aus medizinischer Sicht bedenklich. Klinische Pathologien haben nicht selten ihre Ursache in einer deformierten Raumaneignung. Ohne Entgrenzung und Ausdehnung, ohne die Möglichkeit, sich in die Zukunft hinein und auf die Dinge zuzubewegen, also ohne Möglichkeit, Neues, Ungewohntes und Unbekanntes zu entdecken, wird der Lebensraum zum Kerker und Gefängnis. Das Gefühl der Enge, des Eingesperrtseins, des „Nicht-mehr-raus-Könnens" breitet sich aus. Die Depression ist in diesem Sinne eine „Ausdehnungskrise" (Schneider 2012a, S. 341-343; Sloterdijk 2001, S. 613-616; Straus 1960). Der andere Pol ist die Grenzenlosigkeit. Ohne Begrenzungen können wir nicht leben – außer in pathologischen Zuständen. Begrenzungen schaffen einen lebensweltlich erfahrbaren „Horizont der Vertrautheit", der Sicherheit und Halt gibt (Schneider 2012a, S. 350-354). Das Phänomen der Heimat bzw. Heimatlosigkeit ist daher nicht nur aus kulturphilosophischer, sondern auch aus psychiatrischer Sicht von Bedeutung (Heinze et al. 2006). Eine ethische Reflexion über Heimat hat hier ihre empirische Basis (Krebs 2013).

Auf diesem Pfad weiter zu reflektieren, führt zu interessanten Optionen für die Gestaltung von Bildungsprozessen und für die Planung von Räumen (Löw 2001, S. 73-89).

2. Moral und Ethik im Spannungsfeld von Grenzsetzung und Entgrenzung

2.1 Normen setzen Grenzen

Während ich bisher ethische Maximen über die Entfaltung von anthropologischen Zusammenhängen gestreift habe, gehe ich nun explizit auf den Zusammenhang von Grenzen und Moral ein.[3] Hier ist zunächst festzustellen: Grenzen haben in unserer Alltagswelt oft die Funktion eines Stoppschildes. Man kann auch jede moralische Norm als eine Schranke definieren, die das Handeln begrenzt und damit darüber befindet, ob dieses Handeln moralisch wünschenswert, letztlich gut oder inakzeptabel genannt werden kann. Die Etablierung moralischer Grenzen ist für jede Gemeinschaft überlebensnotwendig.[4] Alltagsmoral braucht das Ethos von klaren Regeln, die nicht dauernd zur Disposition gestellt werden. Gesetze, Normen, Traditionen und Gewohnheiten erfüllen diese Funktion. Sie sind Kurzformeln für Güterabwägungen, die sich in individueller und kollektiver Erfahrung langsam herausgebildet und bewährt haben (Vogt 1997, S. 59-64 und 321-332). Interessant ist ein Hinweis, auf den man bei Hannah Arendt stößt (1998, S. 78). Bei den Griechen, so die politische Philosophin, hatte die grenzsetzende Funktion von Gesetzen und Normen noch einen explizit räumlichen Sinn. Der *nomos* war eine „Gesetzesmauer", ein Grenzraum, der das, was er einhegte und umschloss, schützte.[5]

Ein Charakteristikum der Moderne ist demgegenüber die Grenzüberschreitung (Widmer 1991). Gerade deswegen ist aber auch ihr Preis, neue Grenzen setzen zu müssen (Höffe 1993). Diese finden aber nur dann

---

[3] Bei den folgenden Ausführungen verdanke ich Markus Vogt vielfältige Anregungen.

[4] Siehe dazu auch Elinor Ostroms Forschungen zu den Funktionsbedingungen bei der Verwaltung von Gemeingütern (1999).

[5] Am Beispiel der Antike kann auch gezeigt werden, dass Grenzen nicht nur die Funktion eines Stoppschildes haben. Die Analysen von Heinze et al. zu den *Grenzen der Antike* (2014) kreisen um die „Produktivität von Grenzen in Transformationsprozessen".

Akzeptanz, wenn sie nicht (nur) als Begrenzung erlebt werden. Es muss plausibel gemacht werden, dass Regeln und moralische Grenzen die individuelle Freiheit zwar zunächst einengen, sie jedoch zugleich und grundlegend ermöglichen, als eine Freiheit, die sich in Räumen geregelter Kommunikation entfalten kann. Dies ist auch der Grund, dass in der Moderne die Ethik sich auf der inhaltlichen Seite aus der Festlegung von Grenzen weitgehend zurückzieht und die Grenzziehungen geregelten Verfahren übergibt. Die ethischen Grenzen liegen dann in den Diskursbedingungen (siehe dazu den Beitrag von *Alfons Matheis* in diesem Band). Inhaltlich gehaltvoller sind demgegenüber die Menschenrechte. Ihre weltweite Anerkennung und Implementierung scheint eine der letzten Utopien zu sein, an die Menschen heute noch glauben (Moyn 2010). Menschenrechte definieren die letzten verbindlichen moralischen Grenzen in einer von Entgrenzungen geprägten Welt, z.B. „an welchen Punkten das Zugriffsrecht des Staates, der Herrschaft, der Polizei, aber auch von Privatpersonen an eine Grenze stößt, also nicht weiter toleriert werden kann. Sieht man als eine der Wurzeln dieser Menschen- und Bürgerrechte die Habeas-Corpus-Akte aus dem Jahre 1679 an, so wird auch eine geradezu topographische Grenze der Moral und des Rechts definiert: der Körper, die Oberfläche, die Physis des anderen. Dass niemand das Recht hat, die Integrität des Körpers des anderen zu verletzen, markiert eine Grenze, deren Vervielfältigung und Ausweitung, nicht Überschreitung zur Deklaration der Menschen- und Bürgerrechte im späten 18. Jahrhundert geführt hat" (Liessmann 2012, S. 37f.).

2.2 Kein Schutz ohne Grenzsetzungen

In diesem Sinn kann auch der Schutz der Menschenwürde als eine moralische Grenzsetzung verstanden werden. Schon die Rede von der Unantastbarkeit weist darauf hin, dass es eine Tabuzone gibt, die nicht betreten, ja, die nicht verletzt werden darf. Hans Joas spricht daher nicht ohne Grund von der „Sakralität der Person" (2011; 2012; 2013). Weil der Mensch ein „Heiligtum" ist, darf er nicht betreten und angetastet werden. Die „Unantastbarkeit" gilt ganz sicher für den Körper. Die körperliche Unversehrtheit ist ein unbedingt geltender Grundsatz. Die Unantastbarkeit gilt aber auch für die Sphären um den Körper. Das Bundesverfassungsgericht spricht in diesem Zusammenhang von einem „unantastbaren

Kernbereich privater Lebensgestaltung" (Schneider 2012a, S. 445-457, v.a. S. 452ff.).[6] Die normative Grundlage dafür bildet ein *allgemeines Persönlichkeitsrecht*, in dem das Recht des Einzelnen auf Achtung seiner Menschenwürde (Art. 1 Abs. 1 GG) mit dem Recht auf Entfaltung seiner individuellen Persönlichkeit (Art. 2 Abs. 1 GG) verknüpft ist.[7] Da die absolut geschützte Sphäre, also der unantastbare Kernbereich, nicht so eindeutig bestimmbar ist, wurde in der Folge eine Sphärentheorie entwickelt, gemäß der ausgehend von der Intimsphäre – mit abnehmender Schutzintensität – weitere Sphären um den Körper gezogen werden, die geschützt sind (Alexy 1994, S. 327-330; Lampe 1987, S. 96).

Der grundrechtlich garantierte Schutz der Intim- und Privatsphäre kann sich auf eine lange Tradition der europäischen Rechtsgeschichte berufen. Die häusliche Sphäre wurde im römischen Recht als das *integrum* angesehen, also als der unverletzliche Bereich, der unter dem Schutz des Rechts steht und dem Immunität zugesichert ist (Sloterdijk 2004, S. 536-538; Hattenhauer 2004, S. 52 [nr. 132], S. 325 [nr. 926], S. 405 [nr. 1152], S. 420 [nr. 1194]).[8] Die Urszene des *integrum* ist die geschützte Schlafstätte in der Nacht (Sloterdijk 2004, S. 541-543). Auch Hannah Arendts Hinweis, dass der Begriff des Eigentums ursprünglich nichts mit Besitz und Reichtum zu tun hatte, den man mit sich nehmen könnte, sondern vielmehr den räumlichen Bezirk bezeichnete, in dem eine Familie lebte, deutet auf die lange Tradition des Privatsphärenschutzes hin (Arendt 1998, S. 76). Das Eigentum war, so Arendt, „mehr als eine Wohnstätte; es bot als Privates den Ort, an dem man … vollziehen konnte, was seinem Wesen nach verborgen war, und seine Unantastbarkeit stand daher

---

[6] Zum ersten Mal leitete das Bundesverfassungsgericht (BVerfG) im Elfes-Urteil von 1957 einen „unantastbare[n] Bereich menschlicher Freiheit" aus der Menschenwürdegarantie des Art. 1 Abs. 1 GG sowie der Wesensgehaltsgarantie der Freiheitsgrundrechte nach Art. 19 Abs. 2 GG her (BVerfGE 6, 32 [41]). Zu weiteren Entscheidungen siehe Schneider 2012a, S. 445ff.

[7] Das BVerfG hat die Bedeutung des Allgemeinen Persönlichkeitsrechts in seinem Lebach-Urteil von 1973 herausgestellt (vgl. BVerfGE 35, 202 [207]). Vgl. auch BVerfGE 27, 344 (350); 32, 373 (397); 34, 205 (209); BVerfG 34, 238 (245). Vgl. dazu Degenhart 1992. Sehr einflussreich für die Konzeption des Persönlichkeitsrechts war Hubmann 1967.

[8] Vgl. auch Sloterdijk 2004, S. 538: „Das Recht auf Unversehrtheit der häuslichen Sphäre [bildet, M.S.] den Quellbereich, von dem aus die alteuropäische Rechtskultur sich entfaltet."

in engster Verbindung mit der Heiligkeit von Geburt und Tod" (a.a.O., S. 77).

Diese Traditionslinien weiter zu verfolgen wäre sicher ein spannendes Unternehmen. Wichtig in unserem Zusammenhang ist die Feststellung, dass Grenzsetzungen und der Menschenwürdeschutz verknüpft sind. So basieren der Schutz der körperlichen Unversehrtheit und der Privatsphärenschutz auf derselben normativen Intuition: Angefangen von der körperlichen Haut wird der Mensch als mit weiteren Schalen „bekleidet" angesehen, die in unterschiedlicher Intensität vor unerwünschtem Zugriff und Zutritt schützen sollen.[9] Die Persönlichkeitssphären umschließen in dieser Sicht den Menschen wie die Schale den Kern. Sie legen sich „um den Eigenwert der Persönlichkeit ... und [schützen, M.S.] sie vor dem Herabsinken zum Herdenwesen, vor der Gefahr der Vermassung und vor dem Eindringen Unbefugter" (Hubmann 1967, S. 269). Das Bild mit der Bekleidung weist darauf hin, dass der „Sphärenschutz" dafür garantiert, dass die einzelne Person der staatlichen Macht, gesellschaftlichen Institutionen und anderen Menschen nicht entblößt und nackt gegenübersteht. Für die Rechtsprechung ist das Sphärenmodell hilfreich, weil damit innerhalb der Privatsphäre zwischen einem absolut geschützten Kernbereich und einem Bereich privater Lebensgestaltung unterschieden werden kann, in den nach Maßgabe des Verhältnismäßigkeitsgrundsatzes im Interesse der Allgemeinheit eingegriffen werden darf. Allerdings ist die Abgrenzung der unterschiedlichen Sphären oft nicht eindeutig (Lampe 1987, S. 96; Kruse 1987, S. 68f.). Auch was konkret zum absoluten, geschützten Kernbereich gehört und was nicht, ist abhängig von kulturspezifischen Leitbildern und zeitgeschichtlichen Fragestellungen. Auf der anderen Seite bestätigen ethnologische und psychologische Studien die Annahmen eines sphärentheoretischen Persönlichkeitsmodells. Erving

---

[9] In den Augen von Beate Rössler ist das Sphärenmodell das *eine* Modell, um die Bedeutung der Privatsphäre zu umschreiben. Ein *anderes*, zweites Modell liegt ihrer Ansicht nach quer zu diesem, nämlich das, in dem die Dimension der dezisionalen Privatheit im Vordergrund steht. Hier habe „privat", so Rössler, „die Bedeutung einer Prädizierung von Handlungen oder Entscheidungen, die wir, wo immer wir sind, vollziehen und treffen können. [...] Das zweite Modell liegt deshalb quer zu dem ersten, weil es sich nicht in räumlichen Begriffen beschreiben lässt, sondern nur in Handlungs- und Verantwortungsdimensionen und in Dimensionen von Interesse und Betroffenheit" (Rössler 2001, S. 18). Meiner Ansicht lassen sich beide Aspekte zwar differenzieren, sind aber geschichtlich und analytisch eng miteinander verknüpft.

Goffman spricht von „Territorien des Selbst" (Goffman 1974, S. 54-96), auf die der Einzelne einen Anspruch erhebt und die er vor Verletzungen durch andere schützt. In der Verhaltensforschung wird die den Körper umgebende Zone *personal space* genannt. Diese bildet eine Art Blase, einen Raum um eine Person herum mit unsichtbaren Grenzen, in die ein Fremder nicht eindringen sollte.[10] Die Untersuchungen des Psychiaters Ernest Hartmann zu *Boundaries in the Mind* (1991; 2011) zeigen, dass sich Menschen nicht darin unterscheiden, ob sie Grenzen setzen und wahrnehmen, sondern wie und wo sie dies tun. Hochsensible Menschen haben zum Beispiel sehr poröse Schalen, die es der Umwelt erlauben, leicht in sie ein- und vorzudringen. Weil ihre Persönlichkeit nur von „dünnen Wänden" umgeben ist, sind sie verletzlicher und müssen auch mehr Eindrücke und Einflüsse verarbeiten als andere. Um davon nicht überfordert zu werden, müssen sie lernen, Grenzen zu setzen.

Leonis Kruse stellen diese das sphärentheoretische Persönlichkeitsmodell plausibilisierenden Untersuchungen nicht ganz zufrieden. Er kritisiert, dass das Modell von der Vorstellung eines isolierten, souveränen Individuums ausgeht und die zu schützende Sphäre als ein Behälter-Raum angesehen wird, bei dem ziemlich strikt ein Innen von einem Außen geschieden ist (Kruse 1987, S. 60f.). Auch wenn zuzustimmen ist, dass das damit verbundene Konzept eines in sich abgeschlossenen Individuums unzureichend und durch Konzepte zu ersetzen ist, die die Relationalität eines Individuums und seiner personalen Identität in den Mittelpunkt rücken, so ist es auch richtig, dass die normative Intuition, nämlich die Schutzbedürftigkeit eines individuellen Kernbereichs, durch das sphärentheoretische Modell sehr gut expliziert wird. Das Sphärenmodell ist demnach vorrangig keine deskriptive oder gar empirische Beschreibung, sondern eine normative Setzung.[11] Dahinter steht die moralische Intuition,

---

[10] Der Klassiker auf diesem Gebiet heißt *The Hidden Dimension* von Edward T. Hall (1966). Vgl. zum Thema *personal space* auch Habermas 1999a, S. 113ff. Interessant ist in diesem Zusammenhang auch der Ansatz des Psychiaters Klaus Blaser (2014). Dieser hat eine Methode entwickelt, die bisher unsichtbare psychische Ich-Grenze dreidimensional sichtbar zu machen. So werde es möglich, daran zu arbeiten, den psychisch-seelischen Raum besser zu schützen, zwischenmenschliche Verhaltensmuster zu ändern und eine starke individuelle psychische Grenze zu entwickeln.

[11] Dies ist auch der Punkt, den Kruse dem Sphärenmodell zugesteht (1987, S. 61f.). Kruse berücksichtigt aber nicht, dass die Forderung nach Gewährung eines *eigenen* Bereiches nicht zwangsläufig das Bild eines autarken, in sich abgeschlossenen Indi-

dass es einen abgegrenzten Bereich geben muss, der vor Übergriffen und Einblicken geschützt ist, ein Integrum, das für andere tabu ist, einen persönlichen Bereich, der im wahrsten Sinne des Wortes nicht angetastet werden darf und damit unantastbar ist. An diesem Punkt zeigt sich meines Erachtens sehr eindrücklich, dass ethische Grenzen physischen Grenzen gar nicht so unähnlich sind. So wie Letztere vor Gefahren schützen, schützen jene vor Verletzung, zum Beispiel vor Verletzung der Integrität des Körpers und des privaten Integrums. Grenzen verringern die Verletzlichkeit des Menschen (Witschen 2014). Die subjektiven Abwehrrechte haben demnach eine räumliche Dimension. Sie sind im wahrsten Sinne des Wortes „*liberties*, Schutzhüllen für die private Autonomie" (Habermas 1999b, S. 126). Sie gewähren einen Schutzraum, innerhalb dessen die Rechtspersonen frei sind. In solch einer Begrenzung wurzelt der moderne, europäische Rechtsstaat.

Wenn in den sozialen Medien die intime Tabuzone nicht mehr geachtet wird, wenn also alles öffentlich wird und der Einzelne nackt und ohne Schutzzone den Anderen ausgeliefert ist, sind wir zu neuen Grenzsetzungen herausgefordert. Daraus ergeben sich weitreichende Fragen, die aber an dieser Stelle nicht weiter verfolgt werden können.

2.3 Keine Souveränität ohne Grenzsetzungen

Bisher wurde im Hinblick auf die normative Funktion von Grenzen vorrangig auf ihre Schutzfunktion hingewiesen. Grenzen regeln den *Zugang* und schützen daher vor Gefahren, Verletzungen, Blicken und Einfluss. Dies ist allerdings keine ausreichende Bestimmung für den Wert von Grenzen. Neben diesem nach außen gerichteten Moment spielt das nach innen gerichtete Moment der *Kontrolle* eine Rolle (Rössler 2001, S. 21-25; Margalit 1999, S. 241). Dass wir die Privatsphäre schützen, hat nicht nur mit der Achtung der Integrität und dem Schutz eines Integrum zu tun. Neben dem Abschließen, Abgrenzen und Verbergen ist von Bedeutung, dass der Einzelne über ein Terrain verfügt, das seiner Regie unterliegt. So wie sich die Herrschaft des Staates über ein Stück Raum sowohl nach

viduums zur Grundlage hat. Phänomenologische Ansätze betonen zum Beispiel beides: die relationalen Bezüge und die Grenzziehungen (Schneider 2012a, S. 492f.; 2016, S. 183-185).

außen (Schutz der Grenzen) als auch nach innen (Herrschaft, Kontrolle, Souveränität) erstreckt, so ist es auch für den privaten Raum des Einzelnen von Bedeutung, dass er zum einen nach außen Schutz bietet und dass zum anderen der Einzelne innerhalb des privaten Raumes Verfügungsgewalt hat. Zu dem Aspekt des Schutzes kommt also der Kontrollanspruch hinzu. Über einen Raum zu verfügen heißt: „Hier kann ich bei mir sein. Hier kann ich tun und lassen, was ich will. Auf diesen Raum habe ich einen Anspruch." Grenzen haben demnach nicht nur einen negativen, abwehrenden, sondern auch einen positiven Sinn. Dies meint zunächst, dass ein Raum eingegrenzt wird, über den man souverän verfügen kann. In einer weitergehenden Interpretation wird damit ein Freiraum für sich selbst garantiert, ein Raum für Selbstbestimmung und Selbstverwirklichung (Rössler 2001, S. 136ff. und 260ff.).[12] Frei fühlt sich derjenige, der die Kontrolle über sein Leben hat – also nicht fremdbestimmt ist, sondern souverän. Daher ist es in pädagogischer, aber auch in politischer Hinsicht wichtig, Räume zu schaffen, in denen Menschen eigenverantwortlich handeln und Selbstwirksamkeit erfahren können.

Für die Philosophin Martha C. Nussbaum ist „die Fähigkeit, sein eigenes Leben in seiner eigenen Umgebung und seinem eigenen Kontext zu leben" (1999, S. 58), eine der menschlichen Grundfähigkeiten. Die Grundlage dafür bildet ihrer Ansicht nach, dass der Mensch nicht nur mit anderen und für andere lebt, sondern auch für sich. Nussbaum nennt dies den Wunsch nach *Getrenntsein*. Eine Bedingung für das *Getrenntsein*, so Nussbaum, ist das *starke Getrenntsein*. Ein Beispiel hierfür ist, „seinen eigenen Raum und seine eigene Umgebung zu haben" (a.a.O., S. 55). Gesellschaften unterscheiden sich ihrer Ansicht nach zwar danach, in welchem Maße sie ein starkes Getrenntsein zulassen und fördern, aber ein grundsätzliches Bedürfnis danach gäbe es überall. Damit ist, so Nussbaum, noch nicht ausgesagt, dass der Wunsch nach starkem Getrenntsein ein natürliches Grundrecht ist. Aber es ist feststellbar, dass es eine

---

[12] Die Unterscheidung zwischen dem Schutz nach außen und der Kontrolle nach innen hat eine gewisse Parallele zur Differenzierung zwischen negativer und positiver Freiheit, zwischen einer „Freiheit von" und einer „Freiheit zu" (Berlin 1969). Nach Isaiah Berlin beschäftigt sich der klassische Liberalismus bis hin zu John Stuart Mill hauptsächlich mit der negativen Freiheit. Erst danach begann eine Hinwendung zu positiven Freiheiten. Auch wenn beide Freiheitsmomente unterschieden werden können, so hängen sie doch eng zusammen. Zwischen ihnen lässt sich deshalb nicht immer eine eindeutige Grenze ziehen (Pauer-Studer 2000, S. 18-24).

hervorgehobene Rolle „beim Schutz einer Lebensweise spiel[t], die die Bürger übereinstimmend als gut für sie als Menschen einschätzen" (a.a.O., S. 79).

Was für den privaten Bereich zutrifft, gilt auch für den politischen Bereich. Staatliche Grenzen haben auch hier nicht nur die Funktion, nach außen zu schützen, sie schaffen zudem nach innen einen Raum der staatlichen Kontrolle, Souveränität und Selbstbestimmung. Wenn nun die Grenzen der Territorialstaaten durch global florierende Waren-, Daten- und Migrationsströme „unterspült" werden, dann relativiert dies zwar die Bedeutung bestehender Grenzen. Damit verschwindet aber nicht die Bedeutung, die mit politischen Grenzsetzungen verbunden ist: der Anspruch nach politischer Steuerung und Kontrolle. Wie und auf welcher Maß- stabsebene dieser Anspruch erfüllt werden kann, ist eine wichtige Zu- kunftsfrage – eine Frage, die ganz sicher auch mit neuen (und anderen) Grenzsetzungen zu tun hat (Nussbaum 2010, S. 310-441; Benhabib 2007).

2.4 Zwischenfazit

Infolge unserer Freiheit Grenzen überschreiten zu können, ist zweifellos eine Grunddimension menschlichen Daseins. Daraus resultiert unsere Kreativität, Neugier, unsere Offenheit, unser Forschungsdrang. „Man kann aber Grenzen nur überschreiten, wenn es Grenzen gibt. Weder in der Politik noch in der Moral kann es also darum gehen, Grenzen schlechthin aufzugeben. Sehr wohl aber muss es darum gehen, sich zu überlegen, wo und wann Grenzen gezogen, wie und warum sie überschritten und vor allem, wie mit Grenzen umzugehen sei" (Liessmann 2012, S. 44).

Grenzen zu überschreiten kann auch mit der menschlichen Aggressi- vität, Gier und Destruktivität zu tun haben. Deshalb sind Grenzen nicht nur eine Schranke und ein Hindernis, sie haben auch eine Schutz- funktion. Der Mensch ist infolge seiner Verletzlichkeit des Schutzes be- dürftig und infolge seiner Würde des Schutzes wert (Witschen 2014). Vor allem die besonders Verwundbaren, die Schwachen, die Minderhei- ten, die Mindermächtigen brauchen diesen Schutz. „Grenzen niederzu- reißen, Grenzen zu überschreiten – seien es territoriale Grenzen oder die des Anstands und der Moral –, kann nicht nur heißen, Weltoffenheit zu demonstrieren, sondern kann ganz einfach ein aggressiver Akt sein, bei dem die Integrität eines Menschen, einer Menschengruppe oder eines

Landes missachtet wird. Friedrich Nietzsches Enthusiasmus für die Starken feierte nicht nur deren Kraft der Grenzüberschreitung, sondern korrespondierte mit einer Verachtung der Schwachen, die Grenzen nötig haben" (Liessmann 2012, S. 39).

Das bedeutet nicht, jede Überschreitung tradierter Grenzen abzulehnen. Der moralische „Fortschritt" einer Gesellschaft zeigt sich oft auch darin, dass Grenzziehungen überwunden werden (Nussbaum 2010), z.B. zwischen lebenswerten und lebensunwerten Leben. Tatsächlich ist das stärkste Kennzeichen totalitären Denkens die grenzziehende Einteilung von Menschen in essenzielle Behälter: Juden, Arier, Schwarze, Zigeuner. Immer noch gibt es „genug inhumane Grenzen, die ihrer Aufhebung harren. Aber hin und wieder kann es humaner sein, eine Grenze zu respektieren und über die Grenze hinweg dem anderen die Hand zu reichen, als die Grenze niederzureißen und den anderen sich einzuverleiben" (Liessmann 2012, S. 43).

3. Soziale Grenzziehungen und moralische Entgrenzungen

3.1 Die verbindende Funktion von Grenzen

Die von Konrad Liessmann angesprochene verbindende Funktion von Grenzen wurde zu Beginn des letzten Jahrhunderts von Georg Simmel in die Diskussion eingebracht. Wie in seiner gesamten Soziologie geht es ihm auch beim Phänomen der Grenze um die Analyse der Verknüpfungen und Wechselwirkungen zwischen zunächst getrennten Bereichen.[13] Indem eine Grenze gezogen wird, werden die zwei gegeneinander abgegrenzten Teile in ein Verhältnis der Wechselwirkung gebracht, obwohl die Grenze eine gegenseitige Einwirkung gerade verhindern soll (Simmel 1992, S. 697).[14] Eine Grenze trennt zuerst einmal, sie teilt in Eigenes und Fremdes. Grenzen ermöglichen auf der anderen Seite aber Verbindungen und Wechselwirkungen. Grenzen „regen dazu an, Brücken zu schlagen

---

[13] Gesellschaft entsteht in den Augen von Simmel, wenn das „isolierte Nebeneinander der Individuen zu bestimmten Formen des Miteinander und Füreinander" gestaltet wird (Simmel 1992, S. 19).

[14] Auch Michel de Certeau spricht von einem „Paradox der Grenze: da sie durch Kontakte geschaffen werden, sind die Differenzpunkte zwischen Körpern auch ihre Berührungspunkte. Verbindendes und Trennendes ist hier eins" (Certeau 1988, S. 233).

und Türen einzulassen. Keine Trennung ohne Verbindung, aber eben auch [...] keine Verbindung ohne neuerliche Trennung" (Brieskorn 2004, S. 82). Eine sich räumlich formierende Grenze stellt für Simmel nur den „Sonderfall einer elementaren soziologischen Tatsache dar" (Schroer 2006, S. 69): „Vielleicht in der Mehrzahl aller Verhältnisse zwischen Individuen wie zwischen Gruppen wird der Begriff der Grenze irgendwie wichtig. Überall, wo die Interessen zweier Elemente demselben Objekt gelten, hängt die Möglichkeit ihrer Koexistenz daran, daß eine Grenzlinie innerhalb des Objekts ihre Sphären scheidet – sei diese nun als Rechtsgrenze das Ende des Streites oder als Machtgrenze vielleicht sein Anfang" (Simmel 1992, S. 698).

3.2 Grenzen sind soziale Konstrukte

Mit der Position, dass Grenzen nicht auf das räumliche Substrat verkürzt werden dürfen, sondern soziale Konstrukte sind, grenzt sich Simmel von zu seiner Zeit einflussreichen Geographen ab. Statt sich wie Friedrich Ratzel in seiner Anthropogeographie und Politischen Geographie mit den Auswirkungen des Raums auf soziale Strukturen zu beschäftigen, geht es Simmel um den Nachweis, dass die materiellen Substrate der Gesellschaft und der Raum sozial konstituiert sind (Schneider 2012a, S. 149f.). Grenzen existieren demnach nicht an sich, sondern werden erst dazu gemacht (siehe dazu auch den Beitrag von *Olaf Kühne* in diesem Band). Im Falle der natürlichen Grenzen irritiert dies zunächst vielleicht. „Denn Bergkämme oder Küsten bilden doch eigentlich sehr markante landschaftliche Einschnitte. Sie werden allerdings nur vom Menschen in dieser Form erfahren, für andere Lebewesen bedeuten sie keine natürliche Einschränkung der Bewegungsfreiheit. Ebenso wie künstlich erzeugte Hindernisse unterliegt aber auch ihr Status als Grenze kulturellen Setzungen und konventionellen Wahrnehmungsmustern. Im Umkehrschluss bedeutet dieser Gedanke, dass Grenzen der beständigen Verteidigung bedürfen, um als solche zu gelten. Das trifft für militärische Anlagen ebenso zu wie für symbolische Grenzen im Sinne von moralischen, juristischen, religiösen oder sozialen Verhaltensnormen. Geschwindigkeitsverbote oder das Haltegebot an roten Ampeln beispielsweise sind zwar in der Straßenverkehrsordnung festgelegt, ihre Gültigkeit behalten sie allerdings nur dadurch, dass sie in polizeilichen Maßnahmen überprüft werden. Grenzen manifestieren sich demnach als konkrete Gebilde oder Handlungen, die auf einer gemeinschaftlichen Übereinkunft beruhen. Ändert sich diese jedoch, und zwar dadurch, dass sie nicht mehr kontrolliert und praktiziert wird, verlieren auch die Erscheinungsformen ihre limitierende Funktion" (Kleinschmidt 2014, S. 4).

3.3 Kritik von Grenzen

Gerade weil Grenzziehungen soziale Konstrukte sind, können an sie normative Kategorien angelegt werden: Wie „gerecht" sind Grenzziehungen? Weil bei einer Grenzziehung zwischen einem Innen und Außen unterschieden wird, schließen Grenzen ein und schließen Grenzen aus. Wie gerecht ist es, dass die einen drinnen sein dürfen und die anderen draußen bleiben müssen? Wie gerecht ist es, wer wann, wo und unter welchen Umständen Grenzen passieren darf und wer nicht (Cassee/Goppel 2014). Grenzen weisen „unterschiedliche Grade der Durchlässigkeit" (Kleinschmidt 2014, S. 8) auf. Ob nun die Grenzen für Flüchtlinge offen sind, ob es Obergrenzen für den Zutritt gibt, ist in ethischer Hinsicht von hoher Relevanz. Dass der Schutz der Menschenwürde jedem Menschen zusteht, führt zu Entgrenzungen. Der Schutz der Menschenwürde kennt keine Grenzen, schon gar keine Obergrenzen (Schneider/Tremmel 2015; Heimbach-Steins 2015). Hier zwingt die schützende Funktion des Menschenwürdegrundsatzes zur Entgrenzung.

Auch die sozialen Grenzziehungen innerhalb einer Gesellschaft sollten ständig hinterfragt werden. Von Bedeutung ist hier die Wahrnehmung, dass ständig Grenzpraktiken stattfinden, „vom Bildungssektor über den Sportverein bis hin zum Gesundheitssystem. Immer geht es dabei um Statusfaktoren, die über Zugangsberechtigungen und Privilegien entscheiden" (Kleinschmidt 2014, S. 8). Mit Hilfe von grenzsetzenden Praktiken grenzt sich eine Gemeinschaft nach außen ab und reguliert nach innen die Verhaltensweisen im Zusammenleben. „Diese Übereinkunft als Handlungsform kann als Akt verbaler Artikulation auftreten, etwa wenn jemand durch Beschimpfungen ausgegrenzt oder über einen Sprachritus in eine Gemeinschaft aufgenommen wird. Sie zeigt sich aber ebenso an internalisierten Verhaltensmustern" (a.a.O.). Eine kritische Funktion hat diese Wahrnehmung, wenn die Machtfaktoren, auf denen grenzsetzende Praktiken beruhen, in den Blick genommen und in gewisser Weise auch „entlarvt" werden. Das Nachdenken über die soziale Konstruktion von Grenzen kann dazu beitragen, Grenzpraktiken zu hinterfragen. Das universale Verständnis der Menschenwürde, der christlichen Nächstenliebe und der Solidarität drängt gerade dazu, den begrenzten Kreis der Menschen, für die man sich verantwortlich fühlt, zu entgrenzen und auf alle auszuweiten. Auch der Einsatz für Inklusion ist verbunden mit der Relativierung von sozialen Grenzziehungen. Daran sieht man: Moral darf und kann nicht auf das Setzen von Grenzen verkürzt werden. Sie fordert immer auch dazu heraus, inhumane Aus- und Abgrenzungen wahrzunehmen und kritisch zu hinterfragen. Mit Papst Franziskus könnte man sagen: Nicht nur hinterfragen, sondern an die Ränder und an die Grenzen gehen und sich mit denjenigen solidarisieren, die aus- und abgegrenzt werden.

3.4 Entgrenzte Immunsystemkämpfe

Es gilt aber auch: Wir können Grenzsetzungen zwar hinterfragen, wir können aber nicht anders, als Grenzen zu setzen. Wir eignen uns ständig Räume an und unterscheiden zwischen einem Eigenen und einem Fremden, zwischen einem Drinnen und Draußen, zwischen einer Heim- und einer Fremdwelt. „Die Eingrenzung beginnt … am eigenen Leib, mit der Haut als Grenz- und Berührungsfläche. Die leibliche Innensphäre weitet sich aus. Ähnlich wie es üblich ist, Werkzeuge als Erweiterung oder Verlängerung des Leibes zu bezeichnen, bedeutet die Wohnung eine Ausweitung des leiblichen Innen- und Eigenbereichs. Elementare architektonische Bestandstücke wie Wand und Mauer oder auch Stadt- und Landesgrenzen setzen diese Differenz von Drinnen und Draußen unweigerlich voraus" (Waldenfels 2001, S. 188; vgl. Schneider 2016, S. 183-186).

Peter Sloterdijk nennt die Scheidung zwischen einem Drinnen und Draußen „Immunsystemkämpfe". Sie ist seiner Ansicht nach „mit der Geschichte des Protektionismus und der Externalisierung identisch. Die Protektion bezieht sich immer auf ein lokales Selbst, die Externalisierung auf eine anonyme Umwelt, für die niemand Verantwortung übernimmt". Sloterdijk ist davon überzeugt, dass die „Geschichte von Immunsystemkämpfen", „in der die Siege des Eigenen nur mit der Niederlage des Fremden zu bezahlen waren", an ihre Grenzen stößt. Weil „die ‚Weltgesellschaft' den Limes erreicht und die Erde mitsamt ihren fragilen atmosphärischen und biosphärischen Systemen ein für alle Mal als den begrenzten gemeinsamen Schauplatz menschlicher Operationen dargestellt hat", so Sloterdijk, „wird ein Protektionismus des Ganzen zum Gebot der immunitären Vernunft. Die globale immunitäre Vernunft [...] verlangt, über sämtliche bisherigen Unterscheidungen von Eigenem und Fremden hinauszugehen. Damit brechen die klassischen Unterscheidungen von Freund und Feind zusammen. Wer auf der Linie bisheriger Trennungen zwischen dem Eigenen und Fremden weitermacht, produziert Immunverluste nicht nur für andere, sondern auch für sich selbst" (Sloterdijk 2011, S. 712f.).

Eine interessante Überlegung ist auch, Grenzziehungen und das damit verbundene Souveränitätsverständnis relational zu denken. Das Ich, das sich über Grenzziehungen konstituiert, ist bezogen auf die Anderen jenseits der eigenen Grenzen, die eigene Gemeinschaft ist bezogen auf andere Gemeinschaften und der eigene Staat ist bezogen auf andere Staaten. Nicht eine Behälter-Souveränität sollte das Ziel sein, sondern eine relationale Souveränität (Benhabib 2007 und 2008).

4. Die Notwendigkeit von Selbstbegrenzungen

4.1 Die Selbstüberforderung des Menschen

Die Moderne ist das Zeitalter der Entgrenzungen. Die menschliche Entdeckerlust und Neugier hat zu einer gewaltigen Verschiebung der Grenzen der menschlichen Erkenntnis und technischen Möglichkeiten geführt. Vieles ist möglich, was vorher undenkbar war. Dadurch kommt ein weiterer Grenz-Bereich in den Blick: Die Utopie des unbegrenzten Fortschritts weicht zurück vor der Frage „Was wollen wir können?" (Mieth 2002). Als Fortschritt kann heute nur noch eine Entwicklung bezeichnet werden, die ihre Maße, Ziele und Grenzen kennt (Beaufort et al. 2003). Die zentrale Frage ist: Wo ist die Grenze zwischen einem Fortschritt, der dem Menschen dient, und einem Fortschritt, der in eine prinzipielle Selbstüberforderung des Menschen mündet – durch ein Wissen, dessen Handhabung er nicht mehr gewährleisten und gesellschaftlich sicherstellen kann?

Auch hier ist es weiterführend, einen Gedankengang von Sloterdijk aufzugreifen. In einem neueren Essay nennt er uns *Die schrecklichen Kinder der Neuzeit* (2014). Dahinter steht die Feststellung, „dass die Summe der

Freisetzungen von Energien in Zivilisationsprozessen regelmäßig die Leistungsfähigkeit kultivierender Bindekräfte übersteigt" (Sloterdijk 2014, S. 87). Einfacher ausgedrückt könnte man vielleicht auch sagen: Unsere heutige Zivilisation produziert von allem zu viel, und dieser Überfluss könnte ihren Niedergang bedeuten. Sloterdijk führt hierfür 25 Beispiele an, von denen ich nur ein paar aufzählen möchte (a.a.O., S. 87-90):

- Es werden in aller Welt viel mehr Wünsche nach Objekten des Konsums und des Genießens stimuliert, als durch real erarbeitete Güter bedient werden können.

- Es werden mehr Fahrten angetreten, mehr Transfers durchgeführt, als durch Vorkehrungen zur Kollisionsvermeidung schadlos abzuwickeln sind.

- Es werden ständig mehr Krankheiten entdeckt, beschrieben und diagnostiziert, als je durch bestehende Einrichtungen behandelt werden können.

- Es werden von Schuldnern (namentlich Regierungen) stets mehr Kredite aufgenommen, als sich jemals mit Rückzahlungsabsichten rechtfertigen lassen.

- Es werden viel mehr Abfälle aus konsumorientierten Lebensformen generiert, als sich auf absehbare Zeit in Recycling-Prozessen resorbieren lassen.

Sloterdijk zufolge mündet dieses „Zuviel von allem" in ein „Zeitalter der Nebenwirkungen" (a.a.O., S. 92). Mit dem Ausdruck *Nebenwirkung* meint er die Tatsache, dass die bewusst herbeigeführten Effekte von Unternehmungen und Innovationen zu einem nicht beabsichtigten, ausufernden und vor allem nicht mehr zu beherrschenden Konsumexzess führen. Dies hat in seinen Augen auch Konsequenzen für den modernen Staat. Dieser muss zur Einhegung und Eingrenzung der beschriebenen entfesselten Nebenwirkungen von einer Gestaltungs- zu einer Kompensationspolitik übergehen. Sloterdijk schreibt: „War die Moderne das Zeitalter der Projekte, erweist sich die Postmoderne als das Zeitalter der Reparaturen. [...] Größere Politik scheint nur noch als ausgeweiteter Pannendienst möglich" (a.a.O., S. 93) – als „defensives Hinterher-Regieren nach Zwischenfällen und Notständen" (a.a.O., S. 94).

4.2 Resilienz – eine Antwort auf entgrenzte Erschöpfungszustände

Wir befinden uns in einer Epoche beschleunigter Veränderungsprozesse und tiefer sozialer, ökonomischer, ökologischer Umbrüche und Krisen. Einiges spricht dafür, dass es sich dabei nicht um isolierte Einzelphänomene handelt, sondern um Elemente einer „multiplen Krise" (Brand 2010). Ob daraus wie bei der Diagnose einer Krankheit die Chance zu einer „großen Transformation" (WBGU 2011) erwächst, hängt auch davon ab, ob die Zeichen und Indizien richtig gedeutet werden und ein Umdenken einsetzt (Lang 2014). Eine nicht ganz an den Haaren herbeigezogene Diagnose ist die der „beschleunigten Erschöpfung" (Neckel/Wagner 2013; Rosa 2009b und 2013). Gerade weil die Märkte grenzenlos expandieren und der Konsum unendlich gesteigert wird, steuert die Wachstumsdynamik des Kapitalismus auf einen Erschöpfungszustand zu; die natürlichen Ressourcen werden zur Gänze ausgebeutet, die Kapazitäten für die Aufnahme von CO_2 „übernutzt", die Artenvielfalt unwiederbringlich zerstört, die Regenwälder abgeholzt und die Meere verschmutzt. Und weil in Arbeit und Familie die letzten menschlichen Reserven mobilisiert werden, entlädt sich zudem der Akku von vielen Menschen. Das „unternehmerische Selbst" (Bröckling 2007) wird zum „erschöpften Selbst" (Ehrenberg 2008; Schneider 2012b, S. 95-99).

Es ist kein Zufall, dass in Zeiten, in denen sich das Krisenbewusstsein verschärft und die Suche nach Problemlösungspotenzialen zunimmt, der Begriff der Resilienz an Bedeutung gewinnt (Vogt 2015). Es ist zwar ein wenig verwirrend, dass er in ganz unterschiedlichen Disziplinen und Kontexten zu einem „Zauberwort" geworden ist. Dies kann aber ganz nüchtern damit erklärt werden, dass sich Resilienz-Konzepte „mit den ‚Fähigkeiten' bzw. dem ‚Potenzial' oder ‚Vermögen' – und damit verbunden: mit den Ressourcen – von Einheiten beschäftigen, mit für diese Einheiten disruptiven Ereignissen so umzugehen, dass diese Ereignisse keine negativen Auswirkungen [...] für die Einheit haben" (Endreß/Rampp 2015, S. 38). Resilienz-Konzepte lenken den Blick auf die personalen, sozialen, kulturellen, ökonomischen oder ökologischen Ressourcen, die hilfreich sind, um Krisen zu meistern und gegen Störungen weniger anfällig zu sein. „Resilienz setzt auf die Stärkung der personal-psychischen und gesellschaftlich-sozialen Immunsysteme" (Vogt 2015, S. 16). In diesem Sinne kann die Suche nach Resilienz als eine zugleich therapeutische und transformative Antwort auf die Zunahme von Erschöpfungszuständen ver-

standen werden (Neckel/Wagner 2013, S. 214-216). Resilienz steht für
die Ablösung von Fortschrittsglauben und Expansionsbedürfnissen durch
defensive und „bewahrende" Modelle des Denkens und Handelns. Dies
impliziert den Auftrag, einer neuen Art des nachhaltigen Ressourcen-
managements zum Durchbruch zu verhelfen. Damit ist zum einen der
haushälterische Umgang mit den individuellen, sozialen und ökologischen Ressourcen gemeint, zum anderen die Fähigkeit, Grenzen zu setzen:
Grenzen zwischen Arbeit und Freizeit, um den subjektiven Energiekreis-
lauf und die *work-life-balance* aufrechtzuerhalten; Grenzen gegenüber
der Kolonisierung der Lebenswelt durch ökonomische und funktionale
Imperative, um die sozialen Ressourcen zu schützen; Grenzen für das
ökonomische Wachstum, um die ökologischen Ressourcen zu schonen.
Die Frage nach Resilienz führt zu der Frage: In welcher Welt bzw. in
welcher Gesellschaft wollen wir leben? In normativer Hinsicht basiert
diese Perspektive nicht auf den Grundsätzen der Gerechtigkeit. Sie schaut
nicht so sehr auf die Spaltungstendenzen (zwischen Gewinnern und Ver-
lierern) und auf Ungleichheiten in der Gesellschaft, sondern vielmehr auf
den Gesamtcharakter und die Entwicklungsrichtung der kapitalistischen
Gesellschaftsformation.[15] Im Blick ist die Frage, wie gesellschaftlich ton-
angebende Leitbilder die sozialen Bedingungen beeinflussen, unter denen
ein gelingendes und gutes Leben möglich ist. Diese Perspektive richtet
sich an ein kollektives Interesse aller Menschen, sie sieht alle Subjekte
als „Betroffene" an.

5. Fazit

Meine zugegebenermaßen weit ausholenden Ausführungen zur Rolle von
Grenzen in der Ethik möchte ich mit zwei Thesen zusammenfassen:

Erstens: Moral und Ethik setzen Grenzen und entgrenzen zugleich die
Maßstäbe und die Perspektiven unseres Handelns in räumlicher und zeit-
licher Hinsicht. Gemeint ist damit, dass das universale Verständnis der
Menschenwürde dazu drängt, den begrenzten Kreis der Menschen, für die
man sich verantwortlich fühlt, zu entgrenzen und auf alle auszuweiten.
Dieses „für alle" verpflichtet dazu, jeden einzelnen Menschen in seiner

---

[15] Vgl. zu dieser Unterscheidung Schneider 2011, S. 25; Rosa 2009a; 2009b, S. 90-93;
2009c, S. 205f.; 2009d, S. 265f.; 2013, S. 93ff.

Würde zu schützen. In spezifischer Form gilt dies für besonders verletzliche Personen (z.B. Kinder, Frauen, Flüchtlinge, Minoritäten). Die Handlungsweise des Schützens ist aber nicht ohne Grenzziehungen denkbar und möglich.

Diese Annahme führt zur *zweiten* These: In einer entgrenzten Welt muss die anthropologische Funktion von Grenzen wiederentdeckt werden. Damit verbunden ist eine Aufwertung von Räumen und Praktiken, die der Einhegung, der Schonung, dem Schutz und der Souveränität dienen.

Eine spannende Herausforderung ist es, diese Aspekte mit dem Leitprinzip der Nachhaltigkeit zu verknüpfen. Nachhaltigkeit ist auf der einen Seite eng verknüpft mit Selbstbegrenzungen. Auf Nachhaltigkeit wird vor allem verwiesen, weil wir in nahezu allen entscheidenden Fragen, die unseren Planeten betreffen, an Grenzen stoßen – ob dies die viel zitierten Grenzen des Wachstums, die Grenzen der natürlichen Ressourcen, die Grenzen aggressiver Technologien, die Grenzen der Beherrschbarkeit ökologischer Katastrophen oder die Grenzen kurzfristig agierender Märkte sind. Auf der anderen Seite ist das moralisch Anspruchsvolle am Prinzip Nachhaltigkeit, dass die Grenzziehungspraktiken, die notwendig sind, um die Existenz der Menschheit weiterhin zu sichern, eine zeitliche Entgrenzung unseres Verantwortungsbereichs zur Grundlage haben. Hans Jonas hat hierfür in seinem Werk *Das Prinzip Verantwortung* die entscheidende Maxime formuliert.[16] Dass die Reihe der Generationen überhaupt weitergehen soll, stellt sich seiner Ansicht nach angesichts der Destruktionspotenziale moderner Technologien als die eigentlich entscheidende ethische Frage dar. Jonas formulierte diesen Imperativ folgendermaßen: „‚Handle so, daß die Wirkungen deiner Handlung verträglich sind mit der Permanenz echten menschlichen Lebens auf Erden‘; oder, negativ ausgedrückt: ‚Handle so, daß die Wirkungen deiner Handlung nicht zerstörerisch sind für die künftigen Möglichkeiten solchen Lebens‘; oder einfach: ‚Gefährde nicht die Bedingungen für den indefiniten Fortbestand der Menschheit auf Erden‘; oder, wieder positiv gewendet: ‚Schließe in deine gegenwärtige Wahl die zukünftige Integrität des Menschen als MitGegenstand deines Wollens ein‘" (Jonas 1984, S. 36). Durch Entgrenzung unserer moralischen Perspektive in zeitlicher (und räumlicher) Hinsicht Selbstbegrenzungspraktiken einzuüben – dies ist die zentrale Herausforderung unserer Zeit.

---

[16] Vgl. zum Folgenden auch Liessmann 2012, S. 122ff.; Veith 2006.

Literatur

Alexy, R. (1994 [1985]): Theorie der Grundrechte. 2. Aufl., Frankfurt a.M.: Suhrkamp.

Arendt, H. (1998 [1958]): Vita activa oder vom tätigen Leben. 10. Aufl., München: Piper.

Beaufort, J. / Gumpert, E. / Vogt, M. (Hg.) (2003): Fortschritt und Risiko. Zur Dialektik der Verantwortung in (post-)modernen Gesellschaften. Dettelbach: Röll.

Benhabib, S. (2007): Zwielicht der Souveränität oder kosmopolitische Normen? In: Beck, U. (Hg.), Generation Global. Ein Crashkurs. Frankfurt a.M.: Suhrkamp, S. 167-186.

Benhabib, S. (2008 [2004]): Die Rechte der Anderen. Ausländer, Migranten, Bürger. Frankfurt a.M.: Suhrkamp.

Berlin, I. (1969 [1958]): Two Concepts of Liberty. In: Ders., Four Essays on Liberty. Oxford University Press: Oxford/New York, S. 118-172.

Blaser, K. (2014): In mir und um mich herum. Basel u.a.: Synergia-Verlag.

Brand, U. (2010): Die multiple Krise. Dynamik und Zusammenhang der Krisendimensionen, Anforderungen an politische Institutionen und Chancen progressiver Politik. In: Hahne, U. (Hg.), Globale Krise – Regionale Nachhaltigkeit. Handlungsoptionen zukunftsorientierter Stadt- und Regionalentwicklung. Detmold: Rohn, S. 9-28.

Brieskorn, N. (2004): Begrenzung und Entgrenzung aus sozial- und staatsphilosophischer Perspektive. In: Müller, J.; Kiefer, M. (Hg.), Grenzenloses „Recht auf Freizügigkeit"? Weltweite Mobilität zwischen Freiheit und Zwang. Mit Beiträgen von Norbert Brieskorn, Walter Lesch, Ludger Pries, Annette Treibel. (Globale Solidarität – Schritte zu einer neuen Weltkultur, Bd. 10). Stuttgart: Kohlhammer, S. 81-106.

Bröckling, U. (2007): Das unternehmerische Selbst. Soziologie einer Subjektivierungsform. Frankfurt a.M.: Suhrkamp.

Cassee, A. / Goppel, A. (2014 [2012]) (Hg.): Migration und Ethik. 2., unveränd. Aufl., Münster: mentis.

Certeau, M. de (1988 [1980]): Kunst des Handelns. Berlin: Merve.

Degenhart, Chr. (1992): Das allgemeine Persönlichkeitsrecht, Art. 2 I i.V. mit Art. 1 I GG. In: Juristische Schulung (JuS), 32(1), S. 361-368.

Dörre, K. / Lessenich, S. / Rosa, H. (Hg.) (2009): Soziologie – Kapitalismus – Kritik. Eine Debatte. Unter Mitarbeit von Thomas Barth. Frankfurt a.M.: Suhrkamp.

Ehrenberg, A. (2008): Das erschöpfte Selbst. Depression und Gesellschaft in der Gegenwart. Frankfurt a.M.: Suhrkamp.

Endreß, M. / Rampp, B. (2015): Resilienz als Perspektive auf gesellschaftliche Prozesse. Auf dem Weg zu einer soziologischen Theorie. In: Endreß, M.; Maurer, A. (Hg.), Resilienz im Sozialen. Theoretische und empirische Analysen. Wiesbaden: Springer VS, S. 33-55.

Goffman, E. (1974 [1971]): Das Individuum im öffentlichen Austausch. Mikrostudien zur öffentlichen Ordnung. Frankfurt a.M.: Suhrkamp

Habermas, T. (1999a [1996]): Geliebte Objekte. Symbole und Instrumente der Identitätsbildung. Frankfurt a.M.: Suhrkamp.

Habermas, J. (1999b [1996]): „Vernünftig" versus „wahr" – oder die Moral der Weltbilder. In: Ders., Die Einbeziehung des Anderen. Studien zur politischen Theorie. Frankfurt a.M.: Suhrkamp, S. 95-127.

Hall, E.T. (1966): The Hidden Dimension. New York: Anchor.

Hartmann, E. (1991): Boundaries in the mind: a new psychology of personality. New York: Basic Books.

Hartmann, E. (2011): Boundaries: A New Way to Look at the World. New York: CIRCC EverPress.

Hattenhauer, H. (2004 [1992]): Europäische Rechtsgeschichte. 4., durchges. u. erw. Aufl., Heidelberg: Müller.

Hegel, G.W.F. (1970 [1830]): Enzyklopädie der philosophischen Wissenschaften im Grundrisse (1830), Erster Teil: Die Wissenschaft der Logik. Mit den mündlichen Zusätzen, neu editierte Ausgabe. In: Werke in 20 Bänden, Bd. 8. Frankfurt a.M.: Suhrkamp.

Heimbach-Steins, M. (2015): Grenzverläufe gesellschaftlicher Gerechtigkeit. Migration – Zugehörigkeit – Beteiligung. (Gesellschaft – Ethik – Religion, Bd. 5), Paderborn: Ferdinand Schöningh.

Heinze, A. / Möckel, S. / Röcke, W. (Hg.) (2014): Grenzen der Antike: Die Produktivität von Grenzen in Transformationsprozessen. (Transformationen der Antike, Bd. 28), Berlin/Boston: De Gruyter.

Heinze, M. / Quadflieg, D. / Bührig, M. (Hg.) (2006): Utopie Heimat. Psychiatrische und kulturphilosophische Zugänge. (Beiträge der Gesellschaft für Philosophie und Wissenschaften der Psyche, Bd. 6), Berlin: Parodos.

Höffe, O. (1993): Moral als Preis der Moderne. Ein Versuch über Wissenschaft, Technik und Umwelt. Frankfurt a.M.: Suhrkamp.

Hubmann, H. (1967 [1953]): Das Persönlichkeitsrecht, 2., veränd. u. erw. Aufl., Köln/Graz: Böhlau.

Joas, H. (2011): Die Sakralität der Person. Eine neue Genealogie der Menschenrechte. Berlin: Suhrkamp.

Joas, H. (2012): Die Sakralität der Person. In: Schäfer, H.W. (Hg.), Hans Joas in der Diskussion. Kreativität – Selbsttranszendenz – Gewalt. Frankfurt a.M.: Campus, S. 147-165.

Joas, H. (2013): Der Mensch muss uns heilig sein. In: Laux, B. (Hg.), Heiligkeit und Menschenwürde. Hans Joas' neue Genealogie der Menschenrechte im theologischen Gespräch. Freiburg (Br.): Herder, S. 14-21.

Jonas, H. (1984 [1979]): Das Prinzip Verantwortung. Versuch einer Ethik für die technologische Zivilisation. Frankfurt a.M.: Suhrkamp.

Kleinschmidt, C. (2014): Semantik der Grenze. In: Aus Politik und Zeitgeschichte, 4-5(2014), S. 3-8.

Krebs, A. (2013): „Und was da war, es nahm uns an". Heimat, Landschaft und Stimmung. In: Vogt, M.; Ostheimer, J.; Ueköter, F. (Hg.), Wo steht die Umweltethik? Argumentationsmuster im Wandel. Marburg: Metropolis, S. 215-225.

Kroneberg, C. (2014): Motive und Folgen sozialer Grenzziehungen. In: Aus Politik und Zeitgeschichte, 4-5(2014), S. 9-14.

Kruse, L. (1987): Personale und interpersonale Sphären und Grenzen der Person. In: Lampe, E.-J. (Hg.), Persönlichkeit, Familie, Eigentum. Grundrechte aus der Sicht der Sozial- und Verhaltenswissenschaften. (Jahrbuch für Rechtssoziologie und Rechtstheorie, Bd. 12), Opladen: Westdt. Verl., S. 60-71.

Lampe, E.-J. (1987): Persönlichkeit, Persönlichkeitssphäre, Persönlichkeitsrecht. In: Ders. (Hg.), Persönlichkeit, Familie, Eigentum. Grundrechte aus der Sicht der Sozial- und Verhaltenswissenschaften. (Jahrbuch für Rechtssoziologie und Rechtstheorie, Bd. 12), Opladen: Westdt. Verl., S. 73-102.

Lang, E. (2014): Krisen – Chancen und Gefahr für eine nachhaltige Entwicklung. In: Schaffer, A.; Lang, E.; Hartard, S. (Hg.), Systeme in der Krise im Fokus von Resilienz und Nachhaltigkeit. Marburg: Metropolis, S. 69-86.

Liessmann, K.P. (2012): Lob der Grenze. Kritik der politischen Unterscheidungskraft. Wien: Zsolnay.

Löw, M. (2001): Raumsoziologie. Frankfurt a.M.: Suhrkamp.

Margalit, A. (1999 [1996]): Politik der Würde. Über Achtung und Verachtung. Frankfurt a.M.: Fischer.

Mieth, D. (2002): Was wollen wir können? Ethik im Zeitalter der Biotechnik. Freiburg (Br.): Herder.

Moyn, S. (2010): The Last Utopia. Human Rights in History. Cambridge (Mass.)

Neckel, S. / Wagner, G. (2013): Erschöpfung als „schöpferische Zerstörung". Burnout und gesellschaftlicher Wandel. In: Dies. (Hg.), Leistung und Erschöpfung. Burnout in der Wettbewerbsgesellschaft. Berlin: Suhrkamp, S. 203-217.

Nussbaum, M.C. (1999 [1990]): Der aristotelische Sozialdemokratismus. In: Dies., Gerechtigkeit oder Das gute Leben. Frankfurt a.M.: Suhrkamp, S. 24-85.

Nussbaum, M.C. (2010 [2006]): Die Grenzen der Gerechtigkeit. Behinderung, Nationalität und Spezieszugehörigkeit. Berlin: Suhrkamp.

Ostrom, E. (1999 [1990]): Die Verfassung der Allmende. Jenseits von Markt und Staat. Tübingen: Mohr Siebeck.

Pauer-Studer, H. (2000): Autonom leben. Reflexionen über Freiheit und Gleichheit. Frankfurt a.M.: Suhrkamp.

Rosa, H. (2009a): Kritik der Zeitverhältnisse. Beschleunigung und Entfremdung als Schlüsselbegriffe der Sozialkritik. In: Jaeggi, R.; Wesche, T. (Hg.), Was ist Kritik? Frankfurt a.M.: Suhrkamp, S. 23-54.

Rosa, H. (2009b): Kapitalismus als Dynamisierungsspirale – Soziologie als Gesellschaftskritik. In: Dörre/Lessenich/Rosa (2009), S. 87-125.

Rosa, H. (2009c): Leiharbeiter und Aktivbürger: Was stimmt nicht mit dem spätmodernem Kapitalismus. In: Dörre/Lessenich/Rosa (2009), S. 205-223.

Rosa, H. (2009d): Antagonisten und kritische Integrationisten oder: Wie gehen wir mit dem verdorbenen Kuchen um? In: Dörre/Lessenich/Rosa (2009), S. 265-279.

Rosa, H. (2013 [2010]): Beschleunigung und Entfremdung. Entwurf einer Kritischen Theorie der Zeitlichkeit. Berlin: Suhrkamp.

Rössler, B. (2001): Der Wert des Privaten. Frankfurt a.M.: Suhrkamp.

Schneider, M. (2011): Der Trend zu prekärer Beschäftigung. Eine Diagnose aus sozialethischer Perspektive. In: Amosinternational, 5(2), S. 19-26.

Schneider, M. (2012a): Raum – Mensch – Grenze. Sozialethische Anmerkungen zur Kategorie des Raumes, Paderborn: Ferdinand Schöningh.

Schneider, M. (2012b): Ausbeutung und Entfremdung. Zwei Perspektiven einer kritischen Bewertung des Umbruchs in der Arbeitswelt. In: Fisch, A.; Kirmse, D.; Wahl, S.A.; Zink, S. (Hg.), Arbeit – ein Schlüssel zu sozialer Gerechtigkeit. (Forum Sozialethik, Bd. 11). Münster: Aschendorf, S. 81-104.

Schneider, M. (2016): Der Raum – ein Gemeingut? Die Grenzen einer marktorientierten Raumverteilung. In: Weber, F.; Kühne, O. (Hg.), Fraktale Metropolen: Stadtentwicklung zwischen Devianz, Polarisierung und Hybridisierung (Hybride Metropolen). Wiesbaden: Springer VS, S. 179-214.

Schneider, M. / Tremmel, H. (2015): Auch Flüchtlinge haben Rechtsansprüche. Was aus sozialethischer Sicht im Asylrecht geboten ist. In: Internationale Katholische Zeitschrift Communio, 44(4), S. 365-374.

Schroer, M. (2006): Räume, Orte, Grenzen. Auf dem Weg zu einer Soziologie des Raumes. Frankfurt a.M.: Suhrkamp.

Simmel, G. (1992 [1908]): Soziologie. Untersuchungen über die Formen der Vergesellschaftung. (Gesamtausgabe, Bd. 11). Frankfurt a.M.: Suhrkamp.

Sloterdijk, P. (2001 [1999]): Sphären, Bd. 2: Globen. 2. Aufl., Frankfurt a.M.: Suhrkamp.

Sloterdijk, P. (2004): Sphären. Bd. 3: Schäume. Frankfurt a.M.: Suhrkamp.

Sloterdijk, P. (2011 [2009]): Du mußt dein Leben ändern. Über Anthropotechnik. Frankfurt a.M.: Suhrkamp.

Sloterdijk, P. (2014): Die schrecklichen Kinder der Neuzeit. Über das anti-genealogische Experiment der Moderne. Berlin: Suhrkamp.

Straus, E. (1960 [1928]): Das Zeiterlebnis in der endogenen Depression und in der psychopathischen Verstimmung. In: Ders., Psychologie der menschlichen Welt. Gesammelte Schriften. Berlin/Göttingen/Heidelberg: Springer, S. 126-140.

Veith, W. (2006): Intergenerationelle Gerechtigkeit. Ein Beitrag zur sozialethischen Theoriebildung. (Forum Systematik, Bd. 25). Stuttgart: Kohlhammer.

Vogt , M. (1997): Sozialdarwinismus. Wissenschaftstheorie, politische und theologisch-ethische Aspekte der Evolutionstheorie. Freiburg (Br.): Herder.

Vogt, M. (2015): Zauberwort Resilienz. Eine Begriffsklärung (Bayerischer Forschungsverbund ForChange, Working Paper 15/2), http://resilienz.hypo theses.org/wp2 (abgerufen am 17.11.2015).

Waldenfels, B. (2001): Leibliches Wohnen im Raum. In: Schröder, G.; Breuninger, H. (Hg.), Kulturtheorien der Gegenwart. Ansätze und Positionen. Frankfurt a.M./New York: Campus, S. 179-201.

Widmer, P. (1991): Die Lust am Verbotenen und die Notwendigkeit, Grenzen zu überschreiten. Zürich: Kreuz-Verlag.

Wissenschaftlicher Beirat der Bundesregierung Globale Umweltveränderungen [WBGU] (2011): Welt im Wandel: Gesellschaftsvertrag für eine Große Transformation. Berlin.

Witschen, D. (2014): Menschenrecht auf Schutz. Ein Entwurf zur iustitia protectiva, Paderborn: Ferdinand Schöningh.

Die Natur als Maßstab ethischer Grenzziehungen?

Anmerkungen zur Idee des Naturrechts

Friedrich Lohmann

1. *Einstieg: Grenzüberschreitende Werbung*

Wenn man etwas über Sehnsüchte erfahren will, die als leitende Ideale das Denken und Handeln der meisten Menschen einer Zeit bestimmen, so ist ein Blick auf Werbeanzeigen und -kampagnen hilfreich. Die Werbestrategen und -psychologen haben ihr Ohr am Puls der Zeit, denn nur, wenn es ihnen gelingt, die Stimmung der Menschen zu treffen, wird ihr Produkt – die Werbeanzeige – den gewünschten Erfolg haben: Stimulation zum käuflichen Erwerb des beworbenen Produkts. In der Marktgesellschaft ist auch die Werbung Marktgesetzen unterworfen, und nur eine Werbung, die im gesellschaftlichen Trend liegt, hat eine Chance, die internen Auswahlprozesse der Werbeagentur und ihrer Kunden zu überstehen, dem Publikum übergeben und – wenn es gut läuft – von diesem goutiert zu werden. Deshalb muss es möglich sein, aus der veröffentlichten Werbung Rückschlüsse auf den Geist einer Zeit zu ziehen. Anders als bei Hegels Eule der Minerva beginnt der Flug der Werbung nicht erst mit der einbrechenden Dämmerung und grau in grau, sondern farbenfroh ist sie den Trends der Zeit immer eine Spur voraus.

Auch zum Thema des vorliegenden Bandes – Grenzen – wird man beim Blick auf die Reklamewände unserer Städte fündig. Oder sagen wir besser: Grenzen sind dort präsent durch ihre Nicht-Präsenz. Es geht nicht um die Grenze als solche, sondern um die Möglichkeit ihres Überschreitens. Die Werbung macht sich zum Anwalt der Sehnsucht nach grenzenloser Selbstbestimmung. Dabei sind es nicht zuletzt die natürlichen Grenzen, deren Überschreitung angesonnen wird.

„Du bestimmst, wann Sommer ist." Was ursprünglich der Slogan eines Reisebüros war, wurde im verregneten Frühjahr 2013 von Beck's Bier aufgegriffen (Abbildung 1). Botschaft: Lass deine Laune nicht von den Launen der Natur bestimmen; begib dich mit einem Glas Beck's Green Lemon auf die Reise und schlag der Natur ein Schnippchen!

Abbildung 1: Beck's-Werbung, Frühjahr 2013

Quelle: www.pinterest.com/pin/29766047509852176/; letzter Zugriff: 10.12.2015.

Selbstbestimmung und Selbstverwirklichung sind alte Menschheitsträume. Die Werbung greift sie gerne auf. Der Duft der Freiheit wird nicht nur seit Jahrzehnten am Lagerfeuer der Marlboro-Cowboys zelebriert. Neuere Exponenten sind das „Lebe wie du willst!" der IKEA-Werbung von 2009 oder das „Du kannst", mit dem der Telekommunikationsanbieter Orange im Sommer 2013 auf einer Plakatserie die Betrachter zunächst in Spannung versetzte (Abbildung 2), um das Rätsel in einer zweiten Serie dann aufzulösen: Du kannst immer das Neuste haben. „Bei uns bestimmst du, wann es Zeit für ein neues Handy ist" (Abbildung 3). Fürwahr grenzenlose Selbstbestimmung.

Abbildung 2: Orange-Werbung, erster Teil, Sommer 2013

Quelle: www.persoenlich.com/sites/default/files/publicis%20still_0.jpg; letzter Zugriff: 10.12.2015.

Abbildung 3: Orange-Werbung, zweiter Teil, Sommer 2013

Quelle: www.persoenlich.com/sites/default/files/styles/uneffected/public/orangeplakat.jpg?itok=AxVSoExq; letzter Zugriff: 10.12.2015.

Stellt schon ein Handy als solches die schiere Verkörperung der Überwindung natürlicher Schranken unserer Menschennatur dar – reden mit wem, wann und wo man will, ohne Rücksicht auf die Grenzen unserer Stimme und unserer körperlichen Präsenz –, so macht die TUI-Werbung den Menschen selbst zum Grenzüberschreiter: „I can fly", europaweit schon ab 19,99 Euro (Abbildung 4). Dank der TUI-Ferienflüge schafft die junge Dame auf dem Foto das, was dem Schneider von Ulm noch nicht gelang: scheinbar schwerelos durch die Luft segeln und sich so auf den Weg zu fernen Zielen machen.

Abbildung 4: TUI-Werbung für Ferienflüge

Quelle: Privates Foto.

Die Selbstbestimmung, die die Werbung illustriert und anspricht, hat allerdings außer dem Aus-sich-Herausgehen noch eine zweite, gegenläufige Botschaft: Wer sich selbst bestimmt, der ist ganz im Einklang mit sich und bleibt sich selbst treu. Schon IKEAs „Sei wie du bist" und das „Vergiss, was die anderen sagen" von Orange gehen in diese Richtung. Auch hier hat Beck's einen besonders treffenden Slogan gefunden: „Folge deinem inneren Kompass." Der entsprechende Werbefilm[1] nimmt mit den Verkehrsbewegungen im Zeitraffer, der Begegnung am Sandstrand und dem einsamen Steuern des Windjammers das Reisemotiv durchaus auf. Aber alles das wird durch das Motto als Teil eines Prozesses der Selbstfindung beschrieben. Die Grenzenlosigkeit, der Kampf gegen die natürlichen Elemente ist weiter präsent, und doch folgt die Reise einem Kompass, der gerade nicht durch prometheischen Übermut erst produziert, sondern durch Lauschen auf die innere Stimme entdeckt wird. Wenn die entsprechende Agentur[2] diesen „inneren Kompass", der auf seine Weise *quer* zum Zeitgeist steht – welcher stolze Inhaber einer Bastelbiografie

Abbildung 5: Beck's-Werbung, Innerer Kompass

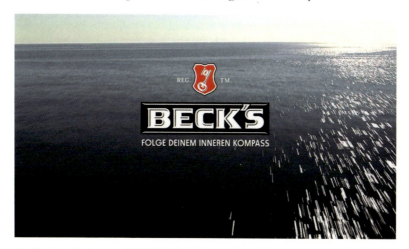

Quelle: https://i.ytimg.com/vi/Dl2CCYJsZaE/maxresdefault.jpg; letzter Zugriff: 10.12.2015.

---

[1] Es gibt zwei unterschiedlich lange Versionen, die unterschiedlich getextet sind. Langfassung: www.youtube.com/watch?v=JMAidhvB2AI; Kurzfassung: www.you tube.com/watch?v=SN_tN1ab9Lw (letzter Zugriff jeweils: 10.12.2015).

[2] Vgl. die Selbstbeschreibung des Spots durch die verantwortliche Werbeagentur: www.bbdo.de/cms/de/news/2012/archive/2012_04_12.html (im Internet-Archiv weiterhin auffindbar). Die Agentur stellt darin einen ausdrücklichen Bezug zum Gedanken der Grenze her: „Und statt allein auf traumhaft schöne Sehnsuchtsbilder als Metapher grenzenloser Unabhängigkeit zu setzen, holt die neue Kampagne die Zielgruppe – vor allem Männer mit einer selbstbestimmten Lebenseinstellung – im Hier und Jetzt ihres realen Alltags ab und schlägt so die Brücke zwischen beiden Welten."

würde schon jemandem folgen wollen? –, werbewirksam inszenieren kann, dann offenbar deshalb, weil auch hier ein alter Menschheitstraum im Spiel ist. „Da ist etwas in uns, das unserem Leben eine Richtung gibt", sagt die Stimme im Spot (Abbildung 5).

Das Leben äußerlich so gestalten, wie es meinem ganz Innersten entspricht, und so „meinen Weg" zuerst entdecken und dann gehen; Freiheit finden im Herausschreiten in die Welt und doch im Respekt für die eigenen und die natürlichen Grenzen – die stoische Philosophie der Antike nannte das „in Übereinstimmung leben" (*homologoumenos zen*) mit der Natur in uns und um uns.[3] Das systematische Konzept, mit dem sie dieses Leitbild der vernünftigen Lebensgestaltung unterfütterte, ist der Naturrechtsgedanke.[4] Das Motto der Beck's-Werbung – „Folge deinem inne-

---

[3] Vgl. Forschner 1998, S. 53: „Die Stoa meint damit Identität der Person in mehrfacher Hinsicht. Sie meint damit einmal Einheit und Konsistenz aller Lebensvollzüge und Selbstbejahung. Sie meint damit zweitens Übereinstimmung aller unserer Zwecksetzungen mit denen der Vernünftigen, d.h. Transzendierung der Partikularität des eigenen Denkens und Wollens hin zu einem normativen Status des Gleichklangs aller Vernunftwesen. Und sie meint damit schließlich Übereinstimmung als Einigsein mit der göttlichen Allnatur und ihrer Selbstbekundung in den spontanen, unpervertierten Neigungen der menschlichen Natur." Es versteht sich, dass damit wesentlich mehr an „Übereinstimmungen" ausgedrückt ist als mit dem gerade als Lob des Individuell-Partikularen deutbaren „Folge deinem inneren Kompass" der Werbung.

[4] Das stoische „in Übereinstimmung leben" ist zunächst eingebettet in einen Prozess des Zu-sich-selbst-Kommens. Das Stichwort lautet Oikeiosis, vgl. Forschner 1998, S. 51f.: „Unter Oikeiosis versteht die Stoa einen Prozeß, durch den ein Lebewesen schrittweise seiner selbst inne und dadurch mit sich selbst vertraut und einig wird. Dieser Prozeß hat zwei Aspekte: einen innengerichteten und einen außengerichteten. Der Innenaspekt bezieht sich auf etwas, was geschieht oder getan wird in bezug auf das Selbst, der Außenaspekt betrifft eine Änderung in der Beziehung des Selbst zur äußeren Welt. Beides vollzieht sich in ein und demselben Prozeß." Zu diesem Prozess gibt es aus Sicht der Stoa im Menschen ein natürliches Streben, und der Ordnung dieser natürlichen Neigungen zu folgen, ist die Ordnung der Vorschriften des Naturgesetzes. „*Secundum ordinem inclinationum naturalium, est ordo praeceptorum legis naturae*" (Forschner 1998, S. 30). Zum stoischen Gedanken der Oikeiosis, seinen naturphilosophischen und anthropologischen Grundlagen und Implikationen sowie seinen philosophiegeschichtlichen Nachwirkungen vgl.: Engberg-Pedersen 1990; Lee 2002, Bees 2004, Forschner 2008, Vigo 2012, Dienstbeck 2015. Ich nenne all diese Arbeiten, weil sie das aktuelle Forschungsinteresse am stoischen Oikeiosisgedanken belegen. Jenseits von Interpretationsdifferenzen (vgl. z.B. das gegen die Auslegung von Bees gerichtete Postscriptum: Forschner 2008, S. 189-191) zeigt

ren Kompass" – kann man als Anklang an dieses Konzept verstehen. Das ist jedenfalls meine Ausgangsthese, und ich werde versuchen, das Anliegen des Naturrechtsgedankens in diesem Sinne deutlich zu machen. Dabei wird es auch darum gehen, dass mit diesem Konzept ein spezifischer Freiheitsgedanke verbunden ist, der Grenzen zugleich überschreitet und einschärft, so dass eine Erinnerung an den so verstandenen Naturrechtsgedanken auch für die Thematik des vorliegenden Bandes relevant ist. Das Fragezeichen im Titel meines Vortrags soll darauf hinweisen, dass ich mich mit diesem Versuch der Erneuerung des Naturrechtsgedankens von einer gegenwärtigen, zumal kirchlichen Renaissance des Naturrechts, bei der in einer spezifisch anderen Weise gerade der Aspekt der Grenzziehung durch natürliche Vorgaben im Zentrum steht, ausdrücklich distanziere. Aussagekräftigstes Indiz dieses biologistisch daherkommenden, grundsätzlich modernitätskritischen Verständnisses des Naturrechts bleibt die „Pillen-Enzyklika" *Humanae Vitae* von 1968 mit ihrer thetischen Gegenüberstellung von „Natürlichem" und „Künstlichem". Dass ein solcher Rekurs auf die Natur von vielen Kritikern – nicht zuletzt aus der römisch-katholischen Kirche selbst – mit Recht in Frage gestellt wird, sollte aber – so meine These – nicht dazu führen, die argumentativen Chancen, die die Natursemantik für die Ethik bietet, aus dem Blick zu verlieren.

Im Folgenden werde ich zunächst versuchen, Grundbestandteile des Naturrechtsgedankens systematisch zu rekonstruieren. In einem nächsten Abschnitt werde ich dann die Kritik aufgreifen, die ihn seit seinen Anfängen begleitet, besonders virulent aber geworden ist, seit erkenntnis- und kulturtheoretisch klar geworden ist, dass die Rede von „Natur" keineswegs so eindeutig ist, wie jedenfalls die Stoiker noch dachten. Was jeweils als unveränderliche und allgemeine Natur den wechselnden und vielfältigen Kulturen gegenübergestellt wird, ist selbst Produkt einer Kultur. An dieser Einsicht vorbeizugehen und weiter unqualifiziert von „natürlichen Maßstäben" zu reden, wäre eine unstatthafte Naturalisierung der Kultur.

sich darin eine auch vom Verfasser des vorliegenden Aufsatzes geteilte Überzeugung: Gerade darin, dass er eine „natürliche" Verbindung zwischen triebhaftem Selbstinteresse und dessen vernünftiger, auf Einbindung des Selbst in naturale und soziale Zusammenhänge zielender Formung postuliert, verdient der Oikeiosisgedanke im Zeitalter des Anthropozän gesteigerte Aufmerksamkeit.

Ist das Naturrecht und sein Anliegen der vernünftigen Grenzziehung damit erledigt? In den beiden letzten Abschnitten meines Beitrags möchte ich für eine modifizierte Variante argumentieren, die die alten Anliegen aufgreift, ohne in die angesprochene Naturalisierungsfalle zu tappen.

2. Grundbestandteile des Naturrechtsgedankens

Die ausdrückliche Orientierung von Moral und Recht an dem, was der Natur des Menschen entspricht – so möchte ich den Ausgangspunkt der Idee eines Naturrechts an dieser Stelle vorläufig bestimmen –, hat im Laufe der Jahrtausende viele verschiedene Ausformungen hervorgebracht, die sich keineswegs über diesen Grundgedanken hinaus harmonisieren lassen (Lohmann 2015a).[5] Insbesondere ist es ein Fehler, das Naturrecht allein mit der christlichen oder – noch spezifischer – der römisch-katholischen Theologie in Verbindung zu bringen. Der Verweis oben auf die Stoa zeigt stellvertretend, dass der Gedanke schon lange vor dem Christentum existierte. Es brauchte sogar einen nicht unkomplizierten Anpassungsvorgang, um den Naturrechtsgedanken der Antike mit dem Christentum kompatibel zu machen.[6] Gleichwohl möchte ich im Folgenden den Grundgedanken anhand der Definition eines römisch-katholischen Denkers, Johannes Messner, illustrieren. Sie entstammt dem schlicht mit „Das Naturrecht" betitelten, vielfach aufgelegten Versuch Messners, die gesamte Sozialethik auf naturrechtlicher Basis zu entwickeln.

„Wir fassen zusammen: Das arteigene oder spezifisch menschliche Verhalten ist das des Vernunftwesens; das vom Menschen durch die Vollwirklichkeit dieser seiner Natur geforderte Verhalten bestimmt sich nach den in den geistigen und körperlichen Trieben seiner Natur vorgezeichneten Zwecken; weil durch seine Vernunfterkenntnis und seinen Vernunftwillen (Selbstbestimmung) bedingt, erhält für den Menschen das von der Vollwirklichkeit seiner Natur geforderte Verhalten das Wesen des Sittlichen. Demnach können wir definieren: Die *Sittlichkeit* besteht in der Übereinstimmung des Verhaltens des Menschen mit den in seiner

---

[5] Weitere Veröffentlichungen, in denen ich mich mit dem Naturrechtsgedanken und seinen verschiedenen Aspekten beschäftige: Lohmann 2002, 2013, 2016.

[6] Klassisch als Darstellung dieses Anpassungsvorgangs: Troeltsch 1994; vgl. auch Forschner 1998, S. 5-30.

Natur, ihren körperlichen und geistigen Trieben vorgezeichneten Zwecken oder kurz in der ‚Triebrichtigkeit'." (Messner 1958, S. 38)

Die Definition zeigt: Es geht auch hier, wie in der Werbung, um „Selbstbestimmung". Nur wird diese Selbstbestimmung, damit sie sittlich vorzugswürdig ist, an Kriterien geknüpft. Der innere Kompass, dem es zu folgen gilt, ist in seinen „vorgezeichneten Zwecken" nicht beliebig. Nach dem Zweiten Weltkrieg und dem Ende der nationalsozialistischen Diktatur erlebte der Naturrechtsgedanke gerade aus diesem Grund, als argumentatives Instrument gegen das Beliebige und Willkürliche, eine Renaissance, in die auch Messners Buch einzuordnen ist. Heute hingegen gilt das Naturrecht, nicht zuletzt gerade wegen seiner Verbindung mit der ersten bundesrepublikanischen „geistig-moralischen Wende" in den 1950er Jahren, vielen als veraltet, ja reaktionär. Demgegenüber möchte ich im Folgenden auf einige Grundbestandteile des Naturrechtsgedankens hinweisen, die mir auch heute noch durchaus aktuell erscheinen.

2.1 Der Bezug auf die Natur des Menschen

Das Naturrecht macht explizit, was jede ethische Aussage ohnehin voraussetzen muss: einen Bezug auf den Menschen. Es geht in der Ethik um das moralisch gute Handeln von Menschen, und deshalb kann kein ethisches Urteil ohne einen zumindest impliziten Rückgriff auf Vorstellungen über das, was den Menschen auszeichnet – seine Fähigkeiten, seine Wünsche, seinen Daseinszweck –, auskommen. Der evangelische Theologe Wolfgang Trillhaas hat geradezu von der Ethik als „angewandter Anthropologie" gesprochen, und viele andere ethische Entwürfe, die nicht in die naturrechtliche Tradition gehören, haben ebenfalls auf die Bedeutung der Anthropologie als einer Lehre über den Menschen für die Ethikgrundlegung hingewiesen.[7] Aber auch wo das nicht ausdrücklich geschieht, ist der Bezug mit Händen zu greifen. Platon etwa entwickelt in der *Politeia* seine Lehre vom Staat aus einer Betrachtung des Wesens des Menschen. Drei Seelenteile des Menschen werden unterschieden (vegetatives, strebendes und rationales Vermögen), jedem Seelenteil wird eine vorzügliche Gestalt als Tugend zugewiesen, und die Gerechtigkeit wird als oberste der vier Kardinaltugenden als das harmonische Miteinander der

---

[7] Für Belege vgl. Lohmann 2002, S. 321-337; Lohmann 2007. Das Diktum von Trillhaas findet sich in Trillhaas 1970, VII.

drei Seelenteile unter Leitung der Vernunft bestimmt. Die Gerechtigkeit steht für eine Haltung, die der harmonischen Ordnung der menschlichen Dinge gemäß ihrem wahren Sein entspricht. „Das Seinige tun und nicht vielerlei treiben ist Gerechtigkeit." (Platon, Politeia, 433a) Einer solchen Ordnungsethik steht die hedonistische Ethik Jeremy Benthams, des Begründers des Utilitarismus, diametral entgegen. Doch auch wenn Bentham „pain and pleasure" als die „two sovereign masters" bestimmt, denen der Mensch unterworfen ist, und daraus eine Ethik der Maximierung von Freude und der Minimierung von Leid ableitet, ist seine Basisaussage noch vor aller ethischen Reflexion zunächst eine anthropologische.[8]

Die Liste ließe sich beliebig verlängern. Festzuhalten bleibt: Der kriteriologische Bezug auf die Natur des Menschen und deren – mit Messner gesprochen – „Triebrichtigkeit" hat dem Naturrechtsgedanken zwar zu seinem Namen verholfen, stellt aber als solcher noch kein Spezifikum gegenüber anderen ethischen Ansätzen dar. Dieses Spezifikum kommt erst zum Tragen, wo es um die konkretere Frage geht, was denn die Menschennatur auszeichnet bzw. auszeichnen soll.

2.2 Das „Natürliche" ist maßgeblich das „Vernünftige"

Messners Definition spricht vom Menschen emphatisch als „Vernunftwesen". Nicht nur kann das Gute mittels der Vernunft erkannt werden; es ist auch das Ziel der Ethik, unbedachtes Handeln durch vernünftige Steuerung zur „Richtigkeit" zu führen. Der Bezug auf die Vernunft steht sowohl für die epistemologische wie die kriteriologische Seite des Naturrechtsgedankens.[9]

Mit diesem Rationalismus trennt sich die Naturrechtstradition von allen non-kognitivistischen Ethik-Modellen, die den bestimmenden Primat im Wesen des Menschen nicht der Vernunft, sondern den Leidenschaften geben. Klassisch ist die Aussage von David Hume: „Reason is, and ought only to be the slave of the passions, and can never pretend to any other

---

[8] Vgl. Bentham 1973, I.1 (S. 1): „Nature has placed mankind under the governance of two sovereign masters, pain and pleasure. It is for them alone to point out what we ought to do, as well as to determine what we shall do."

[9] Zu dieser Unterscheidung vgl. Lohmann 2013.

office than to serve and obey them."[10] Hume selbst analysiert die menschlichen Affekte allerdings rational; auch Bentham, der auf Humes Schultern ruht, tut das, und wenn er meint, „pain and pleasure" quantifizieren und so einem rationalen Kalkül unterwerfen zu können, so zeigt sich darin das letztlich rationalistische Gesicht des Utilitarismus. Wirklich non-kognitivistische Sichtweisen auf den Menschen sind selten in der Geschichte der Ethik.

Das hat seinen guten Grund. Denn wenn die Ethik mehr als nur Beschreibung von dem sein will, was Menschen immer schon getan haben, und im normativen Sinn nach Gründen sucht, um Handlungen prospektiv oder retrospektiv zu beurteilen, dann muss sie bei ihrer Aufgabe auf Argumente zurückgreifen und insofern „vernünftig" sein. Die Naturrechtsethik unterscheidet sich von den meisten anderen Grundlegungsversuchen der Ethik nicht darin, dass sie der Vernunft eminente Bedeutung für das menschliche Handeln und dessen Beurteilung zuschreibt. Man mag es sogar als ihren Vorzug ansehen, dass sie – wie schon hinsichtlich der anthropologischen Basierung – explizit macht, was andere Ethiken stillschweigend voraussetzen.

2.3 Das „Natürliche" als Grenze gegenüber menschlicher Willkür

Wir tasten uns allmählich zu dem vor, was die Naturrechtsethik von anderen Ethiken unterscheidet. Das Besondere ist nicht, dass sie sich überhaupt auf die Natur des Menschen bezieht – siehe oben –, sondern wie sie das tut. Erneut mit Messners Definition gesprochen: Die Natur „fordert" etwas vom Menschen; in ihr sind Zwecke „vorgezeichnet", denen zu entsprechen die Aufgabe des sittlichen Lebens ist. Anders gesagt: Es ist die Aufgabe des Menschen, der „Vollwirklichkeit" seines Daseins nachzustreben, seinem wahren Sein gerecht zu werden. In der Natur des Menschen ist eine Ordnung enthalten, die der moralischen Beliebigkeit

---

[10] Hume 1964, II.3.3 (S. 195). Mit dieser – anthropologischen! – Aussage wendet sich Hume ausdrücklich gegen die vorherrschende Tradition des ethischen Rationalismus. Vgl. a.a.O., S. 193: „Nothing is more usual in philosophy, and even in common life, than to talk of the combat of passion and reason, to give the preference to reason, and to assert that men are only so far virtuous as they conform themselves to its dictates."

Grenzen setzt. In den Worten des evangelischen Theologen und Natur-
rechtlers Emil Brunner: „Es [das Gesetz der Gerechtigkeit] spricht nicht
nur etwas aus, das sein *soll,* sondern auch etwas, das *ist.* Das Gesetz der
Gerechtigkeit weist zurück auf eine Ordnung des Seins, kraft deren jedem Geschöpf sein Bereich, sein Spielraum, seine Freiheit und seine
Schranke zugewiesen wird." (Brunner 1981, S. 57) Das Unethische ist zugleich das Unnatürliche, weil es diese verborgene, mit dem Licht der Vernunft aber erkennbare Ordnung nicht beachtet.

Hierin stimmen die verschiedenen Naturrechtslehren überein. Interne
Differenzen gibt es gleichwohl bezüglich des Modus, in dem der Mensch
sich diese Ordnung aneignet oder sich ihr zumindest annähert.[11] Klassisch – und dafür stehen Messner und Brunner – steht der Mensch der
natürlichen Ordnung *rezeptiv* gegenüber: Die richtigen Zwecke sind
„vorgezeichnet" (Messner), Freiheit und Schranke werden „zugewiesen"
(Brunner). Dem stehen andere Naturrechtstheorien gegenüber, die den
Gedanken der natürlichen Freiheit stärker betonen, sei es im Blick auf
deren Dominanz über konservative Ordnungsvorstellungen bei grundsätzlichem Festhalten an einer ewig gültigen Normenhierarchie (Locke,
Bloch), sei es im Blick auf die grundsätzliche Offenheit dieser Normenhierarchie, die induktiv erst im Lauf der Geschichte im Sinne eines moralischen Erkenntnisfortschritts der Menschheit nach und nach entdeckt
wird (Radbruch, Böckle).

Das Bild der Natur als etwas in sich Gutes und Bewahrenswertes ist
uns bekannt.[12] Das „Natürliche" kann immer auf einen Sympathiebonus
rechnen, gerade wenn man ihm als Gegenteil das Artifiziell-Willkürliche
gegenüberstellt.[13] Und doch ist es gerade dieser Punkt, an dem sich die

---

[11] Zum Folgenden vgl. Lohmann 2015b.

[12] Vgl. schon Mill 1985, S. 377: „That any mode of thinking, feeling, or acting, is
‚according to nature' is usually accepted as a strong argument for its goodness."

[13] Interessante Bemerkungen zum alltäglichen Gebrauch der Kategorie „Natürlichkeit" finden sich in: Birnbacher 2006. Vgl. z.B. a.a.O., S. 6: „Jedes Mal, wenn von
‚natürlich' die Rede ist, geht es darum, einen Kontrast ins Blickfeld zu rücken und
zwischen dem Natürlichen und seinem jeweiligen Gegenteil zu unterscheiden. Inhaltlich kann dieses Gegenteil, das Nicht-Natürliche, sehr verschieden ausfallen, je nachdem, welcher Gegenbegriff intendiert ist: das Übernatürliche, das Widernatürliche,
das Kulturelle, das Technische, das Unechte oder das Gezwungene." Birnbacher
macht allerdings rasch klar, dass all diese scheinbar sicheren Abgrenzungen bei ge-
nauerer Betrachtung verschwimmen.

Wege zwischen einem naturrechtlichen und anderen ethischen Ansätzen trennen. Ich werde unten darauf eingehen, warum das so ist.

2.4 Ein inhaltlicher und nicht bloß formaler Wertmaßstab

Wenn Messner von vorgezeichneten *Zwecken* spricht, so weist er implizit auf einen weiteren Grundbestandteil naturrechtlichen Denkens hin. Der Mensch soll in seinem Leben bestimmte Zustände zur Wirklichkeit bringen. Es geht nicht einfach um die Form, in der sich ein Leben vollzieht – „Handle den Gesetzen gemäß!", „Lebe authentisch!" –, sondern aus der Erkenntnis des „wahren" Seins lässt sich ganz konkret ableiten, worin denn Gerechtigkeit besteht.[14] Sicher würde niemand, der den Naturrechtsgedanken vertritt, so weit gehen wollen, dass „die Natur" im Sinne einer Kasuistik für jeden möglichen Fall schon im Voraus das Gerechte und moralisch Geforderte detailliert „vorschreiben" könnte. Doch meinen Vertreterinnen und Vertreter des Naturrechts immerhin, dass es, im Sinne einer regulativen Idee und über die genannten kurzen Imperative hinaus, eine „natürliche" Ordnung des Gerechten gibt – und zwar kulturübergreifend – und dass diese handlungsleitend zur Geltung gebracht werden kann. Darin stehen sie quer zu vielen Stimmen in der gegenwärtigen Ethik, die sich – sei es deskriptiv-skeptisch (Luhmann) oder normativ-idealistisch (Rawls, Habermas) – mit einer prozeduralen Auffassung von Gerechtigkeit begnügen: Das Gerechte der Gesellschaft besteht aus der prozeduralen Perspektive nicht in einem konkreten Zustand, sondern in einer bestimmten Form der Ergebnisfindung, sei es die „Legitimation durch Verfahren" (Luhmann)[15], die „Gerechtigkeit als Fairness" (Rawls)[16] oder der herr-

---

[14] Diesen „materialen" Aspekt des Naturrechtsgedankens hat besonders Hans Welzel herausgearbeitet. Vgl. z.B. Welzel 1962, S. 8: „Das historische Anliegen des Naturrechts beschäftigte sich in erster Linie mit dem *material-ethischen* Problem des richtigen sozialen Handelns. Es enthält die Pilatusfrage für Sittlichkeit und Recht: was ist *das* Gute, was *das* Gerechte? Gibt es materiale Kriterien, die dem in einer Entscheidungssituation Stehenden einen festen Halt für seine Entscheidung an die Hand geben?"

[15] Vgl. z.B. Luhmann 1983, S. 29: „Zunächst muß es so scheinen, als ob eine Sozialordnung, welche die Geltung *beliebiger* Rechtsinhalte allein auf Verfahren stützt und nur so institutionalisiert, höchst instabil sein muß – oder sehr komplexe Sicherungen und komplementäre Institutionen in allen Bereichen der Lebensführung erfordert, die erforscht werden müßten."

schaftsfreie Diskurs (Habermas)[17]. Auch auf diese Alternative zum Naturrecht und ihre Entstehung werde ich im nächsten Abschnitt nochmals
eingehen.

3. Die Probleme des Naturrechtsgedankens

Trotz seiner langen und venerablen Geschichte findet der Naturrechtsgedanke in Ethik und Rechtsphilosophie heute nur noch wenige Fürspre-
cher, wenn man vom Lehramt der römisch-katholischen Kirche und den
dessen Lehre verteidigenden Theologen und Philosophen absieht. Woran
liegt das?

Ich folge in der Darstellung den vier Punkten aus dem letzten Abschnitt, denn jeder Bestandteil der Naturrechtslehre kann problematisiert
werden.

3.1 Die vielen Naturen des Menschen

Hinsichtlich des Bezugs des ethischen Urteils auf die Natur des Menschen ist das, was oben verteidigend gesagt wurde, zugleich ein Problem:
Sehr viele Ethiken beziehen sich auf anthropologische Aussagen und
damit letztlich auf so etwas wie die „Natur des Menschen" zurück, aber
sie kommen dabei beileibe zu keiner Einhelligkeit. Worüber aber keine
Einigkeit besteht, kann nicht als Basis für ein ethisches Urteil mit dem
Anspruch auf Allgemeingültigkeit dienen.

---

[16] Vgl. Rawls 1992, S. 257: „*Gerechtigkeit als Fairneß* wurde konzipiert im Hinblick auf die, wie ich es nannte, *Grundstruktur* eines modernen demokratischen
Verfassungsstaates. [...] Unter dieser Struktur verstehe ich die wichtigsten politischen, sozialen und ökonomischen Institutionen einer Gesellschaft und *die Art und
Weise* [Hervorhebung F.L.], in der sie in einem einheitlichen System sozialer Kooperation verbunden sind."

[17] Hinsichtlich Habermas vgl. aber seine Rückwendung von einem konsenstheore-
tischen zu einem korrespondenztheoretischen Wahrheitsverständnis (Habermas 1999,
S. 49: „Ich selbst habe den Sinn von Wahrheit zunächst prozedural, nämlich als Be-
währung unter den normativ anspruchsvollen Bedingungen der Argumentations-
praxis, bestimmt."). Als Versuch, die entsprechenden Überlegungen von Habermas'
Buch „Wahrheit und Rechtfertigung" über die Rede von einem *pragmatischen Naturbegriff* für die Naturrechtsethik fruchtbar zu machen, vgl. Lohmann 2015b, S. 50f.

Die Probleme beginnen bereits bei dem Begriff einer „Natur" im Allgemeinen. Üblicherweise wird er dem Menschengemachten gegenübergestellt und erhält dafür einen Sympathiebonus – siehe oben. Doch was ist „unberührte" Natur? Jemand mag die Ruhe einer Moorlandschaft suchen, um der Zivilisation zu entfliehen, macht sich aber nicht klar, dass diese Landschaft erst ein Produkt der Zivilisation früherer Jahrhunderte ist.

Bei der „Natur des Menschen" vervielfachen sich die Probleme. Je nachdem, ob man den Willen, die Triebstruktur oder die Vernunft des Menschen, die fundamentale Gleichheit aller Menschen oder Rangunterschiede zwischen den Menschen in den Vordergrund rückt, wird man zu ganz unterschiedlichen ethischen Folgerungen kommen. In den Aufstandsbewegungen am Ende des 18. Jahrhunderts haben sich beide Seiten – Anhänger der Monarchie wie auch demokratische Freiheitskämpfer – auf die Natur des Menschen bezogen und ihre gegensätzlichen Positionen jeweils naturrechtlich legitimiert. Gleiches galt für die Auseinandersetzungen um die Abschaffung der Sklaverei wenige Jahrzehnte später in den USA: Auch hier argumentierten *beide* Seiten naturrechtlich – die einen argumentierten, farbige Menschen seien „von Natur her" zum Dienen bestimmt, die anderen sahen auch in den Afroamerikanern gleichwürdige Ebenbilder Gottes.

Wenn sich der Bezug auf die Natur des Menschen in dieser Weise als beliebig erweist, dann erscheint damit der naturrechtliche Versuch, über den Bezug auf die Natur gerade ethische Verbindlichkeit herzustellen, als gescheitert. Was jeweils als „natürlich" angesehen wird, ist durch die kulturelle Brille geprägt, schlimmer noch: durch Interessen. Damit aber kehren sich die Vorzeichen um: Die eigenen moralischen Ansichten erscheinen nicht mehr der Natur abgelauscht, sondern umgekehrt wird in die „Natur des Menschen" ideologisch das hineinprojiziert, was man ohnehin für gut und richtig hält. Friedrich Nietzsche hat diese Umkehrung durchschaut und mit scharfen Worten gegeißelt: „Indem ihr entzückt den Kanon eures Gesetzes aus der Natur zu lesen vorgebt, wollt ihr etwas Umgekehrtes, ihr wunderlichen Schauspieler und Selbst-Betrüger! Euer Stolz will der Natur, sogar der Natur, eure Moral, euer Ideal vorschreiben und einverleiben […]." (Nietzsche 1968, Nr. 9 [S. 16]) Nietzsche hätte unbedingt recht, wenn seine Ausgangsthese, empirisch erhärtet durch die Vielfalt der Moralen in der Welt, stimmt: Es gibt nicht die eine „Natur des Menschen", die dann als scheinbar überparteilicher Maßstab zu ethischen Grenzziehungen dienen könnte. Die „Natur des Menschen" ist vielmehr selbst ein Artefakt, ein von Menschen Geschaffenes.

3.2 Die Vielfältigkeit der menschlichen Vernunft

Wenn man sich – immerhin – unter Kognitivisten darauf geeinigt hat, dass eine Ethik mit Vernunftgründen argumentieren muss, dann vollzieht sich das Spiel von eben auf tieferer Ebene erneut: Auch worin die *Vernunft*natur besteht und wohin sie das menschliche gute Handeln, um das es der Ethik geht, leitet, ist keineswegs ausgemacht. Insbesondere *eine* Unterscheidung aus der Theorie der Rationalität ist an dieser Stelle relevant: Ist die Vernunft – im Einklang mit ihrer ursprünglichen Wortbedeutung – primär ein Vernehmen, d.h. ein Hinhören auf bereits gegebene Weisungen, wie sie in heiligen Texten oder im „Buch der Natur" zu entdecken sind? Dies ist die Vernunftauffassung im Hauptstrom des Naturrechtsgedankens, für den oben Messner und Brunner angeführt wurden. Oder ist die Vernunft gerade umgekehrt Selbstmächtigkeit, die neue Wege erfindet und sich permanent selbst überschreitet? So hat etwa Hubert Markl, als seinerzeit in der deutschen Wissenschaftsethik die Wogen hinsichtlich der Legitimität verbrauchender Embryonenforschung hoch gingen, den Menschen als „Wesen, das seine Grenzen überschreiten muß, um ganz Mensch zu sein," definiert und dies mit der – vernünftigen – „Entscheidungsfreiheit" begründet, die „ihn eigentlich erst zum Menschen macht".[18]

Auch der Rekurs auf die Vernunft des Menschen bietet somit nicht die Eindeutigkeit und Allgemeingültigkeit, wie sie das traditionelle Naturrecht für seine ethischen Aussagen gefordert und behauptet hat.

---

[18] Vgl. Markl 2001, S. 189 („[...] was ihn eigentlich erst zum Menschen macht: seine kulturbedingende Entscheidungsfreiheit"); S. 193 („Denn der Mensch ist seit jeher ein Wesen, das seine Grenzen überschreiten muß, um ganz Mensch zu sein, und das sich dabei dennoch immer neue Grenzen setzen muß."). Ausführlicher zu Markls anthropologischen Überlegungen: Markl 1986.

3.3 Die Unnatürlichkeit der Natur[19] und die Natürlichkeit des Künstlichen

Auch hinsichtlich des dritten oben genannten Punkts, der Unterscheidung des Natürlichen vom Beliebig-Willkürlichen, stehen dem naturrechtlichen Ansinnen, moralische Orientierung aus der „Natur" zu gewinnen, erhebliche Hürden im Weg. Denn die Abgrenzung zwischen dem Natürlichen und dem Künstlichen, auf die sich dieses Ansinnen zurückbezieht, ist längst nicht so klar, wie es jedenfalls der klassisch-rezeptiven Naturrechtstradition vor Augen schwebt. Auf die Unnatürlichkeit eines scheinbar natürlichen Rückzugsorts wie einer Moorlandschaft wurde eben unter 3.1. bereits hingewiesen. Was eine „natürliche" Landschaft ist, ergibt sich erst im Auge des Betrachters.[20] Dieser Hinweis steht exemplarisch für die epistemologisch nicht zu bestreitende Einsicht, dass auch das Prädikat „natürlich", wenn es einem Sachverhalt als Adjektiv beigegeben wird, ein Produkt menschlich-kultureller Zuschreibungsprozesse ist und insofern genau der zeitgeschichtlichen Kontingenz unterworfen ist, die der Hinweis auf die „natürliche" Ordnung der Dinge gerade unterlaufen will.[21]

Umgekehrt gibt es gute Gründe, mit Helmuth Plessner eine „natürliche Künstlichkeit" zu postulieren: Zur Natur des Menschen gehört es gerade, auf kulturell geschaffene Werkzeuge zurückzugreifen. Spöttisch gewendet findet sich der gleiche Gedanke schon bei Friedrich Schlegel: „denn es ist dem Menschen gewiß natürlich, sich dann und wann auch in künstliche Zustände zu versetzen." (Schlegel 1980, S. 123; zit. Luhmann 1995, S. 22 Anm. 21) Man muss hier nicht an alkoholische Getränke denken, um sich klar zu werden, dass auch von dieser Seite her, im Blick auf

---

[19] Die Formulierung entnehme ich dem schön gewählten Buchtitel von Lutz-Bachmann/Schmid Noerr 1992.

[20] Dieser Gedankengang ist auch Ausgangspunkt der Überlegungen von Gerhard Oesten zu gesellschaftlich geprägten, unterschiedlichen Vorstellungen von Wald und Natur (in diesem Band).

[21] Vgl. stellvertretend für andere: Vogt 2013, S. 33: „Die Auffassung des Natürlichen ist stets kulturell vermittelt und daher einem geschichtlichen Wandlungsprozess unterworfen. Sie ist prägender Ausdruck und Spiegel des menschlichen Selbstverständnisses und der sozialen Strukturen." Zur geschichtlichen Wandelbarkeit von in diesem Sinne kulturell vermittelten Naturbildern vgl. die beiden Bände: Groh/Groh 1991 und 1996.

das, was jeweils als „künstlich" bezeichnet wird, die Grenzen zwischen
dem Natürlichen und dem Menschengemachten, wie sie der Naturrechtsgedanke voraussetzt, verschwimmen. Ist es z.B. dem Menschen natürlich
und daher ethisch vorzugswürdig, kultiviert mit Messer und Gabel zu
essen, oder wäre die natürliche Art der Essensaufnahme nicht das „doglike
feeding", das der naturrechtlich argumentierende Philosoph Leon Kass in
seinen Überlegungen zum guten Essen gerade als menschenunwürdig
diffamiert (vgl. Kass 1999, S. 149)?

3.4 Die Problematik inhaltlicher Wertmaßstäbe im Zeitalter des weltanschaulichen Pluralismus

Wenn das, was im normativen Sinn als „Natur" geltend gemacht werden
kann, immer nur Resultat kulturell bedingter und historisch gewordener
Zuschreibungsprozesse ist und entsprechend vielfältig im ethischen Diskurs vertreten wird, dann ergibt sich automatisch ein Problem auch für
das vierte Charakteristikum naturrechtlichen Denkens, das oben angeführt wurde: den Anspruch, materiale Kriterien des Gerechten zu etablieren, die kultur- und weltanschauungsinvariant gültig sind.

Illustrieren lässt sich dieser Punkt etwa an der Debatte um die Legitimität verbrauchender Embryonenforschung, die 2001 in Deutschland geführt wurde.[22] Hubert Markls Position in dieser Debatte, deren anthropologische Grundlage – der Mensch als Wesen, das durch seine Freiheit
definiert ist – oben bereits genannt wurde, machte als inhaltliches Kriterium den Primat der Forschungsfreiheit geltend. Markl und andere wen-
deten sich damit polemisch gegen die nicht zuletzt von den maßgeblichen
Vertretern der christlichen Kirchen vertretene Auffassung, die Schutz-
rechte des individuellen Embryos stünden kategorisch über Forschungs-
und Gesellschaftsinteressen – auch dies eine Auffassung, die dezidiert
auf die Natur des Menschen als inhaltlichen Maßstab des zu treffenden
politischen Beschlusses hinsichtlich einer Änderung des Embryonen-
schutzgesetzes bzw. eines eigens zu verabschiedenden Stammzellgeset-
zes zurückgriff. Eine rationale, selbst wieder von inhaltlichen ethischen
Kriterien getragene Entscheidung zwischen diesen unversöhnlich auftre-

---

[22] Vgl. Geyer 2001; Graumann 2001; als Dissensvotum evangelischer Ethiker gegenüber der offiziellen Position der EKD: Anselm/Körtner 2003.

tenden Positionen schien unmöglich. Logisches politisches Ergebnis war ein Kompromiss, mit dem sich die Kontrahenten letztlich auch aussöhnten, da er demokratisch, via Bundestagsbeschluss, zustande gekommen war.

Rawls' These, dass unter den Bedingungen des weltanschaulichen Pluralismus nicht ein inhaltlicher Wertmaßstab, sondern allein die Art und Weise des Zustandekommens von Beschlüssen ihre allgemeine Akzeptanz herstellen kann[23], scheint sich somit an diesem Beispiel zu bestätigen und ein weiterer Anspruch des Naturrechtsgedankens als undurchführbar erwiesen.

4. Plädoyer für einen pragmatischen Naturbegriff und ein kritisches Naturrecht

Ist mit all diesen Problembeschreibungen der ethische Rekurs auf die Natursemantik als haltlos und der Naturrechtsgedanke als widerlegt anzusehen? Ein solcher Schluss wäre vorschnell. Meine These ist, dass die Rede von dem „Natürlichen" ein normatives Potenzial enthält, auf das die Ethik trotz aller Bedenken nicht verzichten sollte, und dass ein im Sinne seiner ideengeschichtlichen Ursprünge nicht spekulativ, sondern kritisch verstandener Naturrechtsgedanke auch heute noch sinnvoll vertreten werden kann.

Zunächst: Die semantische Aufweichung, wie sie oben in den Abschnitten 3.1.-3.3. für die Rede von der Natur kurz skizziert wurde, teilt der Naturbegriff mit vielen anderen, nicht nur normativen Großkategorien: Für Vernunft, Humanum, Würde und Gerechtigkeit ließe sich in vieler Hinsicht das Gleiche sagen. Aber auch wenn mit durchaus plausiblen Gründen die Menschenwürde als „Illusion" (Wetz 2005) und die Ge-

---

[23] Vgl. in Fortsetzung des o. Fn 16 gegebenen Zitats von Rawls 1992, S. 257f.: „Der entscheidende Punkt ist, daß *aus praktisch-politischen Gründen* [Hervorhebung F.L.] keine allgemeine moralische Lehre eine öffentlich anerkannte Grundlage für eine Gerechtigkeitskonzeption in einem modernen demokratischen Staat bereitstellen kann. […] Sie [eine praktikable Konzeption politischer Gerechtigkeit; Anmerkung F.L.] muß der Verschiedenheit der Weltanschauungen und der Vielfalt miteinander konkurrierender und inkommensurabler Konzeptionen des Guten gerecht werden, wie sie von den Mitgliedern bestehender demokratischer Gesellschaften vertreten werden."

rechtigkeit als „Leerformel"[24] betitelt werden können, gibt es doch nur sehr wenige, die auf diese Begriffe als ethische Leitmaßstäbe verzichten wollen. Man kann umgekehrt aus der semantischen Proliferation gerade die Relevanz des zugrunde liegenden Gedankens folgern. Hinsichtlich der Naturrechtsidee hat Leo Strauss genau diese Folgerung gezogen, und auch wenn man seiner Darstellung der Geschichte und Intention dieser Idee nicht in allem zustimmen will, so bleibt sein Umkehrschluss, die Vielfältigkeit der Naturrechtsvorstellungen gerade als Anreiz zu einer weiteren Arbeit am Begriff zu verwenden, doch plausibel.[25] Bezüglich des Menschenrechtsdiskurses in all seiner Unübersichtlichkeit hat James Griffin eine ähnliche Überlegung vorgetragen.[26]

Nicht der Verzicht auf die Natursemantik, sondern die Herausarbeitung des begrifflichen Kerns dieser offenbar unverzichtbaren Kategorie ist daher für die Ethik angezeigt. Ein Begriff, der es immerhin auf Platz 4 des deutschen „Werte-Index 2016" schafft (vgl. Wippermann/Krüger 2015), darf von ihr nicht unberücksichtigt gelassen werden. Die Rekonstruktion sollte dabei von der ursprünglichen Wortbedeutung ausgehen.

„Das Natürliche als solches ist das nicht vom Menschen Gemachte." (Spaemann 1994b, S. 21) Im Hintergrund steht der lateinische Begriff *natura*, der sich von *nasci*, „geboren werden, wachsen", herleitet. Ebenso steht die griechische *physis* ursprünglich für den Zusammenhang organischer Vorgänge (*phyein* = „wachsen"). Diese etymologische Herleitung ist wichtig, weil sie hinter die von Aristoteles eingeführte Gleichsetzung von Natur mit Wesen und Substanz zurückführt: Es geht beim Natürli-

---

[24] Vgl. Kelsen 1953, S. 18: „Die Bestimmung der absoluten Werte im allgemeinen und die Definition der Gerechtigkeit im besonderen, die auf diesem Wege erzielt werden, erweisen sich als völlig leere Formeln, durch die jede beliebige gesellschaftliche Ordnung als gerecht gerechtfertigt werden kann."

[25] Vgl. Strauss 1956, S. 11: „Vor allem ist die Kenntnis einer unbestimmt großen Vielfalt von Vorstellungen über Recht und Unrecht nicht im entferntesten mit der Idee des Naturrechts unvereinbar. Sie ist im Gegenteil die wesentliche Bedingung für das Aufleuchten jener Idee: das Wissen von der Vielfalt von Vorstellungen über das Rechte ist der notwendige und hinreichende Anreiz zur Suche nach dem von Natur Rechten."

[26] Vgl. Griffin 2008, S. 19: „In any case, we philosophers, jurisprudents, and political theorists could not undermine ,human rights' discourse, with its large ambitions to regulate the world, even if we tried. It is much too well established for that. Our only realistic option, quite optimistic enough, is to influence it, to develop it, to complete it."

chen gerade nicht um das ewig gleich Bleibende, sondern um eine *dynamische* Kategorie. Der „ethische Immobilismus" (Kreß 2003), der manchen Varianten des Naturrechtsdenkens anhaftet, erweist sich schon auf dieser Ebene als fragwürdige Aneignung der Rede vom Natürlichen.

Für die normative Reflexion der menschlichen Lebensführung – und allein um einen in diesem Sinne *pragmatischen* Gebrauch, um eine *necessitas pragmatica* im Sinne Kants soll es an dieser Stelle gehen (Lohmann 2015a, S. 50-53) – bietet sich ein Rekurs auf die Natursemantik in Form von drei traditionell mit ihr verbundenen Unterscheidungen vom Menschengemachten an: (1) In der Differenz zur Kultur („Natur vs. Kultur") steht die Natur für das Allgemeine, das jeder kulturell bedingten Ausprägung des Humanum voraus liegt. (2) In der Differenz zum menschengemachten Gesetz (greifbar vor allem in der für die gesamte Entwicklung des Naturrechtsgedankens maßgeblichen Unterscheidung von *physis* und *nomos* bei den philosophischen Aufklärern der griechischen Antike) steht die Natur als Fluchtpunkt gegenüber dem Legalismus für eine normative Unbeliebigkeit, die sich aus der (allgemeinen) Natur des Menschen ergibt. (3) In der Differenz zu einem moralischen Idealismus („Natur vs. Geist") erinnert der naturrechtliche Rekurs auf die Natur des Menschen an die körperlich-unbeliebigen Voraussetzungen, die jede moralische Orientierung berücksichtigen muss.

Bei diesem dreifach variierten Gebrauch ist für ein aufgeklärtes Naturverständnis klar, dass es sich nicht um statische Entgegensetzungen handeln kann – auf die kulturelle, „menschengemachte" Bedingtheit *jeden* Naturverständnisses wurde oben ja ausdrücklich hingewiesen –, wohl aber um kritische Grenzsetzungen, die sich der menschliche Geist gegenüber der Gefahr eines in diesem Sinne „naturvergessenen"[27] kulturellen Konstruktivismus selbst gibt und immer wieder neu geben muss.[28] Deshalb soll auch lediglich von einem *kritischen* Naturrecht die Rede sein, das sich von dem Versuch etwa Messners, spekulativ das gesamte Leben naturrechtlich auszubuchstabieren, ausdrücklich absetzt und auch darin

---

[27] Ich gebe diesem Begriff über die Ausführungen von Günter Altner hinaus (vgl. Altner 1991) eine erkenntnistheoretische Pointe.

[28] Vgl. Spaemann 1994b, S. 32: „Der Naturbegriff hat sich als abhängige Variable erwiesen. Sein Bedeutungsgehalt variiert mit dem Selbstverständnis menschlicher Praxis, und zwar paradoxerweise gerade deshalb, weil Natur das von dieser Praxis nicht frei Gesetzte, sondern das ihr notwendig Vorauszusetzende meint."

meint, die ursprünglichen Intentionen des Gedankens zu wahren.[29] Ideen-
geschichtlicher Anhaltspunkt eines solchen Naturrechtsverständnisses ist
der Antigone-Mythos (Lohmann 2002, S. 167-170).

Ich habe diese Konzeption eines dreifach variierten kritischen Naturrechts an anderer Stelle näher begründet und ausgeführt (Lohmann 2016)
und möchte an dieser Stelle, wo es im Sinne des Vortragstitels spezifisch
um die ökologisch verstandene Natur als Maßstab ethischer Grenzziehungen gehen soll, lediglich den dritten Punkt, bei dem es um die Körperlichkeit als entscheidenden Teil der Natur des Menschen geht, besonders hervorheben.

5. *Körper und Natur als ethische Grenzbestimmungen*

Zunächst gilt es deutlich zu machen, dass auch die Körperlichkeit des
Menschen keine dem menschlichen Handeln strikt und unbeeinflussbar
vorgegebene Konstante ist. Auf das innerliche, denkerisch-deutende Handeln bezogen haben wir auch den Körper – wie die Natur – nur in Form
bereits vollzogener Deutung, als *Bild*; auf das äußerliche Handeln bezogen können wir den Körper diesem Bild durch medizinische und ästhetische Maßnahmen anpassen. Dennoch steht die Rede vom Körper – wie
die von der Natur – für eine abstrahierende Abgrenzung von dem, was
unserer gedanklichen und manipulierenden Einflussnahme *beliebig* offen
steht. Einen körperlichen Schmerz können wir ebenso wenig einfach
wegdenken wie klimatische Bedingungen, denen wir von der Natur ausgesetzt sind. Nur nehmen wir den Körper noch einmal ganz anders als die
uns umgebende Natur als unseren eigenen wahr, als Teil unserer Identität,
mit dem wir auch bei allen räumlichen und zeitlichen Veränderungen
unverrückbar verbunden sind. Auch auf das äußerliche Handeln bezogen

---

[29] Vgl. Spaemann 1994a, S. 61f. („Wenn der Streit um das Recht eines der stärksten
Argumente zugunsten des Naturrechts ist, dann muß eine bestimmte Weise ‚naturrechtlichen‘ Denkens mit Skepsis betrachtet werden, die in den letzten 25 Jahren
vor allem in der deutschen Rechtsphilosophie eine vorherrschende Rolle gespielt hat,
nämlich diejenige, die mit den Begriffen ‚Wert‘ und ‚Wertordnung‘ arbeitet, die als
‚Normen‘ an die soziale Wirklichkeit herangebracht werden.“); S. 78 („Naturrecht
kann heute nicht mehr als ein Normenkatalog, eine Art Metaverfassung, aufgefaßt
werden. Es ist eher eine Denkweise, und zwar eine alle rechtlichen Handlungslegi-
timationen noch einmal kritisch prüfende Denkweise.“).

bleiben Körper und Natur als das Unbeliebige stehen, das wir zwar manipulieren können, aber nicht vollständig. Schmerzen lassen sich kurieren, ganze Organe austauschen – aber ein unbeliebiger Rest des Körpers als Teil unserer Identität und Kommunikationsorgan unseres Geistes mit der Außenwelt bleibt bestehen. Wir müssen ihn voraussetzen, wie eingeschränkt auch immer wir die Dichotomie von Körper und Geist denken.[30] Die Wahrnehmung unseres Körpers als Grenze, nicht nur gegenüber der physischen Außenwelt, die über die körperlichen Sinne an uns herantritt, sondern auch im Blick auf unsere Wünsche, von denen etliche aufgrund der Naturgesetze, denen unser Körper unterworfen ist, auf immer unerfüllbar bleiben müssen, muss sich auch in unserer Lebensführung normativ widerspiegeln, wenn wir nicht wahnhaft am Realitätsprinzip vorbei leben wollen.[31] Körpererfahrung ist Grenzerfahrung.

Zugleich aber ermöglicht uns die Wahrnehmung unserer Körperlichkeit die Erfahrung von Gemeinschaft. Das gilt nicht nur für die Kommunikation mit anderen, die immer an körperlich-sinnliche Voraussetzungen gebunden ist; es gilt auch für die Wahrnehmung von Ähnlichkeiten. Anders als eine Theorie der Natur des Menschen, die das ins Zentrum rückt, was uns von der Mit- und Umwelt unterscheidet – Geist, Vernunft, Handlungsmacht oder wie immer das genannt wurde –, kann eine kritische Naturrechtstheorie, wie sie hier angedeutet werden soll, auch die körperlichen Merkmale ins Spiel bringen, die uns mit der übrigen Natur verbinden. Sich die rein stofflichen Voraussetzungen zu verdeutlichen, auf denen auch die größten menschlichen Geistesblitze beruhen, hat etwas Demütigendes.[32] Es hat aber auch etwas Erhebendes – man denke an Kants Theo-

---

[30] Die Phänomenologie des 20. Jahrhunderts hat in diesem beschreibenden Sinn die Relevanz der Leiblichkeit des Menschen aus dem philosophischen Hinterzimmer hervorgeholt. Besonders eindrucksvoll: Fuchs 2000.

[31] Mit der Rede vom Realitätsprinzip beziehe ich mich auf Freud. Schon zuvor hat Dostojewski den Stachel, der in dieser notwendigen Anpassung an die „natürliche" Realität liegt, literarisch zum Ausdruck gebracht. Vgl. Fjodor M. Dostojewski, Aufzeichnungen aus dem Dunkel der Großstadt. Die Einrede, mit der sich das Ich dieser Aufzeichnungen auseinandersetzt, ist die folgende: „Die Natur fragt Sie nicht; sie kümmert sich nicht um Ihre Wünsche; sie kümmert sich nicht darum, ob Ihnen ihre Gesetze gefallen oder nicht. [...] Eine Mauer ist eben eine Mauer ..." (Dostojewski 1922, S. 22).

[32] Vgl. Descola 2015, S. 305: „Comme le découvrent Bouvard et Pécuchet avec un léger sentiment d'humiliation, il faut se faire à l'idée que notre corps contient ‚du

rie des Erhabenen in der Naturbetrachtung –, sich die Ähnlichkeiten zwischen dem Menschen und der ihn umgebenden Natur in Erinnerung zu rufen. Und es ist gerade die nicht zu bestreitende Körperlichkeit des Menschen, die für diese „natürliche" Identität des Menschen steht, ganz im Einklang mit der ursprünglichen, organischen Konnotation der Natursemantik.[33]

Die ethische Konsequenz, die eine kritische Naturrechtstheorie aus diesen Beobachtungen ziehen muss, ist zunächst eine „demütigere" Auffassung der Würde des Menschen. Während eine das Abendland und nicht zuletzt die Naturrechtstheorie seit der griechischen Aufklärung dominierende *Anthropologie der Differenz* die Menschenwürde allein und gerade in der *differentia specifica* des Menschen – eben in Geist, Vernunft, Handlungsmacht – gesucht und gefunden hat[34], gilt es, diese anthropologische Einsicht zu komplementieren durch die Einsicht in die ebenso charakteristische Körperlichkeit des Menschen samt der mit ihr einhergehenden Sinnlichkeit, Verwundbarkeit und Bedürftigkeit, die uns mit der übrigen Natur verbindet. Eine solche *Anthropologie der Gemeinschaft* und die sich aus ihr ergebende Würdevorstellung entspricht nicht nur dem eigentlichen Menschen- und Schöpfungsverständnis des Christentums[35]; sie nimmt auch zeitgenössische, an Nietzsche und die Phänomenologie anknüpfende philosophische Überlegungen zur Körperlichkeit und deren Normativität auf[36], bis hin zu einer Neuausrichtung der Menschenrechtstheorie[37], die mit deren die Theoriedebatte dominierenden Ausrichtung an Differenzphänomenen wie der „inneren Freiheit" (Goos 2011) oder der „moral agency"[38] bricht.

phosphore comme les allumettes, de l'albumine comme les blancs d'œufs, du gaz hydrogène comme les réverbères'."

[33] Insofern kann man nur der Welt- und Selbstanschauung zustimmen, die Descola unter dem Titel „naturalisme" folgendermaßen schematisiert: „différence des intériorités – ressemblance des physicalités" (Descola 2015, S. 221).

[34] Exemplarisch: Pico della Mirandola (vgl. z.B. Lembcke 2008). Zur – für die europäische Geistesgeschichte enorm wirkungsmächtigen – Übernahme des klassisch-antiken Verständnisses der Menschenwürde in der Alten Kirche vgl. Volp 2006.

[35] Andeutungen dazu unter dem Titel „Bonitas-Tradition" bei: Baranzke 2002.

[36] Exemplarisch: Reichold/Delhom 2011.

[37] Vgl. als Skizze: Leiner 2015.

[38] Griffin 2008, z.B. S. 26: Menschenrechte als „protections of this elevated status of human beings", nämlich als Wesen mit autonomer „moral agency".

Vor allem aber führt diese Anthropologie der Gemeinschaft und die mit ihr verbundene kritische Naturrechtstheorie zu einer Neueinschätzung des Gedankens der Grenze als ethischer Leitkategorie. Bereits Goethe hat – im Anschluss an die entsprechende Theorie des rechten Maßes in der klassischen Antike – die Größe des Menschen gerade in seiner Einsichtsfähigkeit in die eigenen Grenzen gesehen.[39] Im Anthropozän gewinnt Goethes Warnung vor menschlicher Hybris neues Gewicht, und es ist kein Zufall, dass die Rede von Grenzen im ökologischen Diskurs eine neue Heimstätte gefunden hat. Die Studie „The Limits of Growth" und ihre verschiedenen Updates haben die Konzepte der physischen Grenze und der Grenzüberschreitung (*overshoot*) ins Gewissen der Menschheit zurückgeholt, und die Rede von *planetary boundaries* im Zusammenhang des Klimawandels (Rockström et al. 2009) knüpft nahtlos daran an, ebenso wie die lauter werdende Erinnerung an die Begrenztheit der Ressourcen zur Befriedigung eines auf Wachstum angelegten Lebensstils.[40] Naturbewusstsein ist Grenzbewusstsein.[41]

Das kritische Naturrecht versteht sich als moralisches Grenzbewusstsein. Gegenüber dem ideologischen Insistieren auf dem Menschengemachten als eigentlich Menschlichem – im Kulturalismus, Legalismus und Idealismus – weist es auf die Einbettung von Kultur, Gesetz und Geist in ein sie umfassendes, zugleich begrenzendes und so normativ-orientierendes

---

[39] Vgl. Goethes Gedicht „Gränzen der Menschheit" (1789): „[…] Denn mit Göttern Soll sich nicht messen Irgend ein Mensch. […] Was unterscheidet Götter von Menschen? Daß viele Wellen Vor jenen wandeln, Ein ewiger Strom: Uns hebt die Welle, Verschlingt die Welle, Und wir versinken. […]."

[40] Vgl. z.B. Altvater 2009, Reller et al. 2013, Altvater 2015.

[41] Vgl. Honnefelder 1995, S. 147: „Seit der Mensch aber vor der Möglichkeit steht, die eigene Gattung und das Leben auf dem Planeten zerstören zu können, weiß er um den Antagonismus zwischen der potentiellen Grenzenlosigkeit seiner Mittel und der Begrenztheit der ihn tragenden Natur. Soll die Natur wie in der Vergangenheit auch in der Zukunft das Leben von Menschen ermöglichen, verlangt schon die Achtung der Person in ihrer Verallgemeinerung einen Umgang mit allen begrenzten Ressourcen und allen irreversibel schädlichen Prozessen, der auch in Zukunft menschliches Leben möglich sein läßt. Ganzheits-, Vernetzungs- und Grenzbewußtsein des Menschen in bezug auf die Natur aber lassen insgesamt einen Umgang mit der Natur als angemessen erscheinen, der nicht so sehr durch ein Verhältnis der Herrschaft, als vielmehr durch ein solches der Partnerschaft geprägt ist, in der nicht der Abbau sondern der Anbau dominiert."

Natürlich-Allgemeines hin, ohne in eine Romantik zu verfallen, die die befreienden Wirkungen von Kultur, Gesetz und Geist von vornherein abweisen würde. Die These ist vielmehr, dass diese Wirkungen nur dann als befreiend zur Geltung kommen können, wenn sie sich ihrer eigenen natürlichen Voraussetzungen und Grenzen bewusst bleiben.

Auch das kritische Naturrecht arbeitet wie das klassische mit *materialen* Wertmaßstäben und bleibt nicht bei Verallgemeinerungsversuchen des Moralischen via formaler Diskursbedingungen stehen. Es tut dies auf der Basis einer Metakritik, die die oben in Abschnitt 3.4. angeführten kritischen Überlegungen damit kontert, dass sie – wie schon Hegel gegenüber Kant – auf die Unmöglichkeit „rein formaler" Entscheidungsgrundlagen verweist. Auch ein scheinbar frei stehender Normbegriff wie Reziprozität ist in Wirklichkeit von inhaltlichen Voraussetzungen durchsetzt (vgl. Lohmann 2012a, S. 116-118). Und da erscheint es allemal besser, diese Voraussetzungen auch offenzulegen und den Diskurs über Normen im weltanschaulich neutralen Verfassungsstaat als Diskurs über unterschiedliche *inhaltliche* Wertvorstellungen zu führen.[42] Das in diesem Text vorgeschlagene Verständnis der Natur des Menschen als sinnliche, verwundbare und bedürftige Natur impliziert solche inhaltlichen Wertmaßstäbe, die die kritische Naturrechtsethik im Sinne einer Grenzinstanz dem gesamtgesellschaftlichen Normdiskurs plausibel zu machen versucht.

In diesem Normdiskurs ist auch die Werbung verortet, wie sie zu Beginn dieser Ausführungen in ihrer Ambivalenz zwischen Pathos der Grenzüberschreitung und Rückbesinnung auf den inneren Kompass dargestellt wurde. Auch die Sehnsucht nach dem „du kannst", mit der die Werbung arbeitet, braucht, wie jedes menschliche Freiheitsstreben, als Kontrapunkt die Rede vom Natürlichen als Grenzbegriff, um vor Illusionen bewahrt und wahrhaft menschlich zu werden.

Das wahrhaft Menschliche ist dabei – analog zum stoischen „in Übereinstimmung leben" und zum entsprechenden Begriff des Sich-Beheimatens (*oikeiosis*) – zugleich das, was der natürlichen Umwelt des Menschen gerecht wird. Auch hinsichtlich des Mensch-Umwelt-Verhältnisses gilt es, aus polarisierenden Positionsbestimmungen hinauszukommen.

---

[42] So auch aus der Sicht des Verfassungsrechtlers Horst Dreier (2013, S. 18): „Klar muss bei alledem sein und bleiben, dass mit ethischer Neutralität nicht die inhaltliche Neutralität im Sinne einer Inhaltsleere oder einer mangelnden Wertkomponente der staatlichen Normen gemeint ist."

Weder ein instrumentelles noch ein strikt konservierendes Umwelthandeln entspräche der Anthropologie der Gemeinschaft, wie sie oben als Leitfaden des kritischen Naturrechts skizziert wurde. Der Mensch ist als Glied der Natur ihr verantwortlicher *steward*, der gemäß seiner besonderen Fähigkeiten in die Natur eingreifen darf, aber nicht, um sie auszuplündern, sondern um sie in ihrer „natürlichen", nicht menschengemachten Ordnung zu erhalten.[43] Daraus ergibt sich die Verpflichtung zu nachhaltigem Handeln, sofern dem Begriff der Nachhaltigkeit und insbesondere seinem englischen Pendant *sustainability* ein Bezug auf Dauerhaftigkeit und Erhaltung definitorisch innewohnt. Nachhaltigkeit kann dabei aus der Sicht des kritischen Naturrechts nur im Sinne des Gedankens der *starken* Nachhaltigkeit verstanden werden, der durch die Orientierung an der *Constant Natural Capital Rule* (CNCR)[44] von vornherein die nicht substituierbare *Begrenztheit* des natürlichen Umweltkapitals als moralisches Kriterium zur Geltung bringt. Beide, der Gedanke der starken Nachhaltigkeit wie auch die hier vorgeschlagene Konzeption eines kritischen Naturrechts, rekurrieren auf die – recht verstandene – Natur als Maßstab ethischer Grenzziehungen. Zwischen ihnen besteht eine „natürliche" Verwandtschaft.

Literatur

Altner, G. (1991): Naturvergessenheit. Grundlagen einer umfassenden Bioethik. Darmstadt: Wissenschaftliche Buchgesellschaft.

Altvater, E. (2009): Ressourcen: Wachstum der Grenzen oder Grenzen des Wachstums? In: Altner, G., Leitschuh, H.; Michelsen, G.; Simonis, U.E.; Weizsäcker, E.U. v. (Hg.), Umwälzung der Erde. Konflikte um Ressourcen. Stuttgart: Hirzel, S. 61-70.

Altvater, E. (2015): Der Grundwiderspruch des 21. Jahrhunderts. Der globalisierte Kapitalismus ist auf eine stetig wachsende Wirtschaft angewiesen, nun stößt er an natürliche Grenzen. In: Atlas der Globalisierung. Weniger wird mehr. Berlin: Le Monde diplomatique, taz, S. 16-19.

---

[43] Vgl. meine Überlegungen zum christlichen Verständnis der Natur als Schöpfung: Lohmann 2012a. Ich habe dort in Umformulierung von Aldo Leopolds *golden rule* als moralische Norm des Umwelthandelns formuliert: „An action is right when it tends to support the integrity, stability, and beauty of the whole of creation. It is wrong when it tends otherwise" (a.a.O., S. 95). Vgl. auch: Lohmann 2015b.

[44] Vgl. Ott 2010. Ausführlicher: Ott/Döring 2008.

Anselm, R. / Körtner, U.H.J. (Hg.) (2003): Streitfall Biomedizin. Urteilsfindung in christlicher Verantwortung. Göttingen: Vandenhoeck & Ruprecht.

Baranzke, H. (2002): Würde der Kreatur? Die Idee der Würde im Horizont der Bioethik. Würzburg: Königshausen & Neumann.

Bees, R. (2004): Die Oikeiosislehre der Stoa. I. Rekonstruktion ihres Inhalts. Würzburg: Königshausen & Neumann.

Bentham, J. (1973 [1789]): An Introduction to the Principles of Morals and Legislation. 7. Aufl., New York/London: Hafner Press.

Birnbacher, D. (2006): Natürlichkeit. Berlin: De Gruyter.

Brunner, E. (1981 [1943]): Gerechtigkeit. 3. Aufl., Zürich: TVZ.

Descola, P. (2015 [2005]): Par-delà nature et culture. Taschenbuch-Ausgabe, Paris: Gallimard.

Dienstbeck, S. (2015): Die Theologie der Stoa. Berlin/Boston: De Gruyter.

Dostojewski, F.M. (1922 [1864]): Aufzeichnungen aus dem Dunkel der Großstadt. In: Ders.: Sämtliche Romane und Novellen. Dritter Band. Leipzig: Insel, S. 5-199.

Dreier, H. (2013): Bioethik. Politik und Verfassung. Tübingen: Mohr Siebeck.

Engberg-Pedersen, T. (1990): The Stoic Theory of Oikeiosis. Moral Development and Social Interaction in Early Stoic Philosophy. Aarhus: Aarhus University Press.

Forschner, M. (1998): Über das Handeln im Einklang mit der Natur. Grundlagen ethischer Verständigung. Darmstadt: WBG.

Forschner, M. (2008): Oikeiosis. Die stoische Theorie der Selbstaneignung. In: Neymeyr, B.; Schmidt, J.; Zimmermann, B. (Hg.), Stoizismus in der europäischen Philosophie, Literatur, Kunst und Politik. Eine Kulturgeschichte von der Antike bis zur Moderne. Bd. 1. Berlin/New York: De Gruyter, S. 169-191.

Fuchs, T. (2000): Leib, Raum, Person. Entwurf einer phänomenologischen Anthropologie. Stuttgart: Klett-Cotta.

Geyer, C. (Hg.) (2001): Biopolitik. Die Positionen. Frankfurt a.M.: Suhrkamp.

Goos, C. (2011): Innere Freiheit. Eine Rekonstruktion des grundgesetzlichen Würdebegriffs. Göttingen: Vandenhoeck & Ruprecht, Bonn University Press.

Graumann, S. (Hg.) (2001): Die Genkontroverse. Grundpositionen. Freiburg (Br.): Herder.

Griffin, J. (2008): On Human Rights. Oxford/New York: Oxford University Press.

Groh, R. / Groh, D. (1991): Weltbild und Naturaneignung. Zur Kulturgeschichte der Natur. Frankfurt a.M.: Suhrkamp.

Groh, R. / Groh, D. (1996): Die Außenwelt der Innenwelt. Zur Kulturgeschichte der Natur 2. Frankfurt a.m.: Suhrkamp.

Habermas, J. (1999): Einleitung: Realismus nach der sprachpragmatischen Wende. In: Ders., Wahrheit und Rechtfertigung. Philosophische Aufsätze. Frankfurt a.m.: Suhrkamp, S. 7-64.

Honnefelder, L. (1995): Die Verantwortung der Philosophie für Mensch und Umwelt. In: Erdmann, K.-H.; Kastenholz, H.G. (Hg.), Umwelt- und Naturschutz am Ende des 20. Jahrhunderts. Probleme, Aufgaben und Lösungen. Berlin/Heidelberg: Springer, S. 133-153.

Hume, David (1964 [1739/40]): A Treatise of Human Nature Vol. II. In: Ders., The Philosophical Works in 4 Volumes. Aalen: Scientia (Nachdruck der Ausgabe London 1886).

Kass, L.R. (1999 [1994]): The Hungry Soul. Eating and the Perfecting of Our Nature. Chicago/London: University of Chicago Press.

Kelsen, H. (1953): Was ist Gerechtigkeit? Wien: Deuticke.

Kreß, H. (2003): Ethischer Immobilismus oder rationale Abwägungen? Das Naturrecht angesichts der Probleme des Lebensbeginns. In: Anselm/Körtner (2003), S. 111-134.

Lee, Chang-Uh (2002): Oikeiosis. Stoische Ethik in naturphilosophischer Perspektive. Freiburg (Br.)/München: Alber.

Leiner, M. (2015): Rechte für autonome Subjekte oder für leibliche Personen? Überlegungen zur Interpretation und Weiterentwicklung der Menschenrechte. In: Gräb-Schmidt, E.; Heesch, M.; Lohmann, F.; Schlenke, D.; Seibert, C. (Hg.), Leibhaftes Personsein. Theologische und interdisziplinäre Perspektiven. Leipzig: EVA, S. 253-269.

Lembcke, O.W. (2008): Die Würde des Menschen, frei zu sein. Zum Vermächtnis der „Oratio de hominis dignitate" Pico della Mirandolas. In: Gröschner, R.; Kirste, S.; Ders. (Hg.), Des Menschen Würde – entdeckt und erfunden im Humanismus der italienischen Renaissance. Tübingen: Mohr Siebeck, S. 159-186.

Lohmann, F. (2002): Zwischen Naturrecht und Partikularismus. Grundlegung christlicher Ethik mit Blick auf die Debatte um eine universale Begründbarkeit der Menschenrechte. Berlin/New York: De Gruyter.

Lohmann, F. (2007): Ethik, Anthropologie und Metaphysik. In: Deuser, H. (Hg.), Metaphysik und Religion. Die Wiederentdeckung eines Zusammenhanges. Gütersloh: Gütersloher Verlagshaus, S. 264-283.

Lohmann, F. (2012a): Die multikulturelle Gesellschaft. Ethische Reflexionen zwischen „melting-pot" und „laïcité". In: Bohrmann, T.; Küenzlen, G. (Hg.), Religion im säkularen Verfassungsstaat. Berlin: LIT, S. 97-118.

Lohmann, F. (2012b): Climate Justice and the Intrinsic Value of Creation. The Christian Understanding of Creation and its Holistic Implications. In: Gerten, D.; Bergmann, S. (Hg.), Religion in Environmental and Climate Change. Suffering, Values, Lifestyles. London/New York: Continuum, S. 85-106.

Lohmann, F. (2013): Art. Naturrechtstheorien. In: Gröschner, R.; Kapust, A.; Lembcke, O.W. (Hg.), Wörterbuch der Würde. München: Wilhelm Fink, S. 89-91.

Lohmann, F. (2015a): Die Natur der Natur. Welches Naturverständnis setzt die Naturrechtsethik voraus? In: Gräb-Schmidt, E. (Hg.), Was heißt Natur? Philosophischer Ort und Begründungsfunktion des Naturbegriffs. Leipzig: EVA, S. 13-53.

Lohmann, F. (2015b): Wie weit reicht die Gerechtigkeit? Der Schutz der natürlichen Ressourcen als Thema der christlichen Ethik. In: ThGespr.Beih 13, S. 58-79.

Lohmann, F. (2016): Abusus non tollit usum. Warum der Naturrechtsgedanke weiterhin sinnvoll und notwendig ist. In: Bogner, D.; Mügge, C. (Hg.), Natur des Menschen. Brauchen die Menschenrechte ein Menschenbild? Fribourg (Ue.)/Freiburg (Br.): Academic Press Fribourg, Herder, S. 95-120.

Luhmann, N. (1983 [1969]): Legitimation durch Verfahren. Nachdruck Frankfurt a.M.: Suhrkamp.

Luhmann, N. (1995): Über Natur. In: Ders., Gesellschaftsstruktur und Semantik. Studien zur Wissenssoziologie der modernen Gesellschaft Bd. 4. Frankfurt a.M.: Suhrkamp, S. 9-30.

Lutz-Bachmann, M. / Schmid Noerr, G. (Hg.) (1992): Die Unnatürlichkeit der Natur. Über die Sozialität der Natur und die Natürlichkeit des Sozialen. Eine Sammlung zu Alfred Schmidts 60. Geburtstag. Basel/Frankfurt a.M.: Nexus.

Markl, H. (1986): Natur als Kulturaufgabe. Über die Beziehung des Menschen zur lebendigen Natur. Stuttgart: DVA.

Markl, H. (2001): Freiheit, Verantwortung, Menschenwürde. Warum Lebenswissenschaften mehr sind als Biologie. In: Geyer, C. (Hg.), Biopolitik. Die Positionen. Frankfurt a.M.: Suhrkamp, S. 177-193.

Messner, J. (1958): Das Naturrecht. Handbuch der Gesellschaftsethik, Staatsethik und Wirtschaftsethik. 3. Aufl., Innsbruck/Wien/München: Tyrolia.

Mill, J.S. (1985 [1874]): Nature. In: Ders., Three Essays on Religion. In: The Collected Works of John Stuart Mill Vol. X. Toronto/London: University of Toronto Press, Routledge, S. 373-402.

Nietzsche, F. (1968 [1886]): Jenseits von Gut und Böse. Vorspiel einer Philosophie der Zukunft. In: Ders., Werke. Kritische Gesamtausgabe 6/2. Berlin: De Gruyter, S. 1-255.

Ott, K. (2010): Umweltethik zur Einführung. Hamburg: Junius.

Ott, K. / Döring, R. (2008): Theorie und Praxis starker Nachhaltigkeit. 2. Aufl., Marburg: Metropolis.

Platon (1990): Politeia – Der Staat. Werke Bd. 4. 2. Aufl., Darmstadt: Wissenschaftliche Buchgesellschaft.

Rawls, J. (1992 [1985]): Gerechtigkeit als Fairneß: politisch und nicht metaphysisch. In: Ders., Die Idee des politischen Liberalismus. Aufsätze 1978-1989. Hg. v. W. Hinsch. Frankfurt a.M.: Suhrkamp, S. 255-292.

Reichold, A. / Delhom, P. (Hg.) (2011): Normativität des Körpers. Freiburg (Br.)/ München: Alber.

Reller, A. / Marschall, L. / Meißner, S. / Schmidt, C. (Hg.) (2013): Ressourcenstrategien. Eine Einführung in den nachhaltigen Umgang mit Rohstoffen. Darmstadt: WBG.

Rockström, J. et al. (2009): Planetary Boundaries. Exploring the Safe Operating Space for Humanity. In: Ecology and Society 14(2): 32 (online: http://www.ecologyandsociety.org/vol14/iss2/art32/; letzter Zugriff: 6.7.2015).

Schlegel, F. (1980): Dichtungen und Aufsätze. In: Ders., Werke Bd. 2. Berlin/ Weimar: Aufbau.

Spaemann, R. (1994a): Natur. In: Ders., Philosophische Essays. Erweiterte Ausgabe, Stuttgart: Reclam, S. 19-40.

Spaemann, R. (1994b [1973]): Die Aktualität des Naturrechts. In: Ders., Philosophische Essays. Erweiterte Ausgabe, Stuttgart: Reclam, S. 60-79.

Strauss, L. (1956): Naturrecht und Geschichte. Stuttgart: Koehler.

Trillhaas, W. (1970): Ethik. 3. Aufl., Berlin: De Gruyter.

Troeltsch, E. (1994 [1912]): Die Soziallehren der christlichen Kirchen und Gruppen. Neudruck Tübingen: Mohr Siebeck.

Vigo, A.G. (Hg.) (2012): Oikeiosis and the Natural Basis of Morality. From Classical Stoicism to Modern Philosophy. Hildesheim/Zürich/New York: Olms.

Vogt, M. (2013): Was taugt der Naturbegriff für die Umweltethik? In: Ders.; Ostheimer, J.; Uekötter, F. (Hg.), Wo steht die Umweltethik? Argumentationsmuster im Wandel. Marburg: Metropolis, S. 21-50.

Volp, U. (2006): Die Würde des Menschen. Ein Beitrag zur Anthropologie in der Alten Kirche. Leiden/Boston: Brill.

Welzel, H. (1962 [1951]): Naturrecht und materiale Gerechtigkeit. Problem-geschichtliche Untersuchungen als Prolegomena zu einer Rechtsphiloso-phie. 4. Aufl., Göttingen: Vandenhoeck & Ruprecht.

Wetz, F.J. (2005): Illusion Menschenwürde. Aufstieg und Fall eines Grund-werts. Stuttgart: Klett-Cotta.

Wippermann, P. / Krüger, J. (Hg.) (2015): Werte-Index 2016. Frankfurt a.M.: Deutscher Fachverlag.

Vernunft, Moral, Handeln – Grenzverläufe

Anmerkungen zu einem abendländischen kulturellen Selbstverständnis

Alfons Matheis

Neue Grenzziehungen?

Fast zeitgleich mit dem 14. Weimarer Kolloquium, das sich der wissenschaftlichen Erörterung von Fragen aus dem Themenfeld „Grenzen und Nachhaltigkeit" widmet, beschließen die Mitglieder des sogenannten „G-7-Gipfel" die „Decarbonisierung" der Wirtschaft. Sie propagieren damit eine deutliche Grenzziehung für zukünftiges wirtschaftliches Handeln. In der Vergangenheit basierte dieses Handeln vor allem auf der Verwendung fossiler Energie.[1]

Die Propagierung dieser Grenze darf man als politischen Reflex auf die Diskussionen zum Thema „westlich-abendländischer Lebensstil" und das damit verbundene wirtschaftliche Handeln interpretieren. Diese Diskussionen sind nicht neu. Sie werden seit Jahren in wissenschaftlichen Fachkreisen, in der interessierten Öffentlichkeit und auch in wirtschaftlichen Zusammenhängen geführt.

Das wirtschaftliche Denken und Handeln und die damit eng verbundene Art und Weise zu leben, stößt offensichtlich an ökologische, ökonomische und sozio-kulturelle Grenzen. Die Problematik der Grenzen dieses „way of living" wurde weltweit spätestens mit der Publikation des

---

[1] Vgl. exemplarisch das Dossier „Die Grenzen der menschlichen Natur. Vom Klimawandel bis zum Welthunger – wann sind die Menschen in der Lage, sich selbst zu retten, und wann nicht? G-7-Gipfel hin oder her..." (ZEIT-Dossier 2015).

Club of Rome zu den „Grenzen des Wachstums"[2] in Europa ins öffentliche Bewusstsein gerückt.

Nach der teilweisen Beseitigung politischer und vor allem wirtschaftlicher Grenzen zwischen Ost und West und global wird aktuell die Frage nach Grenzen auch als moralisch-rechtliche Frage und damit auch als Frage nach dem kulturellen Selbstverständnis erörtert.

Hinsichtlich der Grenzziehungen innerhalb Europas und zwischen Europa und seinen Nachbarn werden die öffentlichen Debatten von dem Thema bestimmt, wie die Staatsbürger und Regierungen europäischer Staaten mit dem Thema „Menschenrechte"[3] umgehen.

Die im eigentlichen Sinne moralisch-rechtliche Problematik wird gegenwärtig heftig und kontrovers als Quantitätsfrage, wie viele Flüchtlinge aus den Krisen- und Kriegsgebieten der Welt die Länder der Europäischen Union an ihren jeweiligen Grenzen zu erwarten haben und eventuell aufzunehmen bereit sind, ausbuchstabiert.[4]

Grenzverläufe:
Abendländisches kulturelles Selbstverständnis ausbuchstabiert als mythologische Erzählung und philosophische Reflexion

Ungeachtet dieser und ähnlicher aktueller Kontroversen gilt es seit jeher als einer der zentralen Punkte des abendländischen kulturellen Selbstverständnisses über Grenzen des eigenen Denkens und Handelns nachzudenken, sei es in Gestalt mythologischer Erzählungen sei es als selbstreflexive philosophische Erörterung.

Ob es das Losungswort am Portal des Apollon-Tempels von Delphi ist, das „Erkenne dich selbst", das „gnothi seauton"[5] oder die apodiktische Behauptung Immanuels Kants im Schlussabsatz der „Kritik der reinen Vernunft" (B 884): „Der kritische Weg ist allein noch offen" (Kant 1976, S. 712), stets gehört es zum seriös-methodischen Handwerk abendländi-

---

[2] Vgl. Meadows et al. 1972. An dieser Stelle sei auch nochmals an die beiden anderen Klassiker dieser „Weckrufe" erinnert: Carson 1963 und Global 2000 (1981).

[3] § 14, (1) Allgemeine Erklärung der Menschenrechte: „Jeder hat das Recht, in anderen Ländern vor Verfolgung Asyl zu suchen und zu genießen."

[4] Vgl. exemplarisch u.a. Ulrich 2015, S. 1ff.; Scholz 2015, S. 4.

[5] Vgl. https://de.wikipedia.org/wiki/Gnothi_seauton; letzter Zugriff: 02.10.2015.

schen wissenschaftlichen Denkens und Handelns, den Blick auf die eigenen Möglichkeiten und auf deren Grenzen zu richten.

Die Aufgabe vor allem der philosophischen Reflexion wurde von Beginn an als Selbstaufklärung der Vernunft verstanden. Selbstaufklärung in diesem Sinne meint immer die Grenzziehung zwischen den Bereichen innerhalb derer Vernunft und vernunftorientiertes Handeln sich als vernünftig ausweisen lassen und jenseits derer dieses nicht möglich ist.

Diese Grenzziehung umfasst seit Aristoteles auch eine Bestimmung der Grenzverläufe im Binnenverhältnis der Vernunft. Holzschnittartig vereinfachend soll an dieser Stelle festgehalten werden, dass es seit Aristoteles als kanonischer Wissensbestand gilt, die Bereiche, die der Vernunft (logos) prinzipiell zugänglich sind, einzuteilen in einen Bereich der vom Menschen unabhängigen Phänomene (sie bilden den Bereich der theoretischen Vernunft), ergänzt durch den Bereich der von Menschen abhängigen Phänomene. Diese umfassen den Bereich des menschlichen Handelns, der Praxis und der Poiesis. Hier ist vor allem das Handeln in Bezug auf die Gestaltung des eigenen Lebens, die Gestaltung des näheren Umfeldes (oikos) sowie die Gestaltung der größeren Gemeinschaft (polis) zu nennen. Die für das Handeln in diesen Teilbereichen maßgebliche Vernunft wird als praktische Vernunft tituliert.[6]

Die Aufgabe der Vernunft, soweit sie sich auf „Praxis" bzw. das menschliche Handeln bezieht, bestand und besteht in dem Bemühen, vernunftorientierte Antworten auf die moralisch-ethische Grundfrage „Wie soll ich handeln?" zu finden.

Ignorante Missachtung der Grenzverläufe

Allerdings stellt die selbstkritische Bestimmung der Grenzen des Denkens und Handelns nur eine Seite des Vernunftvermögens dar. Nicht ohne Grund ist die Inschrift in Delphi appellatorisch als Sollensforderung

---

[6] Das Denkmodell einer Binnendifferenzierung des Vernunftvermögens vor allem im Bezug zum Handeln wird im Verlauf des Beitrages erneut im Zusammenhang mit den Ausführungen zum Gebrauch der praktischen Vernunft (Habermas) aufgegriffen. Sie liefert schließlich einen Erklärungsansatz für die eigentümliche Wirklichkeitsblindheit und Handlungsunfähigkeit, die von Leggewie/Welzer 2011 abschließend unter sozialpsychologischen Gesichtspunkten thematisiert wird.

(Präskription) und eben nicht als Beschreibung eines gegebenen Zustandes (Deskription) formuliert.[7]

Neben der Möglichkeit eines selbstkritischen und selbstbegrenzenden Vernunftgebrauchs findet sich gleich wirkungsmächtig die Missachtung von Grenzen und Selbstbegrenzungen im Handlungsinventar der Vertreter der biologischen Menschenaffen-Gattung „homo sapiens".

Unheilvolle Spuren selbstvergessener Überheblichkeit bezüglich der eigenen Möglichkeiten und Grenzen bis hin zu pathologisch zu nennenden Allmachtsphantasien verknüpft mit einem gebetsmühlenartig vorgetragenen Glauben an einen Fortschritt zum Besseren finden sich einhergehend mit einem propagierten Vernunftanspruch immer wieder bis heute vor allem in einem zweckrational-instrumentell orientierten Vernunftgebrauch[8] in der Geschichte der abendländischen Kultur.

Die Autoren der griechischen Antike haben immer auch Charaktere auf der Bühne dargestellt, deren Haltungen und Handlungen die von den Göttern gesetzten Regeln und Grenzen glaubten missachten zu können und zu dürfen. Allerdings sind solche Grenzüberschreitungen mit dem Verdikt der „Hybris" etikettiert und entsprechend sanktioniert worden.[9]

Als historisch frühes Beispiel für diese Missachtung eigener Grenzen bei gleichzeitiger Inanspruchnahme instrumenteller Vernunft mag der Mythos von Daedalos und Ikaros in Erinnerung gerufen werden. Daedalos gelang es, den Minotauros mit Hilfe der von ihm konstruierten Labyrinth-Technologie zu bändigen. Daedalos und sein Sohn Ikaros fielen jedoch in Ungnade bei ihrem Auftraggeber, König Minos. Sie wurden daraufhin gemeinsam in eben diesem Labyrinth gefangen gehalten. Beiden gelang allerdings die Flucht. Dank seines technischen Erfindergeistes konstruierte Daedalos für sich und seinen Sohn aus Bienenwachs und Vogelfedern Flügel. Ikaros, der die handlungsorientierende Grenzziehung seine Vaters glaubte missachten zu dürfen – nicht zu hoch zur Sonne zu fliegen, da ansonsten Gefahr bestünde, dass die Sonnenwärme das Wachs der Flügel zum Schmelzen bringen könnte –, musste seine Grenzüberschreitung mit

---

[7] An dieser Stelle sei nur exemplarisch auf die Sein-Sollen-Diskussion seit David Hume hingewiesen; aus der umfangreichen Diskussion etwa: Stuhlmann-Laeisz 1983 und Laeisz 1986; auch Nagel 1998.

[8] Vgl. zu diesem Vernunftgebrauch weiter unten die Ausführungen zu einer dreifachen Differenzierung der praktischen Vernunft.

[9] Vgl. https://de.wikipedia.org/wiki/Hybris; letzter Zugriff: 02.10.2015.

dem Leben bezahlen. Er flog zu hoch, das Wachs seiner Flügel schmolz. Er stürzte ins Meer.[10] Im 20. Jahrhundert ist an die wissenschaftlich-technologischen Allmachtsphantasien einiger Vertreter der Atomphysik zu denken. Sie glaubten, auf Grundlage ihrer Wissenschaftsmodelle Fortschrittstechnologien bereitstellen zu können zu einem ausschließlich Nutzen stiftenden militärischen und zivilen Gebrauch der Atomtechnologie (vgl. dazu Radkau 1983). Die militärische Nutzung hat zu den Atombombenabwürfen von Hiroshima und Nagasaki, zu Neutronen-Bomben und zur heutigen atomaren Aufrüstung vieler Staaten geführt (Lovins/Lovins 1980). Die zivile Nutzung hatte letztendlich die atomaren Katastrophen in Tschernobyl (Traube et al. 1986; Brüggemeier 1998) und Fukushima zu Folge.

Auch die aktuelle zynisch-ignorante Handhabung der Problematik potenzieller ökologischer, ökonomischer und sozio-kultureller Folgen der Zwischen- und Endlagerung atomarer „Abfälle" bis in eine unabsehbare Zukunft kann m.E. als eklatantes Beispiel neuzeitlicher, wissenschaftlich-technologischer Hybris gelten.[11]

Ein solcher wissenschaftlich-technologischer und zweckrational verkürzter Fortschrittsglaube findet sich oft in einer Allianz mit einem ökonomischen Glauben an die Allmacht eines „Marktes" und des „Wachstums" (Matheis 2004, S. 37-51). Auch dieses Paar begleitet offensichtlich das neuzeitliche abendländische, am Ideal der Vernunft orientierte Selbstverständnis.

Verbunden mit der mantraartig vorgetragenen Beteuerung, dass der nächste Entwicklungsschritt unverzichtbar sei zur Lösung zentraler Weltprobleme und somit ein Schritt ins Bessere, hat dieses Selbstverständnis vor allem in der Domäne des politischen Handelns inzwischen die Menschheit global an den Rand ökologischer, ökonomischer und auch sozio-kultureller Abgründe manövriert.

---

[10] Vgl. zu Daedalos und Ikaros, Schwab 2000, Bd. 1, S. 71-76.
[11] Auch an dieser Stelle sei exemplarisch nur verwiesen auf Strohm 1986.

Mahnende Stimmen

Diese holzschnittartig verkürzte historische Perspektive auf das abendländische Selbstverständnis würde indessen ein falsches Bild skizzieren, wenn unerwähnt bliebe, dass es begleitend zu diesem Chor der Stimmen, die trotz einer Berufung auf Vernunft glauben, Grenzen ignorieren zu dürfen, von Beginn an immer wieder mahnende Stimmen gab. In der antiken Mythologie etwa die Stimme einer Kassandra. Sie mahnte die Bewohner Trojas zur Vorsicht und warnte vor allzu voreiligem Triumph. Bekanntermaßen hatten die Griechen bei ihrem Abzug eine Art technisches Spielzeug zurückgelassen, das „Trojanische Pferd" (vgl. Wolf 1983). Odysseus hatte als Schützling der Göttin der Vernunft, Athene, eine strategisch-zweckrationale List in Gestalt des Trojanischen Pferdes ersonnen, um die Stadt zu erobern.

Das Heer der Griechen täuschte seinen Abzug vor. Er selbst und einige seiner Männer versteckten sich im Innern des technischen Vehikels. Die Griechen platzierten das Pferd vor den Stadtmauern. Die Trojaner beförderten nach dem vermeintlichen Abzug der Griechen das Pferd als Trophäe in die Stadt. Im Schutz der Nacht stiegen Odysseus und seine Männer aus ihrem Versteck und öffneten die Stadttore. Das griechische Heer war inzwischen zurückgekommen und überrannte die siegestrunkenen schlafenden Trojaner. Das Ziel der Griechen wurde mit Hilfe dieses strategisch-instrumentellen Vernunftgebrauchs erreicht, die Stadt wurde erobert und vollständig zerstört. Die Bewohner wurden erschlagen oder wie Kassandra als Sklaven nach Griechenland verschleppt. Odysseus erreichte erst nach vielen Jahren und allerlei Irrfahrten allein und ohne seine Gefährten wieder seine Heimat Ithaka. Soweit die mythologischen Erzählungen.

Für die europäische Moderne bzw. die europäische Aufklärung waren es eher Kulturschaffende, wie z.B. Künstler, Literaten und Philosophen, die auf Aspekte des menschlichen Handlungsvermögens aufmerksam machten, die sich einer vernunftorientierten Selbstbegrenzung entziehen.

So war es, neben vielen anderen, etwa Francesco Goya[12], der in seinen Radierungen „Los Caprichios" (1799) und vor allem mit der emblemati-

---

[12] Vgl. dazu etwa Hofmann 2014.

schen Radierung „El sueno de la razon produce monstruos" die abgründigen Folgen eines Traumes oder Schlafes der Vernunft illustrierte.[13]

Für das 20. Jahrhundert sind von philosophischer Seite neben vielen anderen Mahnern etwa die Namen Günther Anders, Max Horkheimer und Theodor W. Adorno stellvertretend zu nennen. Gerade diese Autoren haben gewarnt vor einer Engführung und Reduzierung des Vernunftvermögens allein auf einen zweckrationalen und instrumentellen Gebrauch der Vernunft.[14]

Über Grenzen des Vernunftvermögens im Bereich des wirtschaftlichen Denkens und Handelns muss spätestens seit dem Desaster von 2008, das mit dem Namen „Lehman-Brothers-Pleite" und deren finanzwirtschaftlichen Folgen einhergeht, nicht mehr spekuliert werden. Ökonomische Vernunft hat sich zusätzlich zu einem völligen prognostischen Versagen als pseudoreligiöser Glaube an die vorgeblich ordnenden Kräfte des Marktes gewissermaßen selbst entlarvt. Sie ist mit einer Art ökonomischer Theodizee[15] konfrontiert, bislang jedoch einer Antwort schuldig geblieben.

In sozio-kultureller Hinsicht zeigen nicht zuletzt die aktuellen humanitären Katastrophen, die sich u.a. auch an den Grenzen Europas abspielen, das beispiellose Versagen der damit in Verbindung stehenden abendländischen Denkschablonen und „mentalen Infrastrukturen" und Handlungs-

---

[13] Warum es vor allem Künstler, Literaten und Philosophen waren, die Zugang zum ganzen Bild („whole picture") hatten und weniger die (Natur-)Wissenschaftler, ist eine interessante Frage. Sie kann an dieser Stelle allerdings nicht vertieft werden. Die Vermutung geht dahin, diesen Tatbestand mit dem methodischen Ansatz experimentell-empirischer Wissenschaften zumindest seit Francis Bacon in einen Zusammenhang zu stellen. Der methodische Ansatz neuzeitlich experimenteller Erfahrungswissenschaften beruht geradezu darauf, bestimmte Aspekte des zu untersuchenden Wissenschaftsobjektes oder -phänomens kontrolliert zu verändern und andere Aspekte dagegen auszublenden; vgl. dazu die knappen Hinweise von Oreskes/Conway 2015, insbes. S. 27f. und S. 91f.; speziell zu Francis Bacon aus der Richtung feministischer Wissenschaftskritik u.a. Merchant 1980; deutsch: Merchant 1987.

[14] Anders 1956 und 1981; Horkheimer 1985; Adorno/Horkheimer 1985; vgl. auch: Tugendhat 1986; Henrich 1990.

[15] Vgl. dazu Vogl 2010, S. 28 und 2015, S. 42ff.

muster – die sich dennoch gleichwohl glauben auf Vernunft berufen zu dürfen.[16]

Wollen wir als Betroffene und Beteiligte nicht eigenhändig die oben genannten kulturellen und zivilisatorischen Standards[17] in Gänze verabschieden und menschenverachtenden religiösen Fundamentalismen und wissenschaftlichen und politischen Ideologien jedweder Art das Feld überlassen, ist es m.E. dringend geboten, sich selbstkritisch auf die eigenen – vom damaligen US-amerikanischen Verteidigungsminister Donald Rumsfeld verächtlich zitierten – „alteuropäischen Traditionen"[18] zu besinnen, sich ihrer – moralisch-ethisch rechtfertigungsfähigen – Handlungsorientierungen zu vergewissern und innerhalb der dann von den Betroffenen und Beteiligten „autonom" bzw. selbst gesetzten Grenzen (vgl. Pauen/ Welzer 2015) zu agieren.

Nichts Geringeres als das abendländische Kultur- und Zivilisationsmodell steht sowohl hinsichtlich der Handlungsmaßstäbe eines „guten Lebens" als auch der Kriterien der „Gerechtigkeit" und der „Verantwortung" auf dem Prüfstand. Hier gilt es ganz allgemein, den weiter unten näher ausgeführten Maßstab der Vernunft und damit einen selbstbestimmten und -gesetzten Grenzverlauf anzuwenden: Alle aktuellen Vorschläge zur Gestaltung eines „way of living" müssen von ihren Befürwortern gegenüber sich selbst als den Beteiligten im Sinne eines „guten Lebens", vor allem aber auch gegenüber den – von den Auswirkungen dieser Art und Weise zu handeln – betroffenen menschlichen und nicht menschlichen Adressaten als rechtfertigungsfähig in Sinne von „Verantwortung" und „Gerechtigkeit" erwiesen werden.[19]

---

[16] Leggewie/Welzer 2011, S. 72ff.; Welzer 2011; zu den Denkschablonen im Zusammenhang mit ökonomischem Handeln vgl. die „Archetypen" auf die Senge 1999 aufmerksam macht (Senge 1999, S. 455ff.).

[17] Vgl. dazu u.a.: Leggewie/Welzer 2011 und Welzer/Wiegandt 2011.

[18] „Now, you're thinking of Europe as Germany and France. I don't. I think that's old Europe. If you look at the entire NATO Europe today, the center of gravity is shifting to the east. And there are a lot of new members. And if you just take the list of all the members of NATO and all of those who have been invited in recently – what is it? Twenty-six, something like that? – you're right. Germany has been a problem, and France has been a problem." – Verteidigungsminister Rumsfeld auf der Pressekonferenz des US-Verteidigungsministeriums vom 22.1.2003.

[19] Zur Begründung dieser Sollensforderung vgl. weiter unten die Ausführungen zum Modell der Diskursethik.

Grenzverläufe:
Dreifache Binnendifferenzierung des praktischen Vernunftvermögens

Ich möchte an dieser Stelle, die schon erwähnte aristotelische Reflexion auf die Struktur des Vernunftvermögens insgesamt aufgreifend, auf die Differenzierung vor allem des praktischen Vernunftvermögens – und damit die Herausarbeitung von Grenzverläufen für vernunftorientiertes Handeln –, die Jürgen Habermas in die Diskussion eingeführt hat, verweisen (vgl. Habermas 1991b, S. 100-118).

Habermas macht darauf aufmerksam, dass man drei Antwort-Typen auf die moralisch-ethische Grundfrage, wie soll ich handeln, identifizieren kann. Die Ausblendung der Grenzziehung zwischen diesen Antwort-Typen kann zu einer kategorialen Verwirrung des jeweiligen Vernunft-Gebrauches führen. Habermas unterscheidet zwischen einem pragmatischen, einem ethischen und einem moralischen Gebrauch der praktischen Vernunft.

Der pragmatische Gebrauch der praktischen Vernunft beschäftigt sich mit Antwort-Typen, die durch die Frage, wie soll ich handeln, im Hinblick auf die Erreichung vorgegebener Ziele und Zwecke motiviert sind. Es geht um den zweckdienlichen bzw. zweckrationalen Einsatz von Werkzeugen und Methoden. Ziele und Zwecke sind dabei als unproblematisch gesetzt.

Werden hingegen die Ziele und Zwecke problematisch, spricht Habermas vom „ethischen" Gebrauch der praktischen Vernunft. Bei diesem Typus geht es darum, zuallererst die Zwecke und Ziele als vernunftgemäß zu bestimmen oder auch im Konfliktfall gegeneinander abzuwägen. Letztendlich sieht Habermas bei diesem Gebrauchstyp der praktischen Vernunft die Grundfrage wie folgt ausbuchstabiert: „(...) welches Leben man führen möchte und das bedeutet: welche Person man ist und zugleich sein möchte" (vgl. Habermas 1991b, S. 103). Die seit Aristoteles klassische Frage nach dem „guten Leben" motiviert diesen ethischen Gebrauch der praktischen Vernunft.

Geraten schließlich unterschiedliche Lebensentwürfe in Konflikt, dann ist der dritte Typ, der „moralische" Gebrauch der praktischen Vernunft, vonnöten. Vorausgesetzt, die Konfliktbeteiligten haben sich dazu entschlossen, den Konflikt nicht gewaltsam, sondern vernünftig lösen zu wollen, gilt es, nach Habermas, hier Fragen der Gerechtigkeit zu thematisieren. Was wäre eine gerechte Lösung für einen vorliegenden Konflikt zwischen unterschiedlichen Lebensweisen, die sich ihrerseits wiederum aus unterschiedlichen Werten, Normen und Prinzipien ableiten?

Grenzen des Handelns bestimmen?
Prüfungsverfahren des Modells der Diskursethik

Als konkret-praxistaugliches vernunftorientiertes Prüfungsverfahren für jegliche Art von Konflikten, die aus unterschiedlichen Handlungsorientierungen bzw. unterschiedlichen moralischen Werten, Prinzipien und Normen herrühren, bietet sich das Diskurs-Modell der Ethik an, wie es in den Grundzügen von Karl-Otto Apel und Jürgen Habermas und anderen Diskursethikern konzipiert wurde.[20]

Die Vertreter des Modells der Diskursethik gehen davon aus, dass jenseits der Betroffenen und Beteiligten selbst keine Instanz aufzufinden ist, die einen Maßstab für Handlungsorientierungen bzw. Antworten auf die moralisch-ethische Grundfrage und damit die Grundfrage der praktischen Vernunft überhaupt, im Sinne des dritten Gebrauchstypus, bereitstellen könnte.

Damit ist allen eine Absage erteilt, die unterstellen, eine für alle gleichermaßen verbindliche Handlungsorientierung etwa aus religiösen oder weltanschaulichen Grundüberzeugungen ableiten zu können. Die einzige Grundlage, auf die sich alle beziehen können, ist letztendlich die Fähigkeit, ihren Standpunkt argumentativ vertreten zu können (vgl. Habermas 1985). Dabei kann keiner der Beteiligten für sich beanspruchen, einen privilegierten Standpunkt gegenüber anderen Beteiligten und Betroffenen einnehmen zu können. Was letztendlich den Ausschlag bei der Erarbeitung einer vernunftgemäßen und damit moralisch-ethisch rechtfertigbaren Handlungsorientierung gibt, ist nichts anderes als die Qualität des besseren Argumentes. Über diese Qualität wiederum kann im Rahmen eines diskursiven Verständigungsverfahrens niemand anderer befinden als die im praktischen Diskurs direkt Beteiligten unter Berücksichtigung der vermuteten Interessen und Präferenzen der von den Auswirkungen einer Befolgung der erörterten Handlungsorientierung Betroffenen.

---

[20] Vgl. dazu etwa Apel 1988; Habermas 1983, 1991 und 1992; Böhler 2013; vgl. auch: Apel/Kettner 1992; Kuhlmann/Böhler 1982; Beckers/Preußger/Rusche 2013; Matheis 1996.

Aus der Analyse der Bedingungen der Möglichkeit einer idealen, kommunikativen bzw. argumentativen Verständigung lässt sich im Sinne von Habermas und Apel folgender moralisch-ethische Maßstab herleiten: „So muß jede gültige Norm der Bedingung genügen, – daß die Folgen und Nebenwirkungen, die sich aus ihrer allgemeinen Befolgung für die Befriedigung der Interessen eines jeden Einzelnen (voraussichtlich) ergeben, von allen Betroffenen akzeptiert (und den Auswirkungen der bekannten alternativen Regelungsmöglichkeiten vorgezogen) werden können." (Habermas 1983, S. 75f.)

Im Rahmen einer realen Verständigungsbemühung bzw. eines realen konkreten Diskurses sind u.a. folgende Verfahrensaspekte im Hinblick auf die argumentative Prüfung und Bewertung eines konkreten Handlungsvorschlages zu beachten. Werden diese Grenzziehungen eines konkreten praktischen Diskurses missachtet, kann die dann propagierte Handlungsorientierung oder Sollensforderung keine moralisch-ethische Geltung mehr beanspruchen. Ein wie auch immer geartetes Handeln dürfte dann nicht länger beanspruchen, gerechtfertigt zu sein.

Das Verfahren eines praktischen Diskurses kann lediglich als ein formales Verfahren betrachtet werden, das es den Betroffenen und Beteiligten erlaubt, in einem Konfliktfall eine argumentative Bearbeitung und Lösung für den jeweiligen Konflikt zu erarbeiten. Inhaltliche Vorschläge für handlungsorientierende Werte, Prinzipien und Normen lassen sich aus dem Modell der Diskursethik nicht ableiten.[21]

Im Rahmen eines konkreten praktischen Diskursverfahrens, das von Beteiligten eröffnet wurde, steht somit mindestens ein Vorschlag für eine Handlungsorientierung zur Diskussion, der nicht die Zustimmung aller Beteiligten und möglicherweise Betroffenen findet. Dabei ist unter Berücksichtigung des Vorschlages zur Binnendifferenzierung des praktischen Vernunftvermögens von Habermas (1991) zu prüfen, in welcher Gebrauchskategorie der Konflikt anzusiedeln ist. Es ist zu prüfen, ob sich hinter dem vermeintlich moralisch-ethischen Konflikt nicht ein Konflikt bezüglich der Effizienz von Strategien, Mitteln und Instrumenten verbirgt, wobei die Ziele und Zwecke, die erreicht werden sollen, gar nicht problematisiert werden. Um pragmatische Fragen der Zweckmäßigkeit zu lösen, könnte u.U. ein Vergleich alternativer Handlungsstrategien zu einer einvernehmlichen Lösung führen. Hier wie auch bei Fragen der

---

[21] Vgl. zum Verfahren eines praktischen Diskurses ausführlich Matheis 1996, S. 323ff.

Lebensstile und Lebensweisen könnten z.B. unter dem Gesichtspunkt der Fairness tragfähige Kompromisse oder Entscheidungsverfahren ausgehandelt werden. Dies dürfte in der Regel bei politischen Fragen im Rahmen eines demokratischen Grundkonsenses der Weg der (praktischen) Vernunft sein. Hier wäre es zunächst sinnvoll, die Gemeinsamkeit einer grundsätzlichen Kooperationsbereitschaft zu klären und dann die divergierenden Präferenzen und Werthaltungen, die eine bestimmte Lebensweise konstituieren, zu explizieren (value clarification). Auf der gemeinsamen Basis der Kooperationsbereitschaft wird unter Berücksichtigung der Diversität der Lebensentwürfe dann eine Lösung erarbeitet, die von allen Beteiligten und Betroffenen akzeptiert werden kann.

Dieses letztere Kriterium markiert den Übergang zum eigentlichen moralischen Diskurs. Ein Konsens, der hier zu erarbeiten ist, kann immer auch als eine Antwort auf einen Gerechtigkeitskonflikt gewertet werden. Entweder den Beteiligten gelingt es, diesen Gerechtigkeitskonflikt mit eigenen Mitteln so zu bearbeiten und zu bewältigen, dass alle einem Lösungsvorschlag zustimmen können, oder die Beteiligten müssen zur Unterstützung einen unparteiischen, unbeteiligten Dritten hinzuziehen.[22] Ist der Kreis der Beteiligten und Betroffenen geklärt, können deren unterschiedliche Beschreibungen der als problematisch erfahrenen Situation sowie die damit einhergehenden Interessen- und Bedürfnislagen der Beteiligten und Betroffenen rekonstruiert werden.

Vor dem Hintergrund der jeweiligen zur Verfügung stehenden Wissens- und Erfahrungsbestände können die potenziellen Auswirkungen einer Normenbefolgung expliziert und bewertet sowie Prognosen bezüglich zukünftiger Entwicklungspfade und -szenarien erarbeitet werden. Gegebenenfalls können Alternativvorschläge erörtert und gegeneinander abgewägt werden.

Wurde diese Diskursprozedur durchlaufen und sind die unterschiedlichen Positionen und Vorschläge erörtert worden, dann konnte – im idealen Fall – eine Position erarbeitet werden, die als Konsens zwischen den Beteiligten betrachtet werden kann. Der so erarbeitete Vorschlag für eine Handlungsorientierung kann als moralisch-ethisch gerechtfertigt betrachtet werden.

---

[22] Vgl. dazu die Ausführungen zum Thema Konfliktbewältigung im Rahmen eines Mediationsverfahrens von Matheis 2013.

Das Ziel, unter Bedingungen einer wie auch immer gearteten „schmutzigen" Realität einen faktischen Konsens zwischen den Beteiligten und Betroffenen zu erzielen, dürfte sich allerdings angesichts der dann auch immer vorhandenen konkreten Machtinteressen und -strategien zur Eigennutzenmaximierung der beteiligten Akteure als ernsthafte Herausforderung erweisen.

Grenzen: Kulturelle Wissensbarrieren

Der Kreis der beteiligten und betroffenen Akteure wird sich u.U. mit vielfältigen Kommunikations- und Verständigungsbarrieren konfrontiert sehen.

Ich möchte hier auf die Problematik der Laien-Experten-Verständigung und der interkulturellen Kommunikationsbarrieren hinweisen. Letztere können nicht nur zwischen Vertretern unterschiedlicher Ethnien und gesellschaftlicher Subkulturen auftreten, sondern auch als Phänomene fachwissenschaftlicher trans- und interdisziplinärer Verständigungsschwierigkeiten. Mit dem Hinweis möchte ich vor allem für eine reflektierte Handhabung dieser Grenzverläufe plädieren.

Unter Berücksichtigung des genannten Themenfeldes „kulturelle Wissensbarrieren" ist mit einer prinzipiellen Beschränktheit der zur Verfügung stehenden Wissens- und Erfahrungsbestände zu rechnen. Diese Grenzen bestehen sowohl in historischer wie auch in kultureller Hinsicht. Weder Laien noch Experten dürfen davon ausgehen, dass der zu einem historischen Punkt erreichte Wissens- und Erfahrungsbestand stabil bleibt und als infallibel betrachtet werden kann.

Weder Experten- noch Laien-Akteure können für sich eine privilegierte Position beanspruchen. Dies gilt vor allem für wissenschaftliche Experten, die möglicherweise aufgrund ihrer fachlichen Expertise unterstellen, für die eigene Position eine profundere Einsicht in die zu bearbeitende Problemlage ableiten zu dürfen. Wissenschaftliche Akteure sollten insbesondere aus der Position des unbeteiligten Beobachters, die sich grammatikalisch als Beschreibung im Modus der 3. Person äußert, in eine Problemwahrnehmung und -beschreibung aus der Teilnehmerperspektive wechseln. Akteure etwa der Wissenschaftsdisziplin Philosophie können durch das beharrliche Einfordern kritischer Reflexion ihre professionelle Expertise einbringen.

Die prinzipielle Provinzialität aller Wissens- und Erfahrungsbestände sowohl von Laien als auch von Experten verbietet die Installation privilegierter Positionen, etwa in der Gestalt platonischer „weiser Philosophenkönige". Sowohl Laien wie auch Experten haben in gesellschaftspolitischen Zusammenhängen stets darauf zu achten, dass die Experten-Position instrumentalisiert werden kann im Sinne „expertenorientierter Politikvermeidung" (vgl. dazu Matheis 1996, S. 336f.).

Letztendlich verweisen diese Bemerkungen darauf, dass es genauso naiv wäre zu unterstellen, in einem konkreten praktischen Diskursverfahren blieben strategische Interessen außen vor, wie es naiv wäre zu unterstellen, wissenschaftliche Theorie- und Modellbildung oder gar die Anwendung und Übertragung wissenschaftlicher Positionen auf konkrete gesellschaftliche Handlungszusammenhänge könne losgelöst und unabhängig von partikularen Interessenkonstellationen vonstattengehen.

Grenzen: Instrumentalisierung diskursiver Verständigungsbemühungen

Belehrt durch die, aus heutiger Sicht, als politisch naiv zu etikettierenden Diskursbemühungen im Zusammenhang mit der Anti-AKW-Bewegung, der Friedensbewegung, der Runden-Tisch-Bewegung im Zuge des Wiedervereinigungsprozesses oder vielfältiger Diskursverfahren aus dem Bereich ökologischer Fragestellungen, muss auf die erwähnte jederzeit mögliche Instrumentalisierung konkreter Diskursverfahren hingewiesen werden.

Neben solchen Versuchen, diskursive Verfahren in konkreten Diskursprozeduren strategisch-parasitär zu instrumentalisieren, ist auch auf die Möglichkeit der Verzerrung konkreter Diskurse durch mediale Inszenierungen und kampagnenförmige Erzeugung öffentlicher Meinungslagen hinzuweisen.

Die Möglichkeit einer Instrumentalisierung bedeutet jedoch keineswegs das prinzipielle Scheitern solcher praktischen Vernunftbemühungen. Jegliche Manipulationsversuche sind vor der Folie „idealer Kommunikationsverhältnisse" prinzipiell zu identifizieren und zu entlarven. Passende Immunisierungskonzepte oder Gegenstrategien kompensieren in der Regel recht schnell alle strategischen „Vorteile".

Zudem verursachen solche Instrumentalisierungsversuche in kommunikativer Hinsicht hohe „Folgekosten". Die für den Einstieg und das Gelingen jeglicher Kommunikation und Kooperation notwendigen Vertrauenspotenziale werden zerrüttet, bisweilen sogar irreparabel zerstört. Zumindest verursacht der Wiederaufbau solcher Vertrauensressourcen in der Regel höhere „Kosten" als die kurzfristige Vorteilsnahme.

Prinzipiell ist es jedoch auch unter realen Verhältnissen nicht ausgeschlossen, dass alle Beteiligten an einer vernünftigen Konfliktlösung interessiert sind und sich zumindest auf pragmatische Verfahrensschritte zu einigen bereit sind. Ein solcher faktisch-realer Konsens steht jedoch immer unter Vorbehalt. Er ist an den Vorgaben unterstellter idealer Kommunikations- bzw. Verständigungsverhältnisse zu messen und zu bewerten und gegebenenfalls weiterzuentwickeln und zu optimieren. „Reale Lösungen" sind stets als vorläufig und fallibel zu betrachten und dürfen eine Revision bzw. nachträgliche Korrektur nicht ausschließen.

Grenzen: „... denn sie tun nicht, was sie wissen"

Ich möchte zum Abschluss dieser Ausführungen zu Grenzverläufen vor dem Hintergrund diskursiver Verständigungsbemühungen auf einen „anthropologischen Grenzverlauf" hinweisen. Ich stütze mich dabei im Wesentlichen auf die sozialpsychologisch orientierten Ausführungen von Harald Welzer und Claus Leggewie (Leggewie/Welzer 2011; Welzer 2011).

Leggewie/Welzer (2011) machen auf die Tatsache aufmerksam, dass Vertreter der biologischen Gattung homo sapiens eben nicht auf ihre Vernunftfähigkeit reduziert werden können, sondern dass ihr Handeln immer auch als Ergebnis von biologischen Bedürfnissen und psycho-sozialen Mechanismen interpretiert werden kann. Insofern sind unter anthropologischen Gesichtspunkten neben dem unstrittigen Vernunftvermögen auch diese Grenzverläufe, die aus dem Zusammenwirken zwischen mentaler Struktur und sozialem Kontext herrühren, handlungsorientierend.

Insbesondere folgende Faktoren sind für die Betrachtung menschlichen Handelns zu berücksichtigen.

Als Sozialpsychologen weisen Leggewie/Welzer (2011) darauf hin, dass Menschen dazu neigen, Widersprüche zwischen ihrem üblichen Verhaltensrepertoire, das sich an Werten, Normen und Prinzipien orientiert, und ihrem Wissen, vor allem aber ihren Bedürfnissen und Wün-

schen, buchstäblich wegzurationalisieren. Sie sind stets bemüht, „kognitive Dissonanzen" zu reduzieren. Dabei stellte die Herausbildung einer
solchen Kompetenz evolutionär einen großen Vorteil dar. Letztendlich
konnte und kann auf diese Weise Handlungsfähigkeit erhalten und sichergestellt werden.

Zudem stellen Leggewie/Welzer in Frage, dass Menschen bezüglich
ihres Bewusstseins bzw. ihrer Wirklichkeitswahrnehmung und ihrer Handlungsoptionen Widerspruchsfreiheit anstreben (Leggewie/Welzer 2011,
S. 74). Angesichts wechselnder gesellschaftlicher Situationen ist es keineswegs Widerspruchsfreiheit, sondern es sind Flexibilität und Rollendistanz,
die den Individuen als Denk- und Handlungskompetenzen abverlangt
werden. Eine geradlinige Ausrichtung des Handelns an moralisch-ethisch
eindeutigen Vernunft- und Persönlichkeitsstrukturen würde sich laut
Leggewie/Welzer geradezu als „dysfunktional" erweisen, um den „multiplen Anforderungen, die Menschen in modernen Gesellschaften zu erfüllen haben," (Leggewie/Welzer 2011, S. 75) gerecht werden zu können.

Zudem beruht die Einschätzung, dass Menschen die Motive für eine
Handlung in der Person suchen, auf dem sogenannten „fundamentalen
Attributionsfehler" (Leggewie/Welzer 2011, S. 75): Das Zustandekommen
der eigenen Handlung erklären wir dadurch, dass wir auf die Umstände
Bezug nehmen. Das Zustandekommen der Handlungen anderer Personen
ergibt sich für uns aus der Persönlichkeitsstruktur dieser Personen.

Ebenso wie sich der Mechanismus der Reduktion kognitiver Dissonanzen bei der Bewältigung von Komplexität als hilfreich erweist, liefert
das Phänomen der „Shifting baselines" (Leggewie/Welzer 2011, S. 94ff.)
einen evolutionären Vorteil bei der Bewältigung von Dynamik. Schließlich war es die Anpassungsfähigkeit an sich ständig verändernde Umwelten, die es den Homo-sapiens-Vertretern erlaubte, sich auf der Erde überall einzurichten und zurechtzufinden. Unter „Shifting baselines" verstehen
Leggewie/Welzer „die Veränderung der eigenen Wahrnehmung zu sich ver-
ändernden Situationen in der sozialen und physischen Umwelt" (Leggewie/
Welzer 2011, S. 94).

Als katastrophale Begrenzung vernunftorientierten Handelns erweisen
sich beide Handlungsmotivationen jedoch angesichts inhumaner sozialer
Kontexte – Leggewie/Welzer verweisen auf die Phase des Nationalsozia-
lismus in Deutschland – und angesichts ökologischer Problemlagen wie
etwa anthropogene Klimaveränderungen (Leggewie/Welzer 2011, S. 95f.).
Auch hier sind Menschen in der Lage, anstatt vernunftorientiert zu han-

deln, die jeweiligen Wirklichkeiten bis zur Verleugnung auszublenden und zu ignorieren.

Eine weitere Erklärung für die Tatsache, dass Menschen nicht das tun, was sie wissen bzw. was sie im Sinne einer Vernunftorientierung tun sollten, ist laut Leggewie/Welzer in der schon im Zusammenhang mit den unterschiedlichen Gebrauchsweisen der Vernunft erwähnten „Partikulare(n) Vernunft" zu sehen (Leggewie/Welzer 2011, S. 79ff.). Menschen haben niemals „das Ganze" im Blick, sondern nehmen selektiv wahr und handeln entsprechend. Vor dem Hintergrund solcher selektiven Wirklichkeitsausschnitte bedienen sie sich niemals aller Gebrauchsweisen der (praktischen) Vernunft – diese Aufgabe wäre zu komplex. Um überhaupt handlungsfähig zu bleiben, wird Komplexität reduziert, indem sie etwaige Widersprüche ausblenden und sich auf wenige, überschaubare Aspekte konzentrieren.

So lässt sich nach Leggewie/Welzer gerade in Bezug auf Fragen des Umwelt-Verhaltens von einer „Diskontierung zukünftiger Gewinne" sprechen: „Man nimmt zur Erzielung eines kurzfristigen Gewinns die Schädigung einer Ressource in Kauf." (Leggewie/Welzer 2011, S. 80)

Ein weiterer Faktor zur Erklärung individueller Handlungsweisen – und unabhängig und oft in Widerspruch zu vernunftorientierten Vorgaben und Maßstäben – ergibt sich laut Leggewie/Welzer aus der Wirkung „kultureller Schemata, dass bestimmte Variablen von Anforderungssituationen nicht wahrgenommen und demzufolge auch nicht bearbeitet werden" (Leggewie/Welzer 2011, S. 83). Und weiter unten: „Gefühle und habituelle Verpflichtungen machen einen erheblichen Teil jener Gründe aus, aus denen Menschen nicht tun, was sie wissen könnten" (Leggewie/Welzer 2011, S. 87).

Die Vernunftorientierung einer Handlung lässt sich niemals universell bewerten, sondern immer nur in Bezug zu einem konkreten Kontext bzw. Referenzrahmen. Man kann deshalb laut Leggewie/Welzer zu dem Schluss kommen: „Das Problem ist aber ganz im Gegenteil, dass sie innerhalb der Referenzrahmen, an denen sie sich jeweils orientieren, wenn sie eine Entscheidung treffen, vernünftig sind." (Leggewie/Welzer 2011, S. 81)

Trotz dieser Einschränkungen des (praktischen) Vernunftgebrauches muss das kulturelle und zivilisatorische Ziel des abendländischen Selbstverständnisses, nämlich das menschliche Leben – sei es in individuellprivater, sei es in kollektiv-gesellschaftlicher Hinsicht – im Sinne des Vernunftvermögens zu gestalten, nicht als gescheitert bewertet werden.

Ganz im Gegenteil: Erst die Rückbesinnung auf den vernunftorientierten Kern diese Selbstverständnisses, die selbstkritische Reflexion auf die Grenzen dieses Vermögens und die selbstbestimmte Anerkennung und Berücksichtigung dieser Grenzverläufe erlaubt eine freiheitliche Entfaltung und Realisierung des Vernunftvermögens.

Am Ende dieses Ausführungen darf erneut – auch als begrenzendes Motto für jeglichen zukünftigen Vernunftgebrauch – das Fazit Immanuel Kants zitiert werden: „Der kritische Weg ist allein noch offen." (Kant 1976, S. 712)

Literatur

Adorno, T.W. / Horkheimer, M. (1985): Dialektik der Aufklärung. In: Horkheimer, M. (1985), Gesammelte Schriften, Bd. V, hrsg. v. A Schmidt u. Schmid Noerr, G., Frankfurt a.M., S. 11-290.

Anders, G. (1956): Die Antiquiertheit des Menschen, Band 1: Über die Seele im Zeitalter der industriellen Revolution, Band 2: Über die Zerstörung des Lebens im Zeitalter der dritten industriellen Revolution. München.

Anders, G. (1981): Die atomare Drohung. Radikale Überlegungen. 3., durch ein Vorwort erw. Aufl. von „Endzeit und Zeitende", München.

Apel, K.-O. (1988): Diskurs und Verantwortung. Das Problem des Übergangs zur postkonventionellen Moral. Frankfurt a.M.

Apel, K.-O. / Kettner, M. (Hg.) (1992): Zur Anwendung der Diskursethik in Politik, Recht und Wissenschaft. Frankfurt a.M.

Beckers, J.O. / Preußger, F. / Rusche, T. (Hg.) (2013): Dialog. Reflexion. Verantwortung. Zur Diskussion der Diskurspragmatik. Würzburg.

Böhler, D. (2013): Verbindlichkeit aus dem Diskurs. Denken und Handeln nach der Sprachpragmatischen Wende. Freiburg/München.

Brüggemeier, F.-J. (1998): Tschernobyl, 26. April 1986. Die ökologische Herausforderung. München.

Carson, R. (1963): Der stumme Frühling. München.

Global 2000 (1981): Bericht an den Präsidenten. 24. Aufl., Frankfurt a.M.

Henrich, D. (1990): Ethik zum nuklearen Frieden. Frankfurt a.M.

Hofmann, W. (2014): Goya. Vom Himmel durch die Welt zur Hölle. München.

Habermas, J. (1983): Moralbewußtsein und kommunikatives Handeln. Frankfurt a.M.

Habermas, J. (1985): Theorie des kommunikativen Handelns, 2 Bde. 3., durchges. Aufl., Frankfurt a.M.

Habermas, J. (1991): Erläuterungen zur Diskursethik. Frankfurt a.M.

Habermas, J. (1991b): Vom pragmatischen, ethischen und moralischen Gebrauch der praktischen Vernunft. In: Habermas 1991, S. 100-118.

Habermas, J. (1992): Faktizität und Geltung. Beiträge zur Diskurstheorie des Rechts und des demokratischen Rechtsstaates. Frankfurt a.M.

Horkheimer, M. (1985): Zur Kritik der instrumentellen Vernunft. In: Ders., Gesammelte Schriften, Bd. VI, hrsg. v. A. Schmidt u. G. Schmid Noerr. Frankfurt a.M., S. 19-186.

Kant, Immanuel (1976): Kritik der reinen Vernunft 2. Werkausgabe Band IV, hrsg. v. W. Weischedel, 2. Aufl., Frankfurt a.M.

Kuhlmann, W. / Böhler, D. (1982): Kommunikation und Reflexion. Zur Diskussion der Transzendentalpragmatik. Antworten auf Karl-Otto Apel. Frankfurt a.M.

Leggewie, C. / Welzer, H. (2011): Das Ende der Welt, wie wir sie kannten. Klima, Zukunft und die Chancen der Demokratie. Frankfurt a.M.

Lovins, A. / Lovins, H. (1980): Atomenergie und Kriegsgefahr. Reinbek b. Hamburg.

Matheis, A. (1996): Diskurs als Grundlage der politischen Gestaltung. Das politisch-verantwortungsethische Modell der Diskursethik als Erbe der moralischen Implikationen der Kritischen Theorie Max Horkheimers im Vergleich mit dem Prinzip Verantwortung von Hans Jonas. St. Ingbert.

Matheis, A. (2004): Des Kaisers neue Kleider oder der Traum der (ökonomischen) Rationalität – Wirtschaftsethik, praktische Diskurse und Werte. In: Forum für angewandtes systemisches Stoffstrommanagement (FasS) 2. Jg. (2004), S. 37-51.

Matheis, A. (2013): Wirtschaftsethik – Praktischer Diskurs und Mediation: Die Figur des Mediators. In: Beckers/Preußger/Rusche 2013, S. 187-206.

Meadows, D. / Meadows, D. / Randers, J. / Behrens III, W.W. (1972): Die Grenzen des Wachstums. Bericht des Club of Rome zur Lage der Menschheit. Stuttgart.

Merchant, C. (1980): The Death of Nature. Women, Ecology and the Scientific Revolution. San Fransisco [deutsch: Merchant, C. (1987): Der Tod der Natur. Ökologie, Frauen und neuzeitliche Naturwissenschaft. München].

Nagel, T. (1998): Die Möglichkeit des Altruismus. Bodenheim b. Mainz.

Oreskes, N. / Conway, E.M. (2015): Vom Ende der Welt. Chronik eines angekündigten Untergangs. München.

Pauen, M. / Welzer, H. (2015): Autonomie. Eine Verteidigung. Frankfurt a.M.

Radkau, J. (1983): Aufstieg und Krise der deutschen Atomwirtschaft 1945-1975. Verdrängte Alternativen in der Kerntechnik und der Ursprung der nuklearen Kontroverse. Reinbek b. Hamburg.

Senge, P. (1999): Die V. Disziplin. Kunst und Praxis der lernenden Organisation. 7. Aufl., Stuttgart.

Scholz, O. (2015): Wir müssen Grenzen sichern. Hamburgs Oberbürgermeister Olaf Scholz über Enteignungen, neue Zäune in Europa und die Schulpflicht für Flüchtlingskinder. In: DIE ZEIT, 70. Jg., Nr. 41, 8. Oktober 2015, S. 1ff.

Schwab, G. (2000): Das Goldene Vlies. Die schönsten Sagen des klassischen Altertums, 3 Bde., hier: Bd. 1. Berlin.

Stuhlmann-Laeisz, R. (1983): Das Sein-Sollen-Problem: eine modallogische Studie. Stuttgart/Bad Cannstatt.

Stuhlmann-Laeisz, R. (1986): Über das logische Verhältnis zwischen Normen und Tatsachen. In: Allgemeine Zeitschrift für Philosophie, 11(1), S. 17-29.

Strohm, H. (1986): Friedlich in die Katastrophe. Erweiterte Ausgabe, 11. Aufl., Frankfurt a.M.

Traube, K. et al. (1986): Nach dem Super-GAU. Tschernobyl und die Konsequenzen. Reinbek b. Hamburg.

Tugendhat, E. (1986): Nachdenken über die Atomkriegsgefahr und warum man sie nicht sieht. Berlin.

Ulrich, B. (2015): Naivität des Bösen. Weder eine dichte Grenze noch ein hartes Wort der Kanzlerin werden die Flüchtlinge aufhalten. In: DIE ZEIT, 70. Jg., Nr. 41, 8. Oktober 2015, S. 1ff.

Vogl, J. (2010): Das Gespenst des Kapitals. 4. Aufl., Zürich.

Vogl, J. (2015): Der Souveränitätseffekt. Zürich/Berlin.

Welzer, H. / Wiegandt, K. (Hg.) (2011): Perspektiven einer nachhaltigen Entwicklung. Frankfurt a.M.

Welzer, H. (2011): Mentale Infrastrukturen. Wie das Wachstum in die Welt und in die Seelen kam. Schriftenreihe Ökologie, Bd. 14, hrsg. v. Heinrich Böll Stiftung. Berlin.

Wolf, C. (1983): Kassandra. Erzählung. Darmstadt/Neuwied.

Wolf, C. (1983): Voraussetzungen einer Erzählung: Kassandra. Frankfurter Poetik-Vorlesungen. Darmstadt/Neuwied.

ZEIT-Dossier (2015): „Die Grenzen der menschlichen Natur. Vom Klimawandel bis zum Welthunger – wann sind die Menschen in der Lage, sich selbst zu retten, und wann nicht? G-7-Gipfel hin oder her...". In: DIE ZEIT, 70. Jg., Nr. 23, 3. Juni 2015, S. 15ff.

Grenzen des Wachstums?

Eine soziologische Kritik der Wachstumskritik[*]

Klaus Kraemer

Die Prognosen über die Entwicklung des globalen Klimas sind alles andere als zuversichtlich. Der *Club of Rome* (vgl. Randers 2012) kommt zu einer mehr oder weniger pessimistischen Lagebeurteilung. Auch die Schätzungen der *International Energy Agency* (2015) zeigen einen ungebremsten Anstieg der globalen CO_2-Emissionen. Die gegenwärtigen Anstrengungen in den Industrie- und Schwellenländern für mehr Klimaschutz werden wohl kaum ausreichen, um den weiteren Anstieg von Klimagasen zu stoppen (Rebound-Effekte). Dies ist gerade im Hinblick auf jene Industriegesellschaften, denen eine gewisse Pionierfunktion zugeschrieben wird, ein bedenklicher Befund. Handelt es sich doch um Gesellschaften, die über erhebliche wirtschaftliche und technologische Potenziale zur „sozioökologischen Transformation" verfügen. Zudem bieten diese Gesellschaften am ehesten die Voraussetzungen dafür, dass zwischen den Funktionseliten und der Bevölkerung ein normatives Einverständnis darüber hergestellt werden könnte, die auf Computermodellierungen basierenden Prognosen zum Klimawandel zur normativen Richtschnur des Handelns in den kommenden Jahrzehnten zu machen (Vorsorgeprinzip). Der Stillstand des Klimaschutzes ist jedoch auch in diesen Gesellschaften offenkundig. Dies bedarf der soziologischen Erklärung.

Mehrere Gründe sind für den Stillstand anzuführen: Ein radikaler Umbau des gesamten Produktions- und Energiesystems scheint viele Industriegesellschaften strukturell zu überfordern. Offensichtlich sind die in

[*] Ich danke Axel Schaffer für wertvolle Hinweise.

der Nachhaltigkeitsdebatte verbreiteten Erwartungen, dass Ökonomie und Ökologie ohne große Konflikte zu „versöhnen" seien, überzogen gewesen. Eine Entkopplung von Wirtschaftswachstum und CO_2-Emissionen ist nicht zu erkennen. Stattdessen können mannigfaltige Zielkonflikte zwischen dem Streben nach wirtschaftlicher Prosperität und CO_2-Reduktion beobachtet werden. Solche Zielkonflikte brechen vermehrt in Zeiten auf, in denen die Sorge der ökonomischen und politischen Eliten nicht zuvorderst auf das Weltklima gerichtet ist, sondern auf Wachstumsschwächen, Banken- und Währungs- oder Staatsschuldenkrisen.

Zielkonflikte zwischen Ökonomie und Ökologie beeinträchtigen die Chancen, dass die industrialisierten Länder des Nordens und die Schwellenländer (z.B. China, Indien) weitreichende CO_2-Reduktionsziele vereinbaren. Derartige Zielkonflikte sind aber auch innerhalb der Industriegesellschaften anzutreffen. Zu bedenken ist: Die Stimulierung von Wirtschaftswachstum ist nach dem Zweiten Weltkrieg ein probates Mittel gewesen, sozioökonomische Verteilungskonflikte zwischen wohlhabenden und aufstrebenden sozialen Klassen zu mildern und soziale Probleme einzudämmen. Die Teilhabe breiter Bevölkerungsgruppen am wirtschaftlichen Wohlstand ist in westlichen Industriegesellschaften seit den 1950er Jahren überhaupt erst durch eine Politik des „wachsenden Kuchens" ermöglicht worden. Sicherlich wäre es abwegig, einen kausal-linearen Zusammenhang zwischen ökonomischem Wachstum und sozialer Teilhabe auch noch heutzutage zu unterstellen. So weisen die am stärksten wachsenden Volkswirtschaften in der Europäischen Union in den letzten 20 Jahren gleichzeitig das stärkste Wachstum von Einkommensungleichheit auf (Osteuropa). Auch haben spätestens seit den 1990er Jahren relevante Bevölkerungsgruppen von den Wachstumsprozessen in den OECD-Ländern wenig bis gar nicht mehr profitiert (vgl. OECD 2008). In zahlreichen Industriegesellschaften kann vor allem in unteren sozialen Klassen eine Entkopplung von Wirtschaftswachstum und sozioökonomischer Wohlfahrtsentwicklung festgestellt werden. Und selbst in den ökonomisch erfolgreichen Gesellschaften haben sich bis weit in die „soziale Mitte" hinein sozio-ökonomische Verunsicherungen und Abstiegsängste ausgebreitet (Schimank et al. 2014). Zugleich ist jedoch zu bedenken, dass in Zeiten wirtschaftlicher Rezessionen alle ansonsten noch bestehenden Verteilungsspielräume obsolet werden. Die Sorge, eine schrumpfende Ökonomie führe zu einer tiefen sozialen Krise, ist jedenfalls nicht leichtfertig von der Hand zu weisen. Die Folgen der globalen Finanzmarktkrise

2008/09 für die Realwirtschaft und die gegenwärtigen massiven sozialen Verwerfungen in Südeuropa sind nur die jüngsten Beispiele, wie sich Negativwachstum auf die sozialen Verhältnisse auswirken kann. Allemal ist unklar, welche grundsätzlichen Alternativen zu einer Politik der Stimulierung von Wirtschaftswachstum eigentlich zur Verfügung stehen, um das Umschlagen einer ökonomischen Krise in eine soziale Krise abzuwenden. Gerade auch vor diesem Hintergrund ist es bislang nicht wirklich gelungen, die Frage zu beantworten, wie Klimapolitik erfolgreich voranzubringen ist, ohne soziale Ungleichheiten noch weiter zu verstärken und neue Verteilungskonflikte heraufzubeschwören.

In diesem Beitrag möchte ich diskutieren, vor welchen Problemen die Soziologie mit dem Vorhaben steht, ein Gesellschaftsideal („Nachhaltige Entwicklung") zum Bezugspunkt der soziologischen Analyse zu machen, das von der Möglichkeit einer langfristigen Gestaltbarkeit des Wandels sozialer Ordnungen ausgeht und dieses mit der Vorstellung einer programmatischen Zielgerichtetheit des Wandels („Postwachstumsgesellschaften") verbindet. Hieran anschließend soll ein konzeptioneller Rahmen vorgestellt werden, der aus diesem doppelten Dilemma der Wachstumskritik der Nachhaltigkeitsdebatte herausführen könnte. Ausgehend von den grundlegenden Schwierigkeiten, die „Grenzen" der gesellschaftlichen Nutzung natürlicher Ressourcen, Senken und Flächen halbwegs zuverlässig zu bestimmen, und den ebenso großen Schwierigkeiten, einen globalen Konsens über die normative Richtigkeit einer an Prognosen – und daraus abgeleiteten substanziell definierten Grenzen – ausgerichteten Nachhaltigkeitsstrategie (z.B. CO_2-Reduktionsziele) herzustellen, wird die Frage aufgegriffen, welchen Beitrag die Soziologie zur Analyse der Verschiebung oder Transformation der „Grenzen des Wachstums" leisten könnte. Konkret geht es darum, soziologische Voraussetzungen zu identifizieren, die ein sozial nachhaltiges Wachstum der Grenzen überhaupt erst denkbar und auch möglich machen. Hierbei möchte ich in Abgrenzung zu ökonomistischen wie marxistischen Positionen die These von der „sozialen Inwertsetzung" von Umweltpotenzialen begründen und zur Diskussion stellen.

I.

Der Unterschied zwischen den Naturwissenschaften und den Sozialwissenschaften könnte kaum größer sein. Im Gegensatz zu den Naturwissenschaften werden in den Sozialwissenschaften keine Naturprozesse beobachtet. In der Soziologie werden soziale Ordnungen, Institutionen, Diskurse, soziale Schichtungen usw. untersucht. Die Soziologie ist eine wissenschaftliche Disziplin, die mit dem Anspruch der gesellschaftlichen Selbstbeobachtung Kultur und Gesellschaft erforscht. Eine solche Selbstbeobachtung sollte nicht mit einer Kritik der Gesellschaft verwechselt werden, ganz gleich, ob diese politisch oder kulturkritisch gemeint ist. Die klassische Begründung hierfür hat Max Weber (1988) mit seiner Wissenschaftslehre vorgelegt. Niklas Luhmann (1990, S. 68ff.) hat eine solche erkenntnistheoretische Position mit dem Konzept der „Beobachtung zweiter Ordnung" aktualisiert. Der Vorteil einer soziologischen Analyse, die sich von einer politisch motivierten Gesellschaftskritik unterscheidet, besteht darin, dass man auch das wissenschaftlich beobachtbar machen kann, was der eigenen Weltsicht nicht passt, was man – aus welchen Gründen auch immer – nicht sehen kann oder sehen will. Vor allem kann man mit den Werkzeugen der sozialwissenschaftlichen Erkenntnis – zumindest potenziell – auch all jenes beobachten, was man durch die Brille der eigenen Wertideen und Interessen nicht sieht oder was aus der Perspektive der Erwartungen von anderen nicht opportun erscheint. Durch die Brille der Soziologie als methodisch kontrollierter Sozialwissenschaft kann man die blinden Flecke sichtbar machen, die in der Rolle des politischen Bürgers nicht unbedingt beobachtbar sind.

Aufgrund dieser Besonderheiten der soziologischen Beobachtung folgt zwingend, dass die Frage nach den physischen „Grenzen des Wachstums" in der Soziologie gar nicht beantwortet werden kann. Überhaupt kann man in den Kultur- und Sozialwissenschaften keine wissenschaftlich begründbaren Aussagen dazu machen, ob die physische Umwelt menschlicher Gesellschaften gefährdet und die natürlichen Belastungsgrenzen ökologischer „Systeme" bereits überschritten sind. In der Soziologie, insbesondere in der Umweltsoziologie (vgl. Redclift/Woodgate 2011; Brand 2014), kann analysiert werden, wie in der Gesellschaft über die „Grenzen des Wachstums" kommuniziert wird, welche Bilder und Vorstellungen über „Natur" in Wissenschaft und Öffentlichkeit zirkulieren, welche umweltbezogenen Einstellungen, Verhaltensweisen und Lebensstile anzutreffen sind, welche sozialen Institutionen erfunden und welche sozialen Organisationsformen der Arbeit entwickelt werden, um die physischen Umweltbedingungen und ihre Potenziale für menschliche Zwecke zu nutzen oder auch um deren Nutzung einzuschränken. Auch kann analysiert werden, welche Wert- und Verteilungskonflikte sich aus der Nutzbarmachung von Umweltpotenzialen ergeben, wie solche Konflikte institutionell bearbeitet werden und welche unterschiedlichen gesellschaftlichen Folgen sich daraus für die Stabilität und Instabilität sozialer Ordnungen ergeben. Möglicherweise verfügt die Soziologie auch über die theoretischen und methodologischen Möglichkeiten, die gesellschaftlichen Konsequenzen unterschiedlicher naturwissenschaftlicher Szenarien über die zukünftige Entwicklung der Natur- und Klimaverhältnisse menschlicher Gesellschaften etwas besser abschätzen zu können. Für die Soziologie ist es auch aufschlussreich, welche – privaten oder kollektiven – Eigentums- und Nutzungsregeln von Umweltpotenzialen in unterschiedlichen Gesellschaften anzutreffen sind und in welchen sonstigen Kultur- und Rechtsformen der Eigentumsverhältnisse die Formen der Naturnutzung eingebettet sind. Auch kann beispielsweise untersucht werden, ob und inwiefern gesellschaftlich akkumuliertes Wissen über „Natur" mobilisiert werden kann, um Umweltkrisen erfolgreich bearbeiten zu können, und ob Wert- und Interessenkonflikte eine solche Mobilisierung blockieren oder vielleicht sogar helfen aufzulösen. Vor allem ist es soziologisch besonders ergiebig, soziale Wert- und Interessenkonflikte um die Nutzung von physischen Umweltpotenzialen und ihrer Regulierung und Begrenzung zu erforschen, um die institutionellen Ordnungen der jeweiligen Umweltnutzungsregime etwas besser beschreiben zu können.

In der Global Change-Debatte ist die Vorstellung verbreitet, dass die „Grenzen des Wachstums" mit Hilfe naturwissenschaftlicher Methoden zumindest annäherungsweise bestimmt werden könnten. Selbst wenn solche Grenzbestimmungen im politischen Raum und unter Nachhaltigkeitsexperten zustimmungsfähig sind, so ist doch aus erkenntnistheoretischer Perspektive zu fragen, wie solche „Grenzen" eigentlich bestimmt werden können. Zunächst ist zu konstatieren: Von „Grenzen" wird zuallererst im Sinne ökologischer Belastungsgrenzen gesprochen. Die Rede ist von natürlich vorgegebenen „Leitplanken", von Grenzen der „Tragekapazität" oder von „Toleranzschwellen", die von menschlichen Gesellschaften nur um den Preis einer globalen Destabilisierung natürlicher „Ökosysteme" (kritisch hierzu Reichholf 2008) überschritten werden können; mit unabsehbaren Folgen für die Naturgeschichte des Planeten, aber auch für die soziale Entwicklung menschlicher Gesellschaften. In Anschluss an das Konzept der „planetary boundaries" des *Stockholm Resilience Centre* (vgl. Rockström et al. 2009) spricht etwa der *Wissenschaftliche Beirat der Bundesregierung* (WBGU 2015) von „planetaren Leitplanken des Erdsystems", um die Annahme absoluter, unverrückbarer natürlicher Belastbarkeitsgrenzen für eine humane Entwicklung menschlicher Gesellschaften auf eine griffige Formel zu bringen. Im Einzelnen führt der WBGU sechs Dimensionen zur Bestimmung solcher Leitplanken an: Klimagrenze (Zwei-Grad-Grenze), Ozeanversauerung, biologische Diversität, Land- und Bodendegradation, anthropogener Schadstoffeintrag, das langfristige Gefährdungspotenzial besonders toxischer Stoffe (u.a. Quecksilber) sowie der irreversible Verlust von Phosphor. Politisch sind daraus ableitbare Forderungen an eine globale Umweltpolitik breit zustimmungsfähig, allerdings oftmals nur in einem appellativen Sinne, ohne dass weitreichende Handlungskonsequenzen gezogen werden.

So überzeugend die „planetaren Leitplanken" der Entwicklung menschlicher Gesellschaften in diesem konkreten Falle begründet und operationalisiert werden, so stellt sich doch für den soziologischen Beobachter die Anschlussfrage, wie eigentlich aus derartigen Leitplanken „Grenzen des Wachstums" abgeleitet werden können. Bei näherem Hinsehen fallen zahlreiche Probleme ins Auge: *Erstens* ist zu bedenken, dass „Grenzen" eigentlich nicht absolut, sondern nur relational bestimmt werden können. Würde man von absolut bestimmbaren planetaren „Grenzen des Wachstums" ausgehen, dann wären diese auch für alle denkbaren historischen und zeitgenössischen Gesellschaften identisch, ganz gleich, ob es sich um „primitive", sozioökonomisch „entwickelte" oder sonstige „vorangeschrittene" Sozialordnungen handelt. Einer solchen – hier als naturalistisch zu klassifizierenden – Anschauung wäre entgegenzuhalten, dass für jede soziale Ordnung andere natürliche Grenzen der gesellschaftlichen Entwicklung und damit auch andere umwelt- oder nachhaltigkeitsverträgliche Toleranzschwellen identifiziert werden können. So hätte etwa eine Nomadengesellschaft oder eine Gesellschaft von Wildbeutern bei einem globalen Anstieg der durchschnittlichen Erdtemperarturen von zwei bis vier Grad wahrscheinlich andere Probleme zu bewältigen, um die eigene physische und soziale Reproduktion zu sichern, als eine Industriegesellschaft, die von fossilen Energiequellen nicht loskommt. Und eine solche Industriegesellschaft steht vor gänzlich anderen Problemen als eine nachindustrielle „Wissensgesellschaft", für die der Übergang in ein postfossiles Zeitalter nicht mehr eine vage, kaum einlösbare Utopie darstellt, sondern die den industriellen Umbau erfolgreich organisiert und der es zugleich gelingt, die damit verbundenen ökonomischen und sozialen Folgeprobleme einzudämmen. Aus diesen kursorischen Überlegungen ist zu folgern: Physische Grenzen können nur in Relation zu einem Referenzpunkt bestimmt werden, also etwa den Produktions- und Reproduktionsbedingungen einer jeweiligen sozialen Ordnung. Unter dem Begriff Produktions- und Reproduktionsbedingungen können all jene Fähigkeiten einer sozialen Ordnung gefasst werden, die es ermöglichen, die vorgefundenen Potenziale der physischen Umwelt zu nutzen. Solche Fähigkeiten, ganz gleich, ob es sich um ökonomische, politisch-institutionelle oder kulturelle Fähigkeiten zur Erschließung von Umweltpotenzialen handelt, sind nicht invariant, sondern sozial variabel. Ausmaß und Reichweite dieser Fähigkeiten – oder wenn man es technischer formulieren möchte: Problemlösungskapazitäten – können nur dann in ihrer ganzen Breite in den Blick genommen werden, wenn sie in ihren jeweiligen historisch-gesellschaftlichen Kontext gestellt und untersucht werden (*Bezugsproblem*).

Neben diesem Bezugsproblem ist ein *zweites* Problem zu benennen, wenn aus Leitplanken „Grenzen" bestimmt werden sollen. Allen Aussagen über „Grenzen des Wachstums", ganz gleich, ob diese natur- oder sozialwissenschaftlich hergeleitet werden, liegen spezifische Wertaussagen darüber zugrunde, welche denkbaren Zukünfte für die Gesellschaft und ihre physische Umwelt wünschenswert erscheinen oder als bedrohlich angesehen werden. Solche normativen Grundannahmen filtern die jeweilige Idealvorstellung von Natur (Naturbild), Technik (Technikbild) und Gesellschaft (Gesellschaftsbild). Folgt man Max Weber (1988, S. 489ff.), dann kann mit den Werkzeugen der sozialwissenschaftlichen Erkenntnis der Wahrheitsanspruch von Wertaussagen nicht überprüft oder sogar eine Entscheidung zugunsten der einen oder anderen Wertaussage getroffen werden. Noch nicht einmal sind, so Weber, Wertfragen wissenschaftlich im Sinne einer normativen Entscheidbarkeit diskutierbar. Wertfragen können nur im Meinungskampf über die normative Richtigkeit und politische Angemessenheit ihrer Geltungsgründe entschieden werden, also außerhalb des wissenschaftlichen Feldes. Folglich ist auch eine wissenschaftliche Letztbegründung normativer Aussagen über die moralische Verantwortbarkeit von Aussagen bezüglich der „Grenzen des Wachstums" nicht möglich; mehr noch: Solange diese im Feld der Sozialwissenschaften beantwortet werden sollen, handelt es sich um eine Zumutung, die die Möglichkeiten der wissenschaftlichen Erkenntnis überfordern (*Normativitätsproblem*). Ansonsten würde es wenig Sinn machen, zwischen den Erwartungen zu unterscheiden, die an die Rolle eines Wissenschaftlers adressiert werden, und jenen, die mit der Rolle eines politischen Entscheidungsträgers oder Bürgers verbunden sind. Es versteht sich natürlich von selbst, dass Wissenschaftler zugleich Bürger sind und Bürger Wissenschaftler sein können. Wenn Bürger in die Rolle von Wissenschaftlern schlüpfen und Wissenschaftler sich berufen fühlen, in die Bürgerrolle zu wechseln, dann sollte jedoch schon aus Gründen der Rollentransparenz deutlich werden, welche Aussagen wissenschaftlich formuliert werden und welche Aussagen politisch oder normativ gemeint sind. Alles andere wäre „Professoren-Prophetie", um eine weitere berühmte Formulierung Webers (1988, S. 492) zu verwenden.

Das soeben skizzierte Normativitätsproblem, das die Debatte über die „Grenzen des Wachstums" überstrahlt, berührt *drittens* die in dieser Debatte verbreiteten Naturbilder. Diese Naturbilder sind oftmals, worauf bereits weiter oben hingewiesen worden ist, durch naturalistische Grundannahmen gekennzeichnet: Natur wird hier als übergeordnete Totalität, als Gegen- oder Außenwelt der Gesellschaft („Um-Welt") verstanden, vor allem auch als Systemzusammenhang („Ökosystem"), der zudem typischerweise ahistorisch gedacht wird. In Grenzfällen wird „der Natur" zuweilen sogar ein moralischer Status zugeschrieben. Dann wird „Natur" ontologisiert und als „natürlich", „ursprünglich" oder „authentisch" beschrieben. Auch das in zahlreichen Nachhaltigkeitsdebatten anzutreffende Technikbild weist einige Besonderheiten auf. So wird die „Beherrschung" der Natur durch Technik abgelehnt und zwischen „sauberen" bzw. „angepassten" Technologien und solchen unterschieden, die „Grenzen" überschreiten und Umwelt „zerstören". Auch das Idealbild von Gesellschaft, das in den Debatten zu den „Grenzen des Wachstums" häufig anzutreffen ist, ist ein holistisches in dem Sinne, dass das Verhältnis von „Mensch und Natur" als „ganzheitlich" beschrieben wird, jedenfalls nicht als Differenz, sondern als „System-" oder „Interaktionszusammenhang". Soziologisch ist vor allem die Vorstellung abwegig, Gesellschaft könne mit Natur und diese mit Gesellschaft interagieren. Gesellschaft ist stofflich mit Naturprozessen koevolutionär verkoppelt, aber eben nur in einem stofflich-materiellen, metabolistischen Sinne. Aus dem naturalistischen

Naturverständnis folgt zuweilen sogar auch eine Naturalisierung sozialer Ordnungen, jedenfalls dann, wenn aus den natural definierten „Grenzen des Wachstums" Forderungen abgeleitet werden, moderne Gesellschaften hätten sich diesen „anzupassen" (*naturalistisches Gesellschaftsbild*).

Viertens steht jeder Versuch, fixe, unverrückbare Grenzen bestimmen zu wollen, vor einem *Komplexitätsproblem*. Von einem Komplexitätsproblem kann man insofern sprechen, als das verfügbare Wissen über physische Umweltbedingungen immer unvollständig bleiben muss, also deswegen ungewiss ist. Wenn das gesellschaftlich verfügbare, umweltbezogene Wissen begrenzt ist und Daten über mögliche relevante Umweltvariablen häufig ungenügend sind, dann betrifft dieses zwangsläufig auch alle Modellierungen und Szenarien über die angenommene Richtung zukünftiger Verläufe. Angesichts der Komplexität ökologischer Systeme sind aktuelle Zustände und Prozessabläufe nur annäherungsweise darstellbar. Dies gilt erst recht, wenn Annahmen über zukünftige (ökologische und gesellschaftliche) Folgen einer Grenzüberschreitung oder Nutzungsbeschränkung formuliert werden.

Mit dem Komplexitätsproblem ist *fünftens* das *Wissensproblem* eng verbunden. Entscheidungen sind riskant, weil die Voraussetzungen und situativen Bedingungen einer Entscheidung kaum übersehbar und vor allem auch die Entscheidungsfolgen ungewiss sind. Je mehr Wissen produziert wird, etwa infolge von wissenschaftlichen und soziotechnischen Innovationen, desto unübersichtlicher sind auch mögliche Risiken. Je mehr Wissen akkumuliert wird, umso größere Wissenslücken tun sich auf. Wissen führt zu Mehr-Wissen und Mehr-Wissen wiederum zu Mehr-Nichtwissen (Wissensparadoxon).

Das Komplexitäts- und Wissensproblem ist *sechstens* zugleich ein *Entscheidungsproblem*. Wenn das verfügbare Wissen über ökologische Wirkungsweisen unterkomplex ist, dann werden auch die darauf aufbauenden Handlungsoptionen zum Problem für Entscheider, also ob etwa eine natürliche Ressource wirtschaftlich weiter ausgebeutet oder unter Schutz gestellt werden sollte. Je offensichtlicher Entscheidungsträgern und ihren Beraterstäben bewusst wird, wie lückenhaft die verfügbaren Informationen und wie unsicher die Wissensbestände eigentlich sind, desto dringlicher stellt sich das Problem, ob Entscheidungen bezüglich der Ausreizung von Nutzungsgrenzen „sachlich" angemessen oder gegenwärtig zunächst erstmal aufzuschieben sind, um dann erst zu einem späteren Zeitpunkt entscheiden zu können. Das Entscheidungsproblem rührt allein schon aus dem Umstand, dass die Folgen einer solchen Entscheidung für die naturale und soziale Umwelt kaum antizipierbar sind, was im Übrigen sicherlich auch für die Folgen von Nicht-Entscheidungen gelten muss.

Hinter jedem Entscheidungsproblem verbirgt sich *siebtens* ein *Bewertungsproblem*. Wissen über Grenzen ist kein neutrales oder irgendwie objektivierbares Wissen im Sinne einer von Beobachtungsstandpunkten unabhängigen Unanzweifelbarkeit. Dies gilt umso mehr für Wahrscheinlichkeitsannahmen über das Eintreffen zukünftiger Ereignisse (risk assessment). Wissen über den globalen Klimawandel und mögliche Folgewirkungen für menschliche Gesellschaften ist immer schon durch Wertaussagen beeinflusst und damit kulturell gefiltert. Daraus folgt, dass ein solches Wissen – jedenfalls innerhalb eines bestimmten Deutungsrahmens – sozial unterschiedlich bewertbar ist. Aus diesem Grund hängt auch die Bestimmung dessen, was die „Grenzen des Wachstums" ausmachen, davon ab, wie die möglichen Risiken von Grenzübertretungen beurteilt werden.

Und schließlich ist *achtens* auf das *Konfliktproblem* hinzuweisen, das dann aufscheint, wenn es darum gehen soll, aus Grenzbestimmungen Entscheidungsimperative und Handlungskorridore abzuleiten. Die Evidenz des Konfliktproblems lässt sich am Beispiel der Schwierigkeiten bei der Verständigung der internationalen Staatengemeinschaft über eine globale Klimapolitik illustrieren. Die Klimapolitik ist insofern ein Interessenskonflikt, da es zuallererst um die Verteilung von Emissionsrechten zwischen Nationalstaaten, Ländergruppen und Industriesektoren geht, auch um Ausgleichsmaßnahmen und Kompensationszahlungen, falls Reduktionsziele nicht erreicht werden. Wenn man bedenkt, dass eine anspruchsvolle CO_2-Reduktionspolitik die gesamte industrielle Produktions- und Infrastruktur betrifft – und damit auch ganz unmittelbar Entwicklungs- und Wohlfahrtschancen berührt –, dann wird die ganze Brisanz offenkundig. Stets geht es um angenommene oder wahrscheinliche Gewinner- und Verliererkonstellationen, ob und in welchem Umfang Helferinteressen (z.B. „Grüne Industrie") aus Entscheidungen Vorteile ziehen können oder nicht. Zugleich wird das Konfliktproblem dadurch verkompliziert, dass Klimakonflikte nicht nur Interessenskonflikte sind, sondern immer auch Geltungs- bzw. Wertkonflikte in dem Sinne, dass ein Konflikt um legitime Nutzungsformen und -beschränkungen ausgetragen wird. Konflikthaft sind somit ebenso die unterschiedlichen normativen Begründungen, mit denen Grenzsetzungen und Grenzüberschreitungen von Umweltnutzungen gerechtfertigt werden. Diese Geltungsgründe rekurrieren auf „Naturbilder" (Huber 2011a, S. 79ff.), die durch soziale Kosmologien und Weltinterpretationen beeinflusst sind (Thompson et al. 1990) und unter Eliten in Wirtschaft, Wissenschaft und Politik wie auch in der Bevölkerung alles andere als zufällig verteilt sind.

II.

Vor diesem Hintergrund stellt sich nun die Anschlussfrage, wie das Verhältnis von physischer Umwelt und sozialer Ordnung im Feld der Wissenschaft beschrieben wird. Groß schematisierend können naturalistische und konstruktivistische Positionen voneinander unterschieden werden. Im Naturalismus werden Naturkonstanten angenommen, die als gesellschaftlich unverfügbar gedacht werden. Naturkonstanten limitieren den sozialen Wandel menschlicher Gesellschaften und geben einen Korridor für Entwicklungsprozesse in Wirtschaft, Kultur und Gesellschaft vor, der nur um den Preis einer Destabilisierung oder „Gefährdung" natürlicher Systeme verlassen werden kann. Konstruktivistische Positionen deuten hingegen Aussagen über den Zustand von Natur als soziale Konstruktionen, die keinen Anspruch auf beobachtungsunabhängige, objektive Gültigkeit erheben können. Soziale Konstruktionen von Natur sind in diesem Verständnis keineswegs beliebig, da sie an spezifische kulturelle Rahmungen und Beobachterperspektiven gebunden sind. Gleichwohl sind diese Konstruktionen kontingent in dem Sinne, als sie sich nicht aus der externen Beobachtung von Fakten oder Ereignissen ergeben, sondern aus der sozialen Geltung zugeschriebener Eigenschaften. Konsequenterweise löst sich in dieser Perspektive die Einheitsvorstellung von Natur in eine pluralistische Sichtweise auf, die die historische und gesellschaftliche Variabilität von Naturkonstruktionen beobachtbar macht. Letztlich wird die erkenntnistheoretische Prämisse des Naturalismus zurückgewiesen, dass auf der Grundlage methodischer Regeln, experimenteller Verfahrensweisen und empirischer Beweisführung zumindest potenziell reale Eigenschaften der beobachteten Objekte annäherungsweise beschrieben und Gesetzmäßigkeiten aufgezeigt werden können.

Sowohl naturalistische als auch konstruktivistische Positionen weisen zahlreiche Probleme auf. Im Naturalismus sind naturale Entwicklungsgrenzen sozialer Ordnungen für diese selbst unverfügbar. Die Gestaltbarkeit naturaler Prozesse durch soziale Ordnungen wird lediglich als Störfaktor wahrgenommen. Hingegen wird im Konstruktivismus die physische Umwelt auf ein kommunikatives Ereignis reduziert. Aus der Sicht des Konstruktivismus sind Aussagen über „Grenzen des Wachstums" überhaupt nicht möglich. In Abgrenzung zu naturalistischen wie konstruktivistischen Zugängen möchte ich eine dritte Position vertreten, die Vereinseitigungen und Unzulänglichkeiten des Naturalismus wie des Konstruktivismus vermeidet: die These der *sozialen Konstitution von Umwelt*.

Ausgangspunkt dieser sozialen Konstitutionsthese von Umwelt (vgl. Kraemer 2008) ist die Überlegung, dass die physische Umwelt menschlicher Gesellschaften keine Entität darstellt, die substanzialistisch bestimmt werden könnte, sondern nur in Relation zum Bezugsobjekt. Das Bezugsobjekt der „Umwelt" ist Gesellschaft. Zieht man die halbwegs gesicherten Befunde der Kultur- und Zivilisationsgeschichte menschlicher Gesellschaften zu Rate, dann kann kein Zweifel daran bestehen, dass diese die Umweltbedingungen, die sie vorgefunden haben, zumindest in den letzten Jahrhunderten in tiefgreifender Weise modifiziert und transformiert haben. Mehr noch: Nicht erst seit Beginn der Industriellen Revolution, sondern bereits schon seit den frühen Anfängen der Kultur- und Zivilisationsgeschichte werden die vorgefundenen naturalen Gegebenheiten durch menschliche Tätigkeiten umgestaltet. Sicherlich ist „Umwelt" immer schon symbolisch konstruiert worden, etwa durch mythische, alltagsweltliche, religiöse und später auch durch wissenschaftliche Erzählungen von der technischen „Beherrschbarkeit" der natürlichen Umwelt von Gesellschaften. Entscheidend für die Frage nach den „Grenzen des Wachstums" ist allerdings, dass Umweltbedingungen nicht nur sozial *konstruiert*, sondern ebenso sozial *konstituiert* werden. Gemeint ist damit, dass Umwelt auch in einem physischen Sinne sozialrelativ ist. Menschliche Gesellschaften sind in zunehmendem Maße darauf angewiesen, die Umwelt, die sie jeweils vorfinden, zu verändern, neu zu erschaffen und zu „kolonisieren" (Fischer-Kowalski et al. 1997), um natürliche Wachstumsbedingungen für gesellschaftliche Zwecke zu modifizieren – beginnend mit der Domestizierung von Tieren und Pflanzen bis hin zur systematischen Veränderung von Energieflüssen (Aneignung von Nettoprimärproduktion), Wasserhaushalten (Be- und Entwässerung) und chemischen Prozessen (Eintrag von Nährstoffen und Pestiziden).

Soziale Akteure kommunizieren nicht nur über Umwelt, wie vom Konstruktivismus behauptet wird, sondern sie sind zugleich fähig, handelnd Umweltbedingungen zu transformieren. In der philosophischen Anthropologie hat Arnold Gehlen (1986, S. 95) vom „umkonstruierenden Tun" gesprochen. Diese Fähigkeit ist für Gehlen (1962) durch zwei zentrale Merkmale gekennzeichnet: *Weltoffenheit* und *Plastizität*. Mit dem Begriff der Weltoffenheit soll in den modernen Kulturwissenschaften zum Ausdruck gebracht werden, dass menschliche Akteure in eine Welt hinein handeln, die weder abgeschlossen noch endlich ist. Die Annahme der Nichtabgeschlossenheit der Welt bezieht sich hierbei nicht auf erdgeschichtliche Zeithorizonte, sondern auf historische Zeitläufe. Dieses Handeln in der historischen Zeit ist auf einen offenen Horizont gerichtet. Der zweite Begriff, Plastizität, rekurriert auf Handeln als Tun. Dieses Tun ist mehr als Kommunikation. Es ist ein praktisches Vermögen zur Umgestaltung der Welt. Tun wirkt immer schon auf die materielle Welt ein, wobei dieses Tun die naturale wie die soziale Welt verändert.

Aus diesen beiden zentralen Merkmalen des Handelns, Weltoffenheit und Plastizität, folgt für Gehlen (1962, S. 35) zwingend die „Umweltenthebung" menschlicher Gemeinschaften und Gesellschaften. Im Gegensatz zu anderen höheren Säugetieren, die durch Organspezialisierungen und angeborene Instinktschemata auf artspezifische Umwelten festgelegt sind, verfügen Menschen, Gehlen zufolge, über keine gattungsspezifischen Umwelten. Vielmehr sind sie in die Lage versetzt, die unmittelbar gegebenen Umwelten zu erweitern; bzw. sie müssen neue Mittel und Techniken erfinden, um ihre individuelle und gesellschaftliche Reproduktion auf Dauer zu sichern. Die Leistung der menschlichen Kultur sieht Gehlen deswegen auch vor allem darin, dass aus mehr oder weniger beliebig vorgefundenen Konstellationen von Naturzuständen eine „zweite Natur", gewissermaßen eine Ersatz-Umwelt, geschaffen wird, um das Überleben zu sichern. Dies impliziert zugleich, dass menschliche Gesellschaften ihre Umwelt gewissermaßen „wechseln" (Gehlen 1962, S. 81) können, wenn dies aus welchen sozialen oder nicht-sozialen Gründen auch immer notwendig oder sinnvoll erscheint. Damit ist für Gehlen (1962, S. 79f.) ein biologisch bestimmter Umweltbegriff auf menschliche Gesellschaften „nicht anwendbar, denn genau an der Stelle, wo beim Tiere die ‚Umwelt' steht, steht beim Menschen die ‚zweite Natur' oder die Kultursphäre mit ihren eigenen, sehr besonderen Problemen und Begriffsbildungen, die von dem Umweltbegriff nicht erfaßt, sondern im Gegenteil nur verdeckt werden". Mit anderen Worten ist der *homo sapiens* potenziell dazu befähigt, „unter allen denkbaren Außenumständen, im Urwald, im Sumpf, in der Wüste oder wo immer, in arktischen Zonen oder unter dem Äquator die jeweils vorhandenen Naturkonstellationen intelligent so zu bearbeiten, daß er sich halten kann" (Gehlen 1986, S. 18).

An dieser Stelle können die Probleme des biologischen Funktionalismus und der Mängelwesen-These, mit der Gehlen die These der Umweltentbindung zu begründen versuchte, nicht hinterfragt werden. Relevant für die hier verfolgte Argumentation ist vielmehr Gehlens Schlussfolgerung, menschliches Handeln sei eine auf einen offenen Zukunftshorizont gerichtete praktische Form der Ermöglichung, sich von konkret vorgefundenen Umweltbindungen zu lösen. Solche Umweltentbindungen können produktiv sein. Zuweilen können sie aber auch destruktiv sein, wie in den letzten Jahrzehnten überdeutlich geworden ist. Deswegen ist Umweltentbindung immer auch ein Prozess der „schöpferischen Zerstörung", um eine klassische Formulierung von Joseph Schumpeter (2005, S. 134ff.) in einem erweiterten Sinne aufzugreifen und auf das Verhältnis menschlicher Gesellschaften zu naturalen Kontexten zu beziehen. Allein schon deswegen ist Handeln im Sinne eines umgestaltenden Tuns immer schon ambivalent: Nicht nur theoretisch denkbar, sondern praktisch wahrscheinlich ist, dass kreative, völlig neue, bislang undenkbare Handlungshorizonte erschlossen werden können. Zugleich sind aber auch ebenso kaum vorstellbare destruktive Folgen des Tuns möglich, die beabsichtigt oder unbeabsichtigt sind. Plastizität des Handelns meint also im hier verstandenen Sinne, dass Handeln immer das Überschreiten bzw. Transformieren von angetroffenen Zuständen in der naturalen und sozialen Umwelt impliziert.

Durchaus ähnlich argumentiert Heinrich Popitz (1995), der eine allgemeine soziologische Anthropologie des soziotechnischen Handelns ausgearbeitet hat. Popitz fragt nach der Entwicklung „technischer Handlungsfähigkeiten". Unter technischen Handlungsfähigkeiten versteht Popitz, dass menschliche Akteure Horizonte des Handelns kontinuierlich verschieben, bestehende Umweltbedingungen umgestalten, neue Umweltpotenziale erschließen und artifizielle Umwelten schaffen können. Diese Fähigkeiten zum Verschieben, Umgestalten und Erschließen sind im Verlauf der Kultur- und Technikgeschichte beständig gesteigert worden. So betrachtet, impliziert technisches Handeln die Extension von Möglichkeiten der „Umwandlung des Gegebenen in Verwendbares" (Popitz

1995, S. 13). Soziologisch entscheidend ist allerdings, dass eine solche Umwandlung nicht technikdeterministisch zu denken ist, sondern an soziale Innovationen und Institutionen auf der Ebene kultureller Verhaltensweisen und Rollenerwartungen, Organisationsformen und Wirtschaftsordnungen (z.B. soziale Differenzierung und Arbeitsteilung) gebunden ist. Diese Innovationen und Institutionen sind notwendig und unverzichtbar, damit technische Handlungsfähigkeiten auch gesellschaftlich dauerhaft diffundieren können.

Ganz ähnlich betont Anthony Giddens (1988) eine solche „transformative capacity" (TC) im Sinne eines praktisch wirksamen und folgenreichen Vermögens (*capability*) zur Umgestaltung des Vorhandenen, die die soziale ebenso wie die materielle Welt einschließt. Grundlegend ist, dass TC nicht an eine schlichte technische Verfügbarkeit gebunden ist. TC ist nach Giddens an *Regeln* und *Ressourcen* gebunden, die in einer sozialen Ordnung erfunden und mobilisiert, akkumuliert und „gespeichert" werden. Es handelt sich hierbei um sozial höchst voraussetzungsvolle Prozesse. Mit Regeln bezeichnet Giddens soziale Verfahrensweisen des Handelns, die Koordination ermöglichen, Kooperation erleichtern und die Bündelung des Handelns in Organisationen erlauben. Aus der Befolgung von Regeln entstehen Institutionen, die Arbeitsteilung möglich machen, vorantreiben und ausdifferenzieren. Unter dem Begriff Ressourcen fasst Giddens Produktionsinstrumente, Technologien und Wissensbestände. Die soziale Entwicklung von Regeln und Ressourcen sollte nicht als evolutionär-linearer Prozess gedacht werden, etwa im Sinne einer kontinuierlich voranschreitenden Verbesserung der vorhandenen Möglichkeiten („Fortschritt"). Krisen der Entwicklung, natürlich auch destruktive Tendenzen bis hin zum Zusammenbruch sozialer Ordnungen sind jederzeit möglich. Regeln können vergessen oder verlernt werden. Soziale Konflikte können die Weiterentwicklung von Regeln blockieren. Ressourcen können verkümmern oder destruktive Potenziale entfalten und Produktionsinstrumente können in eine technologische Sackgasse geraten. Durchaus ähnlich wirken auch ökonomische Schocks, gesellschaftliche Katastrophen oder soziale Krisen. Das 20. Jahrhundert bietet reichlich Anschauungsmaterial für Destruktion und Selbstzerstörung.

III.

Aus den bislang angestellten Überlegungen folgt, dass die viel beschworenen „Grenzen des Wachstums" nur in Relation zu den TC sozialer Ordnungen bestimmt werden können. Von den TC hängt es ab, inwieweit Umweltpotenziale für menschliche Zwecke erschlossen, Naturressourcen kolonisiert, destruktive Umweltnutzungen beendet oder nachhaltige Ausweichstrategien zur Abwendung einer sozial-ökologischen Krise erfunden werden können. Die dahinterstehenden sozialen Prozesse bleiben sozialwissenschaftlich unbeobachtet, wenn man sich darauf beschränken würde, die Erschließung von Umweltpotenzialen als schlichte „Zerstörung", „Ausbeutung" oder „Vernutzung" zu umschreiben. Deswegen wird im Folgenden vorgeschlagen, den Begriff der „Inwertsetzung" zu verwenden. In Abgrenzung zur marxistischen Tradition soll der Terminus allerdings nicht für ökonomische Prozesse der marktfähigen Zurichtung von Naturstoffen reserviert werden (*Kommodifizierung*). Prozesse der Inwertsetzung sind im hier vorgeschlagenen Sinne keineswegs auf ökonomische Formen der Nutzbarmachung von Naturpotenzialen zu reduzieren. Ebenso sind nicht-ökonomische Handlungskapazitäten – wie politisch-institutionelle, rechtliche, organisatorische und kulturell-symbolische – in den Blick zu nehmen, ohne die die Erschließung oder sogar Kommodifizierung von Naturpotenzialen schlicht nicht möglich wäre. Gemeint ist damit vor allem, dass Umweltleistungen oder „Umweltfunktionen" (Quelle, Senke, Fläche) *sozial* inwertgesetzt werden müssen. Leistungen oder „Funktionen" der physischen Umwelt sind für menschliche Gesellschaften nicht schlicht vorhanden, so als ob es auf das Handeln individueller und kollektiver Akteure und ihre sozialen Ordnungsleistungen gar nicht so sehr ankommen würde. Demgegenüber ist zu betonen, dass Elemente oder Prozesse der physischen Umwelt erst *infolge* sinnhaft intentionalen Handelns spezifische „Leistungen" oder „Funktionen" erbringen können. Dieses Handeln ist kein individuell-nomadisches Handeln, sondern es muss sozial koordiniert und kooperativ organisiert werden, mündet also in soziale Ordnungsbildungen ein.

Die Inwertsetzung von Elementen oder Prozessen der naturalen Umwelt durch die TC des sozialen Handelns kann auf unterschiedlichen Ebenen beschrieben werden. Zunächst können Naturstoffe erst dann gesellschaftlich erschlossen werden, wenn sie in einem praktisch-sachlichen Sinne verwendbar sind. Sie sind erst dann verwendbar, wenn entsprechendes Wissen vorhanden ist, entsprechende Technologien erfunden sind und industriell anwendbar werden, eine dafür nötige Infrastruktur vorhanden ist oder aufgebaut werden kann, bestimmte Formen der Arbeitsteilung oder andere soziale Organisationsformen entwickelt worden sind etc. (*sachliche Inwertsetzung*). Zudem ist eine sachliche Inwertsetzung dauerhaft nur möglich, wenn diese auch wertgeschätzt wird, also ihre sachliche Erschließung und Nutzung kulturell legitim ist. Ohne eine solche *normative Inwertsetzung* wäre eine sachliche Inwertsetzung auf längere Sicht kaum denkbar, zumindest eine Akzeptanzkrise unvermeidbar. Beispielsweise kann der Naturstoff Steinkohle erst dann als Antriebsenergie gesellschaftlich genutzt werden, wenn bestimmte Technologien erfunden sind (Dampfmaschine) und wertgeschätzt werden, was etwa in kulturellen Sinnbildern und Erzählungen über die Dampfmaschine als Symbol von „Fortschritt" und „Naturbeherrschung" zum Ausdruck kommen kann. Gegenwärtig können wir beobachten, dass die industrielle Nutzung fossiler Brennstoffe in eine Legitimationskrise geraten ist. Spitzt sich eine solche normative Geltungskrise zu, dann ist irgendwann der Naturstoff Steinkohle für die Energieversorgung nicht nur sachlich und wirtschaftlich, sondern auch sozial wertlos. Wie am Beispiel des politischen Ausstiegs aus der Nutzung von Atomenergie in Deutschland gezeigt werden kann, sollte das Legitimationsproblem von Inwertsetzungen nicht unterschätzt werden.

Umgekehrt kann am Beispiel regenerativer Energiequellen illustriert werden, dass die neue Erschließung von Naturpotenzialen nur gelingen kann, wenn das politische System innovationsoffen ist, über entsprechende Institutionen und Verfahrensregeln verfügt, einen offenen Rechtsrahmen bietet und obendrein alternative Energienutzungsformen durch „epistemische Gemeinschaften" von Wissenschaftlern und Experten oder sozialen Bewegungen legitimiert werden. Auch hier zeigt sich die große Bedeutung der normativen Dimension von Inwertsetzungen. Wie etwa die Debatte zur „Verspargelung" der Landschaft zeigt, ist die ökonomische und technologische Inwertsetzung regenerativer Energiequellen immer schon an Prozesse ihrer kulturellen Legitimierung („unberührte Landschaft", „saubere Zukunft") gebunden. Mit anderen Worten ist die soziale Inwertsetzung regenerativer Energiequellen an eine politisch-ökonomische Ordnung gekoppelt, die gegenüber „nachhaltigen" Politikansätzen aufgeschlossen ist. Gleiches gilt genauso für das Rechtssystem und die kulturelle Ordnung. Letztere muss gegenüber neuen Weltsichten und Wertideen

(„Nachhaltigkeit") offen sein. Und schließlich muss auch die Sozialstruktur hinreichend durchlässig sein, etwa für neue Trägergruppen und Pioniere eines „sozial-ökologischen" Wandels.

Die These, dass Naturpotenziale nicht schlicht „gefunden" oder „entdeckt", sondern erst gesellschaftlich inwertgesetzt werden müssen, bietet einen nicht-naturalistischen Zugang zur weiter oben angesprochenen Grenzproblematik. Eine solche Perspektive sollte natürlich nicht dazu verleiten, einem überkommenen Fortschritts- oder Technikoptimismus anzuhängen. Vielmehr wäre genauer zu klären, unter welchen *gesellschaftlichen* Bedingungen neue Umweltpotenziale erschlossen, neue Formen der Nutzung von Umwelt entwickelt und erfunden oder auch bestehende Nutzungen technisch verbessert und optimiert werden können – ohne dass zugleich die ökologisch-destruktiven Folgen der Industrialisierungsgeschichte des 19. und 20. Jahrhunderts in die Zukunft verlängert werden. Diese Überlegung ist mit der Annahme verbunden, dass zwischen nachhaltigen und nicht-nachhaltigen Inwertsetzungsstrategien unterschieden werden kann. Eine solche, zunächst nur analytische Unterscheidung wäre auf ihre empirische Plausibilität zu überprüfen. Sollte sie sich jedoch als tragfähig erweisen, dann würden sich nachhaltige Inwertsetzungen nicht nur dadurch auszeichnen, dass sie eine dauerhaft nachhaltige „Bewirtschaftung" natürlicher Ressourcen in den „Grenzen des Wachstums" ermöglichen. Nachhaltige Inwertsetzungen würden vielmehr darauf abzielen, „Grenzen des Wachstums" zu überschreiten und zu erweitern, während nicht-nachhaltige Praktiken der Inwertsetzung diese wiederum verengen. Vor allem könnte, so die Erwartung, mit der Inwertsetzungsthese ein konzeptioneller Rahmen erschlossen werden, der Grenzen nicht vorschnell hypostasiert, sondern diese – ebenso wie Grenzüberschreitungen – selbst zum Gegenstand von weiterer Forschung macht. Gegenüber der etablierten Nachhaltigkeitsforschung wäre also die Forschungsperspektive in einem zentralen Gesichtspunkt zu erweitern. Üblicherweise wird nach der Fähigkeit menschlicher Gesellschaften zur Anpassung (*adaptation*) an ökologische Umweltbedingungen gefragt oder danach, wie die negativen Folgen einer ungenügenden Anpassung abgeschwächt oder entschärft werden können (*mitigation*). Demgegenüber wäre eine Forschungsperspektive zu stärken, die die Möglichkeitsbedingungen einer gesellschaftlichen Ordnung in den Mittelpunkt rückt, unter denen die „Grenzen des Wachstums" in einem nachhaltigen Sinne hinausgeschoben oder zumindest die destruktiven Folgen einer solchen Erweiterung eingedämmt werden könnten.

Mit der Inwertsetzungsthese soll also die Aufmerksamkeit auf die soziale Relationalität natürlicher Grenzen gerichtet werden. Soziale Relationalität meint, dass „Grenzen des Wachstums" nur dynamisch bestimmt werden können, in Relation zu den sozioökonomischen, politisch-institutionellen und soziokulturellen Handlungsfähigkeiten oder Systemkapazitäten einer sozialen Ordnung, Umweltpotenziale zu erschließen und inwertzusetzen. Hieraus würde folgen, dass mit den sozialen Möglichkeiten einer „nachhaltigen" Inwertsetzung auch die vielbeschworenen „Grenzen des Wachstums" wachsen. Eine solche Relationalitätsannahme sollte gleichwohl nicht mit einer Beliebigkeit von Grenzverschiebungen verwechselt werden. Ausgangspunkt ist vielmehr die Überlegung, dass natürliche Grenzen gesellschaftlicher Entwicklungsprozesse nicht statisch bestimmt werden. Um Missverständnisse zu vermeiden, ist darauf hinzuweisen, dass nicht behauptet werden soll, natürliche Grenzen könnten durch menschliches Handeln beliebig hinausgeschoben werden. Es ist unmittelbar evident, dass nicht jeder beliebige Naturstoff, der in einem planetaren Sinne endlich ist, durch einen anderen substituiert werden kann. Das scheint zwar in manchen Bereichen möglich zu sein, wenn man sich etwa vergegenwärtigt, dass, ausgehend vom „hölzernen Zeitalter" (Sombart 1927, Bd. II, S. 1138) des Feudalismus, zu Zwecken der Energieerzeugung nicht-regenerative durch regenerative Potenziale sukzessive ersetzt werden (vgl. die Substitutionskette Holz, Kohle, Rohöl, Wind- und Solarenergie). Andere Stoffe oder Potenziale der physischen Umwelt sind allerdings nicht-substituierbar: So ist saubere Luft ebenso unersetzbar wie sauberes Trinkwasser. Nur dann, wenn diese und viele andere Stoffe bzw. Prozesse der Natur in entsprechender Qualität auch verfügbar sind, können wiederum andere für menschliche Zwecke produktiv kolonisiert, also inwertgesetzt, werden, etwa durch ökologisch „konsistente" (Huber 2011b) Produktions- und Stoffinnovationen. Hieraus folgt, dass Nutzungs- oder Belastungsgrenzen nicht durch noch so raffinierte Praktiken der Inwertsetzung von Naturpotenzialen einfach ignoriert werden können. Wenn jedoch Grenzen variabel sind, und zwar in dem Sinne, dass sie nur in Relation zu den jeweiligen gesellschaftlichen Produktions- und Reproduktionsbedingungen bestimmbar sind, dann müssten sie auch „nachhaltig" hinausgeschoben werden können. Mit Blick auf die Umweltgeschichte menschlicher Gesellschaften sind bislang allemal Grenzen massiv erweitert worden. Warum sollte das nicht auch in einer offenen Zukunft in einem nachhaltigen Sinne potenziell möglich sein?

Auch noch aus einem anderen Grund sollte eine solche Option nicht vorschnell ausgeschlossen werden. In modernen Gesellschaften, deren Wirtschaftsordnung kapitalistisch verfasst ist, konnten bislang soziale Konflikte um die Verteilung von Lebenschancen nicht dadurch reguliert werden, dass der „Kuchen", der zu verteilen war, im Sinne eines Null- oder Negativsummenspiels nur anders aufgeteilt wurde. Verteilungskon- flikte um Marktchancen und Teilhaberechte sind in den industrialisierten Gesellschaften seit der zweiten Hälfte des 20. Jahrhunderts durchaus erfolgreich eingedämmt worden. Eine relative Pazifizierung sozialer Konflikte gelang auch deswegen, weil der zu verteilende Kuchen nicht schrumpfte, sondern im Gegenteil vergrößert werden konnte. Jedenfalls ist die Stimulierung von Wirtschaftswachstum ein durchaus probates Mittel gewesen, sozioökonomische Verteilungskonflikte zwischen wohl- habenden und aufstrebenden sozialen Klassen zu mildern und soziale Probleme stillzulegen oder zumindest nicht in Form von sozialen Krisen eskalieren zu lassen. Die Teilhabe breiter Bevölkerungsgruppen am wirt- schaftlichen Wohlstand ist in diesen Gesellschaften überhaupt erst durch eine Politik des „wachsenden Kuchens" ermöglicht worden. Nachdenklich sollte allemal stimmen, dass es, um ein besonders prominentes Umwelt- problem herauszugreifen, in der globalen Klimapolitik bislang nicht ge- lungen ist, die Frage zu beantworten, wie Klimapolitik erfolgreich voran- zubringen ist, ohne zugleich soziale Ungleichheiten zu verstärken und neue Verteilungskonflikte heraufzubeschwören.

Literatur

Brand, K.-W. (2014): Umweltsoziologie. Entwicklungslinien, Basiskonzepte und Erklärungsmodelle. Weinheim.

Fischer-Kowalski, M. / Haberl, H. / Hüttler, W. / Payer, H. / Schandl, H. / Wini- warter, V. / Zangerl-Weisz, H. (1997): Gesellschaftlicher Stoffwechsel und Kolonisierung von Natur. Ein Versuch in Sozialer Ökologie. Amsterdam.

Gehlen, A. (1962): Der Mensch. Seine Natur und seine Stellung in der Welt. 7., durchges. Aufl., Frankfurt a.M.

Gehlen, A. (1986): Anthropologische und sozialpsychologische Untersuchun- gen. Mit einem Nachwort von H. Schnädelbach. Reinbek bei Hamburg.

Giddens, A. (1988 [1984]): Die Konstitution der Gesellschaft. Grundzüge einer Theorie der Strukturierung. Frankfurt a.M.

Huber, J. (2011a): Allgemeine Umweltsoziologie. Wiesbaden.

Huber, J. (2011b): Ökologische Modernisierung und Umweltinnovationen. In: Groß, M. (Hg.), Handbuch Umweltsoziologie. Wiesbaden, S. 279-302.

International Energy Agency (2015): World Energy Outlook 2015. Paris.

Kraemer, K. (2008): Die soziale Konstitution der Umwelt. Wiesbaden.

Luhmann, N. (1990): Die Wissenschaft der Gesellschaft. Frankfurt a.M.

OECD (2008): Growing Unequal? Income Distribution and Poverty in OECD Countries. Paris.

Popitz, H. (1995), Der Aufbruch zur Artifiziellen Gesellschaft. Zur Anthropologie der Technik. Tübingen.

Redclift, M. / Woodgate, G. (Hg.) (2011): International Handbook of Environmental Sociology. Cheltenham.

Randers, J. (2012): 2052: A Global Forecast for the Next Forty Years. Vermont.

Reichholf, J.H. (2008): Stabile Ungleichgewichte. Die Ökologie der Zukunft. Frankfurt a.M.

Rockström, J. et al. (2009): Planetary Boundaries: Exploring the Safe Operating Space for Humanity. In: Ecology and Society, 14(2), Art. 32 [online].

Schimank, U. / Mau, S. / Groh-Samberg, O. (2014): Statusarbeit unter Druck. Zur Lebensführung der Mittelschichten. Weinheim.

Schumpeter, J.A. (2005 [1947]): Kapitalismus, Sozialismus und Demokratie. 8., unveränd. Aufl., Tübingen.

Sombart, W. (1927): Der moderne Kapitalismus. München.

Thompson, M. / Ellis, R. / Wildavsky, A. (1990): Cultural Theory. Boulder.

Weber, M. (1988 [1922]): Gesammelte Aufsätze zur Wissenschaftslehre. 7. Aufl., Tübingen.

Wissenschaftlicher Beirat der Bundesregierung (WBGU) (2015): Zivilisatorischer Fortschritt innerhalb planetarischer Leitplanken – Ein Beitrag zur SDG-Debatte, Politikpapier 8. Berlin.

Recht ist auf beiden Seiten der Grenze

Helge Rossen-Stadtfeld[*]

Am flackernden Rand des Lichtkreises um ein steinzeitliches Feuer, am Ufer des Flusses ohne Furt oder Fähre, an Sumpf und Wüste, Schneegebirge und Meeresstrand – dort überall war ein Ende. An ihm kam die Grenze in die Welt. Sie mochte in Rausch, Wunsch oder Traum, später auch in Spekulation, Berechnung und Konstruktion überwindbar erscheinen. Doch nahm lange ein Risiko auf sich, wer solche Überwindung versuchte, deren Erfolg grundsätzlich ungewiss blieb. Vor allem aber blieb ein Ende gegeben und über diese Grenze hinaus nur zu erkennen: „hic sunt dracones".

So zu finden, als seien sie vor jeglicher Bestimmung immer schon da, sind Grenzen heute nicht mehr. Grenzen müssen nun erfunden werden. Die Sirenen des Homer, die Löwen, Drachen und meeresbewohnenden Leviathane der antiken, mittelalterlichen und frühneuzeitlichen Kartographen sind nicht mehr Chiffren des Mythos für das Unzugängliche und Gefährliche, für das ganz Andere. Sie sind zu bedrohten Arten geworden, ihr Schutz ist das Anliegen umwelt- oder tierschutzpolitischer Kampagnen, höherer Dichtkunst oder der Fantasy-Literatur.[1] Das *an sich* ganz Andere ist im Anderen *für uns* gezähmt und heimisch gemacht worden.

---

[*] Für hilfreiche Hinweise bedanke ich mich bei meinen Mitarbeitern, Herrn Ass.jur., Dipl. sc. pol. Mayer, LL.M., und Herrn Dipl. sc. pol. Sklarzik.

[1] Und bemerkenswert kurz ist von hier aus auch der Schritt zur modernen Staatserzählung: Der große Leviathan des Thomas Hobbes (1651) wird heute als Vermittlungsgestalt einer Ironie entworfen, die allein ihn noch in der Gesellschaft halten kann, in der er sonst womöglich restlos aufgehen würde; näheres dazu bei Willke 1992.

Domestizierung erzeugt Entscheidungsbedarf. Wie weitläufig oder wie eng die Grenzen gezogen sein sollen, hinter denen Gesellschaft ihr Anderes noch vorfindlich halten will, muss nun entschieden werden. Aus dem grässlich-faszinierenden Ungeheuer, welches das Andere einmal war, ist ein Haustier geworden. Das wird aufgezogen, gehalten und benutzt, bis es nicht mehr recht präsentabel wirkt, jedenfalls unbequem geworden ist und irgendwohin abgeschoben werden muss.

Die moderne Gesellschaft hat die ihr vorgegebenen und also aufzufindenden Grenzen freilich nicht auf einen Schlag durch solche ersetzt, die gesetzt, konstruiert und rekonstruiert werden mussten. Das geschah vielmehr in einem Vorgang, der sich über viele Jahrhunderte erstreckt und bis heute noch nicht ganz beendet sein dürfte. Die Erfindung der Grenze fand dabei zu immer wieder neuem Ausdruck, in Mythos, Religion und anderer „großer Erzählung"[2], in der Moral und deren flatterhafter Schwester, der Mode, später auch in der Wissenschaft, und keineswegs nur derjenigen von der Natur. Auf diesem langen Weg hat die Grenze ihre natürliche (Vor-)Gegebenheit verloren. Prägend geworden für ihren Begriff ist schließlich ihre Künstlichkeit, vor allem: ihre Kontingenz.

1. Grenzen aus Recht

Das Recht ist eines der Medien, in deren Zeichensystemen, Codes und Programmen gesellschaftlich bedeutsame Grenzen befestigt werden. Im Hinblick auf die Probleme, die sich mit der Notwendigkeit der Selbstbegrenzung moderner Gesellschaften durch politische Entscheidung stellen,[3] ist das Recht das wichtigste dieser Medien geworden. In der Rechtsform ist ein besonderer Geltungsanspruch eingebunden. Nur er kann jeglicher, insbesondere aber politischer Entscheidung heute noch gesellschaftsweite Verbindlichkeit vermitteln (Luhmann 1993, S. 424ff.). Allein rechtserzeugte Verbindlichkeit kann der Alternativlosigkeit vormoderner Natur, der Transzendenzwucht eines göttlichen Ratschlusses und der

---

[2] Zur „Großen Erzählung" und ihrem, inzwischen freilich schon wieder bezweifelten, Ende Lyotard 1999.

[3] Der schon erwähnte Leviathan des *Hobbes* begründet das moderne Nachdenken über diese Notwendigkeit, das eine wirkungsmächtige jüngere Ausprägung bei *Beck* (1986, hier insbes. Kap. VIIII, S. 300ff.) gefunden hat.

selbstgenügsamen Gewissheit nachkritischer Vernunft funktional noch nahekommen. Nur Recht kann immer, überall und gegenüber allen das Rechtmäßige vom Rechtswidrigen scheiden, indem es eine Grenze zieht, vor der als rechtmäßig gilt, was hinter ihr rechtswidrig wird. Gewiss bedarf auch die Geltung des modernen positiven Rechts ausreichender Rechtfertigung („Legitimität"). Diese hängt aber nicht mehr davon ab, dass ihm aus außerrechtlichen Quellen eine zusätzliche Begründungs- und Rechtfertigungsanreicherung zugeführt werden kann, bis die erforderliche Legitimationssättigung erreicht scheint. Positives Recht gilt kraft seiner Setzung, mithin als änderbar.[4] Diesen selbstbezüglich abgesicherten Geltungsanspruch in Frage zu stellen ist möglich,[5] es konsequent immer zu tun, wäre aber zu aufwendig.[6]

Die in der Form des positiven Rechts festgelegte Grenze kann zwar, weil gesetzt, kritisiert oder missachtet werden. Den in der Rechtsform gründenden Geltungsanspruch zu bestreiten hieße aber, die Rechtsform selbst zurückzuweisen. Erscheint das, wie in modernen Gesellschaften fast immer, als zu riskant, ist deshalb aus dem Anspruch zu lernen (Luhmann 1972, S. 130), dass sein jeweiliger Gegenstand unüberwindlich ist, gegenläufige Erwartungen also aufzugeben sind. Zu lernen ist weiter, dass die Enttäuschung darüber zunächst nur in der resonanzlosen Abgeschiedenheit höchstpersönlicher Immanenz verarbeitet werden kann. Vor dem Gesetz ist man allein. Zu lernen ist schließlich aber auch, dass die so unüberwindliche Grenze doch nur besteht, solange das sie begründende Recht nicht ausgesetzt oder aufgehoben wird, und dass dies wiederum nur in der Form des Rechts geschehen könnte.

---

[4] Luhmann 1972, S. 207ff., 259ff. und 2013, S. 117ff., 129ff. Siehe auch Luhmann 1993, S. 98ff., in Auseinandersetzung mit einem normativ aufgeladenen Geltungsbegriff.

[5] Einführend Hofmann 2011, S. 46ff.; wichtige Dimensionen der hier heute fortdenkenden Rechtstheorie zeigen die Beiträge in Buckel et al. 2006.

[6] Man verlässt sich auf die Standfestigkeit einer Realität, hier die der stattfindenden Rechtsetzung, denn dies „ist ökonomischer, als sie anzuzweifeln oder in Frage zu stellen", so Boltanski 2015, S. 45.

1.1 Eingegrenztes, Ausgegrenztes

Sind die Grenzen der Welt außerrechtlich gegeben, erscheint diese Welt überschaubar. Man findet vor, womit man sich bescheiden muss, man orientiert sich auf Sicht. Das ändert sich, sind die Grenzen der Welt rechtlich befestigt. Wohinein ihr Grenzen gesetzt werden könnten oder müssten, ist dann offen. Begrenzung wird so zur Funktion des Politischen und durch dieses hindurch der Freiheit. Diese kann sich auch gegen sich selbst wenden, ob in einer rechtlich entgrenzten „neoliberalen" Vernutzungswirtschaft oder in einer rechtlich verriegelten Ökodiktatur. Spätestens in solcher Selbst-Aufhebung von Freiheit wird auch die meist verborgen bleibende Gewalt wieder sichtbar, auf die – als „legitime" Staatsgewalt – Recht implizit zurückverweist, wenn es seine Grenzen zieht (Luhmann 1972, S. 106ff. und 2000, S. 192ff.).[7]

Vor solchen (Grenz-)Fällen begegnen uns freilich viele andere Grenzen in der Form des Rechts:

Schon der immaterielle Raum der Kultur, innerhalb dessen überhaupt erst zu sehen ist, dass gesellschaftlich verbindliche Grenzen immer rechtsgesetzt sind, innerhalb dessen also grenzziehendes positives Recht erst auszumachen ist, verdankt sich heute rechtlicher Setzung. Die Unterscheidung zwischen Natur einerseits und Kultur bzw. Zivilisation andererseits erinnert zwar noch an die Denkmöglichkeit des ganz Anderen jenseits aller Aneignung und Einformung. Im Ernstfall aber, wenn Nutzungsinteressen kollidieren oder Schutzbelange unvereinbar erscheinen, muss Patentrecht festlegen, wo aneignungsfähige Verwertungsmöglichkeiten ihre Grenze an einer weiterhin für alle nutzbaren Natur finden. Ähnlich funktionieren das Naturschutzrecht und andere Regelungskomplexe des besonderen Umweltrechts. Auch sie suchen einen kulturell prägenden wie geprägten Zugriff der Gesellschaft auf ihre Umwelten zu zivilisieren, also einzugrenzen.

Einzugrenzen als Kultur sind freilich nur noch innere Umwelten. Das Andere ist heute immer schon rechtskulturell immanent. Mit den Mitteln des Rechts schafft sich Kultur ihr Jenseits.[8] Sie ermöglicht den Zugriff

---

[7] Zur Bedeutung eines steten „Eingedenkens der Rechtsgewalt" u.a. auf den Spuren der Benjamin'schen Gewaltkritik Fischer-Lescano 2014, S. 170, insbes. 173ff., 177.

[8] Auch hierin erweist sich der moderne Kulturbegriff als tautologisch. Das steht seiner Entfaltung keineswegs im Weg, ein Versuch dazu: Rossen-Stadtfeld 2005, S. 29ff.

darauf ebenso wie sie ihn unterbindet. Doch immer bleiben die hierfür erforderlichen Grenzen innerhalb der Rechtskultur gezogen, so das Andere dann doch im Eigenen haltend. Einige weitere Beispiele:

Ab wann genau das Leben des Menschen begänne oder sein Tod gewiss sei, kann heute nicht mehr in einer entscheidungsenthoben-„objektiven" Beobachtung erkannt werden. Auch hier sind aus Gegenständen der Erkenntnis längst schon Fragen zur Entscheidung geworden. Entscheidungen aber machen aufmerksam auf Kontingenz. Soll von menschlichem Leben erst ab der Geburt – doch wann begänne, wann endete diese? – zu sprechen sein? Die Theorie der Sukzessivbeseelung[9] lässt den Mann nach 40, die Frau nach 90 Tagen Menschen werden. Oder ist Mensch schon die Verbindung von 8 Zellen? Wieder zwingt der Ernstfall zur Abgrenzung, und wieder kann diese mit gesellschaftsweiter Verbindlichkeit heute nur noch im Recht vorgenommen werden. In der Kontingenz der Abgrenzung bleibt aber stets zugänglich auch ihr Skandal, an dem sich dann Kontingenzbewusstsein schärft. Diskussionen um die strafrechtliche Sanktionierung des Schwangerschaftsabbruchs zeigen das.

An der anderen Grenze des Lebens hört das Fragen auch nicht auf: Ist mit dem Hirntod, wäre sein Eintritt unzweifelhaft feststellbar, das Ende des Lebens erreicht?[10] Den immer noch messbaren Regungen des hirntoten Körpers ist das nicht abzulesen. Es muss entschieden und die Entscheidung dann befestigt werden, wieder mit den Mitteln des Rechts.

Und von wessen Leben oder Tod ist hier eigentlich die Rede? Wonach bemäße sich, wer Mann, wer Frau sei? Sollte es nur diese beiden Geschlechter geben, zwischen ihnen oder über sie hinaus aber nichts?[11] Sollte das Geschlecht endgültig sein oder dürfte es vielleicht auch wechseln, ganz oder nur in einzelnen Aspekten, womöglich vielfach in ein und

---

[9] Eine von Aristoteles (De genereatione animalium, II,3; Historia animalium, VII, 3, 583b) ausgehend über die Kirchenväter Hieronymus und Augustinus bis weit über die Scholastik (insbes. Thomas von Aquin, Summa theologica, 1, 118, 2) hinaus (siehe etwa Rahner 1962, S. 391f.) die christliche Theologie prägende Vorstellung (siehe Lehmann 2001, S. 10ff.; Müller-Terpitz 2007, S. 44ff., 67ff. m.w.N.).

[10] Zur „Kontroverse über die Hirntodkonzeption" siehe Deutscher Ethikrat 2015, S. 71ff. m.w.N.

[11] Der Klassiker: Ernst v. Wolzogen, Das dritte Geschlecht, 1899; für solche Vermittlung heute werbend Jeffrey Eugenides, Middlesex, 2002.

derselben Person?[12] Sex oder Gender – sollte die Unterscheidung gesellschaftliche Relevanz haben[13] und worauf sollte es gegebenenfalls dabei
ankommen? Auf diese Fragen werden sehr unterschiedliche Antworten
gegeben. Herrschend bleibt die Meinung, Gesellschaft bedürfe der klaren
Unterscheidung zwischen den Geschlechtern. Diese Unterscheidung trifft
dann erneut nur noch das Recht.[14]

Hier finden zutiefst politische Diskurse statt. In ihnen werden Grenzsetzungen vorbereitet als Voraussetzung einer kollektiv verbindlichen Gestaltung des gemeinen Wesens.[15] „Das Fremde und das Eigene" (Craanen/
Gunsenheimer 2006) müssen für die Zurechenbarkeit der Gestaltungsent-
scheidung voneinander geschieden werden. Der Fremde kann sich auf die
Rechtsregeln nicht berufen, in denen die Zugehörigen ein ihnen gemeines
und damit auch identitätsstiftendes Wesen[16] eingrenzen. Wer also gehört
dazu, wer ist fremd? Aussehen, Sprache, Religion, Sitte und Brauch sowie
andere Kriterien, die früher einer derartigen Unterscheidung vorgegeben
werden konnten, sind in dieser Tauglichkeit bis zur Unbrauchbarkeit
fraglich geworden. Auch diese Grenze kann anhand askriptiv-vorgegebe-
ner Maßstäbe nicht ge- und erklärt werden. Sie bedarf der Entscheidung.
Diese bleibt dann aber erneut kontingent, muss um dieser Kontingenz
willen wieder in der Form des positiven, also änderbaren Rechts befestigt
werden. Zugehörigkeit und Fremdheit, zumal *in politicis*, sind in der
Form des Rechts voneinander abzugrenzen, so im Wahlrecht, im Staats-
angehörigkeits-, Asyl- sowie allgemeinen Ausländerrecht.

Angeblich soll über Geschmacksurteile nicht zu streiten sein. Doch
findet der Streit um ästhetische Werte immer wieder neue Anlässe und
Beweggründe, und keineswegs erledigt er sich dann stets von selbst. Aus

---

[12] Spekulationen zu den soziokulturellen und soziopsychologischen Weiterungen einer
solchen Möglichkeit finden sich in der Science Fiction, s. K. LeGuin, Left Hand of
Darkness, 1969 (dt. zul. Dies., Die linke Hand der Dunkelheit, 2014); I. Banks, Das
Spiel Azad, 1990.

[13] Eine wirkmächtige Verneinung: Butler 1986.

[14] *Wenn* es sie trifft. Eine Eintragung des Geschlechts ins Geburtenregister nach § 22
Abs. 3 PStG kann unterbleiben oder, so OLG Celle, B. v. 21.01.2015 – 17 W 28/14,
später wieder gestrichen werden.

[15] Vgl. Luhmann 1972, S. 106ff. und 2000, S. 192ff.

[16] Zur Funktion einer gerade nicht nur schlicht „geografischen" Grenze als Mittel
raumbezogener (Selbst-)Identifikation Graumann 1983, insbes. S. 312; Weichhart
1990, S. 20ff.; Richter 2013, S. 11ff. m.w.N.

diesen Gründen befugt und verpflichtet das Recht eine staatliche Behörde, den „verunstaltenden" Charakter einer baulichen Anlage zu rügen. Jedes Bundesland hat eine Bauordnung, und jedes dieser Gesetze formuliert ein bauordnungsrechtliches Verunstaltungsverbot:[17] auf dass der Staat die Schönheit sichere, als sei er des durch sie Gebotenen kundig und wisse es zu scheiden von dem, was solcher Schönheit widerstrebte.

In allen diesen Fällen, denen viele noch hinzugefügt werden könnten, muss unterschieden werden. Immer muss die dazu nötige Grenze gesetzt werden. Und immer geschieht das dann im Wissen darum, dass der je bestimmte Grenzverlauf auch anders hätte gesetzt werden können. Darin erweist sich die Funktion des Rechts als Medium der Grenzziehung. Als Mittel wie Ausdruck gesellschaftlich relevanter Unterscheidung werden Grenzen in der Rechtsform gesetzt, ausgestaltet und befestigt, um die Erwartung ihrer Einhaltung zu bestätigen und zu kräftigen.

Dass gesellschaftlich notwendig erscheinende Grenzen tatsächlich eingehalten werden, bleibt dennoch unwahrscheinlich. Insbesondere gilt das für komplexe moderne Gesellschaften, deren Wissen nur vorläufigen Bestand hat, deren wie immer auch ihnen zuzurechnendes Wollen sich oft als unbeständig und unzuverlässig erweist und deren Werte plural geworden sind, nur mit Abwägungsvorbehalt gelten. Auch drängt sich der unvermeidlich kontingente Charakter jeder gesellschaftlich bedeutsamen Grenze gerade in deren Setzung auf. Ist Marihuana verboten, lenkt dieses Verbot die Aufmerksamkeit auf den Alkohol und führt zur Frage nach dem Warum der Unterscheidung. Umso verlässlicher muss die Erwartung bestätigt werden, dass die rechtlich gesetzte Grenze Beachtung beanspruchen kann, solange sie gesetzt bleibt. Dass Grenzen verletzt werden, ist auch dann nie auszuschließen. Spekulationsgewinne werden nicht versteuert, giftige oder ekelerregende Lebensmittel unzulässig in den Handel gebracht, verbotene Drogen gehandelt, in der Tempo-30-Zone wird gerast, verunstaltende Bauwerke werden errichtet, indikationsfreie Schwangerschaften nach der 12. Woche abgebrochen und profithinderliche Emissionstestdesigns betrügerisch entschärft. Die Funktion rechtlicher Grenzsetzung liegt dann darin, dass im gesellschaftlichen Umfeld der Grenz-

---

[17] Art. 8 S. 1 BayBO: Bauliche Anlagen müssen nach Form, Maßstab, Verhältnis der Baumassen und Bauteile zueinander, Werkstoff und Farbe so gestaltet sein, dass sie nicht verunstaltend wirken. Auch im gemeindlichen Satzungsrecht findet bauästhetischer Geschmacksbildungsanspruch vielfältigste Ausprägung.

bezweiflung und Grenzverletzung nicht gelernt werden muss (Luhmann 1972, S. 40ff. und 1993, S. 133ff., 152f.). Nicht nötigt etwa die Entdeckung des Steuerbetrugs zur lernenden Überprüfung der Erwartung, dass ungerechtfertigte Begünstigung im Steuerrecht keinen Platz hätte, dass überhaupt die Missachtung einer rechtsbefestigten Grenze sanktionslos bleiben dürfte.

Diese Konfirmierungsfunktion des Rechts kann freilich keineswegs darin gründen, dass im Recht ein „höheres" und jedenfalls deswegen gemeinsames, also im weiteren Sinn moralisches Gut zum Ausdruck käme. Im Recht gelangt zu letztmöglichem Ausdruck nur noch, dass die Gesellschaft die Notwendigkeit kollektiv verbindlicher Entscheidungen anerkennt. Daraus allein kann sich die Rechtsform noch legitimieren.

1.2 Der bergende Rechtstext

Seine Funktion, die kollektive Verbindlichkeit grenzsetzender Entscheidung zu sichern, erfüllt modernes Recht als Text (Luhmann 1993, S. 253ff., 338ff.). Erst im Text findet das Recht eine hinlänglich dauerhafte Fest-Stellung, bei der die Bemühung um Verständnis ansetzen kann. Es verliert sich nicht in jeder Anwendungslage, muss nicht in jeder Anwendungslage für diese neu hergestellt werden. Eine funktionsnotwendige Selbigkeit des Rechts wird durch dessen unabsehbare Anwendungslagen hindurch erwartbar, ist damit freilich keineswegs schon endgültig sichergestellt. Zugleich entfernt der Text das Recht von seiner Anwendungslage. So stellt sich derjenige Abstand zwischen Recht und Anwendungslage ein, dessen es bedarf, damit als dasselbe Recht behauptet werden kann, was immer wieder neu auf die Besonderheit seiner Anwendungslage einzustellen sei. Erst die Allgemeinheit und Abstraktion des Rechtstextes ermöglicht eine Konkretisierung des Rechts in das stets neue Konfliktgefüge hinein.

Was etwa eine „von der Normallage abweichende konjunkturelle Entwicklung" sei, mag unterschiedlichsten wirtschaftstheoretischen und wirtschaftspolitischen Deutungen offenstehen.[18] Eine solche „Abweichung

---

[18] Auch die Kulturwissenschaft hat sich zu Wort gemeldet, und zwar mit einer beeindruckenden Kritik der finanzökonomischen Gleichgewichtsdichtung, die wohl kaum noch beanspruchen kann, das Verhältnis von Normalität und Abweichung weiterhin bestimmen zu können, s. Vogl 2010.

von der Normallage" kann aber auch behauptet werden, um die verfassungsrechtliche Zulässigkeit einer weiteren Verschuldung des Staates zu begründen. Dann erscheint die Behauptung nicht als ein Argument im Streit um theoretische Begründung oder politische Gestaltung. Vielmehr erscheint sie als bekräftigende Bestätigung einer normativen Ordnung, die im Text des Art. 109 Abs. 3 GG vorgegeben ist, auf das sie dauerhaft fortbestehe: In allem Wandel der Konjunktur sei doch immer wieder deren „Normallage" von „Abweichungen" zu unterscheiden.

Um seinen normativen Gehalt und Anspruch gegen die danach einzurichtende Wirklichkeit bewahren zu können, es zugleich aber auch in diese Wirklichkeit hinein, als deren Bestandteil, entfalten zu können, bedarf es der textlichen Einbindung des Rechts. Um dasselbe bleiben, zugleich aber in immer wieder neuem Gehalt wirksam werden zu können, um dieselbe Grenze immer wieder neu fortschreiben zu können, muss Recht im Text geborgen sein. Dann erst kann es immer wieder neu entborgen werden. Das ist schon einigermaßen paradoxienah. Auch in zeitlicher und sozialer Hinsicht bleibt die Paradoxie in Sichtweite. Der Rechtstext soll formulieren und darin dann *allen* zugänglich machen, und zwar *jetzt*, was doch erst in der Zukunft liegt, nämlich die unabsehbare Vielfalt konkreter künftiger Verläufe ein und derselben rechtlichen Grenzsetzung. Ausgesprochen werden muss, was nicht ausgesprochen werden kann, jedenfalls jetzt noch nicht und schon gar nicht allen gegenüber. Auszusprechen aber ist es, damit der Geltungsanspruch kollektiv verbindlicher Grenzziehung durch gesetztes Recht immer wieder bekräftigt werde.

Geltung kann eine rechtlich gesetzte Grenze auf Dauer nur beanspruchen, wenn ihre Bestimmung zugänglich bleibt. Auch das erfordert die textliche Einfassung und Befestigung des Rechts. Verdankte sich grenzziehendes Recht immer wieder neu einer ursprünglichen Einsicht, minderte dies die Kraft, mit der solches Recht noch Geltung und Bestand einfordern könnte. Zwar könnte auch dann noch die Selbigkeit des Rechts behauptet werden, das sich in jeder derartigen Einsicht und durch alle Unterschiedlichkeit seiner Anwendungen hindurch doch gleich bleibe. Doch erschiene diese Behauptung dann offenbar nötig, und genau diese Notwendigkeit weckte sogleich wieder den Zweifel an der Selbigkeit des Rechts: Sollte es sich doch nur um einen Machtspruch ad hoc handeln? Die Prätention der Allgemeinheit des Rechts könnte mit der Notwendigkeit seiner je originär-exklusiven Kündung kaum auf Dauer vereinbar bleiben.

Jedenfalls gilt das für das Recht der Demokratie. Dessen Anspruch allgemeiner Geltung gründet wesentlich darin, dass plausibel behauptet werden kann, es deckten sich vorgängige Entscheidung und nachfolgende Betroffenheit. Das kann auf Dauer nur gelingen, wenn grenzziehende Rechtsetzung in räumlicher, zeitlicher und sozialer Hinsicht zugänglich erscheint. Zugänglichkeit, Medialität und Geltung des Rechts stehen in engem Zusammenhang (Vismann 2000; Vesting 2011/2013). Kollektive Verbindlichkeit und demokratische Legitimität kann nur diejenige gesellschaftliche Grenzsetzung beanspruchen, die in der Form eines Rechts vorgenommen wird, das grundsätzlich von allen lesbar ist und so in seinen Texten zugänglich bleibt. Auch hier freilich bleibt die schon bemerkte Paradoxie in Sichtweite.

1.3 Vollzug und Umfeld

Die rechtstextliche Fest-Stellung einer Grenze allein könnte aber den dadurch ausgelösten Geltungsanspruch kaum schon ausreichend durchsetzen. Jeder Text kann missverstanden, verfälscht, übersehen und vergessen werden. Dies alles kann unabsichtlich oder planvoll erfolgen, sich in einer einzigen Anwendungslage auch vielfach wiederholen. Ohnehin wäre die Erwartung verfehlt, es könnte der Text schon an sich und vor jeder Rezeption seine Botschaft endgültig fassen, festhalten und vermitteln. Immer fließen in das Verständnis der Botschaft auch Gehalte ein, die dem Text erst in dessen Rezeption zuwachsen. Die Bedeutung des Textes wird weniger übermittelt als vielmehr verfertigt.[19] Und der Text ist „ein Fass ohne Boden",[20] in das hinein immer neue Bedeutung gefüllt wird und zerrinnt, und zwar in kontextbezogenen, also veränderlichen und unübersichtlichen Sprachspielen[21] innerhalb einer „Multitude" (Negri/ Hardt 2004, S. 123) antagonistisch streitverfangener[22] gesellschaftlicher

---

[19] Spätestens seit Gadamer 1986 [1960] eine leitende Erkenntnis der modernen Hermeneutik; s. im Überblick Neumann 2009.

[20] Fögen 2007, S. 25 – immerhin, auch ohne Boden bleibt es ein Fass, offen für vieles, doch nicht alles.

[21] Wittgenstein 1989, Ziff. 43: „Die Bedeutung eines Wortes ist sein Gebrauch in der Sprache."

[22] Im Sinne von Laclau/Mouffe 2000; Mouffe 2007.

Akteure. Der Rechtstext erzeugt in diesen Sprachspielen Spannungen und Konflikte, Klärungsnotwendigkeit und Verhandlungsbedarf. So vermehrt er die Unsicherheiten, Ungewissheiten und Belastungen, von denen Gesellschaft sich durch die kollektiv verbindliche Festlegung hinlänglich bestimmter Grenzen gerade zu entlasten sucht. Die Textform allein vermag eine solche Entlastung nicht sicherzustellen. Soll Recht seine Funktion erfüllen können, die kollektive Verbindlichkeit der ein- und abgrenzenden Entscheidung sicherzustellen, dann darf die Durchsetzung des Geltungsanspruchs dieser Entscheidung nicht nur möglich sein. Es muss vielmehr hinlänglich sicher erwartet werden können, dass gesetztes Recht im Normalfall durchgesetzt wird (Luhmann 1993, S. 152f.).

Ein dieser Erwartung genügender Rechtsvollzug bedarf in modernen Gesellschaften eigener, genau darauf spezialisierter Einrichtungen. Ihre jeweilige Ausgestaltung ist historisch kontingent und vielgestaltig.[23] Sie wird sich auch in Abhängigkeit von den ihrerseits wechselnden gesellschaftlichen Bedingungen immer wieder ändern, in die hinein der Geltungsanspruch des Rechts durchzusetzen ist. Die Grundfunktion gesellschaftlicher Institutionen des Rechtsvollzugs – in den Rechtssystemen der Moderne sind das heute typischerweise Verwaltungsbehörden und Gerichte – bleibt dabei aber unberührt. Sie haben sicherzustellen, dass die Erwartung als grundsätzlich berechtigt wahrgenommen werden kann, es finde der normative Geltungsanspruch, mit dem gesellschaftlich erhebliche Grenzen in Rechtsform gezogen werden, auch empirische Beachtung und Bestätigung.

Die Selbigkeit des Rechts, der sich die Verlässlichkeit gesellschaftlicher Aus-, Ein- und Abgrenzung erst verdanken kann, muss ihre Entsprechung in der soliden Dauerhaftigkeit der Einrichtungen des Rechtsvollzugs finden. Wären Vollzugseinrichtungen immer wieder neu zu errichten, womöglich für jede einigermaßen bedeutend erscheinende Entscheidung, könnten sie die Funktion der Erwartungsstabilisierung nicht ausreichend erfüllen. Entsprechendes gilt für die Verfahren und Durchsetzungsmittel der Institutionen des Rechtsvollzugs. Wenn in solchen Verfahren aus Erkenntnis Entscheidung geworden ist, müssen im Bedarfsfall auch Anschlussverfahren zur Verfügung stehen, in deren Rahmen die Entschei-

---

[23] Grundlegend Weber 2002 [1922], im hiesigen Zusammenhang insbes. Kap. IX, Abschn. 8, §§ 1, 3 (S. 815ff., 825ff.).

dung als nunmehr bestimmte und zu beachtende Grenze durchgesetzt wird. Rechtsgeltung wird dann erzwungen, und sei es mit Gewalt.

Selbst wenn aber Texte als Grundlage der Normkonkretisierung und Vollzugseinrichtungen zur erwartungsstabilisierenden Durchsetzung zur Verfügung stehen, ist die Verbindlichkeit rechtlicher Grenzziehung noch nicht ausreichend gesichert. Es kann solche Verbindlichkeit in einem gesellschaftlichen Umfeld jedenfalls nicht auf Dauer beansprucht werden, in dem ein hinreichend empfindliches Resonanzorgan für die allgemeine Legitimität des Rechts und dessen je besonderen Regelungsvorgaben fehlt. Das gesellschaftliche Umfeld des Rechts muss diesem erkennbar entgegenkommen. Komplexe moderne Gesellschaften sind in ihren Strukturen zu unübersichtlich und in ihren Verläufen zu schnell, als dass Geltung und Durchsetzbarkeit des Rechts grundsätzlich noch in jedem Einzelfall streitig zu ermitteln wären. Andererseits kann motivlose Akzeptanz (Luhmann 1983, S. 34) nur in einigen, aber keineswegs in allen Verfahren erwartet werden, in denen rechtsgefasste Grenzen in eine bestimmte Anwendungslage hinein auszuzeichnen sind. Jenseits von Massenverfahren wird an der Erwartung festgehalten, dass die Entscheidung grundsätzlich zu rechtfertigen, ihre Begründung wenigstens zu plausibilisieren sei.

In gewissem Maß kann die rechtskulturelle Rahmung der Operationen, in denen rechtsnormative Grenzen nachgezogen und durchgesetzt werden, diese Rechtfertigungs- und Überzeugungslast erleichtern. Zu einer solchen Rahmung gehört die Symbolisierung der Gewissheit, dass sich die gesellschaftliche Notwendigkeit des Rechts grundsätzlich von selbst verstehe, und zwar gerade auch in seiner Funktion, die Beständigkeit bestimmter gesellschaftlicher Grenzziehungen enttäuschungsfrei erwartbar zu halten. Dazu mag auch eine hinlänglich weit verbreitete, jedoch nicht notwendig klar bewusste Vorstellung beitragen, es gehöre die Akzeptanz rechtlich gesicherter Grenzen zu denjenigen Normalfällen, die über genügend empirische Beglaubigung verfügen und schon deshalb nicht mehr überprüfungsbedürftig erscheinen. Soll dann die rechtlich gesicherte und für eine bestimmte Anwendungslage womöglich auch schon festgestellte Grenze missachtet oder gar offensiv – „Wir haben abgetrieben!" – durchbrochen werden, ist mit erhöhter Argumentationslast zu rechnen. Diese kann durchaus abgetragen werden, meist mit der Folge, dass eine bestimmte Rechtslage sich mehr oder weniger durchgreifend ändert, der Verlauf einer gesellschaftlich erheblichen Grenze neu festge-

legt wird. Es kann der Versuch aber auch scheitern, solche Argumentationslast abzutragen. Dann führt die Missachtung einer rechtlich befestigten Grenze weiterhin nicht zu deren Neubestimmung, und die Teilnehmer
einer strafbaren Sitzblockade vor dem Raketensilo oder dem Atommüll-
endlager haben weiterhin Bußgeldbescheide, Geld- und Freiheitsstrafen
zu erwarten.

2. Grenzen des Rechts

Rechtstext, Rechtsvollzug und eine „entgegenkommende" Rechtskultur
erschließen also Voraussetzungen dafür, dass gesellschaftlich notwendige
Grenzen in den Formen des Rechts gesetzt werden können. In jeder dieser drei Dimensionen der Rechtsverwirklichung sind aber auch Probleme
zu erkennen. Von deren Lösung oder jedenfalls Milderung hängt ab, ob
und in welchem Umfang das Recht seine ihm abverlangte Funktion der
Erwartungsstabilisierung noch erfüllen kann. Das Gewicht dieser Probleme scheint zuzunehmen.

2.1 Grenzen des Rechts I: Der entgrenzte Rechtstext

Kein Text spricht die Norm, die in ihm gefasst sein soll, schon vollständig und endgültig aus. Kein Rechtstext beschreibt die Anwendungslage
schon abschließend, auf die hin die Norm zu konkretisieren sei. Auch
besteht zwischen dem Rechtstext und dem, auf das er zeigt, immer ein
Abstand.[24] Gäbe es diesen Abstand nicht, wäre die allgemeine Regel kaum
zu formulieren, die auf immer wieder neue, je besondere und doch nie
ganz unvergleichbare Entscheidungs- und Gestaltungslagen angewendet,
also auf diese hin reformuliert werden soll,[25] und zwar als unterscheidende
Entscheidung. Der seinem Signifikat gegenüber distanzlose Rechtstext,
ließe er sich überhaupt formulieren, würde vor dem unsichtbar, was er
bezeichnete, und zwar im Augenblick der Bezeichnung; er wäre tautolo-

---

[24] Hinter die Erkenntnisse von de Saussure gibt es keinen Weg zurück, auch nicht
auf den Landkarten eines „Neuen Realismus" (Gabriel 2014). Im engeren Horizont
einer „postmodernen juristischen Methodologie" interessiert sich u.a. für diesen Abstand scharfsinnig und einfallsreich Augsberg 2009.
[25] Zu diesem Problem im Hinblick auf die Grundrechtsdogmatik Rossen 1994.

gisch: Eine Rose ist eine Rose ist eine Rose. Der Abstand zwischen Text, Bezeichnetem und Anwendungslage ist hermeneutisch unvermeidlich und funktional notwendig. Jeder Rechtstext muss immer erst noch übersetzt und ausgelegt, ergänzt und fortgebildet werden, folgend der ungefähren Richtungsangabe vom Abstrakten zum Konkreteren, vom Allgemeinen zum Bestimmteren. Erst in solcher Arbeit am Text kann sich zeigen, ob dieser in einer gegebenen – so freilich auch erst ausgemachten, erkenntnistheoretisch also gemachten – Anwendungslage diejenigen Unterscheidungen zu ermöglichen, diejenigen Grenzen zu ziehen vermag, an denen gesellschaftliche Erwartungen hinreichend verlässlich festmachen können.

Deshalb verfügt der Rechtstext niemals vollständig und endgültig über sich selbst, und auch nicht über das, was er ein- und abgrenzend zu unterscheiden sucht. Er ist nur ein Teilstück im Vorgang der Rechtsverfertigung, dem sich auch andere Bewirkungsfaktoren einpassen müssen, um zur Rechtsproduktion beizutragen. Vor allem gehören andere Texte dazu, aber auch die Vor-Urteile (Esser 1970) und Weltsichten, die „Leidenschaften und Interessen" (Hirschman 1987), die Eingang in die Bildung und Zurichtung des Rechts finden, nicht zuletzt auch die Ordnung, Stofflichkeit und Technik der Rechtsmedien (Vismann 2000; Vesting 2011/2013) – von Keilschrifttafel und Knotenschnur bis zur digitalisierten Datenbank. Die Hermeneutik in ihren vielfältigen Herkünften und ihren ehrwürdigen wie ganz neuen Zweigen, aber auch, dann stärker empirisch interessiert, die Soziologie, Politik- und Kulturwissenschaft (Haltern 2005, S. 10ff. und 2008, S. 193ff.) sowie die Gesellschaftstheorie suchen seit langem den Prozess textgebundener Rechtsverfertigung nachzuzeichnen. Das führt dann immer wieder zu derselben Erkenntnis: Zwar verschweigt der Rechtstext nicht, was er formuliert. Doch spricht er es nicht abschließend aus. Er muss erst noch zu Ende gesprochen werden.

Dieses Ende ist zunächst nur in Umrissen erkennbar. Niemals ist die rechtstextlich gefasste Grenze schon bis ins Letzte trennscharf durchgezogen. Selbst wo sie in ihrem Mittelstrich noch unbezweifelbar erscheinen mag, wird an ihren Rändern doch undeutlich, wo Eingegrenztes und Ausgegrenztes aneinanderstoßen. Es öffnet sich ein Streifen des Übergangs von veränderlicher Beschaffenheit.[26] Wer derzeit als Flüchtling

---

[26] Auch die Beobachtung des Rechts stößt also auf Streifen der Unschärfe, des Wandels und des Übergangs, die Finke im gelungenen Bild der „amphibischen Zonen" erfasst (s. in diesem Band, S. 31).

nach Europa zu gelangen versucht, lernt derartige Übergangsstreifen kennen. Nicht mehr in dem einen, noch nicht in dem anderen Land befindlich, vielleicht dem einen, vielleicht dem anderen Rechtsregime unterworfen, im Limbus eines improvisierten Flüchtlingscamps oder, demnächst, eines stabilen „Transitbereichs"[27] festgehalten, wird hier eine Existenz auf der Grenze und also im Dazwischen erzwungen, einer Vorform des *Agamben*'schen „homo sacer" gleich. Gelegentlich scheint die textgefasste Grenzziehung aber auch ganz abzureißen. Dann wird Niemandsland sichtbar. In ihm mögen Wunder, Gewinn oder Grauen locken, ob 1969 in einer strafrechtsentlasteten Zone gleichgeschlechtlicher Beziehung, gestern in einer internetgestützten „Tauschbörse", in deren Wildnis das Urheberrecht keinen Gegenhalt mehr findet, oder heute im Herzen der Finsternis des „Failed State".[28] Was hier noch geht, und bis wohin, muss ständig ausgehandelt, oft genug auch ausgekämpft werden. Die Texte, denen rechtsgegründete Grenzen vielleicht einmal zu entnehmen waren, haben hier ihre ursprüngliche Gültigkeit verloren. Oft sind sie vergessen, ohne dass neue Texte schon geschrieben wären. Doch bezeichnet ein dadurch bewirkter gänzlicher Grenzabriss nur den äußersten Punkt eines Kontinuums, dessen Grenz-Fall sozusagen. In diesem Kontinuum kann der Rechtstext die Grenze aber immer nur mehr oder weniger vorgeben, deren Setzung die Gesellschaft um der für sie unverzichtbaren Erwartungsstabilisierung willen dem Rechtstext doch abverlangt.

Unter dem Einfluss außerrechtlicher, kontingent-zeitverhafteter Faktoren kann die aus hermeneutischen Gründen ohnehin unaufhebbar beschränkte Unterscheidungskraft des Rechtstextes weiter schwinden. Moderne Gesellschaften scheinen daraufhin das Vertrauen in eine wenn auch begrenzte Stabilisierungsfunktion des Textes ganz zu verlieren. Der Rechtstext verweist stattdessen immer öfters sogleich auf die Notwendigkeit, die je benötigte Grenzziehung auszuhandeln:

---

[27] Der Euphemismus zwingt zusammen, was sich abstößt, in ihm wird ein erkenntnistheoretisch-logisches Problem des Grenzbegriffs politisch-praktisch: Die ausdehnungslose Linie der Grenze weitet sich ins Unscharfe, doch noch nicht Grenzenlose aus, der zeitlose Moment des Transits wird zur Dauer, die im Film (Spielberg, „Terminal", 2004) einen Bürgerkrieg lang währen kann, in einem künftigen Ernstfall aber womöglich Jahre umfassen wird.

[28] Auch dies ein Grenzbegriff, s. Fund for Peace, Fragile States Index 2015, fsi.fun forpeace.com.

Die funktional hochgradig ausdifferenzierten und in globalen Bezügen pluralisierten Gesellschaften der Moderne erzeugen einen gewaltigen Abstimmungs- und Steuerungsbedarf. Dieser steigt ständig weiter an, und er muss in immer schnellerer Taktung befriedigt werden.[29] Von einem gesellschaftlichen Steuerungszentrum aus ist dieser Bedarf nicht zu decken. Weder kann das Wissen, dessen es dazu bedürfte, heute noch an einem einzigen gesellschaftlichen Ort zusammengeführt werden, noch ließen sich an einem solchen Ort die Steuerungsinstrumente zur Verfügung stellen, auf die Gesellschaft effektiv regulierend einzuwirken. Die moderne Gesellschaft hat keine Mitte, von der aus sie ihrer selbst ansichtig werden könnte, um von dort aus auf sich einzuwirken. Insbesondere können die Politik und ihr staatliches Funktionssystem – Parlamente und Verwaltung – jene Position und diese Aufgabe längst nicht mehr ein- und wahrnehmen (Luhmann 1981, S. 45f.). Zwar deckt das parlamentarisch-administrative System weiterhin den Bedarf der Gesellschaft an kollektiv verbindlicher Entscheidung, dies auch aus Gründen der Bereitstellung demokratischer Legitimation. Das geschieht sehr erfolgreich, nicht zuletzt mittels einer mittlerweile unüberschaubaren Produktion von Rechtstexten. Nicht aber kann für die hier erzeugten Entscheidungen heute noch beansprucht werden, es erfülle sich in ihnen ein Bemühen darum, Gesellschaft auszulenken.

Dessen ungeachtet wächst der Abstimmungs- und Steuerungsbedarf weiter an und verlangt nach immer schnellerer Deckung, die aber, wenn überhaupt, dann nur noch dezentral erfolgen kann. In der Folge ist schon seit längerem eine Veränderung in den Modi der rechtlichen Bearbeitung gesellschaftlicher Abstimmungs- und Steuerungsprobleme zu beobachten (Rossen 1999a, S. 339ff.). Zwar werden weiterhin generelle und abstrakte Regelungen in Gesetzesform erlassen. Auf diese Weise lassen sich die Verfertigung kollektiv verbindlicher Entscheidungen und die Zufuhr demokratischer Legitimation in das politische System weiterhin als miteinander verbunden darstellen. Zugleich aber verändern sich die rechtsförmlichen Programme, die jedenfalls vorgeben, gesellschaftliche Entwicklung beeinflussen zu wollen. Die rechtstextliche Entfaltung dieser Programme verharrt typischerweise auf einem hohen Abstraktionsniveau. Sie beschränkt sich immer häufiger darauf, Steuerungsziele sowie berücksich-

---

[29] Grundlegend Rosa 2005, dort dann auch zur Perspektive eines „rasenden Stillstandes" (Virilio 1992), in den derart unaufhörliche Beschleunigung einzumünden droht.

tigungsbedürftige Belange und Interessen nur noch in sehr allgemeinen Formulierungen zu bezeichnen. Weniger oder überhaupt nicht befasst sich solche Programmierung damit, in welchem genaueren Verhältnis diese nicht selten konfligierenden Ziele, Belange und Interessen zueinander stehen. Auch werden die Wege und Mittel, das abstrakt umrissene Programmanliegen zu konkretisieren und endlich zu verwirklichen, immer seltener genau vorgegeben. Das moderne Steuerungsgesetz erscheint als ein Protoprogramm (Rossen 1999a, S. 234ff.), als unfertig und von vornherein auf konkretisierende Vervollständigung angelegt, ohne die Verfahren und Beteiligten dieser Vervollständigung schon genauer zu bezeichnen. Sein typusprägendes Kalkül zielt auf präventive Gefahrenvorsorge, die nur mehr in einer Entgrenzung staatlicher Beobachtungs-, Eingriffs- und Lenkungsbefugnisse hinlänglich gewährleistet erscheint (Grimm 1986, S. 38ff.).

Auf diesem Weg verändert sich die Sprache des Rechtstextes.[30] Sie arbeitet immer mehr mit sogenannten „unbestimmten Rechtsbegriffen" (Rossen-Stadtfeld 2008, S. 457, 460ff.) und der Eröffnung von Ermessen. Erstere verlagern die Ausrichtung und Konkretisierung des Normprogramms in die Phase seiner Anwendung. Dort ist dann nicht nur festzustellen, ob ein „Wies'n"-Wirt, der Steuern hinterzogen hat, seine Schankerlaubnis wegen „Unzuverlässigkeit" (§ 4 Abs. 1 Ziff. 1 GastG) verliert. Zunächst ist vielmehr zu klären, entlang welcher Grenze Zuverlässigkeit und Unzuverlässigkeit überhaupt zu scheiden wären, und zwar hier in deren besonderer Beobachtung durch das Gewerberecht. Ermessensvorschriften lassen hingegen mehr oder weniger offen, ob ein normativ mehr oder weniger genau vorgegebenes Programmziel überhaupt erreicht werden soll und mit welchen Mitteln dies erforderlichenfalls zu geschehen hätte. Dann „kann" dem unzuverlässigen Wirt neben der „Wies'n"-Zulassung auch die Schankerlaubnis für einen auch von ihm betriebenen Biergarten entzogen werden, es muss dies aber nicht geschehen. Die Unterscheidungskraft des Rechts, sein Vermögen zur Sicherung gesellschaftlich erheblicher Grenzziehung nimmt bei alledem ab. Der Rechtstext steuert sein Verständnis in Zusammenhänge, die immer weitläufiger und undeutlicher erscheinen. Schließlich wird kaum noch zu erkennen sein, auf welchen und wessen Unterscheidungen das so formulierte Recht

---

[30] Jüngere Beobachtungen und Folgerungen hierzu bei Krauth 2013, im hiesigen Zusammenhang insbes. S. 25ff., 114ff.

noch bestehen könnte, wo genau die von ihm – wenn überhaupt – befestigten Grenzen verlaufen sollten.

Die Rechtserzeugung wandert daraufhin zu großen Teilen in Netzwerke „zwischen Staat und Gesellschaft" ab. Staatliche Akteure, Repräsentanten nichtstaatlicher Mächte, aber auch je bereichsspezifische (Teil-)Öffentlichkeiten treten in Verhandlungen darüber ein, nach welchen Maßstäben, zu welchen Kosten und auf welche Ziele hin die jeweils anstehenden Abstimmungsprobleme zu bearbeiten seien. In diesen netzwerkförmigen Verhandlungssystemen findet das statt, was heute allenfalls noch gesellschaftliche Steuerung genannt werden kann und derzeit vor allem im Begriff der „Governance" beobachtet wird.[31] Auch in dieser Hinsicht findet also eine Art Entgrenzung statt. Der Kreis derjenigen Akteure, die den Rechtstext als Form eines unterscheidenden und grenzziehenden Programms zu erstellen haben, erweitert sich. Immer häufiger ist schließlich nicht mehr absehbar, in welchen Verhandlungen, durch welche Verhandlungsbeteiligte und wann die schließlich maßgeblichen Normkonkretisierungen vorgenommen werden. Einigermaßen gewiss ist also zwar, dass es weiterhin Grenzen geben wird. Näheres über die Erarbeitung und Feststellung dieser Grenzen lässt sich aber immer weniger ausmachen, schon gar nicht im Vorhinein.

2.2 Grenzen des Rechts II:
Implementationsprobleme, Durchsetzungskosten

Die eben umrissenen Bedingungen moderner Rechtsproduktion wirken sich auch in der Dimension des Rechtsvollzugs aus. Wer an diesem Vollzug für welche Dauer zu beteiligen ist und wie diesbezügliche Verfahren auszugestalten sind, wird dann unübersichtlich. Ist das Wissen um die Möglichkeit einer Selbstbegrenzung der Gesellschaft knapp und unsicher geworden, erscheint womöglich auch fraglich, ob ein diesbezügliches gesellschaftliches Wollen von genügender Dauer und Kraft angenommen werden kann, dann ist unzweifelhaft nur noch, dass irgendwo von irgendwem irgendwie verhandelt werden muss.

---

[31] Überblicke bei Schuppert 2006; Benz et al. 2012; zu „Governance" als Matrix der künftigen Modellierung des Verwaltungsverfahrens Rossen-Stadtfeld 2012, § 29 Rn. 68 m.w.N.

Ein Fallbeispiel lässt sich dem Bauplanungsrecht entnehmen. Hier verlangt ein maßgeblicher Rechtstext (§ 34 Abs. 1 BauGB) im wesentlichen, dass sich ein neues Bauwerk „einfügen" müsse, um zulässig zu sein. Das sich nicht mehr Einfügende ist dann ab- und auszugrenzen. Dazu müssen aber die Maßstäbe dieser Unterscheidung erst noch gebildet werden, und zwar mit dem Blick auf den je bestimmten Fall. Das aber ist heute in allen halbwegs umstrittenen Fällen nur noch in ausgedehnten Verhandlungsbeziehungen möglich. In diesen Netzwerken begegnen sich staatliche und nichtstaatliche Beteiligte, also etwa neben Bauplanungs- sowie Baugenehmigungsbehörden große Bauträger, Anwaltskanzleien und -konzerne, Verbände und NGOs. Sie begegnen sich nicht auf Augenhöhe. Meist werden die staatlichen Akteure weder von ihren Verhandlungspartnern noch von einer die Verhandlung beobachtenden allgemeineren Öffentlichkeit als vorrangig oder gar übergeordnet wahrgenommen. Wenn der Bauträger die Genehmigungsbehörde davon in Kenntnis setzt, dass er die Zulässigkeit seines Vorhabens unabhängig davon einklagen werde, ob dieses sich wirklich „einfüge", und die Behörde daraufhin wegen der Kosten und Belastungen des gerichtlichen Verfahrens die Genehmigung erteilt, dann hat diese Behörde nicht mehr nur ein Imageproblem.

Auf Dauer erodieren hier die Legitimität, Überzeugungskraft und Durchsetzungsfähigkeit des staatlichen Rechtsvollzugs und seiner Einrichtungen überhaupt. Selbst dort, wo der Rechtstext gesellschaftlich relevante Abgrenzungen und Unterscheidungen noch ermöglichte, fehlte es dann an der für hinlängliche Dauer gesicherten Möglichkeit ihrer Durchsetzung. Die Rechtsgemeinschaft wird von ihren staatlichen Vollzugseinrichtungen schließlich nichts mehr erwarten. Für die Unterscheidungen und Grenzziehungen, die sie weiterhin benötigt, wird sie dann andere Organisationsformen, Medien und Durchsetzungseinrichtungen finden.[32] Und warum sollte es überhaupt noch Recht sein, in dem diese Gemeinschaft das ihr Eigentümliche, ihr „Wesen" auszudrücken suchte? Warum nicht mitleidlose Gewalt?

---

[32] Etwa zivilgesellschaftliche Flüchtlingshilfe gleich am Bahnhof auf der einen, den Mob mit Brandsätzen vor der Flüchtlingsunterkunft auf der anderen Seite.

2.3 Grenzen des Rechts III:
enttäuschungsbestimmtes Lernen, Unkulturen des Rechts

Auch die Rechtskultur (Haltern 2005, S. 10ff. und 2008, S. 193ff.) kann bei alledem nicht unberührt bleiben, jedenfalls nicht in ihrer Funktion, die Normalität rechtsgestützter Aus- und Eingrenzung flankierend abzusichern. Zwar können Gesellschaften durchaus einen Flexibilitätsvorteil erschließen, wenn in ihren Rechtskulturen nicht nur die Normalität der Rechtsanerkennung und -durchsetzung, sondern zugleich die Notwendigkeit gelegentlicher Rechtsmissachtung anerkannt wird. Sind in einer solchen Rechtskultur dann Grenzen umstritten, die von Teilen der Gesellschaft als existenzielle Einengung angesehen werden, muss nicht sogleich ein bestandsgefährdender Konflikt drohen.[33] Vielmehr kann ein Überdruckventil geöffnet und über die Neufestlegung als existenziell erachteter, aber umstrittener Grenzen verhandelt werden.

Dies freilich darf, soll die erwartungsstabilisierende Funktion des Rechts nicht Schaden nehmen, nur in Fällen geschehen, die als schwerwiegend angesehen werden, und auch nicht zu oft. Werden diesbezügliche Frustrationserlebnisse zu zahlreich, könnte ein im Rechtssystem geborgenes Vertrauen in die Beständigkeit rechtlicher Grenzziehung aufgezehrt werden.[34] Die Grenzen, ab der die Steuerlast sich erhöht, die für das Gemeinwesen zu tragen ist, mögen immer wieder missachtet werden. Dies muss das Vertrauen nicht sogleich erschüttern, dass die Gesellschaft auf der Einhaltung solcher Grenzen grundsätzlich bestehe und dies auch durchsetzen könne. Auf Dauer aber, nach zu vielen Fällen spektakulärer Grenzmissachtung und nach zu wenig nachhaltig erscheinender Vollzugsbemühung erodiert die Vertrauensgrundlage, in der jede Rechtskultur sich abstützen können muss.

In einigen ganz unterschiedlichen Teilbereichen moderner Gesellschaften – etwa Investmentbanking, Lebensmittelsicherheit, Autoindustrie, Straßenverkehr, Altenpflege – erscheinen rechtskulturell unverzichtbare Mindestbestände an systemischem Vertrauen bereits stark belastet. Kommt dann noch die Beobachtung hinzu, dass sowohl der normative

---

[33] Das wohl bekannteste Label hierzu – „brauchbare Illegalität" – steuert einmal mehr bei Luhmann 1972, S. 304ff.

[34] Zum Konzept des systemischen Vertrauens Luhmann 2014; zum Wechselverhältnis von Vertrauen und Recht Rossen 1999b.

Gehalt des Rechts wie auch der Vollzug rechtsnormativer Vorgaben in die jeweiligen Einzelfälle hinein zunehmend Verhandlungssache sind und dass in diesen Verhandlungen rechtlich nicht mehr disziplinierbare Macht eingesetzt werden kann, dann könnte sich das rechtskulturelle Umfeld der Rechtsproduktion und -anwendung tiefgreifend verändern. Die Erwartung könnte immer schwächer werden, dass an einer rechtsgestützten Vorgabe auch dann festzuhalten sein muss, wenn diese Vorgabe in praxi missachtet wird. Das wird, noch verharmlosend, „Normerosion"[35] genannt.

Die Erwartung kontrafaktischer Rechtsbeständigkeit wäre dann auf Dauer aufzugeben. An ihre Stelle träte eine Abwägung der eigenen (Macht-)Ressourcen gegen die prospektiver Konkurrenten und Verhandlungspartner. Diese Abwägung müsste in einem Kalkül münden, in dem die eigenen Verhandlungschancen gegen diejenigen der anderen Verhandlungspartner abzumessen wären. Daraus würde sich dann schließlich die eigene „Barganining"-Befähigung ergeben, im Allgemeinen oder im Einzelfall. Rechtskulturell gesehen fiele das Recht so in die Machtspiele zurück, aus denen es sich herausdifferenziert hat. Ein immer größer werdendes Moment machtinduzierter Unsicherheit und Unbeständigkeit zöge wieder in die Gesellschaft ein, die diese Unsicherheit und Unbeständigkeit in einer belastbaren Rechtskultur mindern wollte. Doch von einer Unkultur wäre dann zu sprechen.[36]

---

[35] Begriffsprägend Frommel/Gessner 1996.

[36] Auch die europäische Ausprägung solcher Unkultur gibt es. Dann werden etwa Regelungen des supranationalen Primärrechts von zwei- oder mehrseitigen Ad-hoc-Regierungsvereinbarungen zur Bearbeitung der Banken- bzw. Finanzkrise überlagert oder die asylrechtlichen Maßgaben einer Dublin-II-Verordnung ersetzt durch bloße Praktiken, sc. der Abschreckung, Abschottung und Durchleitung.

3. Folgerungen, Vermutungen

Moderne Gesellschaft zieht sich ihre Grenzen im Medium des textlich gefassten Rechts. Derart gesetzte Grenzen ermöglichen Erwartungen. Sie entlasten von der Zumutung, aus der Enttäuschung solcher Erwartungen lernen zu müssen. Und sie begründen Vertrauen in eine gesellschaftliche Normalität, zu der vor allem die Einhaltung rechtlich gesetzter Grenzen gehört.

Zugleich erinnert die Rechtsform der Grenze daran, dass deren Verlauf nicht irgend zwingend vorgegeben ist, also auch anders sein könnte. Jeder Rechtstext ist zweideutig. Er stellt fest, was er dadurch als änderbar ausweist, er verspricht jetzt schon als bestimmbar, was seine Bestimmung erst noch erfahren muss. Diese Zweideutigkeit teilt der Text seinem Gegenstand mit. Hinter der rechtstextgefassten Grenze und jenseits des von ihr Eingeschlossenen verweist diese Grenze auf ein Ausgeschlossenes. Die Grenze setzt dieses Ausgeschlossene erst in seine Existenz, ermöglicht sein Fortbestehen. Sie funktioniert so als eine „Zwei-Seiten-Form" im Sinne von George Spencer-Brown (1969 [dt. 1997], S. 1ff.; Luhmann 1997, S. 60ff.). Jenseits der Grenze ist Unrecht, also kein rechtsfreier Raum. In diesen Raum bleiben Vorstöße denkbar, und kommt es dazu, können sie Recht schaffen, wo vorher immerhin Unrecht war.

Die Form des Rechts kann damit die Erschließung gesellschaftlicher Möglichkeitsräume befördern und konsolidieren. Zwar stellt nicht schon das Recht selbst solche Möglichkeiten bereit. Weder „habeas corpus" noch Menschenwürde, weder Kommunikationsfreiheit, Eigentum oder „nachhaltiger Anbau" bzw. „nachhaltige Herstellung" (§ 90 Abs. 1 Ziff. 1 lit a), b) Erneuerbare-Energien-Gesetz [EEG] 2014) sind genuin rechtliche Schöpfungen. Doch stellt das Recht die Form bereit, in der allein heute solchen Schöpfungen noch gesellschaftliche Verbindlichkeit verliehen werden kann – in der und durch die dann aber auch immer wieder darauf aufmerksam gemacht wird, dass es eine kontingente Schöpfung sei, die in der Form des Rechts kollektive Verbindlichkeit beanspruche. Die Rechtsform ist ein Stimulans gesellschaftlicher Erinnerung und eine Anregung, in der Gesellschaft nach dem zu suchen, worin sie auch, aber anders sein könnte. Und so kann sich Gesellschaft dieser Form auch dort bedienen, wo die Richtung gesellschaftlicher Selbstveränderung etwa mächtigen Partikularinteressen zuwider läuft oder den Ausgleich konfligierender Gemeinwohlbelange erfordert. Ein Beispiel hierfür sind die bezeichneten Regelungen des EEG 2014, die die Ziele einer Umstellung auf erneuerbare Energien und des Schutzes der Biodiversität nicht nur schlicht vorgeben, sondern auch darauf dringen, dass diese Ziele nach dem Prinzip praktischer Konkordanz[37] in wechselseitig schonender Umsetzung zu verfolgen seien. Ein Beispiel sind diese Regelungen freilich auch dafür, wie ein letztlich regelungswirksamer Gehalt rechtlicher Programmierung in deren vervollständigender Fortführung erst noch ausgehandelt werden muss und soll, hier im Verfahren der Verordnungsgebung unter Beteiligung von Ministerien, Fachverwaltungen und organisierten gesellschaftlichen Interessen.

Trotzdem wird das Recht auch selbst zu den Bewirkungsmitteln und -formen gesellschaftlicher Nachhaltigkeit zu rechnen sein. Zugleich wirkt es damit seiner Stabilisierungsfunktion entgegen. Dass die Rechtsform, öffnet sie sich zu weit, einer Entdifferenzierung und funktionalen Entleerung des Rechts Vorschub leisten kann, ist nicht auszuschließen.[38] Dieses spannungsvolle Zugleich von Stabilisierung und Destabilisierung ist der Form des positiven Rechts der Moderne unaufhebbar zu eigen. Die Spannung wird vermutlich ein gewisses Mittelmaß einhalten müssen. Entspannt sich das Recht in die Richtung seiner Stabilisierungsfunktion, steigt diese also übermäßig an, könnte Gesellschaft erstarren. Sie wird sich dann immer noch entwickeln, doch eher disruptiv und mit wohl immer größeren Reibungsverlusten. Wird die Stabilisierungsfunktion hingegen zu schwach, droht die Gefahr, dass gesellschaftlich relevante Grenzen immer stärker nach Maßgabe der Imperative anderer Funktionssysteme gesetzt werden. Als ein derartiges Funktionssystem ist seit längerem die Ökonomie erkennbar. Grundlegende Veränderungen in der Art, in der gesellschaftliche Grenzen rechtstextlich gefasst werden,[39] lassen vermuten, dass die Entkräftung der Rechtsform in ihrer stabilisierenden Funktion schon weit vorangeschritten ist, womöglich zu weit.

---

[37] Eingeführt von Hesse (1999, Rn. 72, 317ff. m.w.N). Das zeitweilig sehr prominente Prinzip ist freilich geeignet, einen die Abwägung steuernden Maßstab auch dort zu insinuieren, wo dieser, wie in komplexen Problem- und Regelungslagen heute meist, gar nicht besteht, sondern erst auszuhandeln ist. Die rechtsdogmatische Leitfigur kann als Verschleierungsformel missbraucht werden, s. Rossen 1999a, S. 164 u. a.a.O. Fn. 565.

[38] S. o. nach Fn. 53.

[39] Näher Rossen 1999a, S. 22ff., 120ff., 232ff.

Literatur

Augsberg, I. (2009): Die Lesbarkeit des Rechts. Texttheoretische Lektionen für eine postmoderne juristische Methodologie. Weilerswist: Velbrück Wissenschaft

Beck, U. (1986): Risikogesellschaft. Frankfurt a.M.: Suhrkamp.

Benz, Arthur / Lütz, Susanne / Schimank, Uwe / Simonis, Georg (Hg.) (2007): Handbuch Governance. Wiesbaden: VS Verlag für Sozialwissenschaften.

Boltanski, L. (2015): Rätsel und Komplotte. Frankfurt a.M.: Suhrkamp

Buckel, S. / Christensen, R. / Fischer-Lescano, A. (Hg.) (2006): Neue Theorien des Rechts. Stuttgart: Lucius & Lucius.

Butler, J. (1986):Variations on Sex and Gender: Beauvoir, Wittig and Foucault. In: Praxis International, 5, S. 505-516 [dt. Übers. in: Nunner-Winkler, G. (Hg.), Weibliche Moral. Die Kontroverse um geschlechtsspezifische Ethik. Frankfurt a.M./New York, 1991, S. 56-76].

Craanen, M. / Gunsenheimer, A. (Hg.) (2006): Das ‚Fremde' und das ‚Eigene'. Forschungsberichte (1992 - 2006). Bielefeld: Transcript.

Deutscher Ethikrat (2015): Hirntod und Entscheidung zur Organspende. Berlin.

Esser, J. (1970): Vorverständnis und Methodenwahl in der Rechtsfindung. Frankfurt a.M.: Athenäum.

Fischer-Lescano, A. (2014): Radikale Rechtskritik. In: Kritische Justiz, 2, S. 171-183.

Fögen, M.T. (2007): Das Lied vom Gesetz. München: Carl-Friedrich-von-Siemens-Stiftung.

Frommel, M. / Gessner, V. (Hg.) (1996): Normerosion. Baden-Baden: Nomos.

Gabriel, M. (Hg.) (2014): Der Neue Realismus. Berlin: Suhrkamp.

Gadamer, H.-G. (1986 [1960]): Wahrheit und Methode: Grundzüge einer philosophischen Hermeneutik (GW1). 5. Aufl., Tübingen: Mohr.

Graumann, C.F. (1983): On multiple identities. In: International Social Science Journal, 35(2), S. 309-321

Grimm, D. (1986): Verfassungsrechtliche Anmerkungen zum Thema Prävention. In: KritV, 1 (1986), S. 38-54.

Haltern, U. (2005): Europarecht und das Politische. Tübingen: Mohr Siebeck.

Haltern, U. (2008): Notwendigkeit und Umrisse einer Kulturtheorie des Rechts. In: Dreier, H.; Hilgendorf, E. (Hg.), Kulturelle Identität als Grund und Grenze des Rechts. ARSP-Beiheft Bd. 113, Stuttgart: Steiner, S. 193-221.

Hardt, M. / Negri, A. (2004): Multitude: Krieg und Demokratie im Empire, Frankfurt a.M./New York: Campus [Originaltitel: Multitude: War and Democracy in the Age of Empire].

Hesse, K. (1999): Grundzüge des Verfassungsrechts der Bundesrepublik Deutschland. 20. Aufl., Heidelberg: Müller.

Hirschman, A.O. (1987): Leidenschaften und Interessen – Politische Begründungen des Kapitalismus vor seinem Sieg. (Autorisierte Übersetzung von Sabine Offe). Frankfurt a.M.: Suhrkamp.

Hobbes, Th. (1651): Leviathan or the Matter, Forme and Power of a Comonwealth Ecclesiasticak and Civil. London.

Hofmann, H. (2011): Einführung in die Rechts- und Staatsphilosophie. 5. Aufl., Darmstadt: WBG.

Krauth, S. (2013): Kritik des Rechts. Stuttgart: Schmetterling Verlag.

Laclau, E. / Mouffe, Ch. (2000): Hegemonie und radikale Demokratie. Zur Dekonstruktion des Marxismus. Wien: Passagen-Verlag (hrsg. und aus dem Engl. übers. von M. Hintz und G. Vorwallner).

Lehmann, K. (2001): Das Recht, ein Mensch zu sein. Bonn: Sekretariat der deutschen Bischofskonferenz (Hg.).

Luhmann, N. (1972): Funktionen und Folgen formaler Organisation. Berlin: Duncker & Humblot.

Luhmann, N. (1972): Rechtssoziologie. Bd. 2. Reinbek: Rowohlt.

Luhmann, N. (1981): Politische Theorie im Wohlfahrtsstaat. München: Olzog.

Luhmann, N. (1983): Legitimation durch Verfahren. Frankfurt a.M.: Suhrkamp.

Luhmann, N. (1993): Das Recht der Gesellschaft. Frankfurt a.M.: Suhrkamp.

Luhmann, N. (1997): Die Gesellschaft der Gesellschaft. Frankfurt a.M.: Suhrkamp.

Luhmann, N. (2000): Die Politik der Gesellschaft. Frankfurt a.M.: Suhrkamp.

Luhmann, N. (2013): Kontingenz und Recht. Frankfurt a.M.: Suhrkamp.

Luhmann, N. (2014): Vertrauen: ein Mechanismus zur Reduktion sozialer Komplexität. 5. Aufl., Konstanz.

Lyotard, J.F. (1999): Das postmoderne Wissen. Wien: Passagen-Verlag [Im Original: La Condition postmoderne: Rapport sur le savoir, 1979].

Mouffe, Ch. (2007): Über das Politische. Wider die kosmopolitische Illusion, Frankfurt a.M.: Suhrkamp.

Müller-Terpitz, R. (2007): Der Schutz des pränatalen Lebens. Tübingen: Mohr Siebeck.

Neumann, U. (2009): Rechtsanwendung, Methodik und Rechtstheorie. In: Senn, M.; Fritschi, B. (Hg.), Rechtswissenschaft und Hermeneutik. Kongress der Schweizerischen Vereinigung für Rechts- und Sozialphilosophie, 16. und 17. Mai 2008, Universität Zürich, ARSP Beiheft 117, S. 87-96.

Rahner, K. (1962): Dokumente der Paulus-Gesellschaft. Band II. München: Selbstverlag Paulusgesellschaft.

Richter, R. (2013): Ortsbezogene Identität. Die kognitive Repräsentanz von Orten im Zeichen zunehmender Wohnmobilität. In: Hömke, M. (Hg.), Mobilität und Identität. Widerspruch in der modernen Gesellschaft, Wiesbaden: Springer, S. 11-30.

Rosa, H. (2005): Beschleunigung. Die Veränderung der Zeitstrukturen in der Moderne. Frankfurt a.M.: Suhrkamp.

Rossen, H. (1994): Grundrechte als Regeln und Prinzipien. In: Grabenwarter, Chr. et al. (Hg.), Allgemeinheit der Grundrechte und Vielfalt der Gesellschaft. Stuttgart u.a., S. 41-60.

Rossen, H. (1999a): Vollzug und Verhandlung. Die Modernisierung des Verwaltungsvollzugs. Tübingen: Mohr Siebeck.

Rossen, H. (1999b): Wissen, Vertrauen, Recht. Das Wissen der „Wissensgesellschaft". In: KritV, 82, S. 223-238.

Rossen-Stadtfeld, H. (2005): Funktion und Bedeutung des öffentlich-rechtlichen Kulturauftrags im dualen Rundfunksystem. In: Kops, M. (Hg.), Der Kulturauftrag des öffentlich-rechtlichen Rundfunks. Münster, S. 29-62.

Rossen-Stadtfeld, H. (2008): Beurteilungsspielräume der Medienaufsicht. Gerabronn: ZUM.

Rossen-Stadtfeld, H. (2012): § 29 Beteiligung, Partizipation und Öffentlichkeit. In: Hoffmann-Riem, W.; Schmidt-Aßmann, E.; Voßkuhle, A. (Hg.), Grundlagen des Verwaltungsrechts. Bd. II, 2. Aufl., S. 663-729.

Schuppert, G.F. (Hg.) (2006): Governance-Forschung. Vergewisserung über Stand und Entwicklungslinien. 2. Aufl., Baden-Baden: Nomos.

Spencer-Brown, G. (1969): Laws of Form. London: Allen & Unwin [dt. Übersetzung T. Wolf (1999 2. Aufl.): Gesetze der Form. Lübeck: Bohmeier].

Vesting, T. (2011/2013): Medien des Rechts. Bd. 1: Sprache (2011), Bd. 2: Schrift (2011), Bd. 3: Buchdruck (2013). Weilerswist: Velbrück.

Virilio; P. (1992): Rasender Stillstand. Essay. München: Hanser [Original: L'Inertie polaire. Essai. Paris: Bourgois, 1990].

Vismann C. (2000): Akten. Medientechnik und Recht. Frankfurt a.M.: Fischer.

Vogl, J. (2010): Das Gespenst des Kapitals. Zürich: Diaphanes.

Weber, M. (2002 [1922]): Wirtschaft und Gesellschaft. 5., rev. Aufl., Tübingen.

Weichhart, P. (1990): Raumbezogene Identität. Stuttgart: Steiner.

Willke, H. (1992): Ironie des Staates. Frankfurt a.M.: Suhrkamp.

Wittgenstein, L. (1989): Philosophische Untersuchungen, Werkausgabe Bd. 1. Frankfurt a.M.: Suhrkamp.

Grenzen der Natur oder Natur als Grenze?

– erörtert am Beispiel der nachhaltigen Forstwirtschaft

Gerhard Oesten

1. Einleitung

Klimawandel, Verlust biologischer Vielfalt, Tropenwaldzerstörung, Verlust an Bodenfruchtbarkeit, Desertifikation, globaler Wasserverbrauch, Meeresverschmutzung und vieles mehr gehören zu den zentralen Herausforderungen des globalen Wandels. Bilder wie „Grenzen des Wachstums", „Plünderung des Planeten", „globale Probleme und planetare Grenzen" oder „Zeitalter des Anthropozäns" sollen die Naturkrise der Moderne begreifbar machen und verweisen auf die Ursachen – die Wirtschaftsweisen und Lebensstile der heute Lebenden. Spätestens mit der Publikation der Brundtland-Kommission „Our Common Future" ist „Nachhaltigkeit" bzw. „Nachhaltige Entwicklung" in diesem Zusammenhang zum Schlüsselbegriff geworden. Er eint begrifflich die in umfänglichen gesellschaftlichen und wissenschaftlichen Diskursen vertretenen verschiedensten Auffassungen über die Art und Weise, wie wir „… die gesellschaftlichen Nutzungsansprüche … mit den natürlichen Lebensgrundlagen (Erhaltung der Funktionsfähigkeit der Natur) so in Übereinstimmung … bringen, dass Gerechtigkeit (Verteilungsgerechtigkeit) für alle heute und in Zukunft lebenden Menschen erreicht wird …" (Majer 1995, S. 12 – übernommen aus Höltermann 2001, S. 1f.).

In diesen Auseinandersetzungen – etwa um das „richtige" Verständnis von Gerechtigkeit, um die Frage, was gerecht verteilt werden soll oder welche Handlungsanweisungen daraus für zukunftsfähige Grenzen der Naturnutzung abzuleiten seien – wird immer wieder die Forstwirtschaft als quasi Ahnherrin und Hüterin des Nachhaltigkeitsdenkens genannt. Verwiesen wird dabei auf den Freiberger Berghauptmann Hanss Carl von Carlowitz, der 1713 vermutlich als erster den Begriff „nachhaltend" in seiner „Sylvicultura Oeconomica" nutzte:

> „Wird derhalben die größte Kunst/Wissenschaft/Fleiß und Einrichtung hiesiger Lande darinnen beruhen/ wie eine sothane Conservation und Anbau des Holtzes anzustellen/ dass es eine continuierliche beständige und nachhaltende Nutzung gebe/ weil es eine unentbehrliche Sache ist/ ohne welche das Land in seinem Esse [im Sinne von Wesen, Dasein, d. Verf.] nicht bleiben mag." (S. 106 in „Sylvicultura Oeconomica")

> „Wo Schaden aus unterbliebener Arbeit kommt, da wächst der Menschen Armuth und Dürfftigkeit." (S. 105 in „Sylvicultura Oeconomica")

Schon wenige Jahrzehnte später wurde der Begriff Nachhaltigkeit als Grundsatz einer geregelten Waldwirtschaft von nahezu allen Forstwissenschaftlern und Forstpraktikern Mitteleuropas verwendet.

Für das praktische forstliche Handeln erfüllte und erfüllt der Begriff der forstlichen Nachhaltigkeit bis heute – unabhängig von seiner konkreten inhaltlichen Ausgestaltung – eine Reihe von Funktionen. Drei davon scheinen von besonderem Belang (Schanz 1996, S. 89ff.; Detten/Oesten 2013, S. 54).

Im Sinne eines ethischen Postulats beinhaltet der Begriff die Forderung, Nutzung und Schutz der Wälder an klaren moralischen Prinzipien zu orientieren – die sich in schwacher oder starker Weise formulieren lassen (Ott/Döring 2004) –, und die Begründung dafür, warum und in welchem Umfang forstwirtschaftliche Handlungsoptionen zu begrenzen sind.

Auf der inhaltlich-sachlichen Ebene verfolgt die Begriffsverwendung den Anspruch, über ein Bewirtschaftungskonzept zu verfügen, mit dem das „Gewollte" konkret umgesetzt werden kann.

Im Sinne einer einigenden, allgemein zustimmungsfähigen Formel fungiert „Nachhaltigkeit" als identitätsstiftendes Symbol, das nach außen hin „Markencharakter" besitzt. Im Kampf um die gesellschaftspolitische Deutungshoheit wird Nachhaltigkeit als Projektionsbegriff nützlich, an den sich zahlreiche positive Assoziationen und Erwartungen knüpfen: Seine Verwendung heischt um Zustimmung und verleiht die Aura der Positivität (Detten 2001).

Ziel dieses Beitrags ist es, den Begriff der Nachhaltigkeit im forstlichen Kontext kritisch zu untersuchen und der Frage nach dem Modell-
charakter der „nachhaltigen Waldwirtschaft" für das allgemeinere Leitbild der „Nachhaltigen Entwicklung" nachzugehen. Die Argumentation
fokussiert dabei auf die Funktion der Handlungsorientierung auf der inhaltlich-sachlichen Ebene. Gefragt werden soll, wie im Rahmen von
Nachhaltigkeitsdiskursen Grenzen der Naturnutzung gefunden werden
(können).

2. Vielfalt und Vieldeutigkeit forstlicher Nachhaltigkeitsbegriffe[1]

2.1 Zur Ideengeschichte

Nachhaltigkeit kann in einem ganz elementaren Sinn als selbstverständliche Norm der „alten Bauernwirtschaft" bezüglich der Erhaltung der
Wirtschafts- und Lebensgrundlage für Kinder und Kindeskinder aufgefasst werden – so selbstverständlich, dass es zunächst nicht einmal einen
Begriff dafür gab (so Radkau 1996 sowie 2010). Nachhaltigkeit wurde
erst zum strategischen Begriff und musste als ethische Norm begründet
werden, als diese Selbstverständlichkeit nicht mehr gegeben war. So wird
es kein Zufall sein, dass der Begriff zunächst im holzfressenden Berg-
und Hüttenwesen und in der Folge dann auch im sich professionell entwickelnden Wald- und Forstwesen bedeutsam wurde (Hölzl 2010). Im
18. Jahrhundert standen die Kameralisten vor der komplexen ökonomischen Aufgabe, große Holzmengen bedarfsgerecht zur Verfügung zu
stellen und die Ansprüche von größeren Staatsgebilden zu befriedigen
(Sieferle 1982). Die Verwendung des Begriffes der Nachhaltigkeit war
Teil einer streng ökonomischen, gemeinwirtschaftlichen Denkungsart,
um vor zerstörerischem Verbrauch, vor Übernutzung oder Raubbau zu
warnen (Höltermann/Oesten 2001, S. 40; Oesten 2015, S. 12ff.).

Nachhaltige Optimierung der Holzerträge und Vorsorge für die Nach-
welt waren die zwei zentralen Elemente der Nachhaltigkeitsdefinitionen
der „aufgeklärten" Kameralisten. Prototypisch für diese Zeit ist die berühmte Definition von Georg Ludwig Hartig (in seiner „Anweisung zur
Taxation und Beschreibung der Forste, oder zur Bestimmung des Holzertrages der Wälder" von 1795: dort S. 81f.):

---

[1] Darstellung z.T. in enger Anlehnung an Detten/Oesten 2013, Kap. 2.

„... Unter Nachhaltigkeit ist das Streben nach Dauer, Stetigkeit und Gleichmaß der Holzerträge zu verstehen ..." In das „... Forstbeschreibungs- und Abschätzungsprotokoll von jedem Distrikt ..." seien Ergebnisse von Inventur, Wachstumsprognose und Nutzungsplanung aufzunehmen, „... um sowohl die jetzt lebenden als auch die künftigen Generationen von allen Umständen genau zu unterrichten ..."

Die weitere Geschichte der forstlichen Nachhaltigkeit ist durch eine große Vielfalt und auch Vieldeutigkeit zeitgleicher sowie der allgemeinen Ideengeschichte folgend zeitlich nacheinander liegender Begriffsverwendungen gekennzeichnet. So wurden bzw. werden beispielsweise Nachhaltigkeitskonzepte „der Holzerzeugung", „der Holzerträge", „der Erhaltung der Waldfläche", „des Holzertragsvermögens", „der Gelderträge", „der Waldfunktionen", „der landeskulturellen Leistungen" oder „sämtlicher Wirkungen des Waldes" unterschieden. Diese Vielfalt und Vieldeutigkeit machen es schwer, einen einheitlichen Bedeutungskern zu beschreiben. Und bis zum heutigen Tag wandeln sich Inhalte und Vorstellungen konkurrierender Konzepte sehr stark darin, was als nachhaltige Waldwirtschaft zu verstehen ist und welche Forderungen an zukunftsfähiges Handeln daraus abzuleiten sind.

Ideengeschichtliche Studien zeigen, dass die unterschiedlichen Definitionen nachhaltiger Waldwirtschaft auf jeweils gänzlich verschiedenartigen, tief verwurzelten „Natur-" und „Weltbildern" basieren, die nicht selten untereinander inkompatibel scheinen und die Auseinandersetzungen um die „richtige" Waldbewirtschaftung bestimmen (Schanz 1996; Detten 2001; Hölzl 2010; Oesten 2015). Die Pluralität hinter den unterschiedlichen forstlichen Nachhaltigkeitsbegriffen gründet dabei auf Differenzen insbesondere bezüglich:

– Menschenbild

– Verständnis von Staat und Gesellschaft

– Verständnis von Markt und Staat

– Vorstellungen von der „Waldnatur", daraus abgeleitet die Wahrnehmung und Beschreibung der Bewirtschaftungs- oder Entscheidungsprobleme, zu deren Lösung das Kriterium der Nachhaltigkeit herangezogen wird

– normativem Gehalt der Nachhaltigkeit

2.2 „Entgrenzungen" forstlicher Nachhaltigkeit in der Neuzeit

Im 19. und in der ersten Hälfte des 20. Jahrhundert konnten Diskurse um verschiedene Konzeptionen forstlicher Nachhaltigkeit noch weitgehend „begrenzt" werden auf Betrachtungen von Holzertrag, Holzvorrat und Holzzuwachs in den „Grenzen" des Waldes unter weitgehender Auslassung von Betrachtungen der Eingebundenheit der Waldwirtschaft in ökologische, gesellschaftliche, kulturelle oder soziale Zusammenhänge auch jenseits der „Grenze" des Waldes. Im 20. Jahrhundert sind eine Reihe von gesellschaftlichen Entwicklungen zu konstatieren, die inhaltlich stark ausgeweitete Begriffsverständnisse der forstlichen Nachhaltigkeit erforderlich machten bzw. machen – als besonders wichtig seien genannt:

– „Grenzverschiebungen" hinsichtlich der betroffenen gesellschaftlichen Teilbereiche: Die Forderung nach Nachhaltigkeit überspannt inzwischen fast alle Bereiche des Lebens – Natur und Umwelt, Gesellschaft, Politik, Technologie und Ökonomie.

– „Grenzverschiebungen" in räumlicher Hinsicht: Wichtige Erfahrung in den seinerzeitigen Auseinandersetzungen um das „Waldsterben" war, dass Nachhaltigkeit nicht mehr auf einzelne Bewirtschaftungsmaßnahmen mit räumlich begrenzten Auswirkungen bezogen werden kann. Kumulierte und/oder zeitverzögerte Effekte sowie Wald als Kompartiment in umfassenderen ökologischen Zusammenhängen (Stichworte z.B. Wasserkreislauf, Klimawandel) wurden im Sinne globaler Verantwortlichkeiten in die Diskurse um forstliche Nachhaltigkeit einbezogen.

– „Grenzverschiebungen" in zeitlicher Hinsicht: Das Ziel von Nachhaltigkeitsstrategien wird inzwischen auf alle künftigen Generationen ausgedehnt.

– „Grenzverschiebungen" in sozialer Hinsicht: Mehr und mehr Akteure aus unterschiedlichen gesellschaftlichen Ebenen (von der globalen Gesellschaft über Nationen bis hin zum lebensweltlichen Bereich des Individuums) und mit unterschiedlichsten Positionen zu Naturschutz und Naturnutzung sind in Diskurse zur forstlichen Nachhaltigkeit involviert und wurden zum Adressaten von Nachhaltigkeitskonzeptionen.

Detten und Oesten (2013, S. 55) bezeichnen diese „Entgrenzungen" der Moderne als „Zumutungen" für Diskurse über die forstliche Nachhaltigkeit. Häufig zu beobachtender Ausweg im Umgang mit diesen „Zumutungen" ist die synonyme Verwendung von „forstlicher Nachhaltigkeit" und „nachhaltiger Entwicklung". Höltermann und Oesten (2001, S. 44) zeigen allerdings, dass die Leitprinzipien der „nachhaltigen Entwicklung" weit über die der „forstlichen Nachhaltigkeit" hinausgehen. Die Gleichsetzung der beiden Konzeptionen scheint nicht hilfreich bei der konkreten Aufgabe, zukunftsfähige Begrenzungen forstlicher Handlungsoptionen zu finden. In bewusster Auseinandersetzung mit den Unterschieden sind Diskurse über nachhaltige Entwicklung aber natürlich von Belang für die Auseinandersetzung mit nachhaltiger Waldwirtschaft.

3. Kommunikation über „Natur" und die Bedeutung von „Waldbildern"

Ausgangspunkt der folgenden Überlegungen ist die Überzeugung, dass der Zugang des Menschen zur „Natur" immer nur in Form einer Deutung möglich ist. Was „Natur" für uns ist, ist nicht von dem „Objekt" direkt zu „erfahren". Mittels Sprache und sprachlich oder bildlich gefassten Metaphern gelangen wir mit sprachlich gefasstem Denken von der „Realität" zur „Wirklichkeit" (Ott 2010, S. 56; Detten 2001). Für den Einzelnen sind seine Deutungen von Natur Bestandteil seiner Identität, seines Selbstverständnisses und seines „Weltbildes". Deutungen von „Natur" sind Projektionsflächen für die eigene Idee vom guten und richtigen Leben. „… In ihr werden durch ‚Beobachtung' Selbstinterpretationen des Subjekts mobilisiert und als ‚Erfahrung' des Objekts [als „Wirklichkeit" – Anm. des Autors] … gewissermaßen als dessen Ausstrahlungskraft und Botschaft, empfunden …" (Eisel 2004, S. 94). Deutungen von „Natur" sind einerseits individuelle Phänomene, die Empfinden, Orientierung, Verhalten und Handeln des Einzelnen maßgeblich bestimmen. Sie sind immer aber auch kulturell bestimmt. „… Natur ist eine gesellschaftliche Kategorie. Das heißt, was auf einer bestimmten Stufe der gesellschaftlichen Entwicklung als Natur gilt, wie die Beziehung dieser Natur zum Menschen beschaffen ist und in welcher Form seine Auseinandersetzung mit ihr stattfindet, also was die Natur der Form und dem Inhalt, dem Umfang und der Gegenständlichkeit nach zu bedeuten hat, ist stets gesell-schaftlich bedingt ..." (Lukács 1970, S. 372).[2]

Auseinandersetzungen um Inhalte der forstlichen Nachhaltigkeit basieren nicht selten auf unterschiedlichen Deutungen der Wirklichkeit „Wald". Es mag dabei um das Für und Wider von „Fremdländeranbau" (z.B. Douglasie), um Artenschutz versus Prozessschutz im Walde oder um Kahlschlagwirtschaft gehen. Implizite Bezugspunkte der Argumenta-tionen sind grundlegende Werte und tiefgreifende Vorstellungen in Form von (Ideal-)Bildern der Natur.

Systematisierungen von Naturvorstellungen, wie sie in Gesellschaften oder auch in Wissenschaftsdisziplinen vorgefunden werden, wurden ver-schiedentlich veröffentlicht (Übersichten z.B. bei Grundmann/Stehr 2004 oder Isenmann 2003). Becker (2003, S. 48ff.) beispielsweise hat die den Theorien der ökologischen Ökonomik implizit innewohnenden Naturvor-stellungen untersucht. Unterschiedliche Auffassungen zu konkreten Unter-suchungsproblemen konnte er unter anderem auf folgende vier Naturvor-stellungen zurückführen (in Klammern jeweils prominente Vertreter): Natur als objektive und absolute Grenze (Georgescu-Roegen, Boulding, Daly); Natur und Wirtschaft als Gegensatz (als Teil eines neuzeitlich-naturwissenschaftlichen Weltbildes); Konzept der Koevolution von Natur- und Gesellschaftssystem (Norgaard) sowie der teleologische Ansatz, bei dem der Natur ein ihr innewohnender Zweck zugeschrieben wird (Faber, Manstetten).

Schanz (1996) hat sich in unserem Zusammenhang der „Waldbilder" und deren Bedeutung für Auseinandersetzungen um „Forstliche Nachhal-tigkeit" eingehend mit der Cultural Theory von Thompson, Elias und Wildavsky (1990) auseinandergesetzt. Die folgende Abbildung zeigt daraus vier verschiedene, in der Gesellschaft zeitgleich und je nach be-trachteter Zeit in unterschiedlicher Verteilung vorzufindende Vorstellun-gen zum „Mensch-Natur-Verhältnis".[3]

---

[2] Zitiert nach Grundmann/Stehr 2004, S. 263; vgl. in diesem Band die Argumentation von Olaf Kühne. Im Rahmen dieses Beitrags kann auf die Fragen der Naturwahr-nehmung und ihrer Bedeutung für unser Verhalten und Handeln nur höchst ober-flächlich eingegangen werden – weiterführend Detten 2001; Eisel 2004; Grund-mann/Stehr 2004; Jahn/Wehling 1998; Ott 2004, Kap. 3.

[3] Schanz 1996 führt die Typologie der „myths of nature" mit einem weiteren Bestand-teil der Cultural Theory zusammen – einer Sozialstrukturanalyse in Form einer zwei-

Die Darstellungen sollen eine bildhafte Vorstellung von den Ursachen tiefgreifender „Meinungsunterschiede" und Verständnislosigkeit bei Diskussionen zu Naturschutz und -nutzung vermitteln. In der Darstellung symbolisiert das Verhältnis der Kugel zur Unterlage Vorstellungen über die Stabilität und Belastbarkeit der Natur sowie Einschätzungen über das Wesen möglicher Veränderungen in der Natur nach menschlichen Eingriffen.

Abbildung 1: Myths of Nature

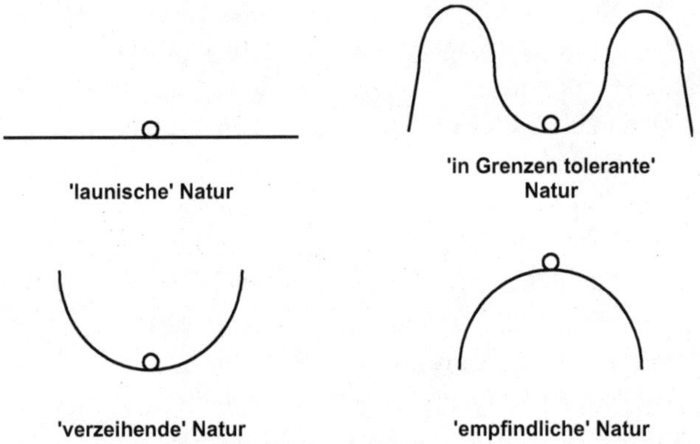

'launische' Natur

'in Grenzen tolerante' Natur

'verzeihende' Natur

'empfindliche' Natur

Quelle: Nach Thompson et al. 1990, S. 27 – übernommen aus Schanz 1996, S. 181.

Die Vorstellung von einer *„launischen Natur"* impliziert, dass ein einmaliger Impuls (im Sinne eines menschlichen Einflusses auf die Natur) unvorhersehbare und irreversible Änderungen im Ökosystem zur Folge hat, die jedoch nicht qualitativ bewertet werden. Ein vergleichbarer Impuls wird in der Vorstellung von einer *„verzeihenden Natur"* vom Ökosystem kompensiert: Das System pendelt sich nach einiger Zeit auf die Ausgangssituation ein. In der Vorstellung von einer *„in Grenzen toleranten Natur"* wird diese Kompensation lediglich dann verhindert, wenn der Impuls zu stark ist und Grenzen der Natur überschritten werden. Die Vor-

dimensionalen Typologie, die auch als grid/group-Schema bekannt ist. In Anwendung dieser kulturwissenschaftlichen Idealtypologien auf unterschiedliche Auffassungen zu Nachhaltigkeit in Forstpraxis und Forstwissenschaft können vier Grundtypen in Abhängigkeit von der ideellen Kultur aufgezeigt werden. Vgl. dazu auch Grundmann/Stehr 2004, S. 263ff.

stellung einer *„empfindlichen Natur"* bildet das Gegenbild zur *„verzeihenden Natur"*. Bei jedem noch so geringen Input („Impuls") ereignet sich eine unwiederbringliche negativ zu bewertende Veränderung des Ausgangszustands im Ökosystem.

Es ist evident, dass bei Vorliegen unterschiedlicher (sozial konstruierter) „Weltsichten" (und daraus abgeleiteter prinzipiell unterschiedlicher Wertvorstellungen und Handlungsorientierungen) ein in forstpolitischen Konflikten zutage tretendes „Unverständnis" nicht lediglich auf „Missverständnissen" beruht. Auf den gleichen Sachverhalt verweisen interessanterweise Studien, die exemplarisch gezeigt haben, dass auch innerhalb der homogenen Gruppe der Forstleute trotz steter einheitlicher Bezugnahme auf den Begriff der „forstlichen Nachhaltigkeit" die individuellen Bedeutungsinhalte der Nachhaltigkeit mit individuell unterschiedlichen Naturverständnissen („myths of nature") bzw. Werthaltungen gekoppelt sind, im Hintergrund wirksam werden und für Wahrnehmung und Entscheidungsverhalten relevant sind (Schanz 1994 sowie 1996).

Blockierungen in der Kommunikation aufgrund unterschiedlicher, aufeinanderprallender „sozialer Gewissheiten" können nur vermieden oder aufgelöst werden, wenn die Grundannahmen und Realitätswahrnehmungen des Kommunikationspartners beachtet, wahrgenommen und bewertet werden. Handeln in derartigen Konflikten – beispielsweise bei Verhandlungen zu Inhalten von forstlicher Nachhaltigkeit (z.B. Reformulierung von Waldgesetzen oder Aushandlung eines Zertifizierungssystems oder Festlegung des betrieblichen Zielsystems eines Kommunalforstbetriebes im Gemeinderat) – wird in der Regel nicht durch Durchsetzung der jeweils eigenen „richtigen" Position erfolgreich sein. An seine Stelle sollte vielmehr Überzeugungsarbeit über die „Geeignetheit" der jeweils eigenen Wahrnehmungen und Wertungen für eine konkrete Konfliktlösung treten. Auflösungen von Wertkonflikten werden dabei in der Regel nur situativ zu finden sein.

4. Wissen über die „Grenzen" der Waldnatur

Über welches theoretisches und handlungsorientiert technologisches Wissen bezüglich der „Grenzen der Waldnatur" verfügen Forstpraxis und Forstwissenschaften?

4.1 Forstliches Erfahrungswissen

Forstwissenschaften im modernen Sinn gibt es seit rund 200 Jahren. Ziel der Forstwissenschaften war von Anbeginn an, sowohl theoretisches Erklärungswissen wie auch Handlungswissen (technologisches Wissen) zu generieren. In der Praxis der Forstwirtschaft spielte und spielt nach wie vor Erfahrungswissen – Erwerb von Kenntnissen über vergangenes erfolgreiches Handeln, ohne die zugrunde liegenden Gesetzmäßigkeiten zu kennen – eine herausragende Rolle. Forstwissenschaften und Forstwirtschaft verfügen ohne Zweifel aufgrund langer Tradition und eines umfangreichen Versuchswesens über einen großen Erfahrungsschatz an Techniken, Modellen und Methoden zum Zweck der Sicherstellung der forstlichen Nachhaltigkeit. Die zentralen forstlichen Disziplinen Waldbau, Waldwachstum, Forstplanung, Forstschutz, Forsttechnik oder Standortlehre können zu großen Teilen und „in allem Respekt" als empirische Kunstlehren charakterisiert werden.

Erfahrungswissen über die erfolgreiche nachhaltige Bewirtschaftung von Wäldern ist so lange nützlich, wie das Waldwachstum unter konstanten Rahmenbedingungen stattfindet, die weitere Geschichte des „erfahrenen" Waldökosystems quasi als ausgeschaltet betrachtet werden und durch bloße Fortschreibung auf die Zukunft geschlossen werden kann. Aus mehreren Gründen ist ungefähr seit den 1960er Jahren allerdings eine zunehmende Entwertung forstlichen Erfahrungswissens zu konstatieren (ausführlich Höltermann 2001, S. 42ff.), für Forstwirtschaft und Forstwissenschaft schmerzlich erfahren in der Konfrontation mit dem „Waldsterben" in den 1980er und 90er Jahren[4]:

– Den Problemlagen früherer Zeiten geschuldet gibt es langfristig gewonnenes und dokumentiertes Erfahrungswissen vorrangig zur Holzproduktion im Wald. Zur Steuerung von Waldwachstum unter anderen

---

[4] Zu Forstwirtschaft und Forstwissenschaft im „Waldsterben" ausführlich die Beiträge in Detten 2013.

Gesichtspunkten (z.b. Naturschutz, Walderholung, Landschaftsschutz) oder zu nichtintendierten Folgen von Holznutzungen für Naturschutz, Walderholung usw. gibt es vergleichsweise wesentlich weniger dokumentiertes Erfahrungswissen.

- Damit empirischen Beobachtungen und Messungen von Waldwachstum Aussagekraft zukommen kann, sind wegen der langen Lebenszyklen von Waldbäumen bzw. Waldbeständen Beobachtungszeiträume von Jahrzehnten, wenn nicht Jahrhunderten erforderlich. Ergebnisse empirischer Feldforschung z.b. zu Entwicklungstrends des gesamten Ökosystems sind nur mit enormer zeitlicher Verzögerung zu erlangen.

- Das Vertrauen in das Erfahrungswissen schwindet mit der Einsicht in den historischen und systemischen Charakter der Waldökosysteme (s.u.). Turbulente Veränderungen in den naturalen Wachstumsbedingungen (Klimawandel, Stoffeinträge in die Ökosysteme, Veränderungen im Grundwasserspiegel, Höhe des Wildbestandes u.a.) und der Wandel gesellschaftlicher Ansprüche an Schutz und Nutzung der Wälder machen vergleichende Betrachtungen unterschiedlicher Beobachtungszeiträume höchst problematisch.

- Die Gewissheiten, die ein offenbar wissenschaftliches – zunächst mechanistisches, später kybernetisches – Naturverständnis vermittelte, wurden bereits in den frühen 1960er Jahren durch neue Erkenntnisse etwa über die Offenheit und Nicht-Determiniertheit lebender Systeme und die Chaostheorie in Frage gestellt.

Höltermann (2001, S. 47) kommt in ihrer Analyse daher zum Schluss: „... Die vergleichende Analyse und anschließende gedankliche Reduktion der Beobachtungen führt zwar zu Entwicklungstheorien und zur Rekonstruktion der Entwicklungsgeschichte. Sie liefert jedoch keine hinreichenden Bedingungen für Prognosen oder praktische Konstruktionen. Erst im nachhinein ist Geschichte rekonstruierbar. Die Beobachtung von Waldentwicklung hat daher im wesentlichen heuristische Funktion ...". In Reaktion auf die Erfahrung der Entwertung traditionellen Wissens beobachten Oesten und Detten (2008) in der Forstpraxis zunehmend „pragmatische" Haltungen, Ad-hoc-Entscheidungen und eine gewisse Abkopplung der Forstpraxis von den Ergebnissen empirischer handlungsorientierter Forstwissenschaft.

4.2 Technologisches Gesetzeswissen aus der Waldökosystemforschung?

Unser Wissen über Strukturen, Prozesse und Funktionsweisen von Wald-ökosystemen sind in den vergangenen rund 30 Jahren immens gewachsen. Mit den Mitteln und Methoden der modernen Biologie arbeitend, gilt die Waldökosystemforschung seither vielen geradezu als Leitdisziplin der theoretischen Forstwissenschaften. Nicht zuletzt die umfänglichen Forschungsförderungen, beginnend in den Zeiten des „Waldsterbens", haben zu dieser Entwicklung beigetragen (Wagner 2013).

Im Folgenden sollen und können diese neuen Erkenntnisse nicht weiter dargelegt werden.[5] Vielmehr soll es um die Frage gehen, inwieweit es gelungen ist, dieses neue theoretische Wissen in technologisches Gesetzeswissen umzuformulieren.[6] Unter technologischem Gesetzeswissen soll für praktisches Handeln nützliches Wissen verstanden werden, das auf einer Umformulierung von theoretischem Gesetzeswissen basiert. Grund-überzeugung ist dabei, dass eine Erkenntnis unabhängig vom Einzelfall dann technologisch nutzbar ist, wenn die Frage nach dem „Wie funktioniert das?" beantwortet werden kann. Wie in anderen angewandten Umweltwissenschaften stand bzw. steht in den Forstwissenschaften die naturwissenschaftliche Auseinandersetzung mit belebten und genutzten Umwelt- und Ökosystemen unter der vorrangigen Vorgabe, praktische Lösungen zu drängenden Problemen zu liefern.

Höltermann (2001, S. 51ff.) sowie Hauhs und Lange (2008) kommen nach jeweils eingehender Analyse sowohl der Wissensbestände der Ökosystemwissenschaften als auch der darauf gestützten Entwicklungen in den angewandten Forstwissenschaften zu einem ernüchternden Ergebnis: Die Ökosystemforschung konnte bislang keine grundsätzlichen Beiträge zur Reduzierung von Unsicherheit bezüglich forstlicher Entscheidungen leisten. Gründe liegen auf der einen Seite in der Komplexität, der Unsicherheit, der Unvorhersagbarkeit, der Werthaltigkeit und der mangelnden wissenschaftlichen Operationalisierbarkeit der Entscheidungsprobleme der Forstpraxis und andererseits in der Erfahrung, dass unsere Möglich-

---

[5] Ausführlich Elling et al. 2007, immer noch lesenswert Valsangiacomo 1998.

[6] Folgende Wertungen können im Rahmen dieses Beitrags nicht ausführlich begründet werden – sie stützen sich auf die Analysen von Höltermann 2001; Hauhs/Lange 2008 sowie Oesten/Detten 2008.

keiten, theoretisches Wissen für Entscheidungen bezüglich genutzter Ökosysteme zu gewinnen, wohl aus prinzipiellen Gründen begrenzt sind. „… Dies gilt gerade auch für selbstorganisierte sukzessionale Prozesse in Waldökosystemen: Die zukünftige Entwicklung von Waldökosystemen erweist sich zwar als beeinflussbar, aufgrund nicht-linearer Verknüpfungen ist sie jedoch weder plan- noch voraussagbar und entzieht sich somit linear-analytischen Lösungsverfahren. Ihr Verlauf resultiert aus der Gesamtheit aller das System konstituierenden Elemente, wobei jede Änderung Rückwirkungen auf die Entwicklung des Gesamtsystems hat, die (noch?) nicht prognostiziert werden können. Auch für die Ökosystemforschung gilt resümierend festzustellen, dass erst im historischen Rückblick wahrscheinliche Ursachen für eine bestimmte Entwicklungsrichtung identifiziert werden können …" (Höltermann 2001, S. 55f.).

4.3 Besondere Eigenschaften der Forstwirtschaft aus forstökonomischer Sicht

Forstwirtschaft ist durch eine Reihe von Besonderheiten charakterisiert. Jeweils für sich betrachtet stellen sie in der Regel keine Besonderheiten dar. In ihrer Summe und in ihrem Zusammenwirken ergibt sich jedoch eine für betriebliches Wirtschaften einmalige Konstellation (zur folgenden Darstellung siehe Oesten/Roeder 2012, Bd. 1, S. 143ff.).

Naturvermögen und Naturproduktivität von Waldökosystemen

Jegliches Wirtschaften bedingt unabänderlich Verbrauch von „Naturvermögen". Denn Natur ist Grundlage von jeglicher Produktion wie jeglichem Konsum als Standort, Ressourcenquelle, Senke für Abfallstoffe oder unmittelbarer Ort des Konsums (z.B. Erholung). Darüber hinaus kann von einer mentalen Angewiesenheit auf unmittelbaren Naturgenuss ausgegangen werden.

Mit dem Begriff „Naturproduktivität" von Ökosystemen wird umschrieben, dass diese die Eigenschaft aufweisen, aus sich heraus immer wieder aufs Neue „Naturvermögen" zu erstellen – sei es in Form von Holz, Biodiversität, Regelungsfunktion im Wasserkreislauf usw. Ganz allgemein bezeichnet der Begriff die fortdauernde Bereitstellung vielfältiger ökosystemarer Regelungs-, Lebensraum- und Versorgungsfunktionen. Wälder sind damit nicht nur „Orte" forstbetrieblicher Produktion, sondern zugleich „Orte" der „Reproduktion" von Produktions- und Konsumptionsbedingungen für das gesamte, die Wälder durch oben genannte Naturnutzungen beeinflussende Wirtschaftssystem.

Gesellschaftliche wie betriebliche Übernutzungen der Wälder können allerdings zu einem derartigen Abbau von Naturvermögen führen, dass „Naturproduktivität" unwiederbringlich verloren geht. Beispiele sind Desertifikation vormaliger Waldgebiete, das Phänomen des „Waldsterbens", verursacht durch klassische Rauchschäden, oder durch menschliches Handeln verursachte Ausrottung von Tier- und Pflanzenarten.

Forstwirtschaft – sofern sie dem Prinzip der Nachhaltigkeit verpflichtet ist – unterscheidet sich von industrieller Wirtschaft insofern, als die „Wald"natur nicht nur als Standort- bzw. Ressourceninput und als Senke für stofflichen und energetischen Abfall in die Produktionsprozesse eingeht. „Natur" ist darüber hinaus unmittelbarer und zentraler forstbetrieblicher Produktionsfaktor (bezüglich Produktion und Reproduktion). Das zentrale Grundkennzeichen nachhaltiger Nutzung erneuerbarer Naturressourcen kann mit Nutzung von „Naturvermögen" bei Erhaltung der „Naturproduktivität" umschrieben werden.

Funktionenvielfalt und Nutzungskonflikte

In dichtbesiedelten Räumen wie Mitteleuropa müssen vielerorts vielfältige Wirkungen des Waldes bzw. Leistungen der Forstbetriebe auf gleicher Fläche und zeitgleich gesichert bzw. bereitgestellt werden. Die wichtigsten Nutzungsansprüche an Wälder betreffen:

– Ökosystemare Regelungsfunktionen: Boden, Wasser, Klima/Luft, Stoff- und Energiekreisläufe

– Lebensraumfunktionen/Naturschutz: Artenschutz, Biotopschutz, Biodiversität, Prozessschutz

– Ökonomische Funktionen: Holz, Nicht-Holzprodukte (Beeren, Pilze, Wild etc.), Einkommen aus Arbeit, Einkommen aus Waldeigentum, soziale Struktur (z.B. Arbeitsplätze), räumliche Strukturen (z.B. Siedlungsstruktur/ländlicher Raum), Versorgungssicherheit

– Soziale und kulturelle Funktionen: Bodendenkmäler, historische Waldnutzungsformen (wie z.B. Mittelwald), Erholung direkt: physisch/psy-

chisch, Erholung indirekt: Erschließung (Wege, Hütten etc.), Jagd, unmittelbarer Naturgenuss (Ästhetik, Landschaftselement, Spiritualität)

Immer wieder sind dabei Nutzungskonflikte zu regeln – z.B. durch unterschiedliche Ansprüche von Jägern, Naturschützern, Emissionen verur-
sachender Industrie, Wasserwirtschaftsunternehmen, Forstbetrieben usw.

*Besondere Gutseigenschaften der Wirkungen bzw. Leistungen – schwierige
Substituierbarkeit, Komplementarität sowie Status als öffentliche Güter*

Das Erfordernis zur Regelung von Nutzungskonflikten existiert natürlich
auch in anderen Wirtschaftsbereichen. Die Besonderheiten im Bereich
der Forstwirtschaft ergeben sich jedoch aus den besonderen Gutseigenschaften der Wirkungen des Waldes bzw. der Leistungen der Forstbetriebe: Oftmals fehlende oder schwierige Substituierbarkeit, Komplementarität sowie Charakter eines öffentlichen Gutes.

Mit fehlender bzw. schwieriger *Substituierbarkeit* ist gemeint, dass
die Natur als Grundlage jedweden menschlichen Lebens bzw. Wirtschaftens eine fundamentale Kategorie – ein Gut absoluter Knappheit – darstellt, deren Wirkungen nicht bzw. nur in einem sehr einfachen Maßstab
durch kulturelle Artefakte imitiert bzw. substituiert werden können. Irreversible Störungen im Naturhaushalt (Artenverarmung, Grundwasserab-
senkung, Veränderungen im Nährstoffhaushalt von Böden aufgrund von
Schadstoffeinträgen, Verlust von „Schutzwäldern" in alpinen Regionen
etc.) sind nicht bzw. nur begrenzt zu kompensieren – technologischen
Lösungen des Umweltproblems sind enge Grenzen gesteckt.

Der Begriff *Komplementarität* bezieht sich auf die Tatsache der enormen Komplexität von Waldökosystemen mit ihren offenen und verdeck-
ten, oftmals nichtlinearen Wechselwirkungen, die es mit sich bringen,
dass die Erstellung betrieblicher Leistungen an ein ganzes Netz von naturalen Grundvoraussetzungen bzw. -gegebenheiten geknüpft ist. Veränderungen in einem Teil dieses „Netzes" wirken sich dabei unmittelbar auf
andere Teile aus. Mit anderen Worten: Wird ein Bestandteil der natürlichen Umwelt verändert bzw. beeinflusst, so ist dies in aller Regel nicht
ohne Einfluss auf eine oft unüberschaubare Anzahl anderer Komponenten oder Sachverhalte im Naturhaushalt.

Die Wirkungen des Waldes sowie viele Leistungen der Forstbetriebe
besitzen zudem die Merkmale sogenannter *„öffentlicher Güter"*: Als nicht

auf Märkten gehandelte Güter sind sie in aller Regel allgemein zugänglich, d.h. niemand kann von ihrem Konsum ausgeschlossen werden und im Konsum besteht zwischen den Nutzern meist keine Rivalität. Dies hat zum einen mit den besonderen Gutseigenschaften des Wald zu tun: Im Sinne einer „Naturgegebenheit" kann etwa die Wirkung „Verbesserung der Luftqualität" nicht exklusiv genutzt werden. Zum andern wird der Status des öffentlichen Gutes durch den etablierten Rechtsrahmen gewährleistet: Man denke etwa an das im Gesetz verankerte Prinzip des Rechts zum freien Betreten zum Zwecke der Erholung.

Langfristigkeit der Wachstumsprozesse

Entscheidungen über Schutz und Nutzung des Waldes – wie z.B. die Entscheidung bezüglich der Baumartenwahl, bezüglich eines Wegebaus, bezüglich einer Maßnahme des Waldumbaus oder bezüglich der Ausweisung eines Totalreservates – haben in der Regel weit in die Zukunft reichende Auswirkungen. Wegen der langen Lebenszyklen von Waldbäumen liegen zwischen einer waldbaulichen Entscheidung, ihrer Realisierung und der möglichen Beobachtung und Begutachtung von allen Handlungsfolgen viele Jahrzehnte bis hin zu Jahrhunderten. Waldlandschaften in ihrer heutigen Erscheinung sind Ergebnis einer zumeist Jahrhunderte alten Nutzungsgeschichte. Ihre Strukturen (Wald-Feld-Verteilung, Altersklassencharakter, Bestandsgrößen, Baumarten, Standortqualitäten u.a.) werden oft erst in aufwändigen forstgeschichtlichen Studien verständlich. Eine Konfrontation eines heute tätigen Bewirtschafters mit allen Folgen seiner Entscheidung ist zumeist nur auf Grundlage von (notwendigerweise unvollkommenen) Modellüberlegungen möglich. Aus heutiger Sicht fehlerhafte Entscheidungen – sofern sie denn reversibel sind – können wegen der langandauernden Wachstumsprozesse auch oft nur im Laufe von Jahrzehnten/Jahrhunderten korrigiert werden.

Räumliche Dimension der Forstwirtschaft

Die Sicherung von Wirkungen des Waldes bzw. die Bereitstellung von Leistungen durch Forstbetriebe bezieht sich je nach Art der Wirkung bzw. Leistung und gemäß der jeweiligen standörtlichen Situation auf unterschiedliche Entscheidungsebenen oder -objekte (z.B. Bäume, Bestände,

Betriebe, Regionen). Manche Wirkungen bzw. Leistungen sind streng ortsgebunden und weisen nur kleinste Flächenbindungen auf (z.B. ein einzelner Baum als Naturdenkmal). Ihre Bereitstellung oder Sicherung kann im Rahmen des einzelbetrieblichen Handelns erfolgen. Andere Wirkungen bzw. Leistungen sind zwar ebenfalls ortsgebunden, erfordern zu ihrer Bereitstellung jedoch große Flächen (z.B. Management von Wassereinzugsgebieten, Sicherung einer überlebensfähigen Luchspopulation nach Wiedereinbürgerung). Regelungen überbetrieblicher Art sind zu ihrer Sicherung oder Bereitstellung oftmals unabdingbar. Schließlich gibt es wenige Leistungsbereiche der Forstbetriebe, die nicht ortsgebunden sind (z.B. Angebot von Rohholz).

Gesellschaftliche Wertschätzung der Bewirtschaftung von Waldökosystemen
Waldökosysteme besitzen aufgrund ihrer ökosystemaren Regelungs-, Lebensraum- und Versorgungsfunktionen sowie sozialer und kultureller Funktionen herausragende gesellschaftliche Bedeutung. Forstbetriebliches Handeln unterliegt daher in besonderem Maße der öffentlichen Wahrnehmung und ist tief verwurzelt im gesellschaftlichen Werte- und Normensystem. Fragen der moralischen Rechtfertigung von Handlungen spielen in der Forstwirtschaft eine besondere Rolle.

4.4 Über anthropozentrisch versus ökozentrisch begründete Waldbaukonzepte

Zur Frage nach den „Grenzen der Natur" versus „Natur als Grenze" für eine nachhaltige Waldwirtschaft gibt es in der Forstpraxis und den Forstwissenschaften vielfältige konkurrierende Antworten – explizit dargelegte oder implizit in unterschiedlichsten Waldbaukonzeptionen enthaltene Antworten. In grundsätzlichem Kontrast stehen dabei Antworten bzw. Konzepte, die den Wert des Waldes anthropozentrisch oder aber ökozentrisch begründen.

Ökozentrische Waldbaukonzepte werden von vielen Naturschutz- und Umweltschutzorganisationen favorisiert. Das einflussreichste, wissenschaftlich gut durchformulierte ökozentrische Konzept stammt von Knut Sturm (1993). Sein „Prozessschutzkonzept" basiert auf der Zuerkennung eines moralischen Selbstwerts der Wälder. Es verlangt daher eine Waldwirtschaft, die sich primär nicht an menschlichen Interessen ausrichtet, sondern moralische Pflichten bezüglich des Waldökosystems „um seiner selbst" akzeptiert. Das Konzept enthält damit implizit eine Antwort auf die Frage nach den „Grenzen der Natur". Zentrales Postulat des Prozessschutzkonzepts ist die Forderung, forstwirtschaftliches Handeln an den eigendynamischen Prozessen des Waldökosystems auszurichten. Maßstab für das Handeln ist ein besonderes Konzept der „Naturnähe". Weiter wird unterstellt, dass sich waldbauliche Handlungsanweisungen unmittelbar aus der Beobachtung von Wäldern ableiten lassen. Dieses „Lernen von der Natur" soll auf sogenannten Referenzflächen erfolgen. Dies sind Flächen, auf denen das Waldwachstum ungestört von weiterem menschlichen Einfluss ablaufen soll und deren Beobachtung als Vorbild für die ökologische Waldwirtschaft dienen können.

Ökozentrische Waldbaukonzepte haben sich mit gewichtigen Einwänden ethischer und sachlicher Art auseinanderzusetzen, auf die hier nicht näher eingegangen werden kann.[7] Wer, wie der Autor dieses Beitrags, aus grundsätzlichen umweltethischen Erwägungen der Natur keinen moralischen Selbstwert zuschreibt, sieht in ökozentrischen Argumentationen naturalistische Fehlschlüsse, die uns bei schwierigen Abwägungen bezüglich Schutz und Nutzung von Wäldern nicht unserer Verantwortung für heutige und künftige Generationen entheben können.

Aus anthropozentrischer Sicht sind Wälder von herausragender Bedeutung für die gegenwärtige wie alle kommenden Generationen und sind um der Menschen willen nachhaltig zu schützen und zu nutzen. Derartige Waldbaukonzepte finden ihre Begründung in instrumentellen sowie eudämonistischen Werten des Waldes.[8] Ott und Egan-Krieger (in Ott 2015, S. 179ff.) zeigen mit ihrem Konzept des „Integrativen Waldbaus", dass auch in dieser Perspektive der Schutz von Wäldern – die Erhaltung der Funktionsfähigkeit des Naturhaushalts, der Kulturlandschaftsschutz,

---

[7] Ausführlich bezüglich Waldwirtschaft Blum et al. 1996; Höltermann 2001, S. 60ff.; ähnlich Egan-Krieger 2009, S. 315ff.; grundlegend Ott 2010 und 2015.

[8] Die instrumentellen Werte des Waldes beziehen sich auf die bereits oben erläuterten Funktionen des Waldes (ökosystemare Regelungsfunktionen, Lebensraumfunktionen, ökonomische Funktionen sowie soziale und kulturelle Funktionen).
   Eudämonistische Werte des Waldes beziehen sich auf Grundlagen des guten menschlichen Lebens, auf die Glücksmöglichkeiten der unmittelbaren Naturerfahrung. Das gelingende oder das schöne Leben wird als Ziel allen Strebens betrachtet (ausführlich Ott 2015, S. 14ff.).

der Habitatsschutz, der Artenschutz und der Prozessschutz – begründet zu fordern ist. Wegen der Multifunktionalität der Wälder – Funktionen sind zeitgleich und oftmals auf gleicher Fläche zu erfüllen – sind Zielkonflikte zwischen den Funktionen in der Forstpraxis allgegenwärtig und erfordern Abwägungen. „Grenzen der Naturnutzung" sind nach anthropozentrischer Überzeugung nicht in der Natur selbst zu finden, sondern müssen jeweils und immer wieder aufs Neue begründet entschieden werden.

5. Zentrales Dilemma der Forstwirtschaft: Zwang zum Handeln in der Situation fundamentaler Unsicherheit

Der Gegenstandsbereich der nachhaltigen Forstwirtschaft „Wald und Mensch" ist – wie geschildert – durch Einzigartigkeiten, Instabilitäten, Ungewissheit, Nicht-Wissen, Komplexität und Wertekonflikte geprägt. Das zentrale Dilemma nachhaltiger Forstwirtschaft besteht in der Notwendigkeit, heute entscheiden zu müssen unter Wahrnehmung der Verantwortung für kommende Generationen und unter Respektierung von „Naturgrenzen" trotz der mangelhaften Prognostizierbarkeit künftiger, weit in der Zukunft gegebener ökologischer und gesellschaftlicher Bedingungen der Waldwirtschaft. Wissen über Zukunft ist zwar überall und in allen Lebensbereichen unverfügbar. Konzepte zur Bewältigung von Unsicherheit, die außerhalb der Forstwirtschaft entwickelt wurden, scheinen aber wegen der in Kapitel 4.3 geschilderten Einzigartigkeiten nur sehr eingeschränkt übertragbar. Der Blick in die Forstgeschichte zeigt, dass sich die ökologischen Bedingungen des Waldwachstums (Beispiel: Klimawandel) und die gesellschaftlichen Erwartungen an nachhaltiges Handeln in Forstbetrieben in Zeiträumen von Jahrzehnten oder gar Jahrhunderten beständig und grundlegend ändern. Langfristige, unter dem Banner der Nachhaltigkeit stehende forstliche Pläne konnten deshalb in sehr vielen Fällen den beabsichtigen Erfolg nicht korrekt vorhersagen. Infolgedessen haben sich stets auch die gesellschaftlichen Anschauungen und individuellen Einschätzungen über zweckmäßige Mittel und geeignete Wege bezüglich des „richtigen" Zukunftswalds z.T. sprunghaft gewandelt.

Schutz und Nutzung von Waldökosystemen stellt also eine paradoxe Tätigkeit zukunftsorientierten Handelns ohne Orientierungsmöglichkeit dar: das Bemühen um ein auf eine ferne Zukunft gerichtetes rationales Handeln unter Bedingungen, die rationales Handeln unmöglich machen. „Nachhaltigkeit" soll heutiges Handeln leiten (und tut dies nach Auffassung forstlicher Entscheider auch), obwohl die „tatsächliche Nachhaltigkeit" („hier wurde nachhaltig/nicht-nachhaltig gewirtschaftet") erst in einem Nachhinein von i.d.R. mehr als hundert Jahren beurteilt werden kann. Um nachhaltig zu handeln, müsste ich heute wissen bzw. als nachhaltig definieren, was im Rückblick erst gewusst bzw. als nachhaltig definiert werden kann. Aber auch dann lässt sich wohl niemals mit Gewissheit sagen, welcher Anteil am zugeschriebenen Erfolg oder Misserfolg der Entwicklungen sich tatsächlich einem forstlichen Handeln zuschreiben lässt bzw. welcher Anteil anderen Einflussvariablen („äußeren Umständen") zugeschrieben werden muss.[9]

Zukunft, so eine Schlussfolgerung aus diesen Überlegungen, ist daher sinnvollerweise als Gestaltungsproblem, nicht als Wissensproblem zu verstehen. Die Herausforderungen der Waldwirtschaft bestehen folglich darin, die absolute Unsicherheit zukünftiger Entwicklungen zu akzeptieren, ohne dabei die Verantwortung für zukünftige Generationen aufzugeben.[10]

Diese Auffassung steht in einem bemerkenswerten und direkten Kontrast zu einem weit verbreiteten Planungs- und Steuerungsoptimismus in Forstwirtschaft und Forstwissenschaft, der nur vermeintlich hilft, Komplexität und Unsicherheit zu reduzieren und rationale Strategien nachhaltiger Waldwirtschaft zu ermöglichen.

Höltermann (2001, S. 94ff.) fordert dagegen, die forstliche Nachhaltigkeit als Befähigung zur Kontingenzbewältigung zu verstehen, und plädiert dafür, (unter Verzicht auf Optimierungsstreben) Prinzipien wie „Erhalt und Verbesserung von vielfältigen Handlungsoptionen", „Erhalt von Wahlfreiheit (Flexibilität)" und „Vorsorge" in Strategien einer nachhaltigen Waldwirtschaft zu integrieren. Ein solches Problemverständnis bedeutet enorme Herausforderungen für die verantwortlichen Forstorganisationen, für die an Waldwirtschaft interessierten bzw. durch Waldwirtschaft betroffenen Stakeholder, für die Lehre an den Hochschulen und vieles mehr (dazu Oesten/Roeder 2012, Bd. 3, S. 215ff.) – mit den Worten von Busch-Lüty (1995, S. 105):

---

[9] Detten 2011; Oesten/Roeder 2012, Bd 3, S. 150ff. sowie 215ff.; Detten/Oesten 2013.

[10] Dazu ausführlich Detten 2010; Detten/Oesten 2013, S. 55; Höltermann 2001, S. 94ff.

„... wir können uns nicht anders als tastend in einer Welt orientieren, deren Komplexität so beschaffen ist, daß „gesunde", d.h. nachhaltige Wirtschafts- und Gesellschaftssysteme nur in einem ständigen Balanceakt zwischen Ordnung und Chaos überlebensfähig sind ..."

6. Fazit: Wie Grenzen der Naturnutzung für die nachhaltige Waldwirtschaft finden?

Die „reale Natur" kennt keine Grenzen für die Waldwirtschaft. Erkenntnisse der wissenschaftlichen Ökologie (verstanden als naturwissenschaftliche Teildisziplin der Ökologie) wie der angewandten Forstwissenschaften können nicht umstandslos in konkrete Handlungsanweisungen für die nachhaltige Waldwirtschaft übertragen werden. Ökologische Befunde müssen vielmehr mit Werten verknüpft werden, damit sie handlungsrelevant werden. In einer pluralistischen Gesellschaft mit Auseinandersetzungen über unterschiedliche, auf lange Frist gerichtete gegenwärtige Erwartungen, Werte und Interessen bedarf die Bestimmung der „Natur als Grenze" einer nachhaltigen Waldwirtschaft daher des gesellschaftlichen Diskurses und verständiger, demokratisch legitimierter, ethisch fundierter und nicht rein interessengeleiteter Übereinkünfte. Problemrelevante naturwissenschaftliche Erkenntnisse werden/sollen in diesen Diskursen kritisch bewertet Eingang finden.

Welche Bedeutung hat in derartigen Diskursen um „Natur als Grenze" noch der Nachhaltigkeitsbegriff? Falsch verstanden wäre dieser Beitrag jedenfalls, wenn vorliegende kritische Auseinandersetzung mit „forstlicher Nachhaltigkeit" als prinzipielle Abkehr vom Nachhaltigkeitsdenken im Ganzen interpretiert würde. Wie aber das ursprünglich kritische Potenzial des Begriffs zurückgewinnen?

Zunächst scheint es notwendig, die Orientierungsfunktion zu überdenken und die mit der Nachhaltigkeit verbundene Umsetzungsrhetorik bzw. -forderung in den Hintergrund zu drängen. Das bedeutet auch die Absage an die Illusion des Langfristwissens bzw. die Illusion langfristiger Planung, unter Beibehaltung der Langfristperspektive. Zu fordern ist stattdessen – wie bereits erläutert – die Auseinandersetzung um ein komplexitäts- und unsicherheitssensibles Begriffsverständnis von Nachhaltigkeit als eines Gegenwartsbegriffes.

Nachhaltigkeit hätte – so verstanden – die Funktion eines „Grenzbegriffs"[11]: „... Der Begriff ist gemeinsamer Ansatzpunkt unterschiedlichster
Nachhaltigkeitsverständnisse, und seine Verwendung wird zum fortwäh-
renden Anlass zu einer transparenteren, unterschiedliche Werthaltungen
beleuchtenden Diskussion über verschiedene ‚nachhaltigkeitsbezogene'
Optionen. Voraussetzung ist die Arbeit am Begriff: das Offenlegen der
Nachhaltigkeits-Konstruktionen und ihrer dahinterstehenden Denkmuster,
Problemwahrnehmungen, Bestimmungskriterien und Indikatoren. Voraussetzung ist aber auch eine adäquate Gestaltung der Nachhaltigkeitsdebatten gemäß Kriterien der Offenheit, des Pluralismus und der Akzeptanz-
fähigkeit (statt der starken Akzeptabilität) von anzustrebenden Lösungen
..." (Detten/Oesten 2013, S. 55f.)

> „... Statt der bisher dominierenden ‚Zukunftsstrategie Nachhaltigkeit'
> (Nachhaltigkeit als Prinzip zur Gestaltung einer ‚zukünftigen Gegen-
> wart') ist Nachhaltigkeit als politischer Gegenwartsbegriff zu verstehen
> und in seiner Bedeutung als Bezugspunkt von Diskussionsprozessen zu
> verstehen, für die geeignete institutionelle Formen bzw. Regeln ent-
> worfen werden müssen (Nachhaltigkeit als Grenzkonzept zur Diskus-
> sion einer ‚gegenwärtigen Zukunft'). Nachhaltigkeitsdebatten können
> dann zu fruchtbaren Debatten werden, in denen verschiedene Sprecher-
> rollen vergeben, Dissense herausgearbeitet und zukunftsorientierte Ent-
> scheidungen vorbereitet werden. Die Debatte um eine Nachhaltige Ent-
> wicklung kann hier vielleicht vom Beispiel der Forstwirtschaft lernen,
> dass es bei der Verwendung des Nachhaltigkeitsbegriffs immer darum
> gehen muss, angesichts von Vereinfachungsbestrebungen die Notwen-
> digkeit der Vielfalt zu stärken und angesichts von zu langfristigen
> Utopien die Notwendigkeit des Gegenwartsbezug aufzuzeigen – beides
> sind ureigene forstliche Tugenden ..." (Detten/Oesten 2013, S. 56).

---

[11] „Grenzbegriff" meint in Analogie zum von Star und Griesemer (1989) geprägten
Begriff des „Grenzobjekts" (boundary object) Begriffe, die als „Schnittstelle" oder
gemeinsame Bezugspunkte von verschiedenen Akteuren oder Akteursgruppen fun-
gieren, welche den Begriff aber unterschiedlich verstehen bzw. verwenden.

Literatur

Becker, C. (2003): Ökonomie und Natur in der Romantik. Das Denken von Novalis, Wordsworth und Thoreau als Grundlegung der Ökologischen Ökonomik. Marburg: Metropolis.

Blum, A. / Detten, R. v. / Klein, C. / Oesten, G. / Schanz, H. / Schmidt, S. / Seling, I. (1996): Die Natur weiß es am besten? Über die Grundannahmen einer am Leitbild ‚Natur' orientierten Forstwirtschaft am Beispiel des Prozeßschutzes. Institut für Forstökonomie Universität Freiburg. Freiburg (Arbeitsbericht 24-96).

Detten, R. v. (2001): Waldbau im Bilderwald. Zur Bedeutung des metaphorischen Sprachgebrauchs für das forstliche Handeln. 1. Aufl., Freiburg (Br.): Inst. für Forstökonomie.

Detten, R. v. (2011): Sustainability as a guideline for strategic planning? The problem of long-term forest management in the face of uncertainty. In: European Journal of Forest Research, 130(3), S. 451-465. DOI: 10.1007/ s10342-010-0433-9

Detten, R. v. (Hg.) (2013): Das Waldsterben. Rückblick auf einen Ausnahmezustand. München: oekom Verlag.

Detten, R. v. / Oesten, G. (2013): Nachhaltige Waldwirtschaft – ein Modell für nachhaltige Entwicklung? In: Natur und Landschaft, 88(2), S. 52-57.

Egan-Krieger, T. (2009): Nachhaltige Waldwirtschaft in Deutschland. In: Egan-Krieger, T.; Schultz, J.; Thapa, Ph.P.; Voget, L. (Hg.), Die Greifswalder Theorie starker Nachhaltigkeit. Ausbau, Anwendung und Kritik. Marburg: Metropolis, S. 315-330.

Eisel, U. (2004): Naturbilder sind keine Bilder aus der Natur. Orientierungsfragen an der Nahtstelle zwischen subjektivem und objektivem Sinn. In: GAIA, 13(2), S. 92-98.

Elling, W. / Heber, U. / Polle, A. / Beese, F. (2007): Schädigung von Waldökosystemen. Auswirkungen anthropogener Umweltveränderungen und Schutzmaßnahmen. Heidelberg: Elsevier.

Grundmann, R. / Stehr, N. (2004): Die Natur und die Natur der Gesellschaft. In: Fischer, L. (Hg.), Projektionsfläche Natur. Zum Zusammenhang von Naturbildern und gesellschaftlichen Verhältnissen. (Veröffentlichungen des Forschungsprojekts „Natur im Konflikt – Naturschutz, Naturbegriff und Küstenbilder"). Hamburg: Hamburg Univ. Press, S. 261-275.

Hartig, G.L. (1795): Anweisung zur Taxation und Beschreibung der Forste, oder zur Bestimmung des Holzertrages der Wälder. Gießen.

Hauhs, M. / Lange, H. (2008): Die Waldbilder der Forstwissenschaften aus der Sicht der Ökologischen Modellbildung. In: Allg. Forst- u. Jagd-Zeitung, 179(8/9), S. 154-160.

Höltermann, A. (2001): Verantwortung für zukünftige Generationen in der Forstwirtschaft. Zur ethischen Rechtfertigung verschiedener Konzepte von forstlicher Nachhaltigkeit. (Schriften aus dem Institut für Forstökonomie der Universität Freiburg, 14), Freiburg (Bg.): Inst. für Forstökonomie.

Höltermann, A. / Oesten, G. (2001): Forstliche Nachhaltigkeit. In: Der Bürger im Staat, 51(1), S. 39-45.

Hölzl, R. (2010): Umkämpfte Wälder. Die Geschichte einer ökologischen Reform in Deutschland 1760-1860. 1. Aufl., Frankfurt a.M.: Campus.

Isenmann, R. (2003): Natur als Vorbild. Plädoyer für ein differenziertes und erweitertes Verständnis der Natur in der Ökonomie. Marburg : Metropolis.

Jahn, Th. / Wehling, P. (1998): Gesellschaftliche Naturverhältnisse – Konturen eines theoretischen Konzepts. In: Brand, K.-W. (Hg.): Soziologie und Natur. Theoretische Perspektiven. (Soziologie und Ökologie, Bd. 2). Opladen: Leske + Budrich, S. 75-93.

Oesten, G. (2015): Über ökonomische Theorien der forstlichen Nachhaltigkeit. Eine ideengeschichtliche Auseinandersetzung mit Deegens Aufsatz „Die Stellung der Tharandter Theorien der forstlichen Nachhaltigkeit in Hayeks Klassifikation der Formen menschlicher Ordnung" (veröffentlicht in ORDO (2013, S. 79-97)). Hg. v. Professur für Forstökonomie und Forstplanung Universität Freiburg. Freiburg (Arbeitsbericht, 60 – 2015).

Oesten, G. / Detten, R. v. (2008): Zukunftsfähige Forstwissenschaften? Eine Standortbestimmung zwischen Anspruch und Wirklichkeit in sieben Thesen und drei Fragen. In: Allg. Forst- u. Jagd-Zeitung, 179. Jg., H. 8/9, S. 135-140.

Oesten, G. / Roeder, A. (2012): Management von Forstbetrieben. 3 Bde. (Bd. 1: Grundlagen, Betriebspolitik, 3. Aufl.; Bd. 2: Management- und Informationssystem, 1. Aufl.; Bd. 3: Leistungssystem, Zusammenfassung und Ausblick, 1. Aufl.). Freiburg: Inst. für Forstökonomie der Universität Freiburg.

Ott, K. (2010): Umweltethik zur Einführung. Hamburg: Junius Verlag.

Ott, K. (2015): Zur Dimension des Naturschutzes in einer Theorie der starken Nachhaltigkeit. Marburg: Metropolis

Ott, K. / Döring, R. (2004): Theorie und Praxis starker Nachhaltigkeit. (Ökologie und Wirtschaftsforschung, 54). Marburg: Metropolis.

Radkau, J. (1986): Warum wurde die Gefährdung der Natur durch den Menschen nicht rechtzeitig erkannt? Naturkult und Holznot um 1800. In: Lübbe, H.; Ströker, E. (Hg.), Ökologische Probleme im kulturellen Wandel. München/ Paderborn: Fink Schöningh, S. 47-78.

Radkau, J. (2000): Natur und Macht. Eine Weltgeschichte der Umwelt. München: C.H. Beck.

Schanz, H. (1994): Forstliche Nachhaltigkeit aus der Sicht von Forstleuten in der Bundesrepublik Deutschland. (Arbeitsbericht 19-94). Freiburg (Br.): Institut für Forstökonomie Universität Freiburg.

Schanz, H. (1996): Forstliche Nachhaltigkeit. Sozialwissenschaftliche Analyse der Begriffsinhalte und -funktionen, 1. Aufl. (Schriften aus dem Institut für Forstökonomie der Universität Freiburg, 4). Freiburg (Br.): Inst. für Forstökonomie.

Sieferle, R.P. (1982): Der unterirdische Wald. Energiekrise und industrielle Revolution. München: C.H. Beck.

Sturm, K. (1993): Prozeßschutz – Ein Konzept für naturschutzgerechte Waldwirtschaft. In: Zeitschrift für Ökologie und Naturschutz. 2, S. 181-192.

Thompson, M. / Ellis, R. / Wildavsky, A. (1990): Cultural Theory. Boulder, Color.: Westview Press.

Valsangiacomo, A. (1998): Die Natur der Ökologie. Anspruch und Grenzen ökologischer Wissenschaften. Zürich: vdf – Hochschulverlag an der ETH Zürich.

Wagner, R. (2013): Vom Alarm zum etablierten Forschungsobjekt: Waldsterben in den Forstwissenschaften. In: Detten 2013, S. 34ff.

Grenzen der Zeit in einer entgrenzten Zeit

Eva Lang

„Was aber ist die Zeit? Wenn ich selber darüber nachdenke, so weiß ich es.
Wenn mich aber jemand fragt, um ihm die Zeit zu erklären, so weiß ich es nicht."
Augustinus (354-430)

Seit einiger Zeit bin ich pensioniert. Nun habe ich keine Lehrverpflichtungen und Selbstverwaltungsaufgaben mehr. Habe ich dadurch Zeit gewonnen? Davon war ich vor meiner Pensionierung selbstverständlich ausgegangen. Inzwischen bin ich erfahrener und weiß, dass man Zeit nicht gewinnen kann. Aber: Die von mir akzeptierte und gewohnte Zeitstruktur in der Tätigkeit als Professorin ist mir verloren gegangen. Ich musste den Umgang mit der Zeit neu lernen.

Das hat mich zum Nachdenken über die Rolle der Zeit und unser Zeitverständnis gebracht. Kann man überhaupt Zeit haben, kann man sie sich nehmen? Kann man jemandem Zeit schenken? Wie gehen wir mit der Zeit im Alltag um und welche Rolle spielt sie in der Ökonomie?

Durch eine zweite zeitlich weiter zurückliegende Erfahrung war ich allerdings schon für die Thematik der Zeit sensibilisiert. In den Forschungen zum Projekt „Am Puls des langen Lebens – Soziale Innovationen für eine alternde Gesellschaft" (Lang/Wintergerst 2011) spielte die Zeit und der Umgang mit Zeit eine herausragende Rolle. Wir mussten feststellen, dass gerade bei einer durch die Altenbetreuungsinstitutionen bereitgestellten Pflege kaum überbrückbare „Zeitwelten" aufeinanderprallen. Es wurde sichtbar, dass es die unterschiedlichen Zeitbegriffe, Zeitmuster und Zeitrhythmen sind, die Fehlentwicklungen, Konflikte, Unvereinbarkeiten und Entgrenzungen verursachen. Ich werde hierauf zurückkommen.

Und schließlich beschäftigte mich drittens das Problem der Rolle der Zeit in der Ökonomie und die Diskrepanz zum Zeitverständnis in der Ökonomik schon seit meiner Studienzeit. Konjunkturelle Stabilisierungspolitik erlernte man auf Grundlage von komparativ statischen Gleichgewichtsmodellen. Und selbst in der Modellierung von Produktionsprozessen, die in der mathematischen Formulierung von limitationalen oder substitutionalen Produktionsfunktionen ihren Niederschlag fanden, spielte die Zeit keine Rolle (vgl. ausführlicher in Lang 1993). Indem sich im Laufe der Zeit mein Forschungsfokus verstärkt auf Nachhaltigkeitsthemen richtete, wurden die Fragen der zeitlichen Gestaltung der notwendigen Transformationsprozesse hin zu einem nachhaltigen Entwicklungspfad immer drängender. Welche Rolle spielen die unterschiedlichen Zeitregime, d.h. die verschiedenen Zeitlogiken bzw. Systemzeiten in der Natur, der Politik, der Wirtschaft, der Gesellschaft und dem einzelnen Individuum? Und inwiefern führen die sehr verschiedenen Fristigkeiten von Wirkungen zu einer Begrenzung des Handlungsraums?

Grenzen prägen die Welt, Grenzziehungen determinieren das Verhältnis von Staaten, Kulturen, sozialen Gruppen, aber auch von Wissenschaftsdisziplinen (siehe hierzu den Beitrag von Schneider in diesem Band). Grenzen sind keine Linien, sie sind – wie Peter Finke in seinem Beitrag im vorliegenden Band ausführt – amphibische Zonen. Grenzen zeichnen sich zudem dadurch aus, dass es immer ein jenseits der Grenze gibt (Rossen-Stadtfeld im vorliegenden Band). Grenzen lassen sich demzufolge auch verändern. Dies gilt für viele Bereiche, so z.B. für die Grenze zwischen Recht und Unrecht, für die Grenzziehungen zwischen Staaten, zwischen Kulturen, zwischen unterschiedlichen Ökosystemen oder Technologien und eben für die Gegenwart als Zeitraum zwischen Vergangenheit und Zukunft mit der Sonderheit, dass es die Gleichzeitigkeit von Vergangenheit und Zukunft nicht gibt. Sie sind immer durch die Gegenwart getrennt.

Wie also kommen wir darauf, dass wir von unserer begrenzten Zeit sprechen, wo wir doch wissen dass der Zeitpfeil, der die Gerichtetheit der Zeit beschreibt, kein Ende hat; er also tatsächlich unbegrenzt ist? Welche Konsequenzen ergeben sich hieraus in Hinblick auf eine nachhaltige Entwicklung und welche Anforderungen an eine Zeitpolitik stellen sich, wenn unsere wirtschaftliche Entwicklung auf einen nachhaltigen Entwicklungspfad gelenkt werden soll? Hierauf richtet sich der Forschungsfokus des nachfolgenden Beitrags. In Teil 1 wird auf grundlegende Fragen unseres Verständnisses von Zeit eingegangen. In Teil 2 werden anhand von Fallbeispielen die Folgen und Probleme einer fehlenden Zeitpolitik in Hinblick auf die nachhaltige Entwicklung illustriert. Und schließlich sollen in Teil 3 Konsequenzen für eine Zeitpolitik aufgezeigt werden, die notwendigerweise für die Transformation zu einer nachhaltigen Entwicklung zu ziehen sind.

1. Bedeutung und Dimensionen der Zeit

1.1 Die Trennung der Zeit – von der chronobiologischen Zeit zur chronometrischen Zeit

Wir unterscheiden heute die chronobiologische Zeit von der chronometrischen Zeit. Die chronobiologische Zeit ist die Zeit, die es seit dem Urknall gibt; die chronometrische Zeit haben wir erst seit der Erfindung der Uhr. Wie konnten sich diese Vorstellungen von der Zeit trennen?

Über Jahrtausende hinweg haben Menschen im Einklang mit der Natur gelebt. Die Zeitrhythmen der sogenannten chronobiologischen Zeit waren und sind geprägt durch die funktionelle Ordnung innerhalb der sich wiederholenden Zeiträume. Die Einteilung des Tages richtete und richtet sich nach dem Lauf der Sonne und resultiert im Tag-Nachtrhythmus. Das Jahr und damit auch das Wirtschaftsjahr strukturierten und strukturieren die Jahreszeiten Frühling/Sommer/Herbst/Winter und an den Zyklen des Mondes wurden und werden noch heute religiöse Feste terminiert.

In den rein agrarischen Gesellschaften dominierten und dominieren auch noch gegenwärtig diese biologischen Zeitrhythmen. Ihre Sonderheit liegt im Wechsel von Aktivität (Energieverbrauch) und Ruhe (Reproduktions- und Regenerationsprozesse). Zudem sind Helligkeit und Dunkelheit ganz wesentliche Zeitgeber, die den sogenannten circadianischen Rhythmus (von lat. circa = ungefähr; dies = Tag) des Menschen bzw. der Lebewesen bestimmen (Held 1993, S. 15). Damit meint man die endogenen (inneren) Rhythmen, die eine Periodenlänge von circa 24 Stunden haben. So ergaben Experimente mit Menschen, die in absoluter Isolation von den Zeitgebern Helligkeit/Dunkelheit lebten, dass gleichwohl ein Schlaf-Wachrhythmus von ungefähr 24/25 Stunden eingehalten wurde. Man spricht deshalb auch von der inneren Uhr (Birnbaumer/Schmidt 1999, S. 15).

Vom chronobiologischen Zeitverständnis zu unterscheiden ist das chronometrische Zeitverständnis. Dabei handelt es sich, wie die renommierte Zeitforscherin Barbara Adam es ausdrückt, um „die sozio-kulturelle Konstruktion der Zeit" (Adam 1999, S. 89). Es ist die Zeit der Uhren, vormals der mechanischen Uhren und heute die Zeit der Atomuhr, bei der die Zeit anhand von Cäsium-Schwingungen gemessen wird.

In der industrialisierten Welt dominiert nun das chronometrische Zeitverständnis. Nach Adam (1999, S. 89) ist es durch folgende Merkmale geprägt:

- Die Zeit wird *linearisiert* und ist getaktet in Jahre, Monate, Tage, Stunden, Minuten, Sekunden usw.

- Die Zeit wird *neutralisiert*, als von Ereignissen losgelöst verstanden, sie wird technisch durch die Uhr bestimmt. Die natürliche Zeit spielt nur noch insofern eine Rolle, als die chronometrische Zeittaktung aus den Mustern der chronobiologischen Zeit entwickelt wurde. Kurz gesagt, die Uhr und nicht die Natur bestimmt die Zeit.

- Die Zeit ist inzwischen auch längst *normiert* und auf eine Weltzeit[1] geeicht. Die Standardisierung war das Ergebnis der internationalen Zeitkonferenz in Paris im Oktober 1912. Seitdem haben wir eine internationale Zeitkoordination, die ganz selbstverständlich die internationalen Wirtschafts- und Kommunikationsbeziehungen prägt.

- Die Zeit wird *quantifiziert*. Zeit wird als Ressource begriffen, Zeit ist knapp und bislang nicht verwirtschaftete Zeit[2] kann als Ressource für Produktivitäts- und Effizienzsteigerung ausgeschöpft werden. Das heißt: Zeit, speziell Arbeitszeit wird in Geld honoriert zur Erwerbsarbeit. Erwerbsarbeit dient der Generierung des Erwerbseinkommens. Dieses ermöglicht Güternachfrage in der Marktökonomie. Aus Sicht der Produktion verursacht der Einsatz von Erwerbsarbeit Kosten, die umso höher sind, je länger die Zeit ist, die zur Produktion benötigt wird. Rationalisierungen durch Maschineneinsatz dienen der Zeitersparnis. Wirtschaftliche Gewinne werden über Zeitgewinne realisiert (Geißler

---

[1] Universal Time Coordinated (UTC).

[2] Gemeint ist die nicht zum Zweck der Einkommenserzielung verwendete Zeit, z.B. Zeit der Muße, Zeit für Hobbies, Zeit für Familie und Freunde, Zeit für Eigenarbeit und für gemeinnützige Tätigkeiten.

2004, S. 66). Und Geißler folgert hieraus: „Erst nachdem man Zeit mit Geld verrechnet, kann man Zeit ‚gewinnen', Zeit ‚verlieren', man kann sie von da an ‚sparen', ‚stehlen' oder auch ‚verschenken'. Manche können sie sogar ‚totschlagen'" (Geißler 2004, S. 69).

– Zeit wird *qualifiziert*, indem man Zeit entweder verschwenden oder nutzen kann. Arbeit, korrekt Erwerbsarbeit, ist die vom Industriesystem honorierte Zeit. Folgerichtig ist Nichterwerbsarbeit gesellschaftlich nicht anerkannte Arbeit, da die Zeit hierbei oft nicht messbar, nicht teilbar, nicht rationalisierbar ist und da das Produkt der Arbeit oft nur in der Wiederherstellung von Ordnung, Funktionsfähigkeit und Sauberkeit besteht oder eben materiell nicht bewertbar ist, wie beispielsweise die Zeit, die mit der Kinderbetreuung und -erziehung oder mit der Pflege von Angehörigen verbracht wird.

Mit der sozio-kulturellen Konstruktion der Zeit ist die chronobiologische Zeit aber nicht verschwunden. Diese „Zeit der Uhren wird den variablen, rhythmischen Zeiten der Natur und des gesellschaftlichen Lebens aufgezwungen. Die Konflikte, die sich hieraus ergeben, sind" – wie Barbara Adam sagt – „mitverantwortlich für die Produktion von Umweltschäden in der Industriegesellschaft" (Adam 1999, S. 89). Und es sind nicht nur die zum Teil irreversiblen Umweltschäden, die der Nachhaltigkeitstransformation entgegenwirken. Es sind auch soziale Folgewirkungen (siehe hierzu Teil 2), die irreversible gesellschaftliche Schädigungen herbeiführen. Adam et al. (1998) sprechen in diesem Zusammenhang auch von der „Nonstop-Gesellschaft".

1.2 Alles hat seine Zeit, aber die Zeit wartet nicht

Dies ist eine sehr einfache, ja trivial erscheinende Feststellung. Aber wenn man näher darüber nachdenkt, dann kommen doch interessante Aspekte zutage. Wir können die Zeit weder verändern, noch können wir die Zeit beeinflussen. Denn die Zeit schreitet fort, sie lässt sich nicht anhalten.

Deutlich wird dies im Modell der Zeithelix, die Friedrich Cramer entwickelt hat. In seiner Grundlegung einer allgemeinen Zeittheorie führt Friedrich Cramer aus: „Die Evolution wird sich nicht wiederholen. Erfindungen werden gemacht und verändern die Welt. Ideen werden geboren und greifen in den Geschichtsverlauf ein. ... Die Zeit schreitet also fort. Sie ist eine Bewegungsrichtung, ein Vektor, der senkrecht auf dem Zeitkreis steht" (Cramer 1993, S. 104, Fn. 30). Mit dem Modell der Zeithelix intendiert Cramer die Integration des gleichzeitigen und kontinuierlichen Zusammenwirkens reversibler und irreversibler Vorgänge. Der Zeitkreis beschreibt die reversiblen Vorgänge; der Zeitvektor beschreibt in einer Art Schraubenlinie den Fortgang der Zeit. Die Vorgänge, die sich in der Zeit abspielen, entwickeln sich weiter: So entwickelt ein Baum in jedem Frühjahr wieder neue Blätter, er ist jedoch seit dem vorigen Frühjahr gewachsen, er hat einen Jahresring mehr und ist deshalb ein anderer als ein Jahr zuvor (Cramer 1993).

Die Zeithelix bestimmt die Evolution des Systems, in dem reversible Zeitkreise und irreversible Zeitvektoren „irgendwie" zusammenkommen. „Es gibt kein Leben, keine Veränderung außerhalb der Zeit" sagt Klaus Kümmerer (1999, S. 32). Lebewesen entwickeln sich. Sie entstehen, wachsen, reifen und vergehen in einem irreversiblen Prozess. D.h. nichts kann neuer oder jünger werden. Deshalb haben Lebewesen eine gerichtete Geschichte.

Alles, was geschieht, geschieht in der Zeit, aber es benötigt auch seine Zeit, seine Eigenzeit, und die unterscheidet sich von anderen Geschehnissen. In diesem Zusammenhang spielt die dem evolutorischen Denken entstammende Lehre von den inhärenten Systemzeiten eine Rolle. Denn damit wird auch der Kontext zwischen Systemen erfasst, die sehr unterschiedlichen Reproduktionszeiten (siehe Teil 2) – im gleichen Zeitverlauf – unterliegen.

1.3 Inhärente Systemzeiten

Dieser Begriff bezeichnet die einem System eigene Zeitskala. Sie ergibt sich aus der Zeitdauer, die die Reproduktion des Systems (z.B. bei Lebewesen ihre Generationszeit) benötigt (Kümmerer 1993, S. 88) bzw. wie lange es dauert, bis das System sichtbar oder messbar auf Störungen reagiert.

Beispiele für inhärente Systemzeiten sind aus ökologisch/biologischer Sicht die Jahreszeiten oder die Generationendauer von Organismen, wobei sich beispielsweise die einer Eintagsfliege ganz wesentlich von der einer möglicherweise 1000 Jahre alt werdenden Eiche unterscheidet. Aus ökonomischer Perspektive sind es die Jahres- und Quartalsabschlüsse in der

Wirtschaft, aus produktionstechnischer Sicht die Nutzungsdauer einer Maschine und aus politischer Perspektive die Wahlzyklen oder die Häufigkeit, in der politische Gremien tagen.

Dort wo nun ökologische, technische, soziale und wirtschaftliche sowie politische Systeme aneinandergeknüpft und ineinander verwoben sind, treffen diese unterschiedlichen inhärenten Systemzeiten aufeinander. Diese Zeitvielfalt kann positiv als Bindeglied zwischen Natur, Technik, Ökonomie, Politik, Kultur und Gesellschaft verstanden und gestaltet werden. Wenn diese vielfältigen inhärenten Systemzeiten aber nicht intelligent miteinander verknüpft, abgestimmt und gemittelt sind, kann dies eben gerade zu maßgeblichen Störungen und Unverträglichkeiten führen (Kümmerer 1993, S. 90).

In Teil 2 wird dies näher beleuchtet: erstens anhand der Probleme infolge einer ökonomisch dominierten Stoffpolitik, die im Allgemeinen die Reproduktionszeiten im ökologischen System vernachlässigt, und zweitens am Beispiel der in den Pflegesystemen weitgehend unberücksichtigten Gleichzeitigkeit der chronobiologischen, also natürlichen, und der chronometrischen, also der getakteten, Zeiten in der Altenpflege.

2. Folgen und Probleme einer fehlenden Zeitpolitik

2.1 Zeitvergessenheit und Zeitbesessenheit der Ökonomik

In ihrem Beitrag zur Zeitvergessenheit und Zeitbesessenheit der Ökonomie kritisierte Angelika Zahrnt bereits 1993 den Zeitbegriff der herrschenden, auf dem mechanistischen Weltbild basierenden Ökonomik (Zahrnt 1993, S. 111ff.). Dieses Weltbild (aus den Naturwissenschaften in die Wirtschaftswissenschaften übernommen) ist vor allem geprägt durch Determination, Reversibilität, Linearität und Stabilität sowie Wiederholbarkeit und eben die Richtungslosigkeit der Zeit. Sie führt dazu, dass Vergangenheit und Zukunft nicht unterschieden werden können und es auch nicht müssen. Es ermöglicht auch die Annahme, dass ähnliche Umstände ähnliche Prozesse auslösen. So wird davon ausgegangen, dass Konflikte und Krisen in wiederholbaren, ritualisierbaren Prozessen abgearbeitet werden können.

Zeitlose, komparativ statische Gleichgewichtsmodelle prägten und prägen noch heute die gängige ökonomische Analytik in den Curricula der Wirtschaftswissenschaften ebenso wie die fragmentierten Strukturen des mechanistischen Systems der Arbeitswelt, der industriellen Produktionsabläufe, aber auch der Bürokratie und Verwaltung sowie des Politiksystems selbst. Im Gesetz zur Förderung der Stabilität und des Wachstums der Wirtschaft, das noch heute „rechtskräftig" ist, wird diese Vorstellung eindrücklich dokumentiert.

Weniger aus dieser volkswirtschaftlichen Perspektive als vielmehr aus betriebswirtschaftlicher Warte hat sich gleichzeitig in der industrialisierten, der sozialen und politisch-bürokratischen Welt die Zeit zu einer äußerst knappen Ressource entwickelt. Zeittaktung und Zeitdisziplin sollen maximiert werden, was dazu führte, dass ein neues Geschäftsfeld, der Zeitmarkt, entstanden ist. Er manifestiert sich in den ungeheuren Mengen an Uhren, Terminkalendern, Zeiterfassungssystemen, Zeitmanagementsystemen, -seminaren und -büchern, die am Markt angeboten werden.

„Time is Money", mit dieser schon über 150 Jahre alten Formel von Benjamin Franklin (1706-1790) ist die begrenzte Ressource „Zeit" in den Sog der unbegrenzten Ressource „Geld" geraten, „so daß auch die rationale Lebensführung nach der Uhr, die intensive Nutzung der als knapp empfundenen Zeit, zum Selbstzweck geworden war und sich im Gestus gesteigerter Betriebsamkeit äußerte" (Neumann 1998, S. 38). Zeit wird zur knappen Ressource. Die Allokation der Zeit als knappe Ressource findet ihren Niederschlag in der temporalen Kapitaltheorie von Böhm-Bawerk. Zeitersparnis bedeutet in diesem Zusammenhang Steigerung der Effizienz.

Mit der Kopplung der Zeit an das abstrakte Medium „Geld" wird die Zeit warenförmig (Geißler 2004, S. 107) und kann an Märkten gehandelt und verhandelt werden. Arbeit wird mit Erwerbsarbeit und Arbeitszeit mit Erwerbsarbeitszeit gleichgesetzt. Zeiten, die in Tätigkeiten wie z.B. der Sorgearbeit, der Eigenarbeit oder in ehrenamtlichen Tätigkeiten verbracht werden, werden in dieser Sicht nicht mehr als Arbeit qualifiziert. Sie werden ausgegrenzt, weil in dieser Abgrenzung der Ökonomik nur das zählt, was einen „ökonomischen" Wert, einen Preis hat. Die Arbeiten jenseits des Marktes werden als ökonomisch irrelevant und damit wertlos ausgeblendet. Denn es handelt sich um Zeit, die nicht in Geld verrechnet werden kann.[3]

---

[3] Siehe kritisch hierzu die Beiträge des Netzwerkes des Vorsorgenden Wirtschaftens, z.B. in Biesecker et al. 2000.

Diese sogenannte „Freizeit" wurde als Ruhezeit, als Regenerationszeit für die Arbeiter und Arbeiterinnen im Industrialisierungsprozess hart erkämpft. Doch die im Prozess der von Ulrich Beck so genannten ersten Moderne (Beck 1986) etablierten Grenzen – sei es bei der Erwerbsarbeitszeit oder bei den Ladenöffnungszeiten – standen als sogenannte freie Ressource stets unter dem Aneignungsdruck des Marktes (z.B. in Form der Ausdehnung der Ladenöffnungszeiten oder auch der Flexibilisierung der Arbeitszeiten). Und sie befinden sich durch die neuen sich etablierenden raum- und zeitungebundenen Kommunikationsstrukturen in Auflösung. Jenseits der Grenzziehungen zwischen Erwerbsarbeits- und Freizeit bieten sich neue Optionen für eine (unentgeltliche) Nutzung der Ruhezeiten und der Freizeiten der Arbeitnehmer und Arbeitsnehmerinnen, indem diese nun über die modernen Kommunikationsmedien zu jeder Zeit und unabhängig vom Ort erreichbar sein können. Gleichzeitig wachsen die Zweifel, ob dieser „Dauer-Stand-by-Modus" nicht mit einer grundlegenden Entgrenzung gesellschaftlicher und individueller Zeitstrukturen einhergeht.

2.2 Arbeits- und Lebensstil der Beliebigkeit der Zeitordnung und Zeitgestaltung

Diese Entgrenzung manifestiert sich erstens in einer generellen Flexibilisierung von Arbeit einerseits in Form der Anpassung der Arbeits- und Betriebszeiten an Auftragsschwankungen, der Ausdehnung im Bereich der Betriebs- und Öffnungszeiten sowie der Globalisierung von Märkten und Unternehmen und andererseits durch eine erweiterte arbeitsbezogene Erreichbarkeit. Je nach Bedarf entstehen so atypische Arbeitsverhältnisse, beispielsweise in Form von Heimarbeit, „Homeoffice"-Zeiten, Schicht- und Feiertagsarbeit, Scheinselbständigkeit, Teilzeit oder Befristungen. In der Finanzwirtschaft (Börsen, Banken, Versicherungsunternehmen) und bei den sogenannten „global player" wird in Zeitzonenschichten zusammengearbeitet. In der Folge entwickeln sich die „Zeitmuster" der Beschäftigten immer individueller und differenzieren sich innerhalb der Gesellschaft weiter aus, was wiederum den wechselseitigen Druck auf eine weitere zeitliche Entgrenzung in Handel, im Dienstleistungsbereich und in anderen Sektoren erhöht.

Diese Verursachungsspirale übt zunehmenden Druck auf kollektive Rhythmen wie den Wechsel von Arbeitstag und Feierabend, von Arbeitswoche und Wochenende aus. Gemeint ist eine Arbeitswelt, in der als Konsequenz eines entgrenzten Arbeitsverhältnisses sich die typischen dualen Zeitordnungen der Erwerbsarbeitszeit und der Freizeit auflösen. Als Reaktion hierauf muss die alltägliche Zeit verstärkt aktiv selbst gestaltet werden, also eine eigene Zeitordnung entwickelt werden. Eigenes aktives Zeitgestalten und Zeithandeln stellt hohe zusätzliche neue Anforderungen an die Erwerbstätigen.

Eine Meta-Studie, die Prangert und Schüpach (2013) im Auftrag der Bundesanstalt für Arbeitsschutz und Medizin zur Frage der Auswirkungen ständiger Erreichbarkeit durchgeführt haben, kommt zum Ergebnis, dass eine arbeitsbezogene erweiterte Erreichbarkeit tatsächlich zu Beeinträchtigungen im Privatleben der Beschäftigten führt. Je stärker die arbeitsbezogene Erreichbarkeit der Beschäftigten ausgeprägt ist, desto häufiger treten Burn-out, Stress, Nichtabschaltenkönnen auf, so lässt sich beispielsweise die Rufbereitschaft eindeutig als Risiko für die Gesundheit der Beschäftigten identifizieren. Andererseits spricht der Studie zufolge nichts dagegen, dass eine arbeitsbezogene erweiterte Erreichbarkeit auch positive Wirkungen im Sinne einer höheren Arbeitszufriedenheit haben kann (Prangert/Schüpach 2013).

Die Entgrenzung zeigt sich aber auch in gravierenden Veränderungen des Lebensstils. Er ist erstens dadurch gekennzeichnet, dass es keine Zeitordnung mehr gibt. „Always online" möchten immer mehr Menschen sein. Sie wollen live dabei sein können, wenn in fernen Ländern zu den ehemals traditionellen Schlafenszeiten Autorennen, Fußballspiele, Boxkämpfe oder sonstige Events stattfinden (Geißler 2004, S. 100f.). Zweitens soll es – unabhängig vom Klima – alles zu jeder Zeit zu kaufen geben. Bekannt sind die Beispiele der Erdbeeren oder des Spargel zur Weihnachtszeit. Und es kann unabhängig von den Ladenöffnungszeiten rund um die Uhr eingekauft werden (Held 1993, S. 18), und zwar inzwischen nicht nur bei typischen Versandhändlern wie Amazon oder Zalando, sondern auch bei den tradierten Kaufhausketten wie beispielsweise Kaufhof oder Karstadt und Discountern wie Aldi oder Lidl. Es soll drittens auch unabhängig vom Klima gebadet, geklettert, Ski oder Schlittschuh gefahren werden können wie z.B. im Tropical Island vor den Toren Berlins oder auf der Eislaufbahn „ICE Rink" in der Dubai Mall.

Diese Ablösung von der natürlichen Zeitordnung erfordert einen Aufwand, sei es in Form von Energie oder von Stoffeinsatz, der nicht ohne Folgen bleibt. Sie schlagen sich in den bekannten und präsenten sozialökologischen Problemlagen nieder. Der gesamte sozialökologische Nachhaltigkeitsdiskurs basiert darauf. Der Kern dieses Diskurses ist – wie Egon Becker treffend formuliert – die Prozessvorstellung. Er sagt: „nachhaltige Entwicklung" ist „ein gesellschaftlicher Prozess, der eben nicht in einem Gleichgewichtszustand zum Stillstand kommt, sondern auf langfristige Fortsetzbarkeit angelegt ist." (Becker 2012, S. 32) Es sind – so Becker weiter – „Prozesse, die ihre natürlichen Ressourcen und kulturellen Voraussetzungen beständig erhalten und erneuern" (Becker 2012, S. 32, zit. nach Jahn 2013).

Ein zentraler Punkt ist daher die Anerkennung und Beachtung der Zeit als „eigene Dimension, deren Substituierbarkeit enge Grenzen gesetzt sind. Zudem bedarf es der Anerkennung der Endlichkeit, der Endlichkeit des eigenen Lebens, der Endlichkeit der Vorräte und der beschränkten Belastbarkeit der Ressourcen sowie der Irreversibilität der Zerstörungen von Landschaften und Arten" (Zahrnt 1993, S. 118/119).[4] Damit angesprochen ist auch die Frage, inwieweit der Beschleunigung der Produktion nicht auch Grenzen gesetzt sind, die es für eine nachhaltige Entwicklung braucht.

Aus gesellschaftlicher Perspektive ist es die sogenannte Nonstop-Gesellschaft (Adam et al. 1998), in der sich die Ablösung von der natürlichen Zeitordnung manifestiert. Damit ist eine Gesellschaft gemeint, in der der zyklische Verlauf städtischer Aktivitäten (Wechsel von Tag und Nacht bzw. Tätigkeit und Ruhe) durch eine Linearität unaufhörlicher Aktivitäten verwandelt worden ist. Die Nacht wird in dieser urbanen Welt sprichwörtlich zum Tage gemacht – allerdings nicht überall in der Stadt, sondern nur an bestimmten Orten. Das Geflecht von Interaktionen – ob bei Tag oder bei Nacht – wird dichter, Uhren und Kalender bilden

---

[4] Siehe hierzu auch Lohmann in diesem Band: „Anders als eine Theorie der Natur des Menschen, die das ins Zentrum rückt, was uns von der Mit- und Umwelt unterscheidet – Geist, Vernunft, Handlungsmacht oder wie immer das genannt wurde –, kann eine kritische Naturrechtstheorie, wie sie hier angedeutet werden soll, auch die körperlichen Merkmale ins Spiel bringen, die uns mit der übrigen Natur verbinden. Sich die rein stofflichen Voraussetzungen zu verdeutlichen, auf denen auch die größten menschlichen Geistesblitze beruhen, hat etwas Demütigendes" (S. 97).

den Kompass zur Orientierung in der kontinuierlich aktiven Gesellschaft. Die Stadt als Nonstop-Gesellschaft, „die Stadt, die niemals schläft", ist eine Erscheinung und ein Mythos des 20. Jahrhunderts. Wir denken an London, Paris oder Berlin in den 20er Jahren – und natürlich an New York, die Stadt der Städte: Inbegriff moderner Rastlosigkeit. Und gerade die amerikanischen Städte sind aufgrund der geringen arbeitsrechtlichen Regulierungsdichte und der liberalisierten Ladenschlusszeiten Vorreiter der zeitlichen Entgrenzung. Aus europäischer Perspektive stellt sich also die Frage: Wie amerikanisch werden unsere Städte im Zeitalter der verkehrs- und informationstechnisch vernetzten „Weltgesellschaft"? Und handelt es sich hier um ein Großstadtphänomen – oder sind die großen Städte nur die Impulsgeber einer Veränderung, die via Fernsehen oder Internet bis ins letzte Dorf zu spüren ist?

2.3 Grenzen der Beschleunigung der Produktion durch physische Reproduktionszeiten

Der anthropogene Wirtschaftsprozess ist an den Umsatz von Stoffen gebunden sagt Sabine Hofmeister und sie führt weiter aus: „Mit jeder ökonomischen Entscheidung über Produktionsverfahren und Produktlinien werden Stoffströme in Gang gesetzt: Stoffströme, von denen wir häufig nicht wissen, wie lang ihre Lebensdauer im anthropogenen Haushalt ist, wie lang ihre Lebensdauer im ökologischen Haushalt ist, und von denen wir sehr oft nicht wissen, wann die von ihnen ausgehenden ökologischen Wirkungen eintreten werden und über welche Zeiträume diese ökologischen Wirkungen andauern" (Hofmeister 1999, S. 47).

Auf der anderen Seite wissen wir aber hinreichend genau, wie lange der von diesen in den Wirtschaftsgütern ausgehende Nutzen andauert und wie lange diejenigen, die den Nutzen aus diesen Wirtschaftsgütern ziehen, auch für die ökologischen Folgen verantwortlich bleiben. Hier werden erhebliche Diskrepanzen sichtbar. Ein besonders dramatisches Beispiel dafür ist die Atomenergie. Denn einerseits wissen wir ziemlich genau, wie lange der vom Wirtschaftsgut Atomenergie ausgehende Nutzen der erzeugten Energie andauert. Aber über die Zeiten der Reproduktionsprozesse und die Verantwortlichkeiten in Bezug auf die ökologischen Folgen, seien es die Kosten einer Endlagerung des Atommülls – mit beispielsweise einer Halbwertzeit von über 24.000 Jahren bei Plutonium –

oder die Kosten eines Rückbaus der Atomkraftwerke, bleiben die Vorstellungen vage und ungeregelt. Sicher ist nur, dass der Rückbau unvorstellbar lange Zeiträume in Anspruch nimmt.

Die Konsequenz aus dieser bislang in keiner Weise berücksichtigten Problemlage liegen darin, dass solange die Verbindungen von (industrieller) Produktion, Nutzungsdauer und Reproduktion (der zugehörigen Stoffströme) nicht hergestellt und zeitlich synchronisiert sind, auch die Orientierung in Richtung eines nachhaltigen Entwicklungspfades nicht gelingen kann (Biesecker/Hofmeister 2013, S. 137f.). Dabei geht es eben gerade auch um die Annäherung der ökonomischen Zeiten an die Zeiten der Natur.[5] Mit anderen Worten: Die Beschleunigung der Produktionsprozesse ist an ihre Grenzen gekommen. „Technische Stoff- und Energieströme müssen in jeder Hinsicht, auch in ihrer zeitlichen Dimension, an natürliche angepasst sein, mit ihnen verträglich sein" (Kümmerer 1993, S. 99). Stoffpolitik ist insofern auch Zeitpolitik – wie Sabine Hofmeister (1999, S. 48) es ausdrückt –, d.h. „es gilt die Zeitmaße der Natur zu verstehen und die Zeitmaße des anthropogenen Haushalts in ein angemessenes Verhältnis zu den natürlichen Prozessen zu bringen" (Hofmeister 1999, S. 49). Und dort, wo dies nicht möglich ist, weil die Reproduktionszeiten der Stoffe – wie z.B. bei angereichertem Uran – eine für anthropogene Vorstellungen unendliche Zeitdauer benötigen oder das Gesamtvorkommen – wie z.B. beim Phosphat – begrenzt und nicht regenerierbar ist (siehe hierzu den Beitrag von Uslu in diesem Band), ist es zu unterlassen. Dies bedeutet dann aber weiter, dass – orientiert an den Anforderungen einer nachhaltigen Entwicklung – sich die Produktionsmöglichkeiten jeweils an der inhärenten Systemzeit des trägsten[6] Stoffstroms zu orientieren haben.

---

[5] Siehe hierzu ausführlich Biesecker/Hofmeister 2006.

[6] In biochemischen Stoffkreisläufen werden die schnellen Zyklen von den langsamen Zyklen, die beide miteinander verzahnt sind, unterschieden. In diesem Sinne ist als trägster Stoffstrom der mit dem langsamsten Zyklus gekennzeichnet.

2.4 Getaktete Zeit versus natürliche Zeitbedürfnisse in der Altenpflege – Zur Begründung einer systemimmanenten Zeitvielfalt

Mein zweites Fallbeispiel betrifft die Altenpflege (ausführlich behandelt in Lang/Wintergerst 2011), denn Zeit ist eines der wesentlichen Themen in der Altenpflege. Die in den institutionellen Rahmenbedingungen verankerten Zeitvorgaben nach Pflegeversicherungsgesetz (z.B. 15 Min. für Hilfe beim Waschen, 2 Min. für Hilfe beim Schuheanziehen)[7] zwingen die in der formellen Pflege beschäftigten Menschen in ein in Minuten vorgegebenes Zeitkorsett für die Körperpflege, Ernährung, Mobilität usw.

Wie für alle Erwerbstätigen ist es auch in der stationären oder der ambulanten Pflege wichtig, die Zeit[8] genau zu nehmen: „Termine, feste Abläufe, lineare Planungen, Zielvereinbarungsgespräche, Fristen, Zeiterfassungssysteme. Uhr und Kalender bestimmen das Arbeits/leben" (Hoppe 2004, S. 17). Ungeplante oder unvorhersehbare Bedürfnisse seitens der zu pflegenden Menschen stören den Ablauf des Pflegedienstes, verursachen Stress und sind an anderer Stelle von den Pflegekräften zeitlich zu kompensieren. Zeit für die Entwicklung von Beziehungen, Vertrauen und den sensiblen Umgang mit der Intimität, die für Pflegeleistungen eigentlich benötigt würde, ist nicht vorgesehen.

Auf der anderen Seite kehren hochbetagte, pflegebedürftige Menschen „wieder" zurück in eher natürliche Zeitwahrnehmungen, also die chronobiologische Zeit. Das heißt ganz einfach: Weil man nicht mehr so beweglich ist und weil man auch nicht mehr so schnell sein muss, benötigt man mehr Zeit zur Selbstvorsorge. Und man darf auch mehr Zeit benötigen. Denn die Formel „Zeit=Geld=Produktivität" gilt im „privaten Leben" nicht und im Alter schon gar nicht mehr. Was in der Lebensphase der Erwerbstätigkeit als Freizeit im Gegensatz zur Erwerbsarbeitszeit wahrgenommen wurde, ist im Alter einfach das Leben in der Zeit. Man nimmt sich die Zeit, die man braucht. Dies widerspricht der „Zeit ist Geld"-Logik der Erwerbsarbeitswelt, in der – üblicherweise so gesehen – Zeit knapp und teuer ist.

---

[7] In der aktuell verabschiedeten Reform des Pflegeversicherungsgesetzes sind hier Änderungen geplant. „Mit dem neuen Pflegebedürftigkeitsbegriff gehören Minutenpflege und Defizitorientierung bald der Vergangenheit an. Stattdessen wird es eine Begutachtung geben, die ganz individuell beim einzelnen Menschen schaut, wie selbständig er seinen Alltag noch gestalten kann." (Staatssekretär Karl-Josef Laumann)

[8] Gemeint ist die chronometrische Zeit.

Wie zwei tektonische Platten, die sich aneinander reiben, führen die permanent aufeinanderstoßenden unterschiedlichen Zeitmodelle[9] zu systematischen Verwerfungen. Sie zeigen sich nicht nur durch die in den Medien aufgedeckten skandalösen Zustände in einzelnen Pflegeheimen, sondern auch im signifikant höheren Krankenstand gerade bei Pflegeberufen. Denn nicht zuletzt sind es die in der Pflege engagierten Beschäftigten, bei denen die unterschiedlichen Zeitmodelle aufeinanderstoßen. Einerseits möchten und müssen sie den ihnen anvertrauten hilfebedürftigen Menschen gerecht werden und ihnen auch „Zeit schenken", andererseits müssen sie die Leistungsanforderungen ihres Arbeitsgebers in der dafür vorgesehenen Zeit erfüllen. Die Folgen dieser permanenten Stresssituation sind bekannt: Krankheit, Berufsunfähigkeit usw. Und es wird deutlich, dass die „Zeit ist Geld"-Logik der formellen Ökonomie[10] ganz offensichtlich dazu führt, dass Lücken im Gesamtbedarf an Pflege- und Sorgeleistungen bleiben. Es sind die Zeiten des „Daseins", der Ermöglichung der Teilhabe am gesellschaftlichen, kulturellen und familiären Leben sowie der vertrauensbasierten Einkommens- und Vermögensverwaltung. Diese Lücken werden mit dem demographischen Wandel zunehmen und damit zunehmend zum Problem. Denn es ist davon auszugehen, dass angesichts der wachsenden lebenslang kinderlos gebliebenen Gruppe an pflegebedürftigen Personen familiäre bzw. familienähnliche Sorgeleistungen[11] zurückgehen werden[12].

[9] In gleicher Weise sind viele Konflikte in der Kind-Eltern-Beziehung zu erklären: Das noch in der chronobiologischen Zeit lebende Kleinkind hat kein Verständnis dafür, dass es mitten aus dem Spiel oder dem Schlaf gerissen wird, weil „man" jetzt los muss.

[10] Im Gegensatz zu den ins „Informelle" ausgegrenzten Bereichen der unbezahlten Sorgeleistungen und gemeinnützigen Tätigkeiten.

[11] Zum Begriff der Sorgeleistung siehe die Veröffentlichungen des Netzwerks Vorsorgendes Wirtschaften.

[12] Siehe hierzu auch Die Ergebnisse der sozio-ökonomischen Input-Output-Rechnung von Stahmer et al. 2003, die letzlich zur Skizze der Halbtagsgesellschaft (siehe Schaffer/Stahmer 2006, S. 177-184) und zu weiteren Beiträgen zum Thema (siehe Hartard et al. 2006) geführt hat.

3. Zeitpolitik für die Transformation zur nachhaltigen Entwicklung

Im Editorial der Zeitschrift Time & Society formulieren Rosa und Hassan treffend: „daily life has become a constant struggle against two closely related enemies. One is the never ending stream of impending deadlines approaching all too rapidly; the other is the constant battle against a chronic shortage in our time budgets" (Rosa/Hassan 2015). Aus der ganz persönlichen Erfahrung, dass man selbst im sogenannten Ruhestand an Grenzen mit der verfügbaren Zeit stößt, entstand die Motivation, sich mit dem Thema Zeit näher zu befassen. Welche Schlussfolgerungen sind aus diesen Überlegungen zu ziehen?

Man spricht vom Zeitpfeil und meint dabei die Gerichtetheit der Zeit. Der Zeitpfeil hat kein Ende, denn die Zeit schreitet einfach fort. Physikalisch drückt sich die Gerichtetheit der Zeit in der Zunahme der Entropie aus, gesellschaftlich und individuell in der Irreversibilität der Vergangenheit, d.h. zeitlich gibt es kein Zurück. Welche Zeit ist also gemeint, wenn wir von den Grenzen der Zeit sprechen? Mit dieser Frage und den Folgen der Trennung des Zeitverständnisses befasste sich dieser Beitrag.

In der Analyse wurde deutlich, dass die Gleichgewichtigkeit und Gleichwertigkeit zwischen der chronobiologischen und der chronometrischen Zeit anerkannt und angestrebt werden muss. Ziel einer am Nachhaltigkeitsziel orientierten Zeitpolitik wird es sein, die chronobiologische und die chronometrische Zeit intelligent miteinander zu verknüpfen. Es bedeutet, eine Prozessgestaltung zu erlernen, so dass die natürlichen und gesellschaftlichen qualitativen und quantitativen Potenziale erhalten bleiben. Die Herausforderungen, die sich hieraus ergeben, sind gewaltig. Denn dies gilt nicht nur für die beispielhaft näher betrachtete Altenbetreuung, sondern für die gesamte Erwerbsarbeitswelt, die ja nur ein Teil der Lebenswelt ist. Freizeit – verstanden als gesamte Lebenszeit jenseits der Erwerbsarbeitszeit –, Pufferzeiten in der Termin- und Ablaufplanung sowie Pausen sind wichtige Bestandteile einer sinnvollen Zeitpolitik. Und das schließt die Stoffpolitik ein. Denn auch in der Analyse der Stoffpolitik hat sich gezeigt, dass die gesamten Produktionsmöglichkeiten jeweils an der inhärenten Systemzeit des trägsten Stoffstroms anzupassen sind. Kurz gesagt, eine nachhaltige Entwicklung erfordert eine Zeitpolitik die der Eigenzeit ihren Eigenwert lässt und die sozialökologischen Reproduktionszeiten schützt.

Dies erfordert es, dass dem Drang weitere ökonomische Effizienzsteigerungen auf Kosten der Stoffumsätze und der Freizeit, die zur Regeneration und Reproduktion dieser Stoffe und der Menschen und ihrer Kräfte notwendig sind, Grenzen gesetzt werden. Und es geht darum, die schwierige Aufgabe der Verknüpfung inhärenter Systemzeiten zu meistern. Zwar steht die Forderung durchaus im Raum und es gibt Ansätze zur Lösung des Problems (z.b. Kümmerer 1999), aber von wirklichen Lösungen oder Anwendungsfeldern sind wir noch weit entfernt. Dazu muss noch viel Forschungsarbeit geleistet werden.

Und um dies zu bewerkstelligen, müssen wir uns die Zeit nehmen, die wir immer glauben, nicht zu haben.

Literatur

Adam, B. (1999): Timescapes – Zeitlandschaften. Ein neuer Blick auf Raum und Zeit. In: Politische Ökologie, 17. Jg., H. 57/58: Von der Zeitnot zum Zeitwohlstand. Auf der Suche nach den rechten Zeitmaßen, S. 88-89.

Adam, B. / Geißler, K. / Held, M. (Hg.) (1998): Die Nonstop-Gesellschaft und ihr Preis. Stuttgart: Hirzel.

Beck, U. (1986): Risikogesellschaft. Auf dem Weg in eine andere Moderne. Frankfurt a.M.: Suhrkamp.

Becker, E. (2012): Nachhaltige Wissensprozesse. Von der klassischen Idee der Universität zur vorsorgenden Wissenschaft. In: Egner, H.; Schmid, M. (Hg.), Jenseits traditioneller Wissenschaft? Zur Rolle von Wissenschaft in einer vorsorgenden Gesellschaft. München: oekom, S. 29-48.

Biesecker, A. / Hofmeister, S. (2013): Die Neuerfindung des Ökonomischen. Ein (re)produktionstheoretischer Beitrag zur Sozialökologischen Forschung. München: oekom.

Biesecker, A. et al. (Hg.) (2000): Vorsorgendes Wirtschaften. Auf dem Weg zu einer Ökonomie des Guten Lebens. Bielefeld: Kleine Verlag.

Birnbaumer, N. / Schmidt, R.F. (1999): Biologische Psychologie. Berlin/Heidelberg: Springer.

Borchers, A.M. / Xiarchos, I.M. / Beckman, J. (2014): Energie Policy, Determinants of wind and solar energy system adoption by U.S. farms: A multilevel modeling approach. In: Energy Policy, 69, S. 106-115.

Brown, E. / Elliot, R.N. (2005): On-Farm Energy Use Characterizations. Report Number IE052. Washington, D.C.: American Council for an Energy-Efficient Economy.

Cooper, J.M. / Butler, G. / Leifert, C. (2011): Life cycle analysis of greenhouse gas emissions from organic and conventional food production systems, with and without bio-energy options. In: NJAS – Wagening Journal of Life Science, 58, S. 185-192.

Cramer, F. (1993): Der Zeitbaum. Grundlegung einer allgemeinen Zeittheorie. Frankfurt a.m.: Insel.

Eberling, M.(2004): Nonstop-Gesellschaft. In: Heitkötter, M.; Schneider, M. (Hg.), Zeitpolitisches Glossar – Grundbegriffe – Felder – Instrumente – Strategien. München (http://www.zeitpolitik.de/pdfs/zeit-glossar.pdf), S. 5-6.

Geißler, K. (2004) Alles. Gleichzeitig. Und zwar sofort. Unsere Suche nach dem pausenlosen Glück. Freiburg: Herder.

Graßl, R. (2008): Energie aus Biomasse im Ökolandbau. In: AgrarBündnis e.V. (Hg.), Der kritische Agrarbericht 2008. Hamm: ABL Verlag, S. 95-99.

Hartard, S. / Schaffer, A. / Stahmer, C. (Hg.) (2006): Die Halbtagsgesellschaft. Konkrete Utopie für eine zukunftsfähige Gesellschaft. Baden-Baden: Nomos.

Held, M. (1993): Zeitmaße für die Umwelt. In: Held, M; Geißler, K.A. (Hg.), Ökologie der Zeit. Vom Finden der rechten Zeitmaße. Stuttgart: Hirzel, S. 11-31.

Hofmeister, S. (1999): Der Stoff, der in der Zukunft ist. Zur Verbindung von ökologischer Stoffwirtschaft und Zeitpolitik. In: Politische Ökologie, 17. Jg., H. 57/58: Von der Zeitnot zum Zeitwohlstand. Auf der Suche nach den rechten Zeitmaßen, S. 46-49.

Hoppe, B. (2004): Zeitfenster und Depressionspanoramen. Vom Umgang mit unserer Zeit. Stiftung Sozialpädagogisches Institut Berlin, Jahresbericht 2004/2005, S. 17-25.

Jahn, T. (2013): Wissenschaft für eine nachhaltige Entwicklung braucht eine kritische Orientierung. In: GAIA, 22(1), S. 29-33.

Kümmerer, K. (1999): Rettet die Zeitvielfalt. Die Vielzahl der Zeiten als Voraussetzung einer nachhaltigen Entwicklung. In: Politische Ökologie, 17. Jg., H. 57/58: Von der Zeitnot zum Zeitwohlstand. Auf der Suche nach den rechten Zeitmaßen, S. 32-35.

Kümmerer, K. (1993): Zeiten der Natur, Zeiten des Menschen. In: Held, M; Geißler, K.A. (Hg.): Ökologie der Zeit. Vom Finden der rechten Zeitmaße. Hirzel: Stuttgart, S. 85-104.

Lang, E. (1993): Produktion in der ökonomischen Theorie. In: Ernst, M.; Kopf, J. (Hg.), Elemente volkswirtschaftlicher Lehre und Forschung. Berlin: Duncker & Humblot.

Lang, E. / Wintergerst, T. (2011): Am Puls des langen Lebens. Soziale Innovationen für eine alternde Gesellschaft. München: oekom.

Neumann, N. (1998): Getaktete Zeit gegen erlebte Zeit: Der Umgang der Reform-pädagogen mit der Kategorie Zeit. In: Pädagogisches Handeln, 3, S. 37-46.

Prangert, B. / Schüpach, H. (2013): Die Auswirkungen arbeitsbezogener erwei-terter Erreichbarkeit auf Life-Domain-Balance und Gesundheit. Dortmund/ Berlin/Dresden: Bundesanstalt für Arbeitsmedizin.

Rosa, A. / Hassan, R. (2015): Editorial. In: Time & Society, 24(2), S. 137-138.

Schaffer, A. / Stahmer, C. (2006): Skizze einer Halbtagsgesellschaft. In: Hartard, S.; Schaffer, A.; Stahmer, C. (Hg.), Die Halbtagsgesellschaft. Konkrete Utopie für eine zukunftsfähige Gesellschaft. Baden-Baden: Nomos, S. 177-184.

Stahmer, C. / Schaffer, A. / Herrchen, I. (2003): Sozio-ökonomische Input-Output-Rechnung 1998. Band 4 der Schriftenreihe Sozio-ökonomisches Berichtssystem für eine nachhaltige Gesellschaft. Wiesbaden.

Zahrnt, A. (1993): Zeitvergessenheit der Ökonomie. In: Held, M; Geißler, K.A (Hg.), Ökologie der Zeit. Vom Finden der rechten Zeitmaße. Stuttgart: Hirzel, S. 111-120.

Grenzen der Nahrungsmittelproduktion im Hinblick auf die wachsende Weltbevölkerung

Orhan Uslu

1. Einführung

Thomas Malthus (1766-1834), ursprünglich anglikanischer Pfarrer, wurde 1806 am Haileybury College zum Professor für Geschichte und politische Ökonomie berufen. Schon vorher prophezeite er in seinem bahnbrechenden Artikel *An Essay on the Principle of Population*, dass die Weltbevölkerung in ihrer Zahl explodieren würde und die Landwirtschaft mit ihren Methoden nicht mehr genügend Nahrungsmittel für alle produzieren könne. Er begründete dies damit, dass dem exponentiellen Bevölkerungswachstum nur mit einem linearen Wachstum der natürlichen Ressourcen begegnet werden könne. Hunger, Unterernährung und Krankheiten würden diesem ungehinderten Wachstum auf direkte und brutale Weise Einhalt gebieten:

„Ein Mensch, der in einer schon okkupierten Welt geboren wird, wenn seine Familie nicht die Mittel hat, ihn zu ernähren oder wenn die Gesellschaft seine Arbeit nicht nötig hat, dieser Mensch hat nicht das mindeste Recht, irgendeinen Teil von Nahrung zu verlangen, und er ist wirklich zu viel auf der Erde. Bei dem großen Gastmahle der Natur ist durchaus kein Gedecke für ihn gelegt. Die Natur gebietet ihm abzutreten, und sie säumt nicht, selbst diesen Befehl zur Ausführung zu bringen." (zitiert nach Blanqui 1971, S. 105f.).

Die Thesen von Malthus haben seitdem immer wieder heftige Kontroversen ausgelöst. Marx und Engels argumentierten, dass er fälschlicherweise den Druck des Bevölkerungswachstums auf die Produktionsmittel in den Vordergrund stelle, wobei das Hauptproblem der Druck der Produktionsmittel auf die Bevölkerung und deren Eigentum sei. Charles Darwin hingegen, bezeichnete Malthus als *„den großen Philosophen"* und wurde in der Formulierung seiner Hypothesen entscheidend von ihm beeinflusst.[1]

Tatsächlich sind die Prophezeiungen von Malthus dank der technologischen Entwicklung im Agrarsektor und der weltweiten Gewinnung neuer landwirtschaftlicher Flächen in den letzten zwei Jahrhunderten nicht eingetreten – obwohl in dieser Zeitspanne die Weltbevölkerung von einer Milliarde auf inzwischen mehr als sieben Milliarden „explodiert" ist.

Von einer dauerhaften Lösung des Konflikts kann dennoch nicht ausgegangen werden. In der wegweisenden Studie *„Limits to Growth" (Grenzen des Wachstums)*, die 1972 erstmalig am St. Gallener Symposium vorgestellt wurde und im gleichen Jahr als Buch erschien, analysierten Meadows et al. (1972) unter Verwendung von Systemanalyse und Computersimulationen verschiedene Szenarien zur Zukunft der Weltwirtschaft. Das benutzte Weltmodell diente der Untersuchung von fünf Entwicklungstendenzen mit globaler Wirkung: Industrialisierung, *Bevölkerungswachstum*, *Unterernährung*, *Ausbeutung* von *Rohstoff*reserven und Zerstörung von *Lebensraum*. Die zentralen Schlussfolgerungen des Berichtes waren:

> „Wenn die gegenwärtige Zunahme der Weltbevölkerung, der Industrialisierung, der Umweltverschmutzung, der Nahrungsmittelproduktion und der Ausbeutung von natürlichen Rohstoffen unverändert anhält, werden die absoluten Wachstumsgrenzen auf der Erde im Laufe der nächsten hundert Jahre erreicht." (Meadows et al. 1972, S. 17)

Dem Bericht zufolge könnte das Erreichen der Wachstumsgrenzen zu irreparablen Umweltschäden und zur Erschöpfung von Rohstoffen führen. Die Folgen wären ein unaufhaltsames Absinken der Bevölkerungszahl und der industriellen Leistungsfähigkeit.

Im Vergleich zu Malthus verfügten *Donella* und *Dennis Meadows, die Hauptautoren der Studie,* mit ihrer Forschungsgruppe über immense Daten-

---

[1] Vgl. https://de.wikipedia.org/wiki/Thomas_Robert_Malthus

mengen und – für die damalige Zeit – sehr moderne Computertechnik. Umso bemerkenswerter ist die Parallelität ihrer Schlussfolgerungen mit den oben erwähnten älteren Studien.

Der vorliegende Beitrag greift die Diskussion um die Grenzen der Nahrungsmittelproduktion im Hinblick auf die Ressourcenknappheit und das anhaltende Bevölkerungswachstum auf der Erde wieder auf. Der Schwerpunkt liegt dabei auf einer Analyse zukünftiger Grenzen der Nahrungsmittelproduktion, denen bislang wenig Beachtung geschenkt wurde.

2. Bevölkerungswachstum und Nahrungsmittelverfügbarkeit

> „Am Anfang war die Erde wüst und leer ...“
> (1. Mose 1)

Vor etwa 3,9 bis 3,5 Milliarden Jahren begann das Leben auf der Erde mit einzelligen Organismen. Nach der Theorie der biologischen Evolution entwickelten sich im Laufe von Milliarden Jahren aus diesen vergleichsweise einfachen Lebensformen immer komplexere Lebewesen. Alle diese Organismen besitzen indessen den gleichen, universell gültigen genetischen Code. Sie erzeugen aus den gleichen chemischen Bausteinen die für das Leben typischen Nukleinsäuren und Proteine.

Der *Homo sapiens* entstand vor 200.000 bis 100.000 Jahren in Afrika; die Ausbreitung des modernen Menschen in die anderen Regionen der Erde begann vor etwa 60.000 bis 70.000 Jahren. Diese unsere Vorahnen lebten als Jäger und Sammler, die ihre Nahrung größtenteils durch die Jagd auf Wild- und Kleintiere, den Fischfang sowie durch das Sammeln von wildwachsenden Pflanzen erwirtschafteten. Diese Wirtschaftsform erfordert in der Regel ausreichend große Schweifgebiete, die aufgrund ihrer Ausdehnung nur extensiv genutzt werden können. Überdies werden die Vegetation und die natürlich vorkommende Artenzusammensetzung nicht gezielt verändert.

Der Mensch war ein Teil des ökologischen Systems und musste seine Nahrung im Wettbewerb mit den anderen Elementen des Systems erwerben. Dies führte zu einem geringen Ertrag ohne Überschüsse, der deutlich unterhalb desjenigen aller Agrarsysteme liegt. Die Bevölkerungsdichten waren damals sehr gering (0,8 bis 2 Einwohner/km²). Dies war wohl die *erste Grenze* der menschlichen Ernährung.[2]

Der *Homo sapiens* war aber mit einer Gabe ausgestattet, die ihm im Vergleich zu seinen Rivalen im natürlichen Ökosystem einen großen Vorteil verschaffte: seine Intelligenz. Einige Jäger- und Sammlergesellschaften wandelten sich – beginnend in Kleinasien zwischen etwa 15.000 und 10.000 v. Chr. – entweder zu sesshaften Gesellschaften, die Ackerbau und Viehhaltung betrieben, oder zu Hirtennomaden. Die extensive Landwirtschaft, der Gebrauch von natürlichen Düngemitteln und die Viehzucht verschafften Nahrungsmittelüberschüsse, die eine größere Bevölkerungszahl möglich machten. Um die Zeitenwende gab es weniger als 200 Millionen Menschen auf der Erde, im Jahre 1650 waren es rund eine halbe Milliarde. Hier machte sich eine *zweite* geschichtliche *Grenze* der Nahrungsmittelproduktion bemerkbar. Mit den traditionellen Methoden der klassischen extensiven Landwirtschaft war eine weitere Ertragssteigerung kaum möglich, so dass Thomas Robert Malthus (wie oben erwähnt) im Jahre 1798 eine Nahrungskatastrophe prophezeite.

„Macht Euch die Erde untertan …" (Genesis 1,28 LUT)

Hier griff der menschliche Intellekt noch einmal ein, um auch diese zweite Grenze aufzuheben. Der Beginn der industriellen Revolution und die Entwicklung der Naturwissenschaften haben die traditionellen Methoden der Landwirtschaft von Grund auf verändert und führten zur sogenannten *grünen Revolution* und nachfolgend zu immensen Ertragssteigerungen.[3] So war es möglich, dass die Weltbevölkerung in den letzten zweihundert Jahren superexponentiell auf mehr als sieben Milliarden Menschen anwachsen konnte. In den folgenden Abschnitten wird untersucht, ob nun eine *dritte Grenze* der Nahrungsmittelverfügbarkeit auf die Menschheit zukommt.

---

[2] Vgl. https://de.wikipedia.org/wiki/Jaeger_und_Sammler
[3] Auf die einzelnen Bestandteile der grünen Revolution wird näher in Kapitel vier eingegangen.

3. Bestandteile der lebenden Organismen

Die Verteilung der Hauptelemente im menschlichen Körper ist in Tabelle 1 zusammengestellt. Unberücksichtigt bleibt dabei eine große Anzahl von Spurenelementen, die zusätzlich nötig sind, um ein gesundes Funktionieren des menschlichen Organismus zu ermöglichen.

Tabelle 1: Elementverteilung im menschlichen Körper

Element	Gew.-%	Atom-%
Sauerstoff (O)	56,1	25,5
Kohlenstoff (C)	28,0	9,5
Wasserstoff (H)	9,3	63
Stickstoff (N)	2,0	1,4
Calcium (Ca)	1,5	0,31
Chlor (Cl)	1	
Phosphor (P)	1	
Kalium (K)	0,25	0,06
Schwefel (S)	0,2	0,05

Quelle: http://www.chemie.fu-berlin.de/medi/suppl/mensch.html

Die Elementzusammensetzung lebender Organismen zeigt, ungeachtet ihrer Komplexität, bemerkenswerte Ähnlichkeiten. Tabelle 2 stellt die chemische Zusammensetzung zweier lebender Organismen, des Menschen und der Hefezelle, einander gegenüber. Der Unterschied im Anteil der Fette und Kohlenhydrate in beiden Organismen ist bedingt durch die unterschiedlichen Energiemetabolismen. Die Hefezelle produziert ihre Energie direkt aus den Kohlenhydraten, wohingegen der Mensch die Fette als Energiespeicher benutzt. Es ist denkbar, dass sich die lebendigen Zellen während ihrer Evolution chemisch im Einklang mit der Verfügbarkeit der Elemente in der Natur geformt haben.

Tabelle 2: Chemische Zusammensetzung lebender Organismen
Mensch vs. Hefezelle

Bestandteile	Beispiele	g/100g	
		Mensch (70 kg)	Hefezelle
Wasser		60	65
Stickstoffhaltige Verbindungen	Nukleinsäuren, Nucleotide, Proteine, Peptide, Aminosäuren	19	18
Fettstoffe (Lipide)	Neutralfette, Phospholipide, Sterine, Carotinoide	15	0,5
Kohlenhydrate	Polysaccharide, Monosaccharide und Derivate	1	13
Anorganische Bestandteile (Mineralien)	K^+, Na^+, Mg^{2+}, Ca^{2+}, Chlorid, Phosphat, Carbonat, Sulfat, Spurenelemente	5	3,5

Quelle: Nach Buddecke 1994.

Eine Elementaranalyse der fünf häufigsten Elemente in Algenbiomasse hat zu einer Bruttoformel geführt, die als „Redfield-Verhältnis" oft in der Literatur verwendet wird:

$$C_{106}H_{263}O_{110}N_{16}P_1 = 3550 \text{ g} \cdot \text{mol}^{-1}$$

Das heißt, jeder lebende Organismus (Pflanzen oder Tiere) muss diese Elemente im angegebenen Verhältnis aus der Natur entnehmen. Die Pflanzen sind in der Lage, aus anorganischen Substanzen (H_2O und CO_2) durch die Photosynthese die lebende Zelle zu produzieren. Alle anderen Organismen entnehmen ihre Nahrung aus dieser produzierten pflanzlichen Biomasse oder durch den Verzehr anderer Tiere.

Obwohl Stickstoff und Phosphor in relativ geringen Mengen in der Zellzusammensetzung vorhanden sind, ist ihre Präsenz unerlässlich für den Aufbau und das Funktionieren der lebenden Zelle. Stickstoff ist der Hauptbestandteil der Aminosäuren, die die Grundbausteine der Proteine (Eiweißstoffe) darstellen. Phosphor ist das Hauptglied der linearen RNA-(Ribonukleinsäure) und DNA-Moleküle (Desoxyribonukleinsäure) – Träger der genetischen Information. Außerdem funktioniert der Energiemetabolismus der Zelle durch Wechselwirkungen zwischen ADP (Adenosin-Diphosphat) und ATP (Adenosin-Triphosphat).

Die Lieferung dieser Grundelemente für die pflanzliche Produktion muss in ausreichender Menge und ohne Unterbrechung funktionieren. Dies ist durch die Stoffkreisläufe in der Natur möglich:

- Wasserkreislauf (H_2O),

- Kohlenstoffkreislauf (CO_2),

- Stickstoffkreislauf (N),

- Phosphorkreislauf (P).

Die begrenzende Grundeigenschaft dieser Kreisläufe ist wohl die chemische Mobilität der betreffenden Stoffe. Wasser (H_2O) ist reichlich auf der Erde und in der Atmosphäre vorhanden und besitzt eine hohe Mobilität. Gleichfalls hat der Kohlenstoff (CO_2) eine hohe Abundanz und Mobilität in der Erdatmosphäre.

Stickstoff (N_2) ist der Hauptanteil der Atmosphäre (79%) und stellt somit keine Grenze dar. Auch wenn diese elementar verfügbare Form nicht direkt für das Wachstum vieler Pflanzen geeignet ist, existieren natürliche Prozesse, die den elementaren Stickstoff (N_2) in die für Pflanzen nutzbare Formen Ammonium (NH_4^+) und Nitrat (NO_3^-) umwandeln.

Indessen besteht die größte Einschränkung beim Phosphorkreislauf. Alle in der Natur vorkommenden Phosphorverbindungen sind in fester Form vorhanden und sind schwer löslich. Deshalb hat Phosphor eine geringe Mobilität in ökologischen Kreisläufen. Phosphor wird hauptsächlich durch die atmosphärischen Staubpartikel transportiert, schlägt sich auf der Erdoberfläche nieder und heftet sich an die Bodenpartikel. Pflanzen nehmen den geringlöslichen Phosphor durch ihre Wurzeln aus dem Boden auf. Die durch Wasser- und Winderosion abtransportierten Bodenpartikel tragen den Phosphor zurück zu den Meeren, wo er sich in Meeressedimenten niederschlägt. Das Meerwasser enthält Phosphor in geringen Konzentrationen. Das gesamte aquatische Leben in den Seen und Weltmeeren hängt von diesem Phosphorvorkommen ab.

4. Neue Grenzen der Nahrungsmittelproduktion

Seit den pessimistischen Vorhersagen von Malthus am Ende des 18. Jahrhunderts hat sich die Landwirtschaft durch den Einsatz der folgenden Methoden in der Produktion revolutioniert:

- Die verfügbaren Flächen für die Landwirtschaft wurden bedeutend erweitert.

- Der Einsatz der künstlichen Bewässerung hat die Abhängigkeit der Produktion vom natürlichen Wasserdargebot weitgehend aufgehoben.

- Der Einsatz von künstlichen Düngemitteln führte zu wesentlichen Ertragssteigerungen.

- Die Verwendung von Pflanzenschutzmitteln (Herbizide, Fungizide) hat die Ernteverluste vermindert.

- Der Einsatz der billigen Energie aus Erdöl und die Automatisierung der Landwirtschaft bei Pflügen, Säen, Ernten, Sortieren und Transportieren der Ernte über größere Entfernungen hat die Effizienz der Produktion um ein Vielfaches gesteigert.

Mit Blick auf die globale Weizen- und Getreideproduktion hat sich die Ernte über einen Zeitraum von hundert Jahren (1900 bis 2000) von 400 Millionen auf 2 Milliarden Tonnen verfünffacht (Heinberg/Bomford 2009).

Trotz dieser bedeutenden Errungenschaften machen sich nun aber (neue) Grenzen und Engpässe bemerkbar, die die Welternährung in der Zukunft gefährden könnten. Diese werden in den folgenden Paragraphen erörtert.

Land

Heute wird ein Drittel der Landoberfläche von der Landwirtschaft okkupiert. Wenn aber die Wüsten, Gebirge, Seen, Flüsse, Städte, Landstraßen und Naturschutzgebiete in Betracht gezogen werden, erhöht sich dieser Anteil auf 70%. Jede zusätzliche Erweiterung der Agrarflächen ist unweigerlich mit irreversiblen ökologischen Schäden verbunden. Es scheint, dass das Flächenangebot für die Landwirtschaft bereits erschöpft ist. Hinzu kommt die Abnahme der Bodenfertilität durch Versalzung, Verlust des wertvollen Mutterbodens durch Wasser- und Winderosion und Anreicherung der Pestizide in den oberen Schichten. Jährlich werden beispielsweise 25 Milliarden Tonnen von Mutterboden durch die Erosion abgetragen, was unweigerlich zu einem ständigen Absinken der Boden-qualität und der landwirtschaftlichen Erträge führt (Horrigan et al. 2002). Hinzu kommt in den letzten Jahren eine konkurrierende Nachfrage nach Boden für den Anbau von Energiepflanzen. Diese Entwicklung wird sich sicherlich nachteilig auf die Nahrungsmittelproduktion auswirken.

Wasser

Das Wasservorkommen der Erde beläuft sich auf circa 1,4 Milliarden Kubikkilometer, wovon der allergrößte Teil auf das Salzwasser der Welt-meere entfällt. Nur 48 Millionen Kubikkilometer (3,5%) des irdischen Wassers liegen als Süßwasser vor. Dabei ist jedoch nur ein geringer Teil des Süßwassers auch für den menschlichen Verbrauch verfügbar (USGS 2015).

Das mit 24,4 Millionen Kubikkilometern meiste Süßwasser ist dabei als Eis an den Polen, Gletschern und in Dauerfrostböden gebunden und somit zumindest für eine prompte Nutzung durch den Menschen nicht verfügbar.[4] Einen weiteren wichtigen Anteil macht das Grundwasser mit 23,4 Millionen Kubikkilometern aus. Das Wasser der Fließgewässer und Binnenseen (190.000 km^3), der Atmosphäre (13.000 km^3), des Bodens (16.500 km^3) und der Lebewesen (1.100 km^3) ist im Vergleich rein men-genmäßig recht unbedeutend.

Im Durchschnitt fallen auf die Landoberflächen (150 Millionen km^2) jährlich 800 mm Niederschlag. Das Gesamtvolumen des aufs Land fal-lenden Niederschlags beläuft sich somit auf 120.000 km^3. Im Durch-schnitt verdunstet zwei Drittel dieser Menge wieder in die Atmosphäre. Somit bleiben ca. 40.000 km^3 zum oberirdischen Abfluss und zur Erneue-rung des verbrauchten Grundwasservorkommens. Dies ist die erneuer-bare Quelle, aus der die Menschheit (und die restlichen terrestrischen Ökosysteme) ihren Wasserbedarf nachhaltig decken kann.

---

[4] Bezogen auf die gesamten Wassermengen (Meerwasser und Süßwasser) entspricht dies gerade einmal einem Anteil von ca. 1,8%.

Abbildung 1: Verteilung und Verfügbarkeit des Wassers auf der Erde

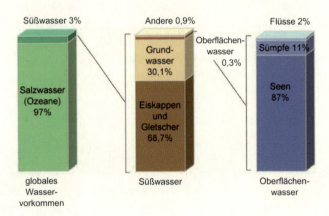

Quelle: USGS 2015.

Einhergehend mit dem schnellen Bevölkerungswachstum haben sich die Wasserentnahmen innerhalb der letzten 50 Jahre verdreifacht. Zur Zeit werden im weltweiten Durchschnitt pro Jahr und Erdenbürger 1.385 m^3 Wasser verbraucht (Hoekstral et al. 2012). Dieser Verbrauch setzt sich aus Bewässerungswasser, Trinkwasser und Industriewasser zusammen. Die Landwirtschaft ist der mit Abstand größte Nutzer von Wasser. 70% aller Wasserentnahmen entfallen auf die bewässerte Landwirtschaft, in manchen Gebieten sogar mehr als 80%.

Für eine Weltbevölkerung von 7 Milliarden beläuft sich dieser Bedarf z.Zt. auf ca. 10.000 km^3. Dieser Verbrauch entspricht bereits 25% des erneuerbaren terrestrischen Wasservorkommens. Dabei ist zu bedenken, dass die restlichen terrestrischen Ökosysteme auch von diesem Wasservorkommen gespeist werden müssen. Es ist daraus zu schließen, dass eine Erhöhung der Agrarproduktion durch die Steigerung der Bewässerung nicht nachhaltig ist. Nach aktueller Einschätzung der Vereinten Nationen wird die Bevölkerung aber bis zum Jahr 2050 auf 9,1 Milliarden Menschen anwachsen. Neben dem Bevölkerungswachstum steigt damit auch die Nachfrage nach Lebensmitteln, insbesondere nach hochwertigen Lebensmitteln wie Fleisch, Obst und Gemüse. Um diesen wachsenden Bedarf befriedigen zu können, müsste die Nahrungsmittelproduktion nach Einschätzung der FAO (Food and Agriculture Organization of the United

Nations) bis 2050 um 70% gesteigert werden. Die notwendigen Steige-
rungen können durch höhere Erträge, intensivere landwirtschaftliche
Nutzung (90%) und durch Ausweitung der landwirtschaftlichen Nutzflä-
chen (10%) erzielt werden (DVB, 2010). Damit wäre aber unweigerlich
auch ein Anstieg des Wasserbedarfs verbunden. Zwar gibt es vereinzelte
Bemühungen, auf der Basis von salzhaltigem Meereswasser Nahrungsmittel zu produzieren; jedoch sind bis heute keine nennenswerten Erfolge
in dieser Richtung verzeichnet worden.

Düngemittel

Seit dem Altertum wurden landwirtschaftlich genutzte Felder zur Steigerung der Ernte mit tierischen und menschlichen Fäkalien bestreut. Um
1840 konnte der Chemiker Justus von Liebig die wachstumsfördernde
Wirkung von Stickstoff, Phosphaten und Kalium nachweisen. In seinem
Privatlabor widmete er sich 1846 bis 1849 u.a. der Entwicklung eines was-
serlöslichen Phosphatdüngers. Das Ergebnis war das sogenannte Super-
phosphat, das auch heute noch der weltweit am meisten verwendete Phos-
phatdünger ist. Der Dünger verbesserte die Ernte und dadurch die Nah-
rungsmittelversorgung in der zweiten Hälfte des 19. Jahrhunderts außer-
ordentlich.

Stickstoff erhielt man in Form von Nitraten zunächst vor allem durch
den Einsatz von Guano, einem Naturdünger, der aus Exkrementen von
Seevögeln hergestellt wird. Da die Guanovorräte jedoch begrenzt waren,
und größtenteils aus Südamerika eingeführt werden mussten, sann man
auf eine Methode, Nitrate synthetisch zu erzeugen. Zwischen 1905 und
1908 entwickelte der Chemiker Fritz Haber die katalytische Ammoniak-
Synthese. Dem Industriellen Carl Bosch gelang es daraufhin, ein Verfahren zu finden, das die massenhafte Herstellung von Ammoniak ermöglichte. Dieses Haber-Bosch-Verfahren bildete die Grundlagen der Produktion von synthetischem Stickstoffdünger.

Für die künstliche Herstellung von Ammoniak bestehen keine Grenzen seitens der Ausgangsstoffe. Die Situation bei der Phosphatdünger-
herstellung ist jedoch anders. Das Gesamtphosphatvorkommen auf der
Erdkruste ist auf 925 Milliarden Tonnen begrenzt. Es wurde bereits erwähnt, dass dieses Vorkommen geringe Rohstoffkonzentrationen und eine

begrenzte Mobilität hat. Die nutzbaren Reserven zur Phosphatdünge-
mittelherstellung sind in Tabelle 3 zusammengestellt.

Tabelle 3: Phosphatreserven im historischen Verlauf

Jahr	Förderung (Mio. t)	Reserven (Mio. t)	Reserven/ Jahre
1988	152,6	13.855	91
1995	131	11.000	84
2000	133	12.000	90
2005	147	18.000	122
2009	158	16.000	101
2010	176	65.000	369
2012	207	67.000	324

Quelle: Scholz/Wellmer 2013; BGR 2013.

2012 wurden die globalen Phosphatreserven auf 67 Milliarden Tonnen
geschätzt. Bei einer Jahresförderung von 176 Millionen Tonnen können
diese derzeit wirtschaftlich abbaubaren Phosphatvorkommen den weltweiten Bedarf in der Landwirtschaft über 320 Jahre decken. Das geologische Phosphatvorkommen ist stark auf einige Regionen konzentriert.
Allein auf Marokko entfallen fast drei Viertel der globalen Reserven.
Durch eine Neubewertung der marokkanischen Lagerstätten hat das Land
seine Reserven deutlich erhöhen können, so dass sich die globalen Reserven fast verdreifacht haben. China verfügt über die zweitgrößten Phosphatreserven auf der Erde. Diese starken Marktkonzentrationen können
mittelfristig zu einer zusätzlichen Erhöhung des Versorgungsrisikos führen (BGR 2013).

Als problematisch für den zukünftigen Abbau erweist sich auch die
Kontaminierung der Rohphosphaterze mit Schwermetallen und Uran
(De Kok et al. 2008). Diese Schwermetalle gelangen mit dem Dünger auf
landwirtschaftliche Flächen und führen zu einer bleibenden Verschmut-
zung im Boden.

Die Knappheit an Phosphor scheint daher die bedrohlichste Grenze für
die weltweite Nahrungsmittelproduktion zu sein.

Energie

Die moderne Landwirtschaft ist sehr energieintensiv. Wo sie noch am Anfang des 20. Jahrhunderts von menschlicher und tierischer Muskelkraft abhing, ist sie heute weitgehend mechanisiert. Dies wurde durch den Einsatz von billigem und auf der ganzen Erde leicht verfügbarem Erdöl möglich. Es wird geschätzt, dass für jede landwirtschaftlich produzierte Lebensmittelkalorie ca. 10 Erdölkalorien verbraucht werden (Heinberg et al. 2009).

Öl zählt aber zu den nicht erneuerbaren fossilen Ressourcen und könnte noch vor dem Ende dieses Jahrhunderts aufgebraucht sein. Die Verknappung der verfügbaren Energie wird ohne Zweifel eine für die Landwirtschaft ernste Grenze darstellen. Diese Grenze ist nicht nur materiell sondern auch wirtschaftlich. Die mit teurer Energie betriebene Landwirtschaft wird die Kosten der Lebensmittelproduktion ungünstig beeinflussen. Diese Kostensteigerung wird sich in den ärmeren Ländern der Erde, wo das Bevölkerungswachstum und der Nahrungsmittelbedarf am höchsten sind, am stärksten bemerkbar machen.

Der Anbau von Energiepflanzen zur Biokraftstofferzeugung und zum Betrieb von Biogasanlagen ist – wie bereits erwähnt – keine Lösung, da er in unmittelbarer Konkurrenz zur Kultivierung von Lebensmittelpflanzen steht.

Ökologie

Die moderne Landwirtschaft hat sich in den letzten hundert Jahren auf Kosten der bestehenden ökologischen Systeme entwickelt, die eine Grundlage allen Lebens auf der Erde darstellen. Um Raum für die Nahrungsmittelproduktion zu schaffen, wurden weltweit große Wald- und Wiesenflächen in Ackerfläche umgewandelt. Der Einsatz von künstlichen Düngemitteln, Pestiziden und Herbiziden hat zur Anreicherung von vielen Schmutzstoffen im Boden, im Grundwasser und in Oberflächenwässern sowie in den Weltmeeren geführt.

Hinzu kommen Landverluste durch Urbanisierung, künstliche Stauseen, Industrieanlagen, Erzgewinnung, Straßenbau u.v.a.m. Diese Landnutzungsänderungen haben nicht nur Habitate von natürlich wachsenden Pflanzen und Tiere zerstört und ausgeraubt, sondern auch das Erosionspotenzial der landwirtschaftlich genutzten Böden sowie die Umweltbelastungen insgesamt erhöht.

Klimawandel

Im Kyoto-Protokoll, das 2005 völkerrechtlich in Kraft getreten ist, sind Kohlendioxid (CO_2, dient als Referenzwert), Methan (CH_4), Distickstoffoxid (Lachgas, N_2O), teilhalogenierte Fluorkohlenwasserstoffe (H-FKW/HFC), perfluorierte Kohlenwasserstoffe (FKW/PFC) und Schwefelhexafluorid (SF_6) als Treibhausgase reglementiert. Seit 2012 wird auch Stickstofftrifluorid (NF_3) als zusätzliches Treibhausgas reglementiert. Nach den Angaben des Intergovernmental Panel on Climate Change (IPCC) haben die Emissionen aus menschlicher Aktivität die Konzentration von CO_2 in der Erdatmosphäre seit Beginn der Industrialisierung von 280 ppm um über 40% auf 400 ppm (2015) ansteigen lassen. Damit ist die gegenwärtige Konzentration höher als in den letzten 800.000 Jahren, wahrscheinlich auch höher als in den letzten 20 Millionen Jahren (IPCC 2013).

Aktuellen Schätzungen zufolge wird sich die mittlere globale Temperatur bis 2050 ohne aktive Klimapolitik um bis zu 4,5° C erhöhen. Allerdings sind den Berechnungen zufolge nicht alle Regionen gleichermaßen betroffen. Ebenso verhält es sich mit den Auswirkungen des Klimawandels auf die Landwirtschaft. Insgesamt trifft der Klimawandel Afrika und Asien am härtesten. In einigen Gegenden Asiens regnet es lange nicht, Flüsse versiegen und die Böden sind weniger fruchtbar. Anschließend sind die Niederschläge teilweise umso heftiger. Beides ist schlecht für die Nahrungsmittelproduktion. Wenn es gar nicht regnet, wächst nichts; wenn es zu viel regnet, zerstören die Niederschläge die Ernten. Die Zunahme der Witterungsextreme ist besonders kritisch zu sehen, da sie die Planbarkeit und Ertragssicherheit mindern. Bei vermehrtem Stress durch Hitze, Kälte, Trockenheit oder Nässe ist mit zum Teil erheblichen Ertragsausfällen zu rechnen.

Eine weitere Folge des Klimawandels wäre der Anstieg des Meeresspiegels durch das Verschmelzen von Polareismassen (Süßwasser) und Meerwasser. Infolgedessen würden viele Küstengebiete der Erde, die die fruchtbarsten Agrarflächen beherbergen, vom Meereswasser überflutet.

5. Resümee

Natürlich kann an dieser Stelle von Milderungsansätzen wie Phosphorrückgewinnung, weiterer Steigerung der Bewässerungseffizienz, Reduzierung des Fleischkonsums, Einsatz von erneuerbaren Energiequellen bei der landwirtschaftlichen Produktion, genetischer Modifikationen bei Pflanzen und Tieren u.v.a.m. gesprochen werden. Diese Maßnahmen würden nur zur Zeitgewinnung dienen. Das Hauptproblem der Sättigung der exponentiell wachsenden Weltbevölkerung wäre dadurch aber nur zeitlich aufgeschoben, nicht jedoch gelöst.

Die im vorigen Abschnitt aufgezählten Grenzen der Nahrungsmittelproduktion und somit der menschlichen Bevölkerung auf der Erde sind einzeln relativ unabhängig voneinander. Indessen kann ihre gemeinsame Wirkung die negativen Effekte weiter verstärken. Bemerkenswert ist, dass sie alle auf die planetarischen Grenzen hindeuten. Um die wachsende Bevölkerung zu ernähren, muss die Erde in einem ständigen globalen Dopingzustand gehalten werden.

Seit der industriellen Revolution ist der Mensch zu einem der wichtigsten Einflussfaktoren auf die biologischen, geologischen und atmosphärischen Prozesse auf der Erde geworden. Er ist in der Lage, alle Stoff- und Energiekreisläufe auf der Erde in beachtlichem Ausmaß zu beeinflussen. Indessen zeigt die Erde seit Anbeginn interne selbstregulierende Prozesse zur Aufrechterhaltung ihrer dynamischen Gleichgewichtszustände, die als „Homöostase" bezeichnet werden. Es ist zu befürchten, dass der durch anthropogene Eingriffe geschaffene Dopingzustand diese homöostatischen Prozesse irreparabel zerstört.

Es sehr zweifelhaft, dass die Erde sich untertan machen lässt.

Literatur

BGR – Bundesanstalt für Geowissenschaften und Rohstoffe (2013): Phosphat: Mineralischer Rohstoff und unverzichtbarer Nährstoff für die Ernährungssicherheit weltweit. Hannover: BGR.

Blanqui, A. (1971 [1841]): Geschichte der politischen Ökonomie in Europa. Bd. 2. Glashütten im Taunus: Verlag Detlev Auvermann KG (unveränderter Neudruck der Ausgabe Karlsruhe 1841: Geschichte der politischen Oekonomie in Europa, von dem Alterthume an bis auf unsere Tage, nebst einer kritischen Bibliographie der Hauptwerke über die politische Oekonomie).

Buddecke, E. (1994): Grundriss der Biochemie. 9. Aufl., Berlin: De Gruyter.

De Kok, L.J. / Schnug, E. (2008): Loads and Fate of Fertilizer-derived Uranium. Leiden, The Netherlands: Backhuys Publishers.

DVB – Deutscher Bauernverband (2010): Situationsbericht 2010, Trends und Fakten zur Landwirtschaft. (Online: http://www.bauernverband.de/situations bericht-2010).

Gleick, P.H. (2000): The World's water, 2000-2001: The Biennial Report on Freshwater Resources. Washington, D.C.: Island Press.

Heinberg, R. / Bomford, M. (2009): The Food and Farming Transition: Toward a Post-Carbon Food System. Sebastopol, CA, USA: Post Carbon Institute (Online: http://www.postcarbon.org/publications/food-and-farming-transi tion/).

Hoekstra, A.Y. / Mekonnen, M.M. (2012): The water footprint of humanity. In: PNAS, 109(9), S. 3232-3237.

Horrigan, L. / Lawrence, R.S. / Walker, P. (2002): How Sustainable Agriculture Can Address the Environmental and Human Health Harms of Industrial Agriculture. In: Environmental Health Perspectives, 110(5), S. 445-456.

IPCC (2013): Fifth assessment Report of the Intergovernmental Panel on Climate Change. Cambridge/New York u.a.: Cambridge University Press.

Malthus, T.R. (1798): An Essay on the Principle of Population as it Affects the Future Improvement of Society with Remarks on the Speculations of Mr. Godwin, M. Condorcet, and Other Writers. 1. Aufl., London: J. Johnson in St Paul's Churchyard.

Meadows, D.H. / Meadows, D.L. / Randers, J. / Behrens III, W.W. (1972): The Limits to Growth: A report for the Club of Rome's project on the predic-ament of mankind. New York: Universe Books.

Scholz, R. / Wellmer, F.-W. (2013): Approaching A Dynamic View On The Availability Of Mineral Recourses: What We May Learn From The Case Phosphorus? In: Global Environmental Change, 23(1), S. 11-27.

USGS – U.S. Geological Survey (2015): USGS Water Science School: http://water.usgs.gov/edu/earthwherewater.html. (Übersetzung 2015: https://com mons.wikimedia.org/wiki/File:Wasserverteilung_auf_der_Erde.png).

Grenzen des Wissens

Anmerkungen eines Naturwissenschaftlers

Anton Lerf

Der Begriff „Wissen" spielt heute in den Feuilletons der Zeitungen und im „Politiker-Jargon" eine zentrale Rolle. In der Regel wird dabei vor allem an das „exakte Wissen" der Naturwissenschaftler und dessen Transformation in verkäufliche Produkte gedacht. Den ingenieursbedingten und handwerklichen Tücken der Produktion dieser Güter wird weniger Bedeutung zugemessen als der Generierung neuen „Wissens", zumal in einem Land, das arm an Rohstoffen ist. Diese starke Betonung der Bedeutung naturwissenschaftlich-technischen Wissens kommt auch in dem kursierenden Begriff der „Wissensgesellschaft" zum Ausdruck.

Demgegenüber ist der Titel dieses Beitrages geradezu eine defätistische Provokation, und das dann auch noch von einem Naturwissenschaftler. Bevor man aber über die Grenzen des Wissens reden will, sollte zunächst geklärt werden, was denn unter Wissen zu verstehen ist. Bei der Annäherung an das Thema ist mir schnell klar geworden, dass es mir damit so ähnlich geht, wie es Augustinus für den Begriff der „Zeit" treffend auf den Punkt gebracht hat: „... Wenn mich niemand darüber fragt, so weiß ich es; wenn ich es aber jemandem auf seine Frage erklären möchte, so weiß ich es nicht ..."

1. Formen des Wissens – Wissen in der Zeit

Neben dem exakten oder vielleicht besser empirischen Wissen, das durch gezielt herbeigeführte Experimente in definierten Versuchsanordnungen gewonnen wird und das in der Regel auch reproduzierbar verifiziert werden könnte, gibt es so viele Wissensbestände, wie es menschliche Aktivitäten (im privaten, häuslichen und beruflichen Bereich) und Fähigkeiten gibt. Dazu gehören Gebrauchsanleitungen für technische Geräte oder durchzuführende Tätigkeiten, Gesetzestexte und deren Ausführungsbestimmungen genauso wie die dokumentierten gerichtlichen Gesetzesauslegungen, Dokumentationen von Vereinsaktivitäten und parlamentarischen Debatten, Wirtschaftsdaten und Geschäftsberichte, Wetteraufzeichnungen, Ortschroniken, Reiseberichte und vieles andere mehr. Dazu gehört auch das „Stichwortwissen", das in Lexika oder heute in Wikipedia oder anderen Internetdiensten gespeichert und abrufbar ist.[1]

Nicht zu vergessen sind auch die Wissensbestände in Mythologie, Religionen (einschließlich Theologie, Religionswissenschaften und spirituellen Praktiken), Philosophie, Psychologie, Literatur und Literaturwissenschaften, die sich der Sinnfragen des menschlichen Lebens annehmen oder der Auslegung der entsprechenden Texte widmen.

Dieses Wissen hat sich seit Beginn der Menschheitsgeschichte im Laufe der Zeit entwickelt und immer weiter differenziert.[2] Am Anfang allen Wissens steht die Wahrnehmung[3] der menschlichen und der nichtmenschlichen Umgebung eines Individuums durch alle fünf Sinne Sehen, Hören, Riechen, Schmecken, Tasten. Zu dieser Wahrnehmung gehören auch emotionale und unbewusste Komponenten[4], die es erlauben, Situationen schneller zu erfassen als deren verstandesmäßige Durchdringung.

---

[1] Hier sei auch auf das Spezialwissen verwiesen, das sich manche Personen über die Gewinner der Olympischen Spiele, Fußballweltmeisterschaften, Oskar-Gewinner, Kinogeschichte, Schauspieler von Theater und Filmen, Opern- und Operettenaufführungen u.v.a. mehr aneignen als Hobby oder aus vertieftem Interesse, aber auch, um in Quizsendungen zu brillieren.

[2] Die Entwicklung des Wissens mit der Zeit gilt natürlich auch für jedes Individuum. Für sich persönlich hat C.F. von Weizsäcker (1992) diese Entwicklung nachgezeichnet in einem Buch mit dem Titel „Zeit und Wissen", das zu seinem 80. Geburtstag herauskam. Die Thematik Wissen, Wahrnehmung, Wahrheit füllt Bibliotheken. Ich kann wohl kaum Neues dazu beitragen und die Auswahl der zitierten Literatur ist höchst persönlich und vom eigenen Lebens- und Erkenntnisweg geleitet.

[3] Eine für mich sehr erhellende Auseinandersetzung mit dem Thema war das Buch von Dieter Hoffmann-Axthelm (1987).

[4] Zu erwähnen wären hier vielleicht auch Instinkt oder ein „Bauchgefühl"; hier wäre aber zu fragen, inwieweit diese Verhaltens- bzw. Wahrnehmungsformen durch das „Unbewusste" bereits abgedeckt sind.

Sich wiederholende Situationen und Beobachtungen, die intersubjektiv mitgeteilt werden können, oder die Hervorbringung bestimmter Effekte durch menschliches Tun (einschließlich spielen und probieren) bahnen den Weg zu einer erfolgreichen Bewältigung des Alltags. Probieren und Spielen mit materiellen Objekten stehen auch am Anfang technischen und künstlerischen Handelns. Erfolgreiche und wiederholbare Tätigkeiten sind bereits intersubjektiv mitteilbar durch Gebärdensprache und Nachahmung.

Das „Wissen" um die Nahrungsbeschaffung stand sicher am Anfang, wobei die frühen Menschen wohl an das Verhaltens-Repertoire der Hominiden angeschlossen haben. Diese hatten, wie auch Tiere, bereits erstaunliche Fähigkeiten: die Benutzung von Werkzeugen, um an Nahrung zu kommen, das Auffinden genießbarer und reifer Früchte, die Auswahl von heilenden Kräutern bei Unpässlichkeiten. Letzteres lag bei Menschen in den Händen besonders begabter Personen (Medizinmänner, Schamanen und weise Frauen), insbesondere der ritualisierte Umgang mit halluzinogenen Drogen.

Hinweise auf die Entwicklung technischer Fähigkeiten können wir nur materiellen Artefakten mit auf Zwecke ausgerichteten Bearbeitungsspuren entnehmen.[5] Die ältesten bislang aufgefundenen Beispiele sind etwa 2 Millionen Jahre alt.[6] Die Entwicklung beschleunigt sich zusehends mit dem Auftreten des modernen Menschen vor etwa 40.000 Jahren und nochmals deutlich mit der beginnenden Stadtentwicklung und der agrarischen Revolution vor etwa 10.000 Jahren. Erst in diese jüngste Phase der Menschheitsentwicklung fallen das Auffinden von metallhaltigen Erzen, das Erschmelzen der gewünschten Metalle und von Legierungen, die Metallbearbeitung und die Herstellung von Keramik.[7] Diese Geschäfte

---

[5] Wie eng die Gehirnentwicklung mit der Freisetzung der Hand von der Fortbewegung gekoppelt ist, haben André Leroi-Gourhan (1988) und Hans Sachsse (1978) gezeigt. Nach Leroi-Gourhan beruht auch die Entstehung von Sprache und Schrift auf der Koevolution der Gehirn-Hand-Kooperation. Siehe hierzu auch Mac Gregor 2013, Kapitel 3.

[6] Eine lesenswerte Beschreibung dazu findet sich in Neil MacGregors Buch „Eine Geschichte der Welt in 100 Objekten" (2013, Kapitel 2).

[7] Dies erfordert bereits den technisch ausgefeilten Umgang mit Feuer. Die Benutzung des Feuers ist allerdings viel älter: Der bisher älteste, hinreichend gesicherte Befund ist etwa 790.000 Jahre alt (in Israel wurde bei Gesher Benot Ya'aqov eine dem Homo Erectus zugeordnete Feuerstelle gefunden). Der Umgang mit Feuer ist für Menschen

waren besonderen Personengruppen vorbehalten und ihnen wurde außerhalb der menschlichen Ansiedlungen nachgegangen. Sie waren umgeben vom Ruch des Numinosen und Unheimlichen.[8]

Unser Begriff der Technik leitet sich her aus dem griechischen „τεχνη", was so viel bedeutet wie Kunstfertigkeit. Da diese Wissensbestände bis in die Zeit nach Christus nicht schriftlich fixiert[9] und tradiert wurden, ist das mit den erwähnten Techniken verbundene „Wissen" treffender mit den Begriffen „Erfahrung" und „Können" erfasst. Und man sollte sich vor Augen führen, dass bis weit in das 19. Jh. Technikentwicklung das Feld der genialen „Handwerker" war und im Wesentlichen durch mehr oder weniger gezieltes Probieren und gute Beobachtungsgabe vorangetrieben wurde. Mit Ausnahme des Apparatebaus sind eine wissenschaftlich basierte Technikoptimierung oder Neuschöpfungen vielleicht gerade einmal hundert Jahre alt.

Mit der Gründung von Stadtkulturen bilden sich Hierarchien und Arbeitsteilung heraus. Das angesammelte Wissen (auch Herrschaftswissen) wurde vermutlich von Priester- und Verwalterkasten zunächst mündlich bewahrt und weitergegeben. Schrift und Rechenregeln entwickeln sich wohl gemeinsam seit dem 4. Jahrtausend v. Chr. vor allem für die Abwicklung von Geschäften und das Verwaltungshandeln. Die Verknüpfung von Schrift und Sprache erfolgt erst in der 1. Hälfte des 3. Jahrtausends und die ersten schriftlichen „Expertentexte" gehen zurück auf die Zeit des Hammurapi, also etwa um 1800 v. Chr., und sind der Astrologie, der

---

unentbehrlich geworden, ist aber auch mit Respekt und Furcht verbunden (viele leidvolle Erfahrungen). Zur Psychologie des Feuers gibt es eine schöne Abhandlung von Gaston Bachelard (1990).

[8] Nicht umsonst sind diese Künste den Göttern vorbehalten: Hephaistos z.B. galt bei den Griechen als besonders geschickt und hat sich kunstfertige Gehhilfen gefertigt, da er durch einen Sturz aus dem Olymp gelähmt war. Das wichtigste Hilfsmittel für diese Techniken war das Feuer, das der Halbgott Prometheus den Göttern stahl und zu den Menschen brachte. Er wurde dafür aber hart bestraft (Eliade 1992; Kerényi 1994; Schlageter 2013).

[9] Metallurgische Technik wurde zuerst umfassend von Georg Agricola („De re metallica", Basel 1556) dargestellt. Antikes chemisches (alchemistisches) Wissen kam über arabische Wissenschaftler seit etwa 800 n. Chr. in den Westen und wurde bereits im 3./4. Jh. n. Chr. von Zosimos von Panopolis zusammengetragen.

Mathematik und der Medizin gewidmet.[10] Meist handelt es sich dabei um Lehrtexte für die Schüler der Experten und der Schreiber.[11] Mit der Verschriftlichung geht ein Verlust an Gedächtnisleistung einher.

Eine Ordnung und Klassifizierung des inzwischen angesammelten „Wissens" und ein Ansatz von Theoriebildung erfolgt in Griechenland (Vorsokratiker) seit dem 6. Jh. v. Chr.[12] In diese Zeit fällt auch die Grundlegung der Geometrie durch Euklid. Im 3. Jh. v. Chr. werden die ersten gezielten Experimente mit den vorhandenen technischen Mitteln durchgeführt: Eratosthenes bestimmte den Erdumfang[13], Aristarch von Samos den Abstand Erde-Sonne und Archimedes prüfte mittels des spezifischen Gewichtes und des Auftriebs in Wasser, ob für eine Krone wirklich echtes Gold verwendet wurde.

Das moderne Programm naturwissenschaftlichen Arbeitens hat Francis Bacon Ende des 16. Jhs. formuliert und Galilei, Kepler und Newton nutzten wenig später systematisch Mathematik, um Datenbestände oder experimentelle Ergebnisse auf funktionale (mathematische) Beziehungen zurückzuführen.[14] Daraus entwickelte sich im Laufe der folgenden Jahrhunderte die moderne Form der Wissensgenerierung. Die „ultimative" Form dieser Wissensgenerierung ist in der Theoretischen Physik verifiziert, in

---

[10] James Ritter in Serres 1995. Nur unwesentlich früher werden auch die ersten Kosmologien und Mythen schriftlich fixiert. Etwa zur selben Zeit entstehen die ersten Texte mythologischer Weltdeutung (Jamme/Matuschek 2014).

[11] Die Erfindung von Zahlsystemen und Rechenaufgaben und eine darstellende Geometrie markieren wohl die Anfänge der exakten Wissenschaften (Serres 1995).

[12] Den Anfang dieser Entwicklung markiert m.E. die Theogonie von Hesiod. Für Hartmut und Gernot Boehme (1996) markiert die Philosophie des Empedokles den Übergang von dem mythischem zum rationalen Zeitalter. Jean Gebser (1992) argumentiert in einer ähnlichen Weise und sieht in der Zeit um 500 v. Chr. den Übergang von der mythischen in die mentale Phase des Bewusstseins. Ähnliche Vorgänge finden sich zur selben Zeit in Indien oder China (Jaspers spricht von der Achsenzeit).

[13] Dazu verglich er die Winkelhöhen des Sonnenhöchststandes in Ägypten zwischen Alexandria und Syene (dem heutigen Assuan), die sich um 1/50 des Vollkreises unterscheiden. Hieraus ergab sich als Erdumfang das 50fache der Entfernung von Alexandria nach Assuan (nach heutigen Einheiten 835 km), also 41.750 km. Eratosthenes kam danach auf einen Erdradius von ca. 6.645 km und damit auf einen Wert, der 4,2 Prozent über dem heutigen liegt.

[14] Dass die Natur in der Sprache der Mathematik geschrieben ist, geht letzten Endes auf Ideen von Pythagoras und Platon zurück.

der ausgehend von grundlegenden Axiomen in abgegrenzten Gebieten (Klassische Mechanik, Elektrodynamik, Thermodynamik) wesentliche Größen in einen mathematischen Funktionszusammenhang gebracht werden. So lassen sich experimentelle Datenbestände theoretisch verifizieren und es sind Voraussagen für die zu erwartenden Ergebnisse noch durchzuführender Experimente möglich. Eine frühe eindrucksvolle Bestätigung der Exaktheit der Klassischen Mechanik ist das Auffinden neuer Planeten durch kleine Bahnabweichungen der bekannten Planeten. Der Erfolg der physikalischen Theorien im 20. Jh. ließ die Erwartung aufkommen, dass alle physikalischen Phänomene in unserem Universum durch eine umfassende Theorie beschreibbar sein sollten. An dieser „Theory of Everything" (TOE) wird derzeit intensiv gearbeitet (vgl. Barrow 1994; Smolin 2008). Der Sog des Erfolges in der Physik ist so groß, dass Chemie und Biologie längst als Spezialfälle der Physik angesehen werden und dass sich sogar Wissenschaften wie Soziologie[15] und Ökonomie[16] einer an der Physik ausgerichteten Mathematisierung und Quantifizierung nicht entziehen können.

2. Glaube und Wissen – Vertrauen

Bevor der Frage nachgegangen werden soll, inwieweit das Programm der Physik nicht doch an Grenzen stößt, sei auf einen anderen wichtigen Aspekt, nämlich die Beziehung von Glauben und Wissen eingegangen. Glauben[17] sei dabei aber nicht verstanden als religiöse Überzeugung, sondern im ursprünglichen Sinn seiner Bedeutung, nämlich des „Fürwahr-Haltens". Mit der Zunahme der Wissensbestände ist schon längst die Situation eingetreten – vielleicht schon zu Zeiten Bacons –, dass ein einzelner Mensch diese nicht mehr überblicken, geschweige denn im Einzelnen verstehen kann. Heute ist das schon innerhalb von engeren Fachgrenzen nicht mehr möglich: So kann ein auf dem Gebiet der Anorganischen Chemie arbeitender Chemiker nicht verfolgen, was sich in-

[15] Es gibt inzwischen eine sogenannte Sozialphysik (Schweitzer 2003b), die sich ausgehend von der Haken'schen Synergetik (Haken 1978) entwickelt hat.

[16] Siehe z.B. Schweitzer 2003a.

[17] Religiöser Glaube soll mit der vorgenommenen Einschränkung nicht diskreditiert werden. Glauben und Glaubenslehren haben eigene Wissensbestände, die in Theologie und Religionswissenschaften nicht ganz aufgehen.

nerhalb der organischen oder der biologischen Chemie tut; oder ein Festkörperphysiker wird sich kaum auskennen auf dem Gebiet der Biophysik.

Bereits ein Student muss darauf vertrauen, dass die Dozenten den Lehrstoff entsprechend des in der jeweiligen Community akzeptierten Kenntnisstandes vermitteln. Er wird den gelehrten Stoff aufnehmen, ihn adäquat einsetzen lernen und die Sachverhalte als wohl richtig ansehen, wenn seine Bemühungen den erwarteten Erfolg bringen, auch dann wenn nicht alles bis ins Tiefste verstanden ist. Der Erfolg ist der Garant für die Richtigkeit der erlernten Konzepte oder Theorien. Auch der Wissenschaftler muss sich bei aktuellen Forschungsfragen darauf verlassen können, dass seine auf demselben Arbeitsgebiet tätigen Kollegen nach dem „state of the art" arbeiten und verifizierbare Ergebnisse publizieren. Auch die Prämissen der eigenen Arbeit müssen stimmen und er muss auf die Richtigkeit des Kenntnisstandes vertrauen können, ohne alles selbst verifiziert zu haben. Der Wissenschaftssoziologe Merton hat das auf ein treffendes Bonmot reduziert: „Wir stehen alle auf den Schultern von Riesen" (Merton 1983). In wissenschaftlichem „Neuland" können Fehler unterlaufen, Fehleinschätzungen und andere Widrigkeiten eintreten, dann ist der Zweifel ein hilfreicher Partner des Vertrauens; salopper formuliert: „Vertrauen ist gut, Kontrolle besser."

3. Die Vereinheitlichung (Mathematisierung) von Wissensbeständen – Grenzen

Der Erfolg der Physik ist unbestreitbar. Die Theorieentwicklung ist hier am weitesten fortgeschritten und hat dazu geführt, dass viele klassische Arbeitsgebiete in umfassenderen Theorien vereinheitlicht werden konnten. Die Elektrostatik und Magnetostatik werden zusammenfassend beschrieben im Rahmen der Elektrodynamik, die „Starke Wechselwirkung", die für den Zusammenhalt der schweren Elementarteilchen (Protonen, Neutronen = Baryonen) und letztes Endes der Atomkerne verantwortlich ist, wird in der Quantenchromodynamik behandelt, die Phänomene der schwachen Wechselwirkung, die für das Verhalten der Leptonen (Elektron, Myon und Neutrinos) verantwortlich sind, ließen sich zusammen mit der Quantenelektrodynamik in der umfassenderen Theorie der elektroschwachen Wechselwirkungen behandeln. Letztere ist mit der Quantenchromodynamik im Standardmodell zu einer Theorie des materiellen Aufbaus unserer Welt zusammengefasst worden. Nicht zu integrieren in dieses System sind die Gravitationsphänomene. Zwar hat sich die Klassische Mechanik als ein Grenzfall der Einstein'schen Relativitätstheorie für kleine Massen und Geschwindigkeiten darstellen lassen, aber eine quantenmechanische Behandlung der Gravitation als Voraussetzung der Vereinheitlichung ist bislang nicht gelungen (Smolin 2008).

Hinter dem Drang eine abschließende Theorie zu finden, verbirgt sich eine Weltsicht, wie sie Wengenroth (2012) in einer einfachen Zeichnung veranschaulicht hat (Abb. 1): Menschliche Aktivitäten (Handwerk, Kunst, Wissenschaft) sind eingebettet in eine statische Umwelt, die zwar für uns unvorstellbar groß sein mag, aber doch abgeschlossen und endlich ist. Die (Natur-)Wissenschaft arbeitet sich durch die Phänomene unserer Umwelt, objektiviert und quantifiziert sie und unterwirft sie der menschlichen Gestaltung. So werden zunächst Handwerk und Kunst wissenschaftlich überformt und letzten Endes wird die Wissenschaft alle „Rätsel" dieser Welt „aufklären" und sich dem Grenzwert des möglichen Wissens nähern, wenn auch nur asymptotisch und immer langsamer.

Abbildung 1: Klassische Sicht einer statischen Umgebung

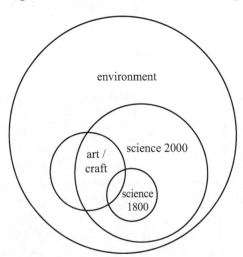

Quelle: Nach Wengenroth 2012.

Aber eine Vereinigung der Relativitätstheorie mit dem Standardmodell steht bislang aus. Physiker werden langsam selbst nervös, weil innerhalb der letzten 40 Jahre kaum ein Fortschritt in dieser Richtung erzielt wurde (Smolin 2008). Hawking vermutet mit Verweis auf Gödel, dass auch die Physik innerhalb ihrer Mittel nicht abschließbar sein könnte.[18,19] Ein radikales Votum gegen den Wert einer TOE stammt von Wolfang Pauli. Er hatte sich mit Werner Heisenberg etwa 1950 zusammengetan, eine sogenannte Weltformel zu finden. Im Laufe der Jahre sind bei Pauli immer größere Skrupel aufgetreten. Er konnte aber Heisenberg nicht von der Idee abbringen. Als dieser dann 1957 die Weltformel in einer zweiteiligen Radiosendung präsentierte, war Pauli so verärgert, dass er sich in einem Brief an gemeinsame Freunde und Kollegen distanzierte (Abb. 2).

Abbildung 2: Paulis Kommentar zu Heisenbergs Rundfunkankündigung einer Weltformel

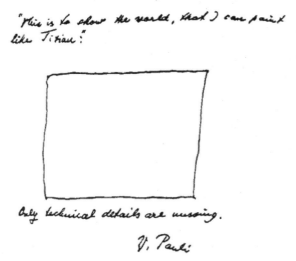

Quelle: Entnommen aus Atmanspacher 1993, S. 112 (Text: „,This is to show the world, that I can paint like Tizian:' Only technical details are missing. W. Pauli").

---

[18] Diese Vermutung äußert Stephen Hawking in einem Vortrag, der auf seiner Homepage zu finden war. Derzeit ist er nicht mehr auffindbar.

[19] Gödel hat gezeigt, dass eine axiomatisch formulierte Zahlentheorie zu nicht beweisbaren Aussagen führt (Schlageter 2013). Versuche, die Theorie mit Zusatzaxiomen abzuschließen, führen aber nur zu einem infiniten Regress.

In diesem Cartoon bringt Pauli zum Ausdruck, dass seines Erachtens eine Weltformel gegenstandslos ist, weil sie die interessanten Details der sich entwickelnden Realität mit uns und um uns herum nie voraussagen kann.

Wie recht Pauli hatte, kann man an Beispielen aus der Physik selbst und den schon fast „eingemeindeten" Nachbargebieten Biologie und Chemie demonstrieren. In der Physik wird niemand ernsthaft versuchen, die praktisch relevanten mathematisch verfeinerten Theorien der Strahlenoptik, der Hydrodynamik oder der Thermodynamik durch komplexere Theorie-Konstrukte zu ersetzen, solange sie sich in praktischen Anwendungen bewähren.

Noch schwieriger ist das Verhältnis der Physik zu Biologie und Chemie. Natürlich unterliegen alle chemischen Prozesse in Organismen und der Chemie den Gesetzen der Thermodynamik und der Quantenmechanik, aber beide Wissenschaften gehen nicht einfach in der Physik auf. Die Entstehung der Lebewesen und deren Evolution zu einer bis heute nicht annähernd vollständig bekannten Vielzahl von Organismen sind weder aus der Chemie noch aus der Physik zwingend ableitbar. Alle Versuche, die Entstehung biologisch relevanter Makromoleküle aus anorganischen Stoffen nachzuvollziehen, sind über einfache Vorstufen nicht hinausgekommen. Nicht einmal die Frage, ob zuerst Proteine oder Nukleinsäuren am Anfang der Entwicklung standen, ist eindeutig geklärt (Herzog 2010). Auch die Entstehung des genetischen Codes liegt völlig im Dunkeln. Das ist eigentlich nicht verwunderlich, weil lebende Organismen – auch die primitivsten Systeme – sich in einem Fließgleichgewicht weitab vom thermodynamischen Gleichgewicht befinden und so einer Folge von Bifurkationen unterliegen, die mit Selbstorganisationsprozessen verbunden sind und eine historische Dimension ins Spiel bringen. Die Evolution ist eine einmalige Erscheinung, deren Reproduktion unter nicht im Einzelnen bekannten – und heute nicht mehr vorhandenen – Umweltbedingungen nie gelingen kann.

Aber auch die viel einfachere Chemie lässt sich nicht einfach auf die Physik – insbesondere die Quantenmechanik – zurückführen. Viele chemische Tatsachenbestände lassen sich mit semiempirischen Konzepten ordnen und plausibel machen, ohne dass diese bis heute exakt quantenmechanisch begründet werden könnten. Eine grundlegende Schwierigkeit besteht schon darin, dass sich zwar mittels der Schrödinger-Gleichung die Energieniveaus eines Moleküls sehr genau berechnen lassen, dass dafür aber eine Reihe von Ad-hoc-Annahmen notwendig ist und dass für die geeignete Form des Energieterms das Verknüpfungsmuster der Atome eingesetzt werden muss, das nur aus anderen Tatsachenbeständen ermittelt werden kann (Primas 1985). Wenn so die Stabilität und die Energiezustände eines theoretisch denkbaren neuen Moleküls berechnet werden können, ist der Weg zu diesem Molekül nicht aus der Quantenmechanik ableitbar. Dieser Weg ist nur zu finden über das historisch gewachsene Wissen über chemische Umsetzungen (einschließlich dem der Alchemisten) und das Auffinden der optimalen Reaktionsbedingungen in einem „trial and error"-Verfahren. Mit der Umsetzung ist es aber nicht getan, der Stoff muss auch noch aus einem Gemisch von nicht intendierten Nebenprodukten „herausgefischt" und gereinigt werden. Beides erfordert praktisches Erfahrungswissen und „handwerkliches" Können.

Zugegebenermaßen verlangt auch der Aufbau physikalischer Messordnungen Ingenieurskunst, handwerkliches Geschick und Materialkenntnis, die nicht aus den physikalischen Theorien herleitbar sind. Es scheint so, als ob auch in der zeitgenössischen wissenschaftlich-technischen Praxis die uralten Vorgehensweisen vom Anfang der technologischen Entwicklung ihre Bedeutung behalten hätten: beobachten, probieren, gezielt verändern, erwartete Reaktionen reproduzieren, ungeeignete Alternativen aussortieren usw. Diese Schlussfolgerung liegt auf der Linie von Knorr-Cetina (1991), die überzeugend aufzeigt, dass keine spezifischen Qualitäten erkennbar sind, die „naturwissenschaftliche Rationalität und naturwissenschaftlich-technisches Handeln von der Alltagsrationalität und dem Alltagshandeln" abheben würden. Noch einen Schritt weiter geht Mutschler (2014), für den die Wissenschaft engstens mit der Lebenswirklichkeit verschränkt ist und für den der monistische Materialismus und die Vorstellung einer „kausalen Geschlossenheit der Welt" nicht belegbare Ideologien moderner Wissenschaft darstellen.

Wenn also schon in den der Physik benachbarten Naturwissenschaften Chemie und Biologie die Reduktion auf grundlegende physikalische Theorien nicht gelingt, dann ist der Versuch, dieses auf die Geisteswissenschaften auszudehnen, grundsätzlich verfehlt. Auch renommierte Naturwissenschaftler sehen in derartigen Versuchen keinen Sinn (Schlageter 2013).

4. Chemie und die Konfrontation mit dem Nichtwissen

Während in der von der Physik bestimmten Technik die Wirkung eines Apparates oder einer Maschine aufhört, sobald sie ausgeschaltet ist, entfaltet ein aus Versehen oder Absicht freigesetzter Stoff sein spezifisches Reaktionsverhalten auch außerhalb des Labors. Auch wenn in den hochindustrialisierten Ländern die leichtfertige Entsorgung der bei den Produktionsprozessen anfallenden Begleitstoffe und Nebenprodukte über Abwässer und Abluft aufgegeben wurde und auch wenn man versucht, unerwünschte Nebenwirkungen von Chemikalien, deren Freisetzung für bestimmte Zwecke vorgesehen ist, in standardisierten, dem aktuellen Kenntnisstand entsprechenden Testverfahren zur Umwelt- bzw. Humantoxizität zu minimieren, können Wissenschaftler nicht garantieren, dass es bei der bestimmungsgemäßen Freisetzung nicht zu völlig unerwarteten Nebeneffekten kommt, die man aus den Laborerfahrungen heraus nicht bedacht hatte oder nicht wissen konnte. Es ist nämlich schlicht unmöglich, mit einem begrenzten Aufwand an Zeit und Geld all den Wechselwirkungen und Effekten nachzugehen, die etwa 100.000 im Verkehr befindliche Chemikalien mit einer nicht bekannten Zahl von Lebewesen (angefangen von Insekten wie Bienen bis zu Vögeln und Säugetieren) und auch mit den anorganischen Bestandteilen der Umweltkompartimente eingehen.

So können aus den freigesetzten Stoffen Folgeprodukte entstehen, die langlebiger und/oder giftiger sind als die Ausgangsstoffe. Die freigesetzten Stoffe (einschließlich deren Folgeprodukte) können in Organismen, die nicht getestet werden, Wirkungen auslösen, auch unter den offiziellen Grenzwerten, die erfahrungsbedingte Sicherheitsmargen berücksichtigen.[20] Ein besonderes Beispiel unvorhergesehener Wirkungen bieten die Fluorkohlenwasserstoffe, die man schon seit Anfang des 20. Jhs. kennt: sie sind extrem stabil, nicht brennbar, auch nicht akut toxisch und leicht flüchtig; Sie waren deshalb ideal geeignet für die Anwendung als Kühlmittel in Haushalten anstelle von Ammoniak; darüber hinaus lösten sie hervorragend Fette, weshalb sie vielseitige Anwendungen in der Textilreinigung und der Metallverarbeitung fanden. Nicht bedacht hatte man, dass diese

---

[20] Die Ökotoxikologie (Fent 2013) ist diejenige Wissenschaft, die die nichterwarteten Nebeneffekte des Einsatzes von chemischen Stoffen untersucht. Es wird ihr von der Chemie nicht besonders gedankt und sie kann meist erst die eingetretenen Schäden diagnostizieren.

Stoffe wegen ihrer Stabilität im Fettgewebe von Tieren am Ende der Nahrungskette oder in der Muttermilch angereichert werden oder völlig unerwartet gegen die Schwerkraft bis in die Stratosphäre aufsteigen konnten, wo sie unter dem Einfluss der UV-Strahlung zum Abbau der Ozonschicht beitragen, die die für Lebewesen schädliche harte UV-Strahlung von der Erdoberfläche fernhält.[21]

Glücklicherweise kommt der Endverbraucher mit vielen Chemikalien gar nicht in Kontakt, weil sie im Produktionsprozess weiterverarbeitet werden und nicht Umgesetztes in den Prozess zurückgeführt und ordnungsgemäß entsorgt wird. Andere Chemikalien sind wirklich harmlos oder werden schnell abgebaut. Aber es bleiben Spuren in den Produkten: Man braucht sich nur einmal in ein fabrikneues Auto zu setzen, oder an die modische Kleidung zu denken. Nur als Denkanstoß: Allein in der Textilfertigung werden etwa 8.000 Chemikalien eingesetzt.

5. Wissen produziert Nichtwissen

Während die Beispiele aus der Physik und Biologie und aus der Laborchemie zeigen, dass der Mathematisierbarkeit und der Vereinheitlichung von Theorien Grenzen gesetzt sind, stößt man in der Ökotoxikologie an nicht-hintergehbare Grenzen des Wissbaren. Man agiert hier in einem nicht-abschließbaren Raum von Möglichkeiten.[22] Das weist darauf hin, dass das vorhin gezeigte Modell einer statischen Umwelt nicht der realen Situation gerecht wird. Viel plausibler scheint es heute, davon auszugehen, dass sich die menschliche und nicht-menschliche Umwelt durch die möglichen Wechselwirkungen ständig verändern, wodurch sich der „Raum" der Möglichkeiten enorm vergrößert. Natürlich wachsen auch unser Wissen und unsere technischen Fertigkeiten, aber ein abschließbares Wissen wird es nicht geben (Abb. 3). Das Spiel zwischen den Realitäten und unserem Erkenntnisvermögen gleicht dem Hase-und-Igel-Spiel in der Fabel.

---

[21] Stefan Böschen (2000) hat in seiner Doktorarbeit die Genese des Gefährdungsbewusstseins bei dieser Stoffklasse herausgearbeitet.

[22] Nach Janich 1992 wäre das von mir gewählte Beispiel einzuordnen unter die Grenzen, die bedingt sind durch die räumliche und zeitliche Dimension der zu untersuchenden Objekte bzw. deren Komplexität. Andere Beispiele dieser Art aus Physik und Biologie werden von Horgan 1997 thematisiert.

Abbildung 3: Das Wachstum der Wissenschaft in einer dynamischen Umgebung

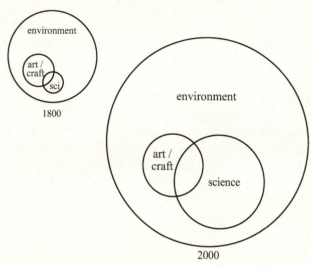

Quelle: Nach Wengenroth 2012.

Eine naturphilosophische Begründung für diese vorhin bildlich darge-stellte Situation kann man in den Ansätzen von A.N. Whitehead (1988) und C.F. von Weizsäcker (1985) finden. Ausgangspunkt beider ist fol-gende Feststellung: Wahrscheinlichkeitsaussagen machen nur für zukünf-tige (noch nicht eingetretene) Ereignisse einen Sinn. Bereits eingetretene Ereignisse sind Fakten. In dieser Aussage steckt eine „Zeitasymmetrie", die in den Theorien, die auf Wahrscheinlichkeitsaussagen begründet sind, m.E. kaum berücksichtigt wird.

Für Whitehead (in „Prozess und Realität") sind Ereignisse die grund-legenden Entitäten. Auch Ideen sind Ereignisse. In den Ereignissen ver-wandeln sich „actual occasions" (Potenzialitäten, die sich aus den Wech-selwirkungen der Objekte in ihren jeweiligen Zuständen ergeben) in neue Fakten (Zustände), aus denen sich die Potenzialitäten für die weiteren Ereignisse entwickeln. Nach von Weizsäcker (in „Aufbau der Physik") haben die Shannon-Information und die Boltzmann-Entropie dasselbe Vorzeichen, wenn man die Information als potenzielle Information inter-pretiert (mögliche Zustände); Entropiezunahme bedeutet dann Zunahme an potenzieller Information (Weizsäcker 1985; Ebeling et al. 1998). Die

Entwicklung der Welt erfolgt in einer unendlichen Abfolge von Entscheidungen zwischen Alternativen („Ure"). Die sich daraus ergebenden Fakten konstituieren und generieren alle Objekte und Erscheinungen in unserem Kosmos. Die in den beobachtbaren Phänomenen „eingefrorene/verwirklichte" Information ist nur ein Bruchteil der möglichen Information. Die Zunahme von Fakten bzw. neuen Erscheinungen geht immer einher mit der Zunahme der potenziellen Information. Oder anders formuliert: Das generierbare bzw. generierte Wissen ist sehr eng verknüpft mit der Generierung von Nichtwissen bzw. unvollständigem Wissen. Das Nichtwissen dominiert das Wissen.[23] Das Thema „Nichtwissen" ist von Soziologen (!) auf die Agenda gesetzt worden (Wehling 2001; Böschen/Wehling 2004). Dabei steht man vor enormen Herausforderungen bei hochaktuellen Themen wie Klimawandel, Biodiversität, Bodendegradation und Umgang mit Gentechnik, bei denen grundsätzlich unter Bedingungen unvollständigen Wissens bzw. prinzipiellem Nichtwissen Entscheidungen zu treffen sind (Böschen et al. 2004).

Sowohl bei Whitehead wie bei von Weizsäcker ist der Prozess der Wissens- bzw. Nichtwissensgenerierung nicht abschließbar.[24] Diese Sicht ist kompatibel mit der Vorstellung eines „offenen Universum", wie es auch neueste Forschungen der Astrophysik nahelegen. Offene Systeme[25] sind immer Nichtgleichgewichtssysteme, in denen unter bestimmten Be-

[23] Während Laplace der Vollender der Klassischen Mechanik gegenüber Napoleon noch getönt hatte „Wir brauchen die Hypothese Gott nicht", äußert er auf dem Sterbebett: „Was wir wissen ist geringfügig; was wir nicht wissen ist grenzenlos." (Zitiert nach Schlageter 2013, S. 395)

[24] Die Laborerfahrung als Chemiker hat mich gelehrt, dass in den meisten Fällen geplante Experimente zwar die zu beantwortende Frage entscheiden helfen, aber auch neue Fragen aufwerfen. Ich habe oft gegenüber Studenten die Generierung von Wissen mit dem mythologischen Bild des Kampfes mit der Hydra verglichen: Wenn der mythische Heros der Hydra einen Kopf abschlägt, wachsen jeweils mehrere nach.

[25] So der Titel eines Buches von E.U. von Weizsäcker aus dem Jahr 1974. Nahezu gleichzeitig entstehen die Arbeiten von Prigogine zu den „dissipativen" Strukturen (Selbstorganisation weit weg vom thermodynamischen Gleichgewicht) und das Buch „Das offene Kunstwerk" von Umberto Eco, in dem herausgearbeitet wird, wie jeder Betrachter eines Werkes dessen Interpretation weit über die Intentionen des Künstlers hinausführt. Die Bewertung/Deutung von Werken setzt sich in der Zeit fort und reicht weit über die Entstehungszeit hinaus.

dingungen die Entstehung komplexer Strukturen zwangsläufig ist (lokale Absenkung der Entropie durch Entropieexport in die Umgebung). Seit Prigogine, Haken, Mandelbrot und Thom dämmert den Naturwissenschaftlern, dass die Nichtgleichgewichtsprozesse in der Überzahl sind, und dass damit auch nicht-lineare Phänomene mehr Bedeutung bekommen (auch in der Welt der materiellen Objekte) und dass dadurch auch eine historische Dimension in die Physik integriert werden müsste. Die Physik hat aber bisher nur ansatzweise die mathematischen Möglichkeiten dafür.

Die These von Whitehead und von Weizsäcker bedeutet, dass Wissen grenzenlos zunehmen könnte, zumindest so lange, wie ein genügend großes Energiegefälle auf unserer Erde vorhanden ist, das unter Entropieexport Selbstorganisationsprozesse ermöglicht. Es tut sich aber eine andere Grenze auf: Werden wir in der Lage sein, dieses Wissen mit einem vertretbaren Aufwand an Zeit und Geld zu speichern und die dafür notwendige Infrastruktur aufrechtzuerhalten? Welche Wissensbestände gibt man auf und welche sind es wert, bewahrt zu werden? Eine andere Frage ist, ob der Mensch mit diesen „explodierenden Wissensbeständen" umgehen kann. Die Möglichkeit eines Einzelnen das Wissen seiner Zeit zur Verfügung zu haben, ist längst vorbei. Die Ausdifferenzierung der Wissensbestände in immer stärker spezialisierte Subdisziplinen ist keine Lösung auf Dauer. Alle diese Subdisziplinen neigen dazu, eine eigene Fachsprache zu entwickeln. Inwieweit untergräbt diese Entwicklung die Kommunikation auch zwischen nahe beieinanderliegenden Teilgebieten? Wer koordiniert dann noch notwendige Handlungen. Endet das Ganze in einer Sprachverwirrung, die gemeinsame Projekte zum Scheitern verurteilt (Menetekel des Baus des Babylonischen Turmes, Gn 11, 1-9)? Überlassen wir dann die Steuerung menschlichen Zusammenlebens den schnelleren und potenteren Großrechnern? Dass dies auch keine Lösung sein könnte, veranschaulicht Douglas Adams (1991) satirisch mittels seiner Geschichte über den Supercomputer „Deep Thought"[26] in seinem Roman „Per Anhalter durch die Galaxis".

[26] Diesem Computer ist die Aufgabe gestellt, herauszufinden, was das „Phänomen Leben" ausmacht. Nach 7 Millionen Jahren gibt er als mit Spannung erwartete Lösung die Zahl 42 aus. Ist das eine persiflierende Vorwegnahme der Theoretischen Informatik, dass es keinen Supercomputer geben kann, der alle Probleme lösen könnte (Schlageter 2013)?

Literatur

Adams, D. (1991): Per Anhalter durch die Galaxis. 15. Aufl., Frankfurt a.m.: Ullstein.

Atmanspacher, H. (1993): Die Vernunft der Metis. Theorie und Praxis einer integralen Wirklichkeit. Stuttgart: Verlag J.B. Metzler.

Bachelard, G. (1990): Psychoanalyse des Feuers. Frankfurt a.M.: Fischer Taschenbuch Verlag (Französische Originalausgabe bei Gallimard, Paris 1949; erste deutsche Ausgabe bei Hanser: München 1985).

Barrow, J.D. (1994): Theorien für Alles. Reinbek b. Hamburg: Rowohlt.

Böhme, G. / Böhme, H. (1996): Feuer Wasser Erde Luft. Eine Kulturgeschichte der Elemente. München: C.H. Beck.

Böschen, S. (2000): Risikogenese. Prozesse gesellschaftlicher Gefahrenwahrnehmung: FCKW, DDT, Dioxin und Ökologische Chemie. Opladen: Leske + Budrich.

Böschen, S. / Schneider, M. / Lerf, A. (Hg.) (2004): Handeln trotz Nichtwissen. Frankfurt a.M.: Campus Verlag.

Ebeling, W. / Freund, J. / Schweitzer, F. (1998): Komplexe Strukturen: Entropie und Information. Leipzig: Teubner.

Eco, U. (1993): Das offene Kunstwerk. 6. Aufl., Frankfurt a.m.: Suhrkamp.

Eliade, M. (1992): Schmiede und Alchemisten. Freiburg: Herder.

Fent, K. (2013): Ökotoxikologie. 4. Aufl., Stuttgart: Thieme.

Gebser, J. (1992): Ursprung und Gegenwart. 4. Aufl., Stuttgart: dtv.

Haken, H. (1978): Synergetics. Berlin: Springer.

Herzog, V. (Hg.) (2010): Lebensentstehung und künstliches Leben. Naturwissenschaftliche, philosophische, und theologische Aspekte der Zellevolution. Die Graue Edition, Zug, Schweiz.

Hoffmann-Axthelm, D. (1987): Sinnesarbeit. Nachdenken über Wahrnehmung. Frankfurt a.M.: Campus Verlag.

Horgan, J. (1997): An den Grenzen des Wissens. München: Luchterhand.

Jamme, C. / Matuschek, S. (2014): Handbuch der Mythologie. Darmstadt: Wissenschaftliche Buchgesellschaft.

Janich, P. (1992): Grenzen der Naturwissenschaft. München: C.H. Beck.

Kerényi, K. (1994): Die Mythologie der Griechen. 16. Aufl., München: dtv.

Knorr-Cetina, K. (1991): Die Fabrikation von Erkenntnis. Zur Anthropologie der Naturwissenschaft. Frankfurt a.M.: Suhrkamp.

Leroi-Gourhan, A. (1988): Hand und Wort. Die Evolution von Technik, Sprache und Kunst. Frankfurt a.M.: Suhrkamp.

MacGregor, N. (2013): Eine Geschichte der Welt in 100 Objekten. Jubiläums-ausgabe. München: C.H. Beck.

Merton, R.K. (1983): Auf den Schulten von Riesen. Frankfurt a.M.: Suhrkamp.

Mutschler, H.-D. (2014): Halbierte Wirklichkeit. Warum der Materialismus die Welt nicht erklärt. Lizenzausgabe. Darmstadt: Wissenschaftliche Buch-gesellschaft.

Prigogine, I. (1979): Vom Sein zum Werden. Zeit und Komplexität in den Natur-wissenschaften. München: Piper.

Primas, H. (1985): Kann Chemie auf Physik reduziert werden? Erster und zweiter Teil. In: Chemie in unserer Zeit, 19, S. 109-119 und 160-166.

Sachsse, H. (1978): Anthropologie der Technik. Braunschweig: Vieweg.

Schlageter, W. (2013): Wissen im Sinne der Wissenschaften. Exaktes Wissen, Empirisches Wissen, Grenzen des Wissens. Frankfurt a.M.: Frankfurter Literaturverlag

Schweitzer, F. (2003a): Menschen, Märkte und Modelle. In: Physik Journal, 2(5), S. 33-34.

Schweitzer, F. (2003b): Meinungsbildung, Kommunikation und Kooperation aus physikalischer Perspektive. In: Physik Journal, 2(5), S. 57-62.

Serres, M., (Hg.) (1995): Elemente einer Geschichte der Wissenschaften. Frank-furt a.M.: Suhrkamp.

Smolin, L. (2008): The Troubles with Physics. Boston: Houghton Mifflin Com-pany.

Wehling, P. (2001): Jenseits des Wissens? Wissenschaftliches Nichtwissen aus soziologischer Perspektive. In: Zeitschrift für Soziologie, 30, S. 465-484.

Weizsäcker, C.F. von (1985): Aufbau der Physik. München: Hanser.

Weizsäcker, C.F. von (1992): Zeit und Wissen. München: Hanser.

Weizsäcker, E.U. von (Hg.) (1974): Offene Systeme I. Stuttgart: Klett-Cotta.

Wengenroth, U. (2012): „Von der unsicheren Sicherheit zur sicheren Unsicher-heit": Die reflexive Modernisierung in den Technikwissenschaften. In: Wengenroth, U. (Hg.), Grenzen des Wissens – Wissen um Grenzen. Vel-brück: Weilerswist, S. 193-213.

Whitehead, N.A. (1988): Prozess und Realität. Frankfurt a.M.: Suhrkamp.

Bitcoin, PayPal & Co. – Aufhebung der Begrenzung der Geldschöpfung?

Beate Sauer

1. Einleitung

Am 22. Januar 2015 hat die Europäische Zentralbank (EZB) ein „erweitertes Programm zum Aufkauf von Vermögenswerten" (Europäische Zentralbank 2015) angekündigt. In den Medien stieß man daraufhin auf Aussagen wie „Die EZB stößt an ihre Grenzen" oder Fragen wie „Grenze der Geldpolitik erreicht?". Bereits 2013 war von „grenzwertig" die Rede, als ebenfalls Anleihekäufe der EZB unter anderen Programmen (*Securities Markets Programme* und *Outright Monetary Transactions Programme*) diskutiert und sogar vor dem deutschen Verfassungsgericht in Karlsruhe auf einen möglichen Mandatsverstoß geprüft wurden. Andere geldpolitische Entscheidungen führten zu einem ähnlichen Umgang mit dem Begriff Grenze. Insbesondere das niedrige Niveau des Leitzinses ließ eine Diskussion über die sogenannte Nullzinsgrenze, die mittlerweile zumindest von der EZB mit dem Einlagenzinssatz, aber beispielsweise auch von der *Danmarks Nationalbank* unterschritten wurde, aufkommen. Damit existieren nun negative Nominalzinsen. Setzt man sich mit dem Begriff Grenze in diesem Zusammenhang genauer auseinander, so wird schnell klar, dass es sich hierbei um soziale Konstrukte handelt. Die Frage, um welche Grenze es sich konkret handelt bzw. warum die jeweilige Grenze definiert ist, bleibt hierbei oftmals unbeantwortet. Geht es um das begrenzte geldpolitische Instrumentarium, Grenzen einzelner geldpolitischer Instrumente, die begrenzte Wirksamkeit geldpolitischer Entscheidungen und das Versagen der Transmissionskanäle oder um die Grenze konventioneller Geldpolitik?

Im Bereich der Ökonomik existieren viele Grenzen, die in Frage gestellt und diskutiert werden können. So hat schon der *Club of Rome* zu Beginn der 1970er Jahre auf Grenzen des Wirtschaftswachstums hingewiesen.[1] Ebenso stehen Grenzen der Staatsverschuldung oder Grenzen der Reserveakkumulation von Zentralbanken, wohl am häufigsten in Zusammenhang mit der *People's Bank of China* und ihrer Politik der künstlichen Unterbewertung des *Renminbi Yuan*, immer wieder im Fokus wissenschaftlicher Arbeiten. In Deutschland, mit seiner Inflationsaversion, geht es zudem häufig um eine Begrenzung des Geldmengenwachstums.

Bereits diese Beispiele zeigen, dass es in der Ökonomik und insbesondere im Bereich der Geld- und Währungssysteme viele Grenzen gibt, über die es sich zu diskutieren lohnt. Zu berücksichtigen ist aber, dass eine Grenze aus einem anderen Blickwinkel betrachtet gar keine Grenze sein muss. Für die europäische Geldpolitik ist eine Politik der quantitativen Lockerung (Anleihekäufe) der Übergang von konventionellem zu unkonventionellem geldpolitischem Instrumentarium. In den USA, Großbritannien oder Japan hingegen ist ein solches Instrument durchaus zur konventionellen Geldpolitik zu zählen. Eine Grenze teilt zudem nicht immer und überall nur etwas in zwei Gruppen. Die Grenze selbst kann dehnbar sein, einen Raum darstellen, was im Volksmund als Grauzone bezeichnet wird (und damit oftmals negativ behaftet ist), oder sie kann sich im Laufe der Zeit verschieben oder durchlässig werden.[2]

Dieser Beitrag beschäftigt sich intensiv mit einer weiteren Grenze im monetären Bereich, der Begrenzung der Geldschöpfung an sich sowie ihrer Begrenzung auf das Zentralbanken- und Geschäftsbankensystem. Denn im heutigen zweistufigen Bankensystem sind Nichtbanken (Haushalte, Unternehmen, teils auch der Staat) von der Geldschöpfung ausgeschlossen.

Um eine fundierte Auseinandersetzung mit dieser Thematik zu ermöglichen und zu zeigen, warum diese Grenze besteht, wird im nächsten Abschnitt zunächst ein kurzer Abriss über die Entwicklung hin zum heute existierenden System gegeben. Darauf folgend werden gängige Geldschöpfungstheorien vorgestellt, um eine Definition für Geldschöpfung

---

[1] Siehe hierzu auch den einleitenden Beitrag von Eva Lang und Axel Schaffer in diesem Band.

[2] Siehe hierzu bspw. auch die Beiträge von Peter Finke und Martin Schneider in diesem Band.

außerhalb des Bankensystems zu erarbeiten, welche die Grundlage für die weiteren Untersuchungen der Fragestellung bildet. Der technische Fortschritt und in diesem Zuge das Aufkommen von Online-Bezahlsystemen wie PayPal und von virtuellen Währungen wie Bitcoin können möglicherweise dazu führen, dass die Begrenzung der Geldschöpfung auf das Bankensystem aufgehoben und die Grenze der Geldschöpfung damit verschoben wird, wenn Zahlungsmittel künftig zusätzlich im Nichtbankensystem geschöpft werden können. Denn was passiert mit den Guthaben auf PayPal-Konten? Werden diese von PayPal tatsächlich dort belassen oder kann eine Art Kreditvergabe ähnlich wie im Geschäftsbankensystem stattfinden – dann allerdings unbegrenzt aufgrund der fehlenden Mindestreservepflicht? Mit diesen und ähnlichen Fragen setzt sich ein weiterer Abschnitt auseinander, bevor der Fall virtueller Währungen am Beispiel Bitcoin behandelt wird. Handelt es sich um zusätzliche Geldschöpfung, solange die Einheiten virtueller Währungen noch geschöpft werden können, das Angebot also noch nicht seine maximale Menge erreicht hat? Nachdem diese Fragen beantwortet sind, befasst sich der letzte Abschnitt dieses Beitrags damit, warum die Frage nach Geldschöpfung außerhalb des Bankensystems gerade für Zentralbanken besonders relevant ist und welche Auswirkungen aufgrund derartiger Entwicklungen möglicherweise zu erwarten sind. In diesem Zusammenhang wird auch die Frage nach der nachhaltigen Entwicklung des Geldsystems kurz aufgegriffen. Muss mit einer Stabilisierung oder einer Destabilisierung des Systems gerechnet werden, wenn sich die Akteure der Geldschöpfung ändern? Der Beitrag schließt mit einer Zusammenfassung und einem Ausblick.

2. Historie der Entwicklung des heutigen Geld- und Währungssystems

Bis ins späte Mittelalter waren hauptsächlich privat ausgegebene Münzen in Umlauf, die aufgrund ihrer unterschiedlichen Metallgehalte miteinander konkurrierten. Die Münzhoheit und damit das Recht, Münzen zu prägen und in Umlauf zu bringen, lag damals meist beim jeweiligen Herrscher. Das Monopol der Geldschöpfung hatten Nichtbanken inne. Zwischen dem 15. und dem 17. Jahrhundert kamen Wechsel zusätzlich zu den Münzen als Zahlungsmittel in Umlauf, die bei verschiedenen Stellen,

meist Privatbanken, wieder gegen Münzen oder das entsprechende Edel-
metall getauscht werden konnten. Die Vielzahl verschiedener Münzen
mit unterschiedlicher Qualität machte es den Kaufleuten insbesondere an
wichtigen Handelsumschlagplätzen nicht leicht, Geschäfte abzuschließen. Daher wurde 1609 in Amsterdam eine Wechselbank, die sogenannte
Amsterdamsche Wisselbank gegründet, die zur Aufgabe hatte, Wechsel
gegen die Einzahlung qualitativ hochwertiger Münzen auszugeben, um
die Zahlungsmittel für den Handel zu vereinheitlichen. Damit die Händ-
ler gezwungen waren, die Leistungen der Bank in Anspruch zu nehmen,
galt die Regelung, dass Wechsel über 600 Gulden über die Bank abge-
wickelt werden mussten. Diese Bank gilt daher als erste Zentralbank der
Welt, allerdings ohne das Recht, eigene Banknoten zu emittieren.

Im Jahre 1656 gründete Johan Palmstruch die *Palmstruch-Bank* in
Schweden. Er finanzierte einen Teil des schwedischen Staatshaushaltes
und erhielt dafür als Gegenleistung die Genehmigung, eine Bank aufzu-
bauen, die eigene goldgedeckte Banknoten ausgeben durfte. Seine Bank
gilt daher als erste Notenbank der Welt.

1694 folgte das Königreich England diesem Beispiel und rief die *Bank
of England* ins Leben. Zweck dieser Bank war es, Anleihen auszugeben
und das Kapital zur Finanzierung des Krieges gegen Frankreich zur Verfügung zu stellen. Im Gegenzug war es der Bank erlaubt, Bankgeschäfte
zu tätigen und eigene Banknoten auszugeben.

Im Jahr 1875 fand eine ähnliche Bankengründung auf deutschem
Boden statt: die *Reichsbank* als Zentralbank des Deutschen Reiches. Auch
diese Bank war im Besitz privater Anteilseigner und besaß das Privileg
zur Banknotenausgabe nur zusammen mit 32 weiteren privaten deutschen
Notenbanken. Zuvor hatte die *Königlich-Preußische Hauptbank* eine
zentralbankähnliche Funktion inne.

Kurz vor Beginn des Ersten Weltkriegs, nämlich 1913, wurde das
Federal Reserve System geschaffen, um ein einheitliches Notenbanksys-
tem zur Emission von Banknoten in den Vereinigten Staaten zu etablieren.
Es besteht aus privaten Regionalbanken mit einem politischen Führungs-
gremium.

Diese wenigen Beispiele zeigen, dass sich über Jahrhunderte hinweg
ein zwar national zentralisiertes, aber meist privates Notenbanken- und
Geldsystem entwickelt hat. Im Großteil der heutigen Länder existieren
somit gesetzlich verankerte Währungen mit einer zentralen Instanz, die
für die Steuerung des Geldangebots zuständig ist. Damit einher geht fast

immer die Organisation in einem zweistufigen System mit Zentralbanken- und Geschäftsbankensektor, in denen grundsätzlich Geldschöpfung möglich ist. Die Tatsache, dass die Geldschöpfung von den Nichtbanken zu den Banken wechselte und nun ausschließlich im (Zentral-)Bankensystem stattfindet, hat sich demnach über mehrere Jahrhunderte herausgebildet. Diese Begrenzung der Geldschöpfung auf das Bankensystem ist mittlerweile fest im Staatengebilde und den Gesellschaften verankert. Hierbei wird allerdings nicht selten von staatlichen Zentralbanken ausgegangen, was nur bedingt zutrifft. In vielen Ländern ist die Notenbank – wie erläutert – zwar unter politischer und damit letztlich staatlicher Kontrolle, aber dennoch eine Bank mit privaten Anteilseignern. Geldschöpfung obliegt dem (Zentral-)Bankensystem, das somit für die Geldversorgung der Wirtschaft verantwortlich zeichnet. Gleichwohl bedeutet die beschriebene Entwicklung, dass sich die Grenze der Geldschöpfung bereits mehrfach verschoben hat, nämlich immer dann, wenn sich die geldschöpfenden Akteure über die Zeit geändert haben, ein neues internationales Geld- und Währungssystem[3] eingeführt oder die Definition von Geld[4] ausgeweitet wurde. Und wer bestimmt, dass diese Entwicklung nun zu Ende ist? Kann es nicht sein, dass sich durch moderne Technologien selbst bewährte Systeme ändern, eine Weiterentwicklung einsetzt und damit eine erneute Verschiebung der Grenze stattfindet?

3. Theorien der Geldschöpfung

3.1 Innerhalb des Bankensystems

Nach der *Geldschöpfungsmultiplikatortheorie* spielt sich die Entstehung von Geld heutzutage in den meisten Länder in der Regel auf zwei Stufen im Bankensystem ab, weshalb Zentralbankgeldschöpfung und Geschäftsbankengeldschöpfung (Giralgeld- oder Buchgeldschöpfung) unterschieden werden. Zentralbankgeld, oft als Geldbasis bezeichnet, entsteht dann, wenn sich Banknotenumlauf oder Verbindlichkeiten der Zentralbank

---

[3] Zu denken ist hier beispielsweise an den Goldstandard oder das Bretton-Woods-System, unter denen die Geldschöpfung jeweils an bestimmte Vorgaben (u.a. Golddeckung) gebunden war.

[4] So gelten beispielsweise Sichteinlagen heute als geldähnliche Forderungen und werden deshalb im Regelfall mit Geld gleichgesetzt, was nicht immer so war.

gegenüber den Geschäftsbanken erhöhen, also die umlaufende Geldmenge erhöht wird und es zu einer Ausweitung der Passivseite der Zentralbankbilanz kommt. Dies geschieht durch Ankauf von Devisen oder Wertpapieren über währungs- und geldpolitische Instrumente. Die Aktivseite der Zentralbankbilanz vergrößert sich durch die Hereinnahme dieser Sicherheiten. Es handelt sich insgesamt um eine Bilanzverlängerung. Die Zentralbankgeldschöpfung geht daher immer mit einer Ausweitung der Forderungen der Zentralbank einher. Die Bilanzsummen auf Entstehungs- und Verwendungsseite sind gleich groß.

Tabelle 1: Vereinfachte Zentralbankbilanz

Aktiva	Passiva
• Forderungen an Ansässige außerhalb des Währungsgebiets • Goldreserven • Devisenreserven	• Bargeldumlauf
• Forderungen an Ansässige innerhalb des Währungsgebiets • Refinanzierungskredite • Wertpapiere • Kredite an Staat	• Verbindlichkeiten gegenüber Kreditinstituten im Währungsgebiet • Geschäftsbanken • Nichtbanken • Staat
• Sonstige Aktiva – Sonstige Passiva	• Verbindlichkeiten gegenüber Ausland
Bilanzsumme (Entstehungsseite)	Bilanzsumme (Verwendungsseite)

Quelle: Eigene Darstellung in Anlehnung an Krugman/Obstfeld 2006, S. 576.

Der deutlich größere Teil der Geldschöpfung findet in modernen Volkswirtschaften nach dieser Theorie allerdings im Geschäftsbankensystem statt: die Giralgeldschöpfung, die in aktive und passive Geldschöpfung unterteilt wird. Die aktive Geldschöpfung funktioniert analog zur Zentralbankgeldschöpfung. Sobald beispielsweise eine Geschäftsbank einen Kredit gewährt, entsteht Buchgeld, eine Gutschrift auf dem entsprechenden Girokonto, das direkt in Bargeld umgetauscht werden kann. Durch die gleichzeitige Hereinnahme von Sicherheiten als Gegengeschäft verlängern sich Passiv- und Aktivseite der Geschäftsbankenbilanz um dieselbe Summe. Wenn eine Nichtbank hingegen Geldkapital (längerfristig angelegtes Kapital) in Bargeld oder eine Sichteinlage umwandelt, dieses Kapital also liquidiert und auf dem Girokonto gutschreiben oder direkt auszahlen lässt, entsteht ebenfalls Buchgeld. Da es sich hierbei aber um einen reinen Passivtausch handelt, wird von passiver Giralgeldschöpfung gesprochen. Diese beiden Arten der Geldschöpfung im Geschäftsbankensystem sind letztlich nur durch die Bargeldquote der Nichtbanken und den von der Zentralbank vorgegebenen Mindestreservesatz begrenzt. Jede Geschäftsbank ist gezwungen, diesen Anteil von bestimmten Einlagen (der Mindestreservebasis) bei der Zentralbank zu hinterlegen. Die Kreditvergabemöglichkeiten der Geschäftsbanken werden hierdurch eingeschränkt. Alle weiteren Einschränkungen der Giralgeldschöpfung – wie zum Beispiel die Eigenkapitalvorschriften für Geschäftsbanken aus Basel II und III[5] – resultieren aus Regelungen, die nicht im Verantwortungsbereich der Zentralbanken liegen.

Wird der Mindestreservesatz auf 100% angehoben, was dem Vollgeldsystem entspricht, so sind die Geschäftsbanken nicht länger in der Lage, selbst Geld zu schöpfen. Sie wären reine Finanzintermediäre, was in der *Intermediationstheorie* berücksichtigt wird. Besteht hingegen keine Mindestreservepflicht (Mindestreservesatz 0%), könnten die Geschäftsbanken unabhängig von der Höhe ihrer Sichteinlagen und unabhängig von Zentralbankgeldreserven Geld in Umlauf bringen. Dieser Ansatz wird als *Kreditschöpfungstheorie* bezeichnet, wobei diese bereits bei niedrigen Mindestreservesätzen davon ausgeht, dass das Geschäftsbankensystem uneingeschränkt Geld schöpfen kann.

Insgesamt lässt sich festhalten, dass je nach Theorie die Zentralbankgeldschöpfung entweder direkt (beispielsweise durch Devisen- oder Wertpapierkäufe) oder indirekt (beispielsweise durch Variation des Mindestreservesatzes) von der Zentralbank gesteuert werden kann. Die Giralgeldschöpfung ist hingegen nur indirekt über den Mindestreservesatz zu beeinflussen, wenn dieser größer als Null ist. Alle anderen Einschränkungen der Kreditvergabe von Geschäftsbanken (wie Eigenkapitalvorschriften und Bargeldhaltung) liegen nicht im Einflussbereich der Zen-

---

[5] Es handelt sich hier um einen Vorschriftenkatalog des Basler Ausschusses der Bank für Internationalen Zahlungsausgleich zur Regulierung des Bankensystems. Basel III löst seit 2013 schrittweise die Vorschriften von Basel II ab.

tralbanken. Nichtbanken haben nach keiner dieser Theorien eine Möglichkeit der Geldschöpfung.

3.2 Außerhalb des Bankensystems

Ausgehend von den bestehenden Theorien zur Geldschöpfung innerhalb des Bankensystems muss eine analoge Definition von Geldschöpfung bestimmt werden, um von Geldschöpfung außerhalb des Bankensystems sprechen zu können. Daher soll im Folgenden von Geldschöpfung außerhalb des Bankensystems gesprochen werden, wenn

– Einheiten eines Zahlungsmittels ohne Einbindung des Bankensystems entstehen,

– für diese Einheiten keine Sicherheiten hinterlegt sind,

– diese Einheiten zum Kauf von virtuellen und realen Gütern und Dienstleistungen verwendet werden und

– diese Einheiten gegen nationale Währungen eingetauscht werden können, falls sie in einer Kunstwährung fakturiert sind.

Inwieweit nun Online-Bezahlsysteme und virtuelle Währungen diese Definition erfüllen und damit ein Indiz für eine mögliche Aufhebung der Begrenzung der Geldschöpfung auf das Bankensystem sind, werden die Betrachtungen in den nächsten beiden Abschnitten zeigen.

4. Online-Bezahlsysteme am Beispiel PayPal

Mit der Verbreitung der Computertechnologie sind elektronische Zahlungssysteme immer stärker in alltägliche Transaktionen vorgedrungen. Neben den bereits etablierten Zahlungsweisen mit Debit- oder Kreditkarte finden immer öfter neue Finanzdienstleistungen wie Zahlungen über PayPal Verwendung. Dieser Beitrag konzentriert sich auf Zahlungssysteme, bei denen beim jeweiligen Finanzdienstleister ein Konto angelegt werden muss, auf dem Guthaben gehalten werden kann. Für die Online-Bezahlsysteme soll daher das Beispiel PayPal herangezogen werden, das hier stellvertretend für ähnlich aufgebaute Zahlungssysteme steht.

PayPal ist keine Bank im eigentlichen Sinne (obwohl es in der Europäischen Union eine Banklizenz in Luxemburg hat) und unterliegt damit weder der Einlagensicherung noch der Bankenregulierung. Auf diese Tatsache weist PayPal im ersten Abschnitt seiner Nutzungsbedingungen hin. Gleichzeitig gilt die von PayPal angebotene Dienstleistung aber als Bankdienstleistung.[6] Um die Leistungen von PayPal nutzen zu können, muss ein PayPal-Konto eröffnet werden, für das Guthaben des jeweiligen Nutzers entweder über Kreditkartendaten oder über Bankkontodaten hinterlegt ist. Das bedeutet, dass das eigentliche PayPal-Konto kein Guthaben aufweisen muss, um eine Zahlung zu tätigen, weil der entsprechende Betrag direkt von der Kreditkarte oder dem Bankkonto des Nutzers über das PayPal-Konto an den Empfänger transferiert wird. Falls Guthaben auf dem PayPal-Konto gehalten wird, kann der Nutzer entscheiden, ob dieses Guthaben in den PayPal-Geldmarkt-Fonds investiert wird, oder mit anderen Guthaben gepoolt bei einer unabhängigen Geschäftsbank angelegt wird (vgl. Chande 2008, S. 11ff.). Die Investment-Variante ermöglicht zwar eine Ertrag bringende, aber risikoreiche Anlageform, durch die im schlechten Falle durchaus Verluste realisiert werden können. Daher muss sich der Nutzer aktiv für diese Variante entscheiden. Die zweite Variante ist hingegen deutlich risikoärmer, dafür aber auch nicht Ertrag bringend, weil erwirtschaftete Zinserträge an PayPal und nicht an die Kontoinhaber fließen. Ungenutztes Guthaben auf PayPal-Konten wird daher automatisch in die Pooling-Variante einbezogen.

Bereits diese wenigen, aber relevanten Informationen reichen aus, um die Frage nach Geldschöpfung in einem solchen System beantworten zu können. Wie deutlich wurde, ist PayPal direkt mit dem Bankensystem verknüpft und nutzt nationale Währungen. Ebenso ist eine Kreditvergabe über PayPal-Konten ausgeschlossen, die nach den Geldschöpfungstheorien notwendig wäre, um zusätzliche Zahlungsmittel zu schaffen. Da auf PayPal-Konten vorhandene Guthaben liquide im Bankensystem investiert werden, ist ein Bank Run auf PayPal ebenfalls äußerst unwahrscheinlich. Alle Guthaben sind im Prinzip jederzeit verfügbar. Derartige Online-Bezahlsysteme erfüllen die Definition der Geldschöpfung außerhalb des Bankensystems in mehreren Punkten nicht. In dieser Hinsicht stellen sie keine „Gefahr" für das Geldschöpfungsmonopol dar. Die Begrenzung der Geldschöpfung auf das Bankensystem bleibt erhalten.

---

[6] https://www.paypal.com/de/webapps/mpp/ua/useragreement-full, Abschnitt 1.1 und 4.7, Stand: April 2015.

5. Virtuelle Währungen am Beispiel Bitcoin

Virtuelle Währungen sind Währungen, die ausschließlich in digitalen Einheiten existieren und bisher praktisch nicht reguliert sind. In der Regel ist diese Art von Geld kein gesetzliches Zahlungsmittel. Sogenanntes elektronisches Geld (*e-money*), der elektronische Handel (*e-commerce*) und andere elektronische Zahlungsverfahren wie das Kreditkarten-System zählen nicht zur Kategorie der virtuellen Währungen.

Tabelle 2: Geld-Matrix

Rechtsstatus	*Nicht reguliert*	Bestimmte Arten lokaler Währungen	Virtuelle Währungen
	Reguliert	Banknoten und Münzen	Elektronisches Geld
			Geschäftsbankengeld (Giralgeld/Sichteinlagen)
		Physisch	*Digital*
		Geldformat	

Quelle: Vgl. Europäische Zentralbank 2012, S. 11.

Im Folgenden wird auf die Kategorisierung der EZB zurückgegriffen, um virtuelle Währungen nicht nur im Allgemeinen einzuordnen, sondern anschließend auch im Speziellen zu definieren.

Virtuelle Währungen haben ihren Ursprung in Online-Spielen, wo sie entweder „verdient" werden, indem ein bestimmtes Spiele-Level erreicht wird, oder nach der Erfüllung bestimmter Missionen innerhalb des Spiels gutgeschrieben werden. Diese digitalen Geldeinheiten können verwendet werden, um innerhalb des Spiels weitere Charaktere oder Güter zu kaufen. Es wird gemäß EZB-Definition als Typ-1-Geld bezeichnet. Dieses Spiel-Geld hat keine Verbindung zur realen Welt und ihrem Geldsystem, weshalb es für die weiteren Untersuchungen vernachlässigt wird.

Im Unterschied hierzu kann Spiel-Geld vom Typ-2 auf bestimmten Internet-Plattformen, die meist von den Spieleherstellern betrieben werden, mit nationalen Währungen wie US-Dollar oder Euro erworben werden. Allerdings ist ein Rücktausch der virtuellen Einheiten in reales Geld ausgeschlossen. Das virtuelle Geld kann für den Kauf von virtuellen sowie realen Gütern und Dienstleistungen verwendet werden. Auch diese Geldart wird für die weiteren Untersuchungen vernachlässigt.

Abbildung 1: Typen virtueller Währungen

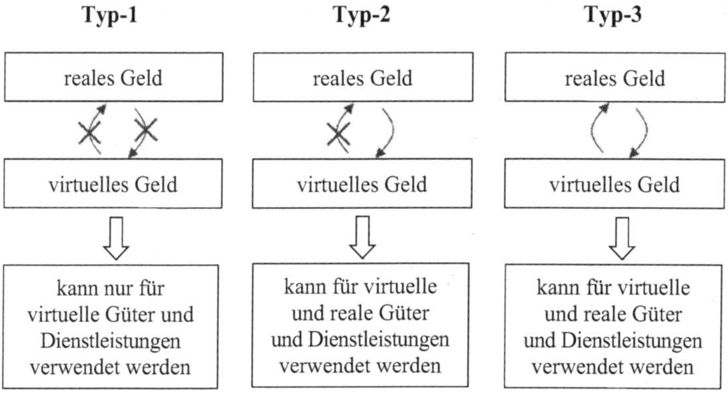

Typ-1	**Typ-2**	**Typ-3**
reales Geld	reales Geld	reales Geld
virtuelles Geld	virtuelles Geld	virtuelles Geld
kann nur für virtuelle Güter und Dienstleistungen verwendet werden	kann für virtuelle und reale Güter und Dienstleistungen verwendet werden	kann für virtuelle und reale Güter und Dienstleistungen verwendet werden

Quelle: Vgl. Europäische Zentralbank 2012, S. 15.

Über die letzten Jahre hat sich diese Art des Spiel-Geldes weiterentwickelt und ist nun voll konvertibel in wichtige nationale Währungen (Typ-3). Auf vielen Plattformen erfolgt der Währungstausch ähnlich wie auf regulären Devisenmärkten. Die virtuellen Geldeinheiten können für den Erwerb vieler Arten von realen und virtuellen Gütern und Dienstleistungen herangezogen werden. Die *Bank of England* stellt hierzu fest, dass es sich bei dieser Art von Geld sowohl um ein Zahlungssystem als auch um eine Währung handelt (Bank of England 2014b, S. 4).

Für einige dieser virtuellen Währungen hat sich bereits ein vollkommen neuer Geschäftsbereich entwickelt: das sogenannte *gold-farming* (Bartholomae/Koch 2009, S. 12). Es werden Arbeitskräfte eigens dafür eingestellt, in Online-Spielen virtuelles Geld vom Typ-3 zu erspielen, damit dieses dann in reale Währungen getauscht werden kann, um einen Gewinn zu erzielen.

Daneben gibt es aber auch Typ-3-Geldarten wie Bitcoin, die aufgrund ihres Algorithmus meist eine insgesamt begrenzte Menge haben und nicht mehr aus Online-Spielen resultieren. Das bedeutet, es werden im

Folgenden nur virtuelle Währungen betrachten, die ein derzeit wachsendes, aber insgesamt begrenztes Angebot an Einheiten haben.

„Cryptocurrencies are physical precomputed files utilizing a public key/private key pairs generated around a specific encryption algorithm. … The decentralized nature of open source protocol ensures that the control of the network remains in the hands of the users" (Ahamad et al. 2013, S. 43).

„While the number of coins in the new currency is conserved, the overall number of crypto-currencies is not" (Bornholdt/Sneppen 2014, S. 1).

Um den Einfluss von Bitcoin als bekanntestes Beispiel einer virtuellen Währung auf die Geldschöpfung analysieren und den Begriff Geld besser abgrenzen zu können, erfolgt zunächst ein Abgleich der Eigenschaften und Funktionen nationaler Währungen mit denen der virtuellen Währungen. Nationale Währungen sind allgemein anerkannt, haltbar, teilbar und homogen. Ersteres resultiert vor allem aus ihrem Status als gesetzliches Zahlungsmittel im jeweiligen Land. Zusätzlich erfüllen sie die drei bekannten Geldfunktionen: Zahlungsmittel-, Recheneinheits- und Wertaufbewahrungsfunktion. Sie werden als Recheneinheit (Wertmaßstab) verwendet, um Güter und Dienstleistungen vergleichbar zu machen, und als Zahlungsmittel eingesetzt. Die Wertaufbewahrungsfunktion hängt von der Qualität der Währung und niedrigen Inflationserwartungen der Wirtschaftssubjekte ab, die von der jeweiligen Zentralbank beeinflusst werden. Letztgenannte haben im Regelfall ein konkretes Inflationsziel oder das Ziel der Preisstabilität. Die nationale Zentralbank ist Emittent der Währung und zusammen mit dem Geschäftsbankensystem, das sie über verschiedene geldpolitische Instrumente beeinflussen kann, Geldschöpfer. So kann sie über einen Mindestreservesatz von 100% die Geschäftsbanken an eigener Geldschöpfung hindern oder über eine stark restriktiv ausgerichtete Ausgestaltung ihrer übrigen Instrumente die Geldschöpfung der Geschäftsbanken stark einschränken (siehe Abschnitt 3). Das nationale Bankensystem ist auf die eine nationale Währung ausgerichtet und Bankenaufsicht sowie Regulierung beschränken den Spielraum der Geschäftsbanken. Einlagen sind zumindest teilweise per Gesetz abgesichert (staatliche Einlagensicherung) und Zinssätze reflektieren Zeit- und Liquiditätspräferenzen sowie Risiko. Die nationale Währung kann für Ersparnis und Verschuldung verwendet werden. Zudem muss die inländische Währung für alle

Transaktionen zwischen privaten und staatlichen Akteuren herangezogen werden (Steuerzahlungen, Subventionen, Staatsausgaben ...). Kurzum: Das gesamte wirtschaftliche System basiert auf der nationalen Währung. Bitcoins hingegen weisen nicht alle Eigenschaften auf, die Geld haben sollte. Sie sind zwar haltbar, teilbar und homogen, allerdings sind sie nur innerhalb ihrer *community* akzeptiert. Bei Überprüfung der Geldfunktionen lässt sich feststellen, dass diese nur teilweise erfüllt werden.

Die Hauptfunktion von Bitcoins soll die Zahlungsmittelfunktion sein (vgl. Nakamoto 2008). Bitcoins können verwendet werden, um virtuelle und reale Güter und Dienstleistungen weltweit zu kaufen und zu verkaufen, wobei derzeit nur eine begrenzte Anzahl von Unternehmen[7] bereit ist, Bitcoins als Zahlungsmittel zu akzeptieren. Es muss weder ein Bankensystem noch eine sonstige dritte Partei zwischengeschaltet sein. Die Transaktion kann direkt zwischen Käufer und Verkäufer stattfinden, weshalb keine oder nur geringe Transaktionskosten entstehen. Dies macht das System insbesondere für internationale Zahlungsströme interessant. Gleichzeitig ist das sogenannte *„double spending"*-Problem gelöst. Jede Bitcoin-Einheit kann zu einem bestimmten Zeitpunkt nur einmal verwendet werden, weil das Gesamtsystem jede Transaktion bestätigen muss und diese im sogenannten *public ledger* (*Blockchain*, der digitale Code jeder einzelnen Bitcoin-Einheit) aufgelistet wird.

Die zweite Funktion, die Recheneinheitsfunktion, ist ebenfalls nur für diejenigen erfüllt, die Bitcoins akzeptieren. Zudem wird die Funktion durch stark volatile Wechselkurse verzerrt. Es wird vermutet, dass diese unter anderem deshalb so stark schwanken, weil Bitcoins derzeit wohl häufig als Spekulationsobjekt und weniger als Zahlungsmittel eingesetzt werden.

Die Wertaufbewahrungsfunktion hingegen ist nicht erfüllt, weil es keine zentrale Institution gibt, die Preisstabilität sicherstellt oder die Qualität der Währung in sonstiger Weise garantiert. Eine Zentralbank ist zwar keine Garantie für Preisstabilität (vgl. Hayek 1977), aber die heutigen – meist unabhängigen – Zentralbanken berufen sich auf diese Funktion und die privaten Wirtschaftssubjekte vertrauen auf dieses Ziel. Gleichzeitig muss für diese dritte Geldfunktion der Wert der Bitcoins selbst herangezogen werden. Dieser ist rein subjektiver Natur und weder

---

[7] Akzeptanzstellen in Deutschland sind unter anderem die Umweltorganisationen BUND und Greenpeace, weltweit zum Beispiel Dell Inc. und expedia.

durch einen Rohstoff noch durch eine gesetzliche Grundlage gesichert. Bitcoins haben allein deswegen einen Wert, weil es Menschen gibt, die an diesen Wert glauben. Ob diese Situation in der Zukunft anhält, ist ungewiss. Ebenso existiert keine Absicherung für die *digital wallets* (digitale Portemonnaies), in denen virtuelle Währungen gehalten werden. Diese sind zusätzlich der Gefahr des Hackings ausgesetzt. Daher sind Bitcoins zum jetzigen Entwicklungsstand nur wenig geeignet, Kaufkraft in die Zukunft zu verlagern. Zusammengefasst:

> „At present, (…), digital currencies fulfil the roles of money only to some extent and only for a small number of people. They are likely at present to regularly serve all three purposes for perhaps only a few thousand people worldwide, and even then only in parallel with users' traditional currencies" (Bank of England 2014b, S. 4).

Hinzu kommt, dass Bitcoins keinen identifizierbaren Emittenten haben, sondern jeder, der die entsprechende Rechenleistung mit einem Computer aufbringen kann, grundsätzlich in der Lage ist, selbst Bitcoins oder Einheiten einer anderen virtuellen Währung herzustellen (zu schöpfen). Es gibt keine nationalen Grenzen, das Angebot ist weltweit verfügbar und nur durch den zugrunde liegenden Algorithmus begrenzt. Im Fall von Bitcoin liegt die Obergrenze bei 21 Millionen Einheiten, von denen bereits mehr als die Hälfte geschöpft ist und sich im Umlauf befindet.

Regierungen und Zentralbanken sind uneins über die Behandlung von Bitcoins. Müssen Transaktionen besteuert werden? Sollten Unternehmen, die mit Bitcoins zu tun haben, einer Regulierung unterliegen? Ist eine Bitcoin-Transaktion eine Finanztransaktion? In Deutschland hat beispielsweise die Bundesanstalt für Finanzdienstleistungsaufsicht (BaFin) entschieden, dass Bitcoins als Recheneinheit und damit als Finanzinstrument akzeptiert werden, aber keine Währung darstellen. Seit 2013 verbietet die *People's Bank of China* ihrem Bankensektor explizit die Verwendung von Bitcoins, wohingegen die Verwendung virtueller Währungen im Allgemeinen zum Kauf und Verkauf von realen Gütern und Dienstleistungen im chinesischen Bankensystem bereits seit 2009 untersagt ist. Eine Übersicht über den gesetzlichen Status von Bitcoin in verschiedenen Ländern findet sich in Global Legal Research Center (2014).

Zum gegenwärtigen Zeitpunkt stellen Bitcoins daher nur ein Komplement, kein Substitut zu nationalen Währungen dar. In der kurzen Frist erscheint dies durchaus logisch, weil in der Entstehungsphase einer Währung ihre Akzeptanz gering ist und sie aufgrund großer Unsicherheiten nur von wenigen „Pionieren" verwendet wird. Falls die Währung sich aber als Zahlungsmittel ausbreitet und von einer Mehrheit der Wirtschaftssubjekte akzeptiert wird (Netzwerkeffekt), kann sich ihre Bedeutung grundlegend ändern. Bitcoin könnte bereits auf diesem Weg sein. Dell Inc. führt seit einiger Zeit Transaktionen in Bitcoins aus[8] und im August 2014 veröffentlichte das Wall Street Journal einen Artikel darüber, dass beim Finanzdienstleister Braintree (Teil von eBay Inc.) über die Akzeptanz von Bitcoins nachgedacht wird. Im September 2014 wurde zudem bekannt, dass PayPal zukünftig für bestimmte Transaktionen in den USA Bitcoins akzeptieren wird. Die Liste der Unternehmen, die sich dem Bitcoin-Netzwerk anschließen, wächst täglich. Auf lange Sicht haben virtuelle Währungen daher theoretisch das Potenzial, Substitute der nationalen Währungen in einigen der Geldfunktionen zu werden, auch wenn ihre Einheiten keinerlei Anspruch gegen irgendjemanden darstellen, sondern einen rein subjektiven Wert besitzen (vgl. Bank of England 2014a, S. 3).

Nach diesen Ausführungen bleibt zu diskutieren, ob Bitcoin die Definition von Geldschöpfung außerhalb des Bankensystems erfüllt oder nicht:

- Da Bitcoin-Einheiten ohne jede Interaktion mit dem Bankensystem generell von jedem völlig unabhängig geschöpft werden, ist die erste Bedingung der Definition erfüllt.

- Der rein subjektive Wert der Bitcoin-Einheiten besagt nichts anderes, als dass keinerlei Wert als Sicherheit hinterlegt ist. Es besteht kein Anspruch gegen irgendjemanden oder auf irgendetwas. Auch die zweite Bedingung der Definition ist damit erfüllt.

- Innerhalb der *community* all derer, die Bitcoins akzeptieren, können die Einheiten für virtuelle und reale Güter- und Dienstleistungstransaktionen verwendet werden. Die dritte Bedingung ist somit ebenfalls erfüllt – zumindest für einen bestimmten Nutzerkreis.

- Ebenso muss die vierte Bedingung der Definition bejaht werden, weil Bitcoin-Einheiten jederzeit auf verschiedenen Internet-Plattformen in gängige nationale Währungen wie US-Dollar und Euro getauscht werden können.

---

[8] Siehe http://www.dell.com/learn/us/en/uscorp1/campaigns/bitcoin-marketing, Zugriff am 16. Oktober 2015.

Damit ist die eindeutige Schlussfolgerung zu ziehen, dass virtuelle Währungen wie Bitcoin nach dieser Definition allgemein als zusätzliche Zahlungsmittel zu betrachten sind, deren Schöpfen nicht der Kontrolle des (Zentral-)Bankensystems untersteht. Grundsätzlich ist die Entstehung von virtuellen Währungen daher als Aufhebung der Begrenzung der Geldschöpfung einzustufen, weil nun eine weitere Art von Geld existiert und Nichtbanken als geldschöpfende Akteure hinzukommen. Zu berücksichtigen ist hierbei allerdings, dass diese Schlussfolgerung nur für die Geldschöpfung im engeren Sinne gilt, da sie sich in diesem Kontext ausschließlich auf das Bereitstellen von Zahlungsmitteln bezieht. Denn wie diskutiert wurde, werden nicht alle Geldfunktionen von virtuellen Währungen erfüllt.

6. Auswirkungen auf Zentralbanken und ihre Politik

Was bedeutet dieses Ergebnis für Zentralbanken als oberste Herrscher über die Geldschöpfung? Wird in ihren Verantwortungsbereich eingedrungen? Müssen Zentralbanken auf die Existenz virtueller Währungen reagieren? Werden ihre geld- und währungspolitischen Entscheidungen durch diese Entwicklung beeinflusst? Und trägt die Grenzverschiebung – das Aufkommen einer neuen Geldart und die Erweiterung der geldschöpfenden Akteure um Nichtbanken – zu einer nachhaltigen Entwicklung des Geldsystems bei oder bewirkt sie gerade das Gegenteil? All diese Fragen lassen sich nur beantworten, wenn eine Analyse dahingehend erfolgt, welche Märkte und Preise auf welche Weise durch die zusätzliche Liquidität beeinflusst werden könnten.

Wird davon ausgegangen, dass sich die virtuellen Währungen in großem Umfang als Zahlungsmittel durchsetzen und somit tatsächlich als gleichwertige parallele Währungen neben den nationalen Währungen existieren werden, so sind verschiedene Markteffekte zu erwarten, auch wenn nicht alle Geldfunktionen erfüllt sind. Zunächst einmal würde sich die insgesamt zur Verfügung stehende Menge an Zahlungsmitteln als Summe nationaler und virtueller Währungseinheiten stark ausweiten. Die bisherige Begrenzung der Geldschöpfung würde damit in zweierlei Hinsicht aufgehoben: Der Anteil der virtuellen Währungen könnte unkontrolliert ansteigen, eine Begrenzung der Geldschöpfung an sich existierte nicht länger, und Nichtbanken wären direkt in die Geldschöpfung involviert, die Begrenzung der Geldschöpfung auf das (Zentral-)Bankensystem wäre aufgehoben. Die Gütermenge bliebe hingegen kurzfristig unverändert bzw. würde sich deutlich langsamer anpassen. Preissteigerungen auf den Gütermärkten wären die direkte Folge, die bei länger anhaltender Ausweitung der Geldmenge in höheren Inflationsraten münden würden. Da Preisstabilität eines der Ziele einer Zentralbank ist, wäre demnach eine Politikreaktion ebendieser zu erwarten. Sind die Zentralbanken bereit, einen Teil ihrer Kontrolle über die in Umlauf befindliche Menge an Zahlungsmitteln aufzugeben und gleichzeitig die virtuellen Währungen anzuerkennen, so ist mit einer Reduzierung der Menge an nationalen Währungseinheiten zu rechnen, so dass die Gesamtgeldmenge wieder ein Niveau erreicht, welches stabile Preise forciert. Allerdings sind die Folgen dieses Kontrollverlusts für Zentralbanken nur schwer absehbar, denn das Wirtschaftssystem ist weiterhin auf die Nutzung nationaler Währungen ausgelegt und kann sich nicht kurzfristig an neue monetäre Rahmenbedingungen anpassen.

Ebenso sind Auswirkungen auf die verschiedenen Wechselkurse denkbar. Werden die virtuellen Währungen verstärkt nachgefragt und somit die nationalen Währungen auf den Devisenmärkten angeboten, so führt dies zur Abwertung der nationalen Währungen gegenüber den virtuellen Währungen. Abhängig davon, welche nationalen Währungen vermehrt gegen virtuelle Währungen getauscht werden, führt dies gleichzeitig zu möglicherweise unerwünschten Ab- bzw. Aufwertungen der nationalen Währungen gegeneinander. Somit wären Devisenmarktinterventionen der Zentralbanken zur Korrektur von Wechselkursen ebenfalls ein mögliches Szenario.

Inwieweit Zinsniveaus auf Geld- und Kreditmärkten beeinflusst werden könnten, ist derzeit nicht abzusehen, weil keine Aussagen über Portfolioumschichtungen und Änderungen der Verhaltensweisen der Akteure getroffen werden können. Welchen direkten Kontrollverlust über die kurzfristigen Zinssätze die Zentralbanken hinzunehmen hätten, ist in der Literatur ebenfalls umstritten. Sollten bestehende Finanzprodukte und -derivate mit virtuellen Währungen verknüpft werden, so steht zusätzlich die Frage nach einer Gefährdung der Stabilität des Finanzsystems im Raum. In beiden Fällen wäre jedenfalls der Aufgabenbereich der Zentralbanken betroffen und Handlungsbedarf zu erwarten. Regulierung und Aufsicht müssten in diesem Zusammenhang überarbeitet und angepasst sowie – je nachdem, wie stark die Zentralbank in diesen Bereich eingebunden ist – neue Regelungen und Aufsichtsmaßnahmen diskutiert und eingeführt werden.

Wenn die Stabilität des Geldsystems als eine Hauptkomponente für ein nachhaltiges Geld- und Finanzsystem verstanden und das bestehende System als weitgehend stabil angesehen wird, so sind sowohl (Zentral-) Banken als auch Nichtbanken daran interessiert, dass virtuelle Währungen entweder wieder verschwinden oder so in das bestehende System integriert werden, dass bestehende Unsicherheiten, die destabilisierenden Charakter haben, eliminiert und Kontrollmöglichkeiten zurückgewonnen werden. Rechtsstatus, Regulierung und Aufsicht müssten im Zweifel angepasst werden, um auch mit virtuellen Währungen weiterhin Planungssicherheit für alle Marktakteure zu gewährleisten. In jedem Fall wird es für die Zentralbanken schwerer, ihr Ziel der Preisniveaustabilität zu erreichen und für funktionierende und kontrollierbare Zahlungssysteme zu sorgen, weil sie möglicherweise einen Teil ihres Einflusses über die verschiedenen geldpolitischen Transmissionskanäle einbüßen.

Neben der Stabilität eines Systems gilt häufig auch die Diversität als wichtiges Nachhaltigkeitsmerkmal. In diesem Kontext könnte sich die Ausweitung virtueller Währungen positiv auf die Nachhaltigkeit des Geld- und Finanzsystems auswirken. Insbesondere böte sich dem traditionellen Bankenwesen kritisch gegenüberstehenden Nutzern eine alternative Möglichkeit, Finanztransaktionen zu tätigen.

Die jetzige Ausprägung der virtuellen Währung ist jedoch zu gering, um die Frage, ob Geldschöpfung außerhalb des Bankensystems einen Beitrag zur nachhaltigen Entwicklung des Geldsystems leistet oder einer Destabilisierung des Geldsystems Vorschub leistet, zu beantworten.

Es muss allerdings betont werden, dass aufgrund der insgesamt sehr geringen Marktkapitalisierung aller virtuellen Währungen[9] derzeit nur marginale Markteinflüsse gegeben sind und Zentralbanken die zusätzliche Liquidität daher bisher nicht bei ihren Entscheidungen berücksichtigen. Immerhin handelt es sich bei der Welt-Geldmenge um ein deutliches Vielfaches dieser Marktkapitalisierung. Ebenso werden virtuelle Währungen von praktisch allen Zentralbanken nicht als Geld, sondern im besten Fall als Recheneinheit oder Zahlungssystem anerkannt. Das dezen-

---

[9] Die Marktkapitalisierung von Bitcoin, der am weitesten verbreiteten virtuellen Währung, betrug im Oktober 2015 etwa 3,5 Billionen US-Dollar. https://blockchain .info/de/charts/market-cap, Zugriff am 14. Oktober 2015.

trale weltweite Auftreten der virtuellen Währungen gegenüber national beschränkten Verantwortungsbereichen der Zentralbanken lässt vermuten, dass es auch in naher Zukunft zu keinen signifikanten Einflüssen auf die einzelnen Märkte kommen wird, es sei denn, die Verwendung von Bitcoin und anderen virtuellen Währungen konzentriert sich auf einige wenige Länder. Dies würde dann bedeuten, dass die Relation der Marktkapitalisierung zur nationalen Geldmenge für einzelne Länder deutlich anstiege und daher mit einer Reaktion der Zentralbank zu rechnen wäre.

Es bleibt festzuhalten, dass es zwar aktuell und in naher Zukunft keinen Handlungsbedarf für Zentralbanken gibt, dass aber verschiedene Auswirkungen der virtuellen Währungen auf Märkte und Größen, die im Verantwortungsbereich der Zentralbanken liegen, denkbar sind. Den Zentralbanken ist daher zu empfehlen, dass sie das Phänomen der virtuellen Währungen und ihrer weiteren Entwicklungen beobachten, um auf mögliche Szenarien vorbereitet zu sein und im Bedarfsfall schnell handeln zu können.

7. Zusammenfassung und Ausblick

Dieser Beitrag setzte sich mit der Frage auseinander, ob durch Online-Bezahlsysteme wie PayPal und virtuelle Währungen wie Bitcoin die Begrenzung der Geldschöpfung an sich und auf das Bankensystem aufgehoben wird. Dass dies in der Vergangenheit bereits mehrfach der Fall war, wurde anhand einer kurzen Übersicht der Entwicklung hin zum vorherrschenden zweistufigen Geldsystem mit Zentralbank- und Geschäftsbankenebene gezeigt. Hierdurch wurde zudem deutlich, warum eine mögliche Geldschöpfung außerhalb des Bankensystems heutzutage als etwas Außergewöhnliches aufgefasst wird.

Die anschließende knappe Vorstellung der Theorien der Geldschöpfung innerhalb des Bankensystems wurde herangezogen, um eine analoge Definition für Geldschöpfung außerhalb des Bankensystems abzuleiten. Anhand dieser wurde festgestellt, dass Online-Bezahlsysteme keinen Beitrag zur Geldschöpfung leisten, virtuelle Währungen aber durchaus als Quelle zusätzlicher Zahlungsmitteleinheiten betrachtet werden müssen und damit eine Aufhebung der Begrenzung der Geldschöpfung im engeren Sinne stattfindet.

Fragen, inwieweit Zentralbanken auf dieses neuartige Phänomen reagieren müssten und warum, konnten nur zum Teil beantwortet werden, allerdings unter der Annahme, dass sich die virtuellen Währungen als vollwertige parallele Währungen neben den nationalen Währungen etablieren und von den Zentralbanken mindestens als Zahlungsmittel anerkannt werden. Ob Geldschöpfung außerhalb des Bankensystems als Schritt hin zu einem nachhaltigeren, stabileren Geldsystem zu sehen ist oder nicht, konnte nicht abschließend geklärt werden.

Nichtsdestotrotz erscheint es wichtig, sich mit virtuellen Währungen und ihrem Einfluss auf das bestehende Geldsystem auseinanderzusetzen und die weitere Entwicklung zu verfolgen, um insbesondere festzustellen, ob es tatsächlich zu einer sich durchsetzenden, dauerhaften Erweiterung der geldschöpfenden Akteure und damit zu einer generellen Aufhebung der Begrenzung der Geldschöpfung auf das Bankensystem kommt, denn: Technischer Fortschritt macht nicht halt vor *„never change a running system"*.

Literatur

Ahamad, S. / Nair, M. / Varghese, B. (2013): A Survey on Crypto Currencies. Association of Computer Electronics and Electrical Engineers, Protocol of the International Conference on Advances in Computer Sciences. DOI: 02.AETACS.2013.4.131.

Bank of England (2014a): The economics of digital currencies. Quarterly Bulletin, Q3, http://www.bankofengland.co.uk/publications/Documents/quarterly bulletin/2014/qb14q3digitalcurrenciesbitcoin2.pdf

Bank of England (2014b): Innovations in payment technologies and the emergence of digital currencies. Quarterly Bulletin, Q3, http://www.bankof england.co.uk/publications/Documents/quarterlybulletin/2014/qb14q3digital currenciesbitcoin1.pdf

Bartholomae, F.W. / Koch, P. (2009): Virtual Objects in MMORPGs: An Economic Assessment of Legal Protection Issues in Germany. In: The Icfai University Journal of Cyber Law, 8(2), S. 10-28.

Bornholdt, S. / Sneppen, K. (2014): Do Bitcoins make the world go round? On the dynamics of competing crypto-currencies. Cornell University Library, Ithaca, NY, arXiv: http://arxiv.org/abs/1403.6378

Chande, N. (2008): A Survey and Risk Analysis of Selected Non-Bank Retail Payment Systems. Discussion Paper 2008-17, November, Bank of Canada.

Europäische Zentralbank (2012): Virtual Currency Schemes. Frankfurt a.M.: EZB.

Europäische Zentralbank (2015): EZB kündigt erweitertes Programm zum Ankauf von Vermögenswerten an. Pressemitteilung vom 22.01.2015. Frankfurt a.M.: EZB, https://www.ecb.europa.eu/press/pr/date/2015/html/pr150122_1.de.html, Zugriffsdatum: 06.02.2015.

Global Legal Research Center (2014): Regulation of Bitcoin in Selected Jurisdictions. Washington, D.C.: The Law Library of Congress.

Hayek, F. von (1977): Denationalization of Money: An Analysis of the Theory and Practice of Concurrent Currencies. London: Institute of Economic Affairs.

Krugman, P.R. / Obstfeld, M. (2006): Internationale Wirtschaft – Theorie und Politik der Außenwirtschaft. 7., aktual. Aufl., München: Pearson Studium.

Nakamoto, S. (2008): Bitcoin: A Peer-to-Peer Electronic Cash System, https://bitcoin.org/bitcoin.pdf

Werner, R.A. (2014): Can banks individually create money out of nothing? – The theories and the empirical evidence. In: International Review of Financial Analysis, 36(6), S. 1-19.

Grenzwerte – Stütze oder Hemmnis der Nachhaltigen Entwicklung

Susanne Hartard

1. Hintergrund

Gäbe es keine Abgasgrenzwerte für Dieselfahrzeuge, würden vermutlich auch die technischen Errungenschaften der Abgasreinigung wie Selective Catalytic Reduction (SCR) und Dieselpartikelfilter der harten Preispolitik im Kraftfahrzeug-Absatz zum Opfer fallen. Und dennoch: Der Diesel-Abgas-Skandal in 2015 zeigt nur zu deutlich die nüchterne Realität, wie rein ökonomische Interessen das Handeln trotz einer jahrelang etablierten Grenzwertkultur (EURO Abgasnorm, Umweltplakette) dominieren. Führen also Grenzwerte zum Schutz des Menschen und der Umwelt nicht zu einer nachhaltigen Transformation der Wirtschaft, weil sie nicht überzeugen? Sie werden in der Regel toleriert, genau eingehalten, im schlimmsten Falle umgangen. In eher seltenen Fällen werden sie auch unterschritten.

Grenzwerte sind kontrollierbar, anfechtbar und öffentlich. Damit sind sie als Grundlage für Anlagengenehmigungen und Zulassungen von Chemikalien ein häufiges und bekanntes Hilfsmittel. Grenzwerte sind aber grundsätzlich kontraproduktiv zum Grundsatz im Qualitäts- und Umweltmanagement und zu einer intrinsischen Motivation, den eigenen Beitrag zur Nachhaltigkeit kontinuierlich zu verbessern.

Die Diskussion um die Wirksamkeit und Sinnhaftigkeit des Grenzwertkonzeptes ist in der Umweltpolitik nicht neu. Eine der Kernkritiken an Grenzwerten ist, dass sie keine reinen ökologischen Wertmaßstäbe darstellen. Grenzwerte basieren teilweise auf naturwissenschaftlichem Wissen, täuschen aber Kenntnisse über Langzeitwirkungen, Kumulations- und Synergieeffekte vor, welche in der Regel nicht vorhanden sind (Kortenkamp et al. 1990, S. 165ff.).

Vor diesem Hintergrund veranstalteten vor mittlerweile 25 Jahren das Öko-Institut und die Stiftung Mittlere Technologie ein Symposium, aus dem die Publikation „Die Grenzenlosigkeit der Grenzwerte" hervorging (Kortenkamp et al. 1990). Das war zu einer Zeit, als mit dem Brundlandt-Bericht (1987) und der Agenda 21 (1992) der globale Diskurs und die Operationalisierung von Zielen der nachhaltigen Entwicklung gerade erst begonnen hatte. Das Thema hat in 2015 keineswegs an Bedeutung verloren. Im Gegenteil, Grenzwerte sind heute Bausteine einer umfangreichen Umweltgesetzgebung. Doch was zeigen 25 Jahre Erfahrung in der Anwendung von Grenzwerten in der Industriewirtschaft? Welche wissenschaftliche Erkenntnis steht hinter der Festlegung von Grenzwerten? Welchen Einfluss haben politische und wirtschaftliche Rahmenbedingungen im Abwägungsprozess gegenüber naturwissenschaftlichem Hintergrundwissen? Dazu sollen im folgenden Beitrag verschiedene Sichtweisen und Kritiken reflektiert werden.

Grenzwerte werden wie folgt definiert:

> „Grenzwerte sind vom Gesetzgeber festgelegte quantitative formulierte Belastungsschranken für die Umweltmedien Boden, Wasser und Luft für Schadstoffe, Lärm und Strahlung, die der Verhinderung von Gesundheitsgefährdungen und Belästigungen sowie der Vermeidung von Schäden an Sachgütern und Ökosystemen dienen und diese zumindest auf ein zumutbares Maß reduzieren sollen. In diesem Sinne sind Grenzwerte Instrumente der Gesundheits- und Umweltpolitik." (Wiedemann 2010, S. 27)

Als Bewertungsmaßstab sind Grenzwerte, im Unterschied zu Richtwerten und Orientierungswerten, in der Regel rechtlich verbindlich (Verschlechterungsverbot). Besteht einerseits ein relativ breiter öffentlicher Konsens, dass Grenzwerte in der Umweltpolitik notwendig sind und als geeigneter Orientierungsrahmen dienen, so wirken diese andererseits kontraproduktiv. Mit dem Verlassen auf Grenzwerte und der Orientierung an ihnen gerät aus dem Blick, dass vor und an der Schwelle zum Grenzwert bereits nennenswerte Umweltbelastungen existieren.

Durch einen Abwägungsprozess von wirtschaftlichen Faktoren (ökonomisch machbar) und technischen Rahmenbedingungen (Stand der Technik) sind Grenzwerte immer ein Kompromissgeschäft. Grenzwerte sollen den Gefahrenbereich vom Risikobereich trennen, doch der Übergang scheint fraglich und Gefahren werden falsch eingeschätzt. Sogenannte

Sicherheitsfaktoren sollen helfen, wissenschaftliche Unsicherheiten zu beseitigen, täuschen dabei aber umfangreiche natur- und umweltwissenschaftliche Erkenntnisse vor.

Es wird versucht, Unsicherheiten durch Technikfolgenabschätzungen, toxikologische Tests und Zukunftsszenarien zu verringern, Restrisiken verbleiben jedoch. Die vom Soziologen Ulrich Beck angemahnte Risikogesellschaft (Beck 1986) scheint dieses stillschweigend zu akzeptieren. Mit dem Klimawandel und Atomunfällen wie Tschernobyl und Fukushima sind globale Risiken längst zur Gewohnheit und zu Dauerthemen geworden, die von der Gesellschaft mehr oder weniger im Alltagsgeschäft verdrängt werden.

Bereits in 1976 bemängelte der damalige Präsident des Umweltbundesamtes, Heinrich von Lersner, den „Kuhhandel um Grenzwerte" (DIFF 1997, S. 183; Zeschmar-Lahl/Lahl 1987, S. 59 in Dienel 1998), der dann einsetze, wenn der Schutz vor möglichen Gefahren ökonomische Konsequenzen fordere. Vom Charakter her ein Kuhhandel war auch der Poker um die Fixierung der CO_2-Abgaswerte in der EU in 2012, in dem wirtschaftliche Interessen der Autoindustrie zum möglichst langen Weiterverkauf der Luxuskarossen mit CO_2-Emissionen oberhalb des Grenzwertes nur zu deutlich sichtbar wurden.

Mit dem wachsenden Wissen über die „Grenzen des Wissens" und die „Komplexität des Systems Erde" bzw. „dem Wissen über das Nicht-Wissen" sind Grenzwerte dennoch heute ein wichtiger Bestandteil von Umweltgesetzen. Der nachfolgende Beitrag ist eine kritische Reflexion der Nutzung von Umweltgrenzwerten und ihren Gefahren aus heutiger umwelt- und ingenieurwissenschaftlicher Sicht. Neben der historischen Analyse der Entstehung und Legitimation von Grenzwerten werden im zweiten Teil Methoden der Grenzwertfestsetzung wie Sicherheitsfaktoren, das ALARA-Prinzip und Critical Loads kommentiert. Ausgewählte Fallbeispiele zeigen im abschließenden Teil die Problematik der heutigen Anwendung von Grenzwerten.

2. Historische Entstehung des Grenzwertkonzeptes

Mit der wachsenden Industrialisierung verbreitete sich ab Mitte des 19. Jahrhunderts der naturwissenschaftlich begründete Optimismus (Dienel 1998; Zeschmar-Lahl/Lahl 1987), die sichtbaren Umweltfolgen durch Grenzwerte regulieren zu können. Motivator war damals wie heute ein Dreiklang aus Gesundheitsvorsorge und Arbeitshygiene, des Fischereigewerbes und der Agrikulturchemie. Auch toxikologische Aspekte kamen hinzu (Bluma/Uhl 2012). Die Standardisierung im Ingenieurwesen, etwa der Abwassereinleitung führte um die Jahrhundertwende zum 20. Jahrhundert zur Festlegung von ersten Grenzwerten in der Gewässerhygiene (Büschenfeld 1997), aber auch in anderen Bereichen der Gesellschaft.

Erst 50 Jahre später (1955) werden erstmals Vertreter in die erste DFG-Senatskommission zur Prüfung gesundheitsschädlicher Arbeitsstoffe berufen. Toxikologische Tests dienten jetzt als Grundlage zur Festlegung von Grenzwerten zum Schutz am Arbeitsplatz. Drei Grenzwerte (MAK, BAT, TRK), die allesamt zum Schutz des Menschen dienen sollten, waren bis 2005 in Anwendung:

Der MAK-Wert gab die maximal zulässige Konzentration eines Stoffes als Gas, Dampf oder Schwebstoff in der (Atem-)Luft am Arbeitsplatz an, bei der kein Gesundheitsschaden zu erwarten war (Exposition, Vollzeittätigkeit). Die Biologischen Arbeitsstoff-Toleranzwerte (BAT-Werte) beschrieben die maximal zulässige Konzentration eines Arbeitsstoffes im Blut, Blutplasma, Harn oder der Atemluft des Menschen ohne Schädigung des Menschen. Für krebserzeugende, -verdächtige und erbgutverändernde Stoffe galten gesondert die TRK-Werte (Technische Richtkonzentrationen), die die Konzentration eines Stoffes als Gas, Dampf oder Schwebstoff in der Luft am Arbeitsplatz angaben, aber technikbasiert und nicht gesundheitsbasiert ermittelt wurden.

Die drei genannten Grenzwerte im Arbeitsschutz wurden 2005 durch die neue Gefahrstoffverordnung mit einem neuen Grenzwertkonzept abgelöst. Es handelt sich um den Arbeitsplatzgrenzwert (AGW) und den Biologischen Grenzwert (BGW). Arbeitsplatzgrenzwerte geben an, bei welcher Konzentration eines Stoffes akute oder chronische schädliche Auswirkungen auf die Gesundheit im Allgemeinen nicht zu erwarten sind. Die Festlegung der Arbeitsplatzgrenzwerte erfolgt ausschließlich auf der Basis vorliegender arbeitsmedizinischer Erfahrungen und toxikologischer Erkenntnisse. Für krebserregende Stoffe gelten gesondert die Expositions-Risiko-Beziehungen (ERB) mit der Ableitung von Toleranz- und Akzeptanzkonzentrationen.

Der Biologische Grenzwert (BGW) ist ein Grenzwert für die Konzentration eines Stoffes, seines Metaboliten oder eines Beanspruchungsindikators im biologischen Material eines Beschäftigten (§ 2 der Gefahrstoffverordnung). Unter biologischem Material werden das Vollblut, Erythro-zytenfraktion des Vollblutes, Blutplasma, Blutserum oder Urin des Men-schen verstanden, in dem die Konzentration des entsprechenden Parame-ters bestimmt wird. Die BGW werden seit 2013 nicht mehr als Höchst-werte für gesunde Einzelpersonen definiert, sondern folgen dem sogenann-ten „Mittelwertskonzept" (Ausnahme akut toxische Stoffe). Danach darf die mittlere Konzentration des untersuchten Parameters bei mehreren Untersuchungen einer Person den BGW nicht überschreiten.

Toxikologische Tests sind über die OECD und ISO im großen Um-fang als Standardtests harmonisiert worden. Ein großer Anwendungs-bereich ist die Zulassung von Chemikalien (risk assessment). Stand in der historischen Entwicklung der toxikologischen Tests einzig und allein die Humantoxizität im Vordergrund, wurden erst viel später ökotoxiko-logische Fragestellungen bezogen auf verschiedene trophische Ebenen im System Erde aufgegriffen (aquatische Toxizität, terrestrische Toxizität, Regenwurm-Fluchttests, Enchytraeiden Vermeidungstests, Untersuchung der Wirkung auf sogenannte „Nicht-Zielorganismen" im Pflanzenschutz). Aber konnten die geschaffenen Grenzwerte und etablierten toxikologi-schen Tests den Menschen und die Umwelt besser schützen?

In den 1960er Jahren hat einer der schlimmsten Pharmazieskandale der Menschheit, das Contergan (1961/62), den blinden Glauben in den Fortschritt der Toxikologietests und Chemikalienzulassung zunichte ge-macht. Wenige Jahre später (1968) untersagten die USA und Kanada die Einfuhr von Schweizer Käse, weil er die Höchstgehalte an Lindan, Dieldrin und DDT überschritt. Als Hauptursache wurde eine insektizidhaltige An-strichfarbe ausgemacht, mit der viele Kuhställe zur Fliegenbekämpfung gestrichen worden waren. Die Grenzwertfestsetzung bei der Chemikalien-zulassung hatte also versagt. Auch der DDT-Skandal um die Biomagni-fikation von DDT im Fettgewebe von Raubvögeln, durch Rachel Carson (Carson 2002/1962) an die Öffentlichkeit gebracht, zeigt, dass Grenzwerte nicht vor Nicht-Wissen und Ahnungslosigkeit vor allem im Hinblick auf ökotoxikologische Wirkungen geschützt haben. Erst 10 Jahre nach dem Aufdecken der DDT-Problematik (Anfang der 1970er Jahre) haben viele Industrieländer und Deutschland (1972) tatsächlich DDT verboten. Es handelte sich dabei um das erste umfassende Verbot einer Umweltche-mikalie in der Industriegesellschaft. 2001 unterzeichneten 122 Staaten die Stockholmer Konvention (2004), eine Übereinkunft über das Verbot von

Schadstoffen wie DDT mit der Ausnahmeklausel Malariabekämpfung, die bis heute umstritten ist.

Haben die genannten Chemikalienskandale mit globalem Ausmaß denn zu einer Veränderung in der Zulassung von Chemikalien und in der Grenzwertpolitik geführt? Im Grundsatz nein, dennoch erfolgte eine stärkere Orientierung an einer umfassenden Vorsorgepolitik in ersten Umweltprogrammen und Umweltgesetzen in Deutschland.

1971 wurde das Vorsorgeprinzip im ersten Umweltprogramm der Bundesregierung als zentrales umweltpolitisches Handlungsprinzip festgelegt. 1976 heißt es zum Vorsorgeprinzip im Umweltbericht der Bundesregierung: „Umweltpolitik erschöpft sich … nicht in der Abwehr drohender Gefahren und der Beseitigung eingetretener Schäden. Vorsorgende Umweltpolitik verlangt darüber hinaus, dass die Naturgrundlagen geschützt und schonend in Anspruch genommen werden". Dieses kann jedoch nur operativ erfolgen, wenn Grenzen vorgegeben werden. 1980 wurde der Vorsorgegrundsatz im Bundes-Immissionsschutzgesetz (BImSchG) verankert, Deutschland war mit dieser Verankerung im Gesetz Vorreiter in Europa. In das gleiche Jahr fällt die erste Fassung des Chemikaliengesetzes. Es folgten mit ersten Regelungen zur Risikovorsorge das Abfallgesetz (1986), die Gefahrstoffverordnung (1986), das Chemikaliengesetz (1990) und das Gentechnikgesetz (1990). Die Leitlinien zur Umweltvorsorge (1986) enthalten die drei Ziel- bzw. Handlungskategorien Gefahrenabwehr, Risikovorsorge und Zukunftsvorsorge. Das Vorsorgeprinzip ist damals auch in der UN-Weltcharta für die Natur (Erdcharta) von 1982 aufgenommen worden. Vorsorge als integraler Bestandteil der Nachhaltigkeitspolitik wird 10 Jahre später in der Agenda 21 (1992) im Kapitel 35 Absatz 3 zum Vorsorgeprinzip folgendermaßen begründet:

> „Angesichts der Gefahr irreversibler Umweltschäden soll ein Mangel an vollständiger wissenschaftlicher Gewissheit nicht als Entschuldigung dafür dienen, Maßnahmen hinauszuzögern, die in sich selbst gerechtfertigt sind. Bei Maßnahmen, die sich auf komplexe Systeme beziehen, die noch nicht voll verstanden worden sind und bei denen die Folgewirkungen von Störungen noch nicht vorausgesagt werden können, könnte der Vorsorgeansatz als Ausgangsbasis dienen."

Der aktuelle Streit um die mögliche Kanzerogenität des seit 1971 patentierten Breitbandherbizides Glyphosat zeigt, wie groß das Gezerre der wirtschaftlichen Vertreter, Naturwissenschaftler und NGOs um den noch verbleibenden Unsicherheitsraum in der toxikologischen Forschung ist. Die Weltgesundheitsorganisation (IARC 2015) stuft Glyphosat als „wahrscheinlich krebserregend für den Menschen" ein. Nur acht Monate später spricht sich die EU-Kommission nach eigener Begutachtung dafür aus, das Pestizid Glyphosat weiter in Europa für den Verkauf zuzulassen. Die EU hat für Glyphosat eine Akute Referenzdosis (ARfD) von 0,5 mg/kg Körpergewicht vorgeschlagen, dieses ist ein völlig neu geschaffener Grenzwert. Bei der ARfD handelt es sich um die auf der Basis des Körpergewichts geschätzte Menge einer chemischen Substanz in Lebensmitteln, die über einen kurzen Zeitraum (in der Regel bei einer einzelnen Mahlzeit oder an einem Tag) aufgenommen werden kann, ohne ein Gesundheitsrisiko darzustellen (Europäische Behörde für Lebensmittelsicherheit 12.11.2015).

3. Operativer Umgang mit Grenzwerten

Am Beispiel der Grenzwertfestsetzung im Arbeitsschutz nach dem Schwellenwertprinzip (nicht krebserregende Stoffe) und Nicht-Schwellenwertprinzip (krebserregende Stoffe) soll das operative Vorgehen zur Grenzwertfindung für den Arbeitsschutz analysiert werden. Der Kern ist hier der Umgang mit sogenannten (Un-)Sicherheitsfaktoren. Ein ganz anderes methodisches Vorgehen zur Berechnung der Belastungen der Ökosysteme durch Luftschadstoffe erfolgt bei den Grenzwertkonzepten der sogenannten Critical Levels und Critical Loads (vgl. Kapitel 3.3).

3.1 Operativer Umgang mit Grenzwerten nach dem Schwellenwertprinzip

Basis einer Grenzwertfestsetzung für Arbeitsschutzgrenzwerte sind toxikologische Tests mit Testorganismen, die durch die Richtlinien der OECD und ISO standardisiert wurden. Toxikologische Tests werden heute mit Organismen unterschiedlicher trophischer Ebenen in der Nahrungskette durchgeführt. Dazu gehören beispielsweise im marinen Bereich die bekannten Daphnien-Tests (DIN 38412 L30), Fischei-Tests mit befruchteten Eiern (DIN 38415-6) und Lemna-Tests (ISO 20079). Für terrestrische Toxikologie Tests werden als Stellvertreter für die Mikrofauna Nematoden genutzt. Geeignete Vertreter der Makrofauna sind Collembolen, hier brin-

gen Mehrgenerationentests einen zusätzlichen Zeithorizont in die ökotoxikologische Bewertung hinein. Bereits genannt waren Regenwürmer
als wichtige Vertreter der Makrofauna im Ökosystem Boden, deren Flucht-
verhalten und Schädigung durch Pestizide (Cytochrom P450-Aktivität)
Gegenstand der toxikologischen Bewertung ist.

Ein neuerer ökotoxikologischer Ansatz der Analyse von Bioakkumu-
lationswirkungen steckt hinter den Biokonzentrationsstudien an Fischen
über die Richtlinie OECD 305 flow-through fish test (2012). Ökotoxiko-
logische Studien werden heute an den drei Bereichen Humantoxizität,
Terrestrische Toxizität und Aquatische Toxizität orientiert und sind damit breiter aufgestellt als in ihren frühen Jahren. Wie schon zuvor erwähnt, wurden toxikologische Tests aufgrund der öffentlichen Kritik der
Schädigung natürlicher Ökosysteme durch Herbizide, Insektizide und
Fungizide auf sogenannte „Nicht-Ziel-Organismen" erweitert. Nicht-Ziel-
organismen sind im Pflanzenschutz all diejenigen Organismen eines Agrar-
ökosystems, die nicht als Schädling der Kulturpflanze eingestuft werden,
also Teil einer für diesen Standort typischen Lebensgemeinschaft sind.

Für toxikologische Wirkungen nicht-kanzerogener Stoffe wird beim
Schwellenwertprinzip generell angenommen, dass der gesundheitsschäd-
liche Effekt erst ab einem Schwellenwert (biologische Wirkungsschwelle)
eintritt. Damit der Schwellenwert überprüfbar ist, muss die Schwelle auf
eine messbare Einheit bezogen werden, z.B. auf die Konzentration eines
Stoffes. Deutliche Kritik am Schwellenwert besteht jedoch insofern, als
sich chronische Schädigungen unterhalb eines Schwellenwertes bei dieser Methode nicht erfassen lassen.

Ausgenommen vom Schwellenwertprinzip sind krebserregende Stoffe,
denen eine Wirkung auch bereits bei geringen Konzentrationen unterstellt wird. Die zu untersuchende Substanz wird den Testorganismen in
verschiedenen Dosen verabreicht und es wird die höchste Dosis ermittelt,
bei der kein toxischer Effekt mehr auftritt. Dieser Grenzwert wird als
„No observed adverse effect level" (NOAEL) bezeichnet (vgl. Abb. 1).
Der NOAEL wird durch den (Un-)Sicherheitsfaktor geteilt, der Unterschiede zwischen Tier und Mensch ebenso berücksichtigen soll wie Unterschiede zwischen den Individuen (d.h. den einzelnen Menschen). Meist
wird dafür der Faktor 100 verwendet (vgl. Abb. 1). Datenlücken führen
zur Verwendung von weiteren Sicherheitsfaktoren (UF3).

Abbildung 1: Toxikologisch abgeleitete Grenzwertfestsetzung auf der Basis von Sicherheitsfaktoren

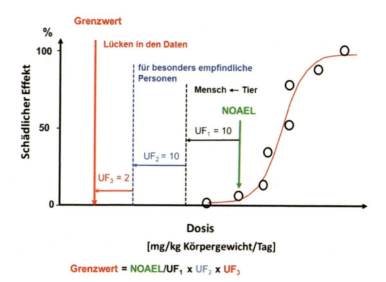

Quelle: Großklaus 2014.

Ein Fallbeispiel aus dem Mobilfunkbereich zeigt, wie die maximal zulässige Dauerexposition in hochfrequenten elektromagnetischen Feldern mit Sicherheitsfaktoren berechnet wird: 500 Watt/m^2 beträgt die Leistungsdichte des Mobilfunks. Aus Vorsorge gegen eine kritische Hauttemperaturerhöhung wird ein Sicherheitsfaktor von 100 verwendet. Das hat eine Absenkung der Leistungsdichte auf 10% = 50 Watt/m^2 zur Folge. Ein erneuter Vorsorgewert (20% Reduktion) führt zu einer verbleibenden maximalen Belastung von 10 Watt/m^2 (Hecht et al. 2009). Kernkritik an der Berechnung dieses Vorsorgewertes ist, dass die Wirkung elektromagnetischer Felder auf biologische Systeme ausschließlich über die physikalischen Gesetzmäßigkeiten Hauttemperaturerhöhung beschrieben wird. Der Mensch wird hier rein thermodynamisch abgehandelt. Das Problem der elektromagnetischen Feldwirkungen auf Biosysteme wurde damit für den nichtthermisch-biologischen Bereich als nicht existent beurteilt. Der thermische Effekt berücksichtigt nur die akute Toxizität, der athermische Effekt durch die Langzeitexposition in schwachen Feldern bleibt unberücksichtigt (Hecht et al. 2009).

Die Grenzwerte für den Mobilfunk sind in der Verordnung über elektromagnetische Felder (26. BImSchV) erstmals in 1997 gesetzlich verankert worden und wurden 2013 novelliert. In Bezug auf die Unsicherheiten – z.B. kanzerogene Wirkung – verweist die Strahlenschutzkommission auf das Deutsche Mobilfunk-Forschungsprogramm, welches in Übereinstimmung mit anderen Gremien (ICNIRP 2009; WHO 2011) gezeigt habe, dass die den bestehenden Grenzwerten zugrunde liegenden Schutzkonzepte nicht in Frage gestellt seien (Strahlenschutzkommission 2011, S. 36). Tabelle 1 zeigt die aktuellen Grenzwertempfehlungen der Internationalen Strahlenschutzkommission für den Mobilfunk.

Tabelle 1: Grenzwertempfehlungen für Mobilfunk der Internationalen Strahlenschutzkommission (ICNIRP)

Wirkungsschwelle (Ganzkörperwert)	4 Watt/kg
Basisgrenzwert für Allgemeinbevölkerung	0,08 Watt/kg
Abgeleiteter Grenzwert Feldstärke LTE 800; 791-821 MHz	38 Volt/m
Abgeleiteter Grenzwert Feldstärke GSM 900; 925-960 MHz	41 Volt/m
Abgeleiteter Grenzwert Feldstärken GSM 1800 und LTE 1800; 1805-1875 MHz	58 Volt/m
Abgeleiteter Grenzwert Feldstärke UMTS 2000; 2110-2170 MHz	61 Volt/m
Abgeleiteter Grenzwert Feldstärke LTE 2600; 2620-2690 MHz	61 Volt/m

Quelle: Informationszentrum Mobilfunk 2014.

3.2 Risikobezogenes Management für krebserregende Stoffe ohne Schwellenwert

Mit der neuen Gefahrstoffverordnung (2015) wurde das neue Risikokonzept im Umgang mit krebserregenden Gefahrstoffen komplett implementiert. Dazu regelt die neue TRGS 910 (2014) „Risikobezogenes Maßnahmenkonzept für Tätigkeiten mit krebserzeugenden Gefahrstoffen" das risikobezogene Management bezogen auf die sogenannte Expositions-Risikobeziehung (vgl. Definition im Folgetext).

Das Risikokonzept bezieht sich auf krebserzeugende Stoffe der Kategorien 1 und 2 (entspricht CLP-Kategorien 1A und 1B). Mutagene und fortpflanzungsgefährdende Stoffe werden in dem Konzept nicht berücksichtigt. Die Risiken beziehen sich auf eine Arbeitslebenszeit von 40 Jahren bei einer kontinuierlichen arbeitstäglichen Exposition (Lebenszeitrisiko). Unter Risiko wird in dieser TRGS 910 die Wahrscheinlichkeit des Eintritts eines Gesundheitsschadens durch die Exposition gegenüber krebserzeugenden Gefahrstoffen verstanden. Bei zunehmender Schadstoffdosis oder Expositionskonzentration eines krebserzeugenden Stoffes erhöht sich das Risiko bzw. nimmt die Wahrscheinlichkeit eines Schadenseintritts zu.

Die Expositions-Risiko-Beziehung entspricht einer Dosis/Konzentrations-Wirkungs-Beziehung. Die ERB wird durch den Ausschuss für Gefahrstoffe aufgestellt und vom Bundesministerium für Arbeit und Soziales in der TRGS 910 veröffentlicht. Das in der ERB steckende Risikokonzept kennt die drei Risikobereiche hohes, mittleres und niedriges Risiko (vgl. Abb. 2). Sie wird laut TRGS 910 folgendermaßen definiert:

„Die Expositions-Risikobeziehung (ERB) eines krebserzeugenden Stoffes beschreibt den Zusammenhang zwischen der Stoffkonzentration (inhalative Aufnahme) und der statistischen Wahrscheinlichkeit des Auftretens einer Krebserkrankung. Die aus experimentellen oder epidemiologischen Studien abgeleitete ERB bildet die Grundlage für die Extrapolation in den Bereich geringerer Risiken, der in der Praxis im Allgemeinen weder tierexperimentell überprüft noch epidemiologisch beobachtet werden kann. Bezugszeitraum für das Risiko ist die gesamte Lebenszeit." (TRGS 910 (2) 1 Begriffsbestimmungen)

Die in Abbildung 2 dargestellten Risikohöhen „für die bezeichneten Risikogrenzen (Akzeptanz-, Toleranzrisiko) können nicht wissenschaftlich begründet, sondern nur gesellschaftspolitisch gesetzt werden. Dabei sind eine Reihe von Kriterien zu beachten, neben der Risikowahrnehmung sind dies z.B. die Schwere eines Gesundheitsschadens, das mögliche Schadensausmaß (Art des Schadens und/oder die Anzahl der Betroffenen), die Relation zu vergleichbaren anderen Arbeitsplatzrisiken, ein unmittelbarer Nutzen und die tatsächlichen und möglichen Risikominderungsmaßnahmen" (TRGS 910 Anlage 2). Die Einbeziehung gesellschaftlicher Faktoren wird aus soziologischer Sicht als grundsätzlich positiv beurteilt (Renn 2010).

Akzeptanzkonzentration und Toleranzkonzentration sind stoffspezifi-
sche Größen. Das Risikokonzept definiert drei Risikobereiche – hohes,
mittleres und geringes Risiko. Die Grenze zwischen hohem Risiko (roter
Bereich) und mittlerem Risiko (gelber Bereich) wird als Toleranzrisiko
bezeichnet. Das Toleranzrisiko (= Gefahrenschwelle) entspricht einem
statistischen zusätzlichen Krebsrisiko von 4:1.000, bei dem statistisch die
Wahrscheinlichkeit besteht, dass von 1.000 während des gesamten Arbeitslebens exponierten Personen vier an Krebs erkranken.

Abbildung 2: Das Deutsche Ampelmodell –
Neues Risikokonzept für krebserregende Stoffe

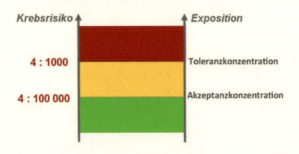

Quelle: IFA 2015.

Die Grenze zwischen mittlerem Risiko und niedrigem Risiko bezeichnet
man als Akzeptanzrisiko (Besorgnisschwelle). Das Akzeptanzrisiko entspricht einem statistischen zusätzlichen Krebsrisiko von 4:10.000, d.h.,
es besteht statistisch die Wahrscheinlichkeit, dass von 10.000 während
des gesamten Arbeitslebens exponierten Personen vier an Krebs erkranken. Bis spätestens 2018 soll das Akzeptanzrisiko auf 4:100.000 gesenkt
werden, wobei für jeden Stoff geprüft wird, ob die Voraussetzungen für
eine Absenkung vorliegen.
    Die Konzentration eines Stoffes in der Luft am Arbeitsplatz, die über
seine ERB dem Akzeptanzrisiko entspricht und bei Unterschreitung mit
einem niedrigen, hinnehmbaren Risiko assoziiert wird, wird Akzeptanzkonzentration genannt. Die Konzentration eines Stoffes in der Luft am
Arbeitsplatz, die über seine ERB dem Toleranzrisiko entspricht und bei
Überschreitung mit einem hohen, nicht hinnehmbaren Risiko assoziiert

wird, wird Toleranzkonzentration genannt. Auf der Grundlage der nach TRGS 910 Anlage 3 abgeleiteten stoffspezifischen ERB werden die stoffspezifischen Akzeptanz- und Toleranzkonzentrationen abgeleitet. Zwei Beispiele zum praktischen Umgang für Asbest und Arsen (IFA 2011):

- die Akzeptanzkonzentration bei 10.000 Fasern/m^3 bzw.

- als Zielwert spätestens ab 2018 bei 1.000 Fasern/m^3 (Zielwert)

- die Toleranzkonzentration liegt bei 100.000 Fasern/m^3

- die Außenluftkonzentrationen für Asbest liegen in der Größenordnung $\leq$ 100 Fasern/m^3

Für organische Arsenverbindungen liegt die Spannbreite zwischen dem Toleranzwert bei 8,3 $\mu g/m^3$ (E-Staub = einatembare Fraktion) und Akzeptanzwert bei 0,8 $\mu g/m^3$ (E-Staub), der Vergleich mit dem ehemaligen TRK-Wert (Stand der Technik) mit 100 $\mu g/m^3$ (E-Staub) zeigt die Qualitätsentwicklung durch weitaus niedrigere Grenzwertfestsetzungen (Wieske 2015).

Nur im Strahlenschutz rechtlich verankert ist das sogenannte ALARA-Prinzip (as low as reasonably achievable). Es handelt sich um ein Minimierungsgebot, das auf ein Handeln unterhalb von Grenzwerten lenken soll. Es handelt sich um ein Prinzip des Strahlenschutzes bei ionisierender Strahlung, nach dem immer alle vernünftigen und sinnvollen Maßnahmen ergriffen werden müssen, um die Strahlenexposition des Menschen auch unterhalb der Grenzwerte so gering wie möglich zu halten (StrahlenschutzV, RöntgenV). Das ALARA-Prinzip in der Strahlenschutzverordnung lautet wie folgt:

AllgStSchV § 3. (1) „Beim Umgang mit Strahlenquellen ist die Exposition von einzelnen Personen sowie der Bevölkerung insgesamt so niedrig zu halten, wie dies nach dem Stand der Technik unter Berücksichtigung wirtschaftlicher und sozialer Faktoren möglich und vertretbar ist."

Ob das ALARA-Prinzip tatsächlich eine strengere Schutzwirkung gegenüber den bisher genannten Grenzwertkonzepten (Schwellenwert, Expositions-Risiko-Beziehung) ausübt, ist deutlich in Frage zu stellen. Die praktische Notwendigkeit, etwa Häufigkeit von Röntgenaufnahmen, bleibt der Entscheidung in jedem Praxisfall vorbehalten, wo Zeitknappheit und Laienwissen ein gemeinsames Abwägen der Risiken und der Notwendigkeit zwischen Arzt und Patient eher erschwert als erleichtert.

3.3 Critical Load und Critical Level –
Grenzwertkonzept für ökologische Belastungsgrenzen

Das Grenzwertkonzept der Critical Loads und Critical Levels wurde im Rahmen der Konvention über weiträumige grenzüberschreitende Luftverunreinigung (Genfer Luftreinhaltekonvention) entwickelt und ist seit 1983 in Kraft. Die Schadstoffprotokolle, die im Rahmen des Übereinkommens verhandelt wurden, enthalten Critical Loads und Critical Levels als wirkungsorientierte Zielwerte. Kernziel des Critical-Load-Ansatzes ist die Berechnung von Belastungsgrenzen im Ökosystem Wald (Versauerung, Eutrophierung) in Deutschland und vielen europäischen Ländern.

– **Critical Loads** (kritische Eintrags- oder Depositionswerte) sind naturwissenschaftlich begründete Belastungsgrenzen, angegeben als Deposition pro Flächeneinheit, z.B. kg pro ha*Jahr. Der Critical Load ist ein Maß für die Empfindlichkeit der Ökosysteme und der menschlichen Gesundheit gegenüber Einträgen und Konzentrationen von Luftschadstoffen. Belastungen oberhalb dieser Grenzen sind in Deutschland gemäß der Verordnung über Luftqualitätsstandards und Emissionshöchstmengen (39. BImSchV) als übermäßige Immissionen zu beurteilen. Die 39. BImSchV ist die Umsetzung der Europäischen Luftqualitätsrichtlinie (2008/50/EG) in Deutschland.

– **Critical Levels** (kritische Konzentrationen) sind Konzentrationen von Luftschadstoffen in der Atmosphäre, oberhalb derer nach dem Stand des Wissens direkte schädliche Auswirkungen auf sogenannte Rezeptoren wie Menschen, Pflanzen, Ökosysteme, Baudenkmäler oder besondere Materialien zu erwarten sind.

Abbildung 3 zeigt exemplarisch zum Thema Eutrophierung durch Stickstoffeinträge die kartierten Grenzwertüberschreitungen (CL) bezogen auf Deutschland. Deutlich zu erkennen sind die Intensivviehzuchtgebiete in Niedersachsen (Oldenburg/Vechta) mit potenziell hohen Einträgen von Reststoffen (Gülle, Gärreste) in den Boden.

Damit gilt beispielsweise für einen Fichtenwald ein anderer Wert als für einen Buchenwald am gleichen Standort, und ein Ökosystem mit einem sandigen Boden ist empfindlicher als eines mit einem kalkreichen Lehmboden.

Abbildung 3: Überschreitung der Critical Loads für Eutrophierung durch Stickstoffeinträge (2009)

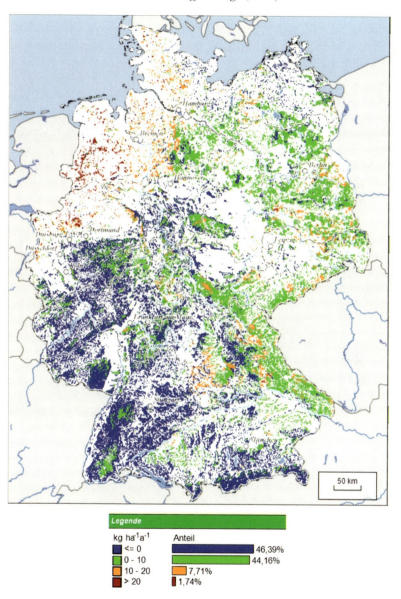

Critical Loads werden nach unterschiedlichen Methoden errechnet: Die Bund/Länder-Arbeitsgemeinschaft für Immissionsschutz (LAI) zur Bewertung von Stickstoffeinträgen nutzt empirische Daten aus Felduntersuchungen und Erfahrungen (LAI 2012). Mit der Massenbilanzmethode (Simple Mass Balance, SMB) werden Ein- und Austragsberechnungen von Schadstoffen für ein Ökosystem gemäß umweltwissenschaftlicher Kenntnisse (Stickstoffkreislauf, Nitrataustrag mit Sickerwasser) erstellt. Die von den National Focal Center (NFC) an das europäische Koordinierungszentrum übermittelten Critical-Load-Daten beruhen weitgehend auf der Massenbilanzmethode. Sie hat den Nachteil eines statischen Charakters.

Nur dynamische, aufwändige Modelle können auch Klimaschwankungen wie Verwitterungsprozesse und N-Immobilisierung durch Temperaturschwankungen und Stickstoffausträge und die Säureneutralisationskapazität in Relation zur regenbedingten Sickerwasserrate von eutrophierenden Substanzen in den Bodenkörper berücksichtigen. Die flächige Verteilung der untersuchten Rezeptoren in Deutschland wird aus der Datenbank CORINE Land Cover (CLC 2006) entnommen und über ein graphisches Informationssystem miteinander verschnitten. Dabei erfolgt eine Berechnung von Critical Loads ausschließlich für die von menschlicher Aktivität weniger beeinflussten natürlichen und halbnatürlichen Ökosysteme. Critical-Load-Berechnungen (z.B. zu Stickstoffeinträgen, vgl. Abb. 3) sind eine wertvolle Methode zur Berechnung der ökosystemaren Gefährdung der Biodiversität in Deutschland (UBA 2014).

International fließen die Datensätze für das International Cooperative Programme on Modelling and Mapping of Critical Levels & Loads and Air Pollution Effects, Risks and Trends (ICP M&M) zusammen im Coordination Center of Effects (CCE), in Deutschland durch das National Focal Centre (NFC) im UBA beauftragt an die ÖKO-DATA GmbH (vgl. Abb. 3).

4. Widersprüche und Folgen aus dem Umgang mit Grenzwerten

4.1 Fallstudie 1: Nitratgrenzwertüberschreitungen im Trinkwasser

Nitratgrenzwerte sind in der EU-Trinkwasserrichtlinie seit Mitte der 1980er Jahre verankert. So überschritten 1985 rund 90% der Flächen die kritischen Belastungsgrenzen für Stickstoff; aktuell sind es immer noch 50% (Proplanta 2015). Auch der in der Nachhaltigkeitsstrategie der Bundesregierung verankerte N-Bilanzsaldo von < 80 kg/ha bis 2010 wurde nicht erreicht.

Unterschätzt wurde auch die schnelle Verfügbarkeit von Stickstoff aus der Gärrestaufbringung von Biogasanlagen, der seit der Energiewende vor allem in Norddeutschland (Schleswig-Holstein, Niedersachsen) stark zugenommen hat. Die Europäische Kommission hat Deutschland in 2014 wegen der Grenzwertüberschreitungen bei Nitrat im Trinkwasser eine Klage vor dem Europäischen Gerichtshof angedroht.

Der Grenzwert für Nitrat in der EU und in Deutschland liegt seit 30 Jahren unverändert bei 50 mg/l. Insbesondere die Bundesländer Nordrhein-Westfalen und Niedersachsen (vgl. Abb. 4) fallen durch immense Grenzwertüberschreitungen des Nitratgehaltes im Grundwasser auf. In ganz Deutschland war im Zeitraum zwischen 2008 und 2011 bei 50,3% der Messstellen der Nitratgrenzwert im Grundwasser überschritten (Walker 2014).

Trinkwasser kann in den betroffenen Brunnen nur noch nach einer Nachbehandlung (z.B. Verschnitt mit unbelastetem Trinkwasser) bereitgestellt werden, das ist allerdings erlaubt.

Das Fallbeispiel zeigt, dass Grenzwerte trotz umfangreicher Regulierung deutlich versagt und ihr Ziel nicht erreicht haben. Trotz bestehender Düngeverordnung, EU-Trinkwasserrichtlinie und EG-Nitrat-Richtlinie (Richtlinie 91/676/EWG) werden durch einzelne Mitgliedsstaaten die Folgen der Grenzüberschreitungen und Vertragsbrüche zu Gunsten der intensiven Viehwirtschaft in Kauf genommen.

Nach den Vorgaben der EG-Nitratrichtlinie sind die Mitgliedsstaaten verpflichtet, ihr Aktionsprogramm (Art. 5 [7]) in vierjährigen Abständen zu überprüfen. Mitte Oktober 2013 hat die Europäische Kommission gegen Deutschland ein Vertragsverletzungsverfahren wegen unzureichender Umsetzung der EG-Nitratrichtlinie eingeleitet und im Juli 2014 eine mit Gründen versehene Stellungnahme übermittelt. Die Europäische Kommission hat heute gegenüber ihren Mitgliedsstaaten eine, gemessen an den Anfängen des EU-Umweltrechts, deutlich gestärkte Rolle, die auch in Deutschland umweltpolitische Folgen hat.

Abbildung 4: Überschreitung der zulässigen Nitratkonzentrationen in Brunnen in Niedersachsen (Stand 2012)

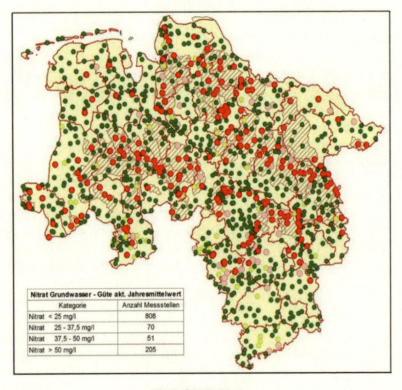

Nitrat Grundwasser - Güte akt. Jahresmittelwert	
Kategorie	Anzahl Messstellen
Nitrat < 25 mg/l	808
Nitrat 25 - 37,5 mg/l	70
Nitrat 37,5 - 50 mg/l	51
Nitrat > 50 mg/l	205

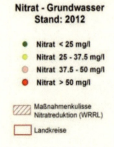

Nitrat - Grundwasser
Stand: 2012

● Nitrat < 25 mg/l
○ Nitrat 25 - 37.5 mg/l
○ Nitrat 37.5 - 50 mg/l
● Nitrat > 50 mg/l

▨ Maßnahmenkulisse
   Nitratreduktion (WRRL)

▢ Landkreise

Quelle: Niedersächsischer Landesbetrieb für Wasserwirtschaft, Küsten- und Naturschutz.

In den geplanten Novellen des Düngegesetzes (Entwurf vom 22.6.2015) und der Düngeverordnung (Entwurf vom 18.12.2014) in Deutschland ist eine Reihe von Maßnahmen im Entwurf vorliegend. Die Düngeverordnung regelt „die gute fachliche Praxis" bei der Anwendung von Düngemitteln, Bodenhilfsstoffen, Kultursubstraten und Pflanzenhilfsmitteln auf landwirtschaftlich genutzten Flächen sowie das Vermindern von stofflichen Risiken durch die Anwendung von Düngemitteln, Bodenhilfsstoffen, Kultursubstraten und Pflanzenhilfsmitteln auf landwirtschaftlich genutzten Flächen und auf anderen Flächen (§ 1 Entwurf Düngeverordnung).

Zweck des Düngegesetzes ist es, die Ernährung von Nutzpflanzen sicherzustellen; die Fruchtbarkeit des Bodens, insbesondere den standort- und nutzungstypischen Humusgehalt, zu erhalten oder nachhaltig zu verbessern; Gefahren für die Gesundheit von Menschen und Tieren sowie für den Naturhaushalt vorzubeugen oder abzuwenden, die durch das Herstellen, Inverkehrbringen oder die Anwendung von Düngemitteln, Bodenhilfsstoffen, Pflanzenhilfsmitteln sowie Kultursubstraten oder durch andere Maßnahmen des Düngens entstehen können; Rechtsakte der Europäischen Gemeinschaft oder der Europäischen Union, die Sachbereiche dieses Gesetzes, insbesondere über den Verkehr mit oder die Anwendung von Düngemitteln betreffen, umzusetzen oder durchzuführen.

Die folgenden Maßnahmen sind im Entwurf der Novelle der Düngeverordnung enthalten (BMEL 2015), die nach einem langen Prozess der Abwägung unterschiedlicher Interessen voraussichtlich in 2016 in Kraft treten wird:

– § 3 (2) und § 4 Ermittlung des Düngebedarfs (Betriebsinhaber) vor dem Aufbringen von wesentlichen Nährstoffmengen an Stickstoff oder Phosphat mit Düngemitteln, Bodenhilfsstoffen, Kultursubstraten und Pflanzenhilfsmitteln

– Düngebedarfsermittlung für Stickstoff bundesweit vereinheitlichen, standortbezogene Obergrenzen für die zu düngende Fläche festschreiben

– Ausbringungsstopp für Stickstoffdünger nach der Ernte der letzten Hauptfrucht bis zum 31. Januar (Ausnahme bis 1.10. für Wintergetreide)

– Länderöffnungsklausel für gesonderte Vorschriften in Gebieten mit hoher Nitratbelastung im Grundwasser

– Schärfere Anforderungen für bestehende JGS-Anlagen (Zwischenlager für Jauche, Gülle, Silagesickersaft)

– Nationales Aktionsprogramm zum Schutz von Gewässern vor Verunreinigung durch Nitrat aus landwirtschaftlichen Quellen in Deutschland

– Auf Gärreste ausdehnen: Aufbringung von Wirtschaftsdünger tierischer Herkunft nach § 4 Absatz 3 auf alle Düngemittel mit organisch gebundenem Stickstoff

– Stickstoffüberschuss der Landwirtschaft in Form der jährlichen Gesamtbilanz auf 80 kg Stickstoff je Hektar begrenzen

– Düngeobergrenze von 170 kg Stickstoff pro Hektar für alle organischen und organisch-mineralischen Düngemittel einschließlich pflanzlicher Gärrückstände (Ausnahme Komposte)

– Ausbringungsgrenze für Gesamtstickstoff 510 kg je Hektar in einem Zeitraum von drei Jahren (NEC-Richtlinie, NEC = National Emission Ceilings gemäß Göteborg-Protokoll)

– Förderung emissionsarmer Ausbringtechniken (Injektion)

Trotz der im Vorkapitel genannten Erfolge in der Luftreinhaltepolitik und im Risikomanagement in der Human- und Ökotoxikologie, zu der auch Grenzwerte maßgeblich beigetragen haben, zeigt das genannte Fallbeispiel Stickstoffdüngung sehr deutlich, dass beim Überwiegen der wirtschaftlichen Interessen (Düngemittelverkauf, Erträge, Biogasanlagenbau) Grenzwerte nahezu zur Bedeutungslosigkeit verkommen, würde nicht das EU-Umweltrecht als Kontrollinstrument mit ordnungspolitischer regulierender Wirkung einen Riegel vorschieben. Abbildung 5 zeigt das Ergebnis einer kontinuierlichen Verharmlosung von Grenzwerten. Neben Malta steht Deutschland in der Grenzwertüberschreitung an Nitrat an zweitschlechtester Stelle gegenüber allen übrigen EU-Mitgliedsstaaten.

Abbildung 5: Anteil der Messstellen nach Gehaltsklassen mg Nitrat/l

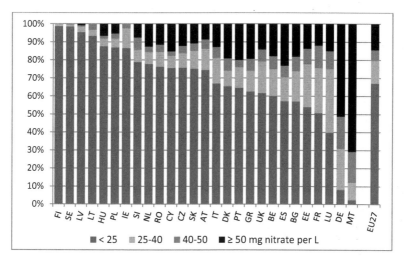

Quelle: Nach EU-KOM Report zur Umsetzung der Nitratrichtlinie 2013, S. 6.

4.2 Fallstudie 2: Grenzwertpoker mit Supercredits für CO_2-arme Fahrzeuge

In der EU gelten seit 2008 Grenzwerte für den CO_2-Ausstoß von Neufahrzeugen. Bis 2015 durften Neuwagen im Schnitt nicht mehr als 130 g CO_2/km ausstoßen, gemessen im Neuen Europäischen Fahrzyklus (NEFZ). Für jeden Hersteller gelten dabei individuelle Zielvorgaben, die sich am Durchschnittsgewicht seiner verkauften Neuwagen im Stichjahr orientieren. Die Abgasgrenzwerte haben die offizielle CO_2-Minderung der Hersteller seit 2008 enorm beschleunigt (Bund, Deutsche Umwelthilfe, NABU, VCD 2015).

Anfang 2014 wurde in der EU eine weitere Verschärfung der CO_2-Vorgaben ab 2020 beschlossen. In 2020 gilt für 95% aller neu verkauften Pkw, ab 2021 dann für die gesamte Neuwagenflotte, ein durchschnittlicher Grenzwert von 95 g CO_2/km. Überschreitet ein Hersteller seine spezifischen CO_2-Vorgaben, muss er für jedes Gramm CO_2 über seinem Zielwert und für jedes verkaufte Fahrzeug 95 Euro Strafe an die EU zahlen. Die neuen Bestimmungen sollen nur für Hersteller gelten, die pro Jahr mehr als 1.000 Fahrzeuge produzieren.

Um den lukrativen Markt mit Luxuskarossen und hohen CO_2-Emissionen zu retten, hat die EU-Kommission die Möglichkeit der Gutrechnung durch sogenannte Supercredits ab 2016 geschaffen. Ab 2016 können mit CO_2-armen/freien Fahrzeugen der Flotte (Hybridautos, Elektroautos) von Fahrzeugherstellern Bonuspunkte gesammelt werden, die als Supercredits bezeichnet werden. Autohersteller dürfen sich damit Fahrzeuge mehrfach anrechnen lassen, die weniger als 50 g CO_2/km ausstoßen, etwa Elektroautos und Hybridfahrzeuge. Ein batteriebetriebenes E-Auto wird mit 0 g CO_2 berechnet.

Bis 2015 soll jedes dieser Fahrzeuge 2,5-fach als „Null-Emissions-Fahrzeug" in die Berechnung des durchschnittlichen Schadstoffausstoßes einer Herstellerflotte einfließen, von 2016 bis 2023 dann 1,5-fach. Kernkritik an dieser Vorgehensweise der Bildung eines Flottenschnitts ist die Schönrechnung von abgasintensiven Premiumfahrzeugen und die Verschiebung des tatsächlichen Erreichens des Grenzwertes von 95 g um vier Jahre (2024) (Ricardo-AEA 2013). Außerdem erhöhen sich die CO_2-Emissionen der europäischen Autoflotte bis 2030 laut einer von Greenpeace beauftragten Studie um bis zu 10% (Ricardo-AEA 2013).

Ein weiterer Problempunkt bei der Ernsthaftigkeit von Abgasgrenzwerten ist das bisher verwendete Testverfahren zur Abgasmessung (NEFZ), das ab 2017 durch das weltweit harmonisierte Testverfahren Worldwide Harmonized Light-Duty Vehicles Test Procedure (WLTP) abgelöst werden soll. Diskrepanzen von 10-15% Realverbrauch versus im Rollenprüfstand gemessenem Verbrauch wurden in 2013 im Mittel aller Fahrzeughersteller mit 31% veröffentlicht, was mit Schlupflöchern und Grauzonen im Messverfahren interpretiert wird (Archer 2014, zit. in Bund, Deutsche Umwelthilfe, NABU, VCD 2015). Die Problematik der Grauzonen in der Messung von Abgaskontrollwerten ist also schon weit vor dem Diesel-Skandal von 2015 herstellerübergreifend thematisiert worden.

5. Die Rolle von Grenzwerten in der Transformation zu einer nachhaltigen Gesellschaft

Die genannten Fallbeispiele und Probleme im operativen Umgang mit Grenzwerten lassen positive wie auch negative Schlüsse zur Eignung von Grenzwerten in der Transformation zu einer nachhaltigen Gesellschaft ziehen. Einige für diesen Beitrag gewählte Fallbeispiele haben gezeigt, dass umweltpolitische Erfolge und die Schadensabwehr bei der Chemikalienzulassung auf den Einsatz von Grenzwerten zurückzuführen sind. Besondere Erfolge können in Deutschland in der Luftreinhaltung (SO_2, Feinstaub, Ozon) und Abwasserreinigung verzeichnet werden.

Im Umkehrschluss wurden aber auch die Grauzonen und Unsicherheiten sowie die fehlende Ernsthaftigkeit im Umgang mit Grenzwerten insbesondere bei der Nitratbelastung im Grundwasser und bei den CO_2-Abgasgrenzwerten in der Automobilindustrie bestätigt. Anhand einzelner Thesen wird für diesen Beitrag ein Fazit zur Rolle von Grenzwerten in der Transformation zu einer nachhaltigen Gesellschaft gezogen.

- *These 1:* Globale steigende Risiken wie der Klimawandel und radioaktive Unfälle wurden bisher durch Grenzwerte und Ziele nicht verhindert oder maßgeblich reduziert. Grenzwerte wie das 2°C-Ziel können über völkerrechtliche Vereinbarungen (Paris COP21) mühsam erreicht werden, sind aber kein Garant für die ernsthafte und schnelle Realisierung von Maßnahmen.

- *These 2:* Europarechtliche Vereinbarungen über Grenzwerte in der Umweltpolitik haben außerhalb des nationalem Lobbyismus der Vertreter einzelner Branchen eine gesunde regulierende Funktion mit zunehmender Bedeutung.

- *These 3:* Eine grundsätzliche nachhaltige Transformation der Wirtschaft wird durch risk assessment eher verzögert, weil hiermit vor allem End-of-the-pipe-Technologien legitimiert werden, deren Schadstoffwirkung in den gesetzten Toleranzgrenzen akzeptiert wird. Null-Emissionstechnologien benötigen keine Grenzwerte, wohl aber ein technology assessment beispielsweise mit einer ökobilanziellen Bewertung, die auch den Materialverbrauch, Flächenverbrauch und Energieverbrauch innovativer GreenTech-Bereiche beurteilt.

- *These 4:* Grenzwerte sind aus systemanalytischer und kybernetischer Sicht kontraproduktiv, weil sie in der Regel statisch sind. Eingeengte analytische Sichtweisen (Dosis/Wirkungsbeziehung) dominieren in den vorliegenden Methoden zur Abschätzung von Risiken. Ökologische Wirkungen, Kombinationseffekte und Langzeitwirkungen werden dabei immer noch ungenügend erfasst.

- *These 5:* Grenzwerte stellen Systeme nicht in Frage, bremsen damit Alternativen und Innovation aus. Systementwickler, Designer und Erfinder richten ihre Anlagen an dem von der Gesellschaft akzeptierten Risikoraum aus.

- *These 6:* Die aktuellen Skandale um Nitratbelastungen im Grundwasser und um Kfz-Abgaswerte zeigen, dass auch ein seit Jahrzehnten etabliertes Grenzwertkonzept vor rein ökonomisch getriebenem Handeln nicht bewahrt und ad absurdum geführt wird.

- *These 7:* Grenzwerte werden gesellschaftlichen und wirtschaftlichen Interessen untergeordnet bzw. angepasst. Sie werden nachträglich angehoben oder den aktuellen Interessen folgend wieder herabgesetzt (tolerierbare Strahlenbelastung in der Region Fukushima).

- *These 8:* Wirtschaftliche Interessen bremsen eine ökologisch begründete Grenzwertfestlegung aus und dominieren den Abwägungsprozess (Nitratthematik: Agrarindustrie, Biogaslobby; Beispiel Kfz-Abgasgrenzwerte). Hier sollte eine deutlich höhere Transparenz für die Öffentlichkeit geschaffen werden bzw. sind gesellschaftliche Vertreter bei der Abwägung der Interessen stärker zu hören.

- *These 9:* Sicherheitsfaktoren sind bei der toxikologischen Bewertung naturwissenschaftlich nicht oder nicht ausreichend begründbar. Sie erfordern deshalb einen noch vorsichtigeren Umgang bei der Neuzulassung von Stoffen. Pharmazieskandale wie Contergan und hochkritische Pestizideinsätze wie DDT wurden durch Grenzwerte nicht verhindert.

Literatur

Archer, G. (2014): Briefing Manipulation of fuel economy test results by car-makers. further evidence, costs and solutions In: Transport and Environment (11/2014). Link: http://www.transportenvironment.org/sites/te/files/publications/2014%20Mind%20the%20Gap_T%26E%20Briefing_FINAL.pdf

Arndt, B. (2009): Das Vorsorgeprinzip im EU-Recht. Recht der Nachhaltigen Entwicklung 3. Tübingen: Mohr Siebeck.

Beck, U. (1986): Risikogesellschaft. Auf dem Weg in eine andere Moderne. Frankfurt a.M.: Suhrkamp.

Bluma, L. / Uhl, K. (Hg.) (2012): Kontrollierte Arbeit – Disziplinierte Körper? Zur Sozial- und Kulturgeschichte der Industriearbeit im 19. und 20. Jahrhundert. Bielefeld: transcript.

BMEL – Bundesministerium für Ernährung und Landwirtschaft (2015): Entwurf eines Gesetzes zur Änderung des Düngegesetzes. Stand: 22.6.2015. Link: http://www.bmel.de/SharedDocs/Downloads/Service/Rechtsgrundlagen/Entwürfe/EntwurfDuengegesetz.pdf

BUND, Deutsche Umwelthilfe, NABU, VCD (2015): Sind die CO_2-Grenzwerte für Pkw ab 2020 in Gefahr? Durch Umstellung auf den neuen Testzyklus WLTP droht ein Aufweichen bestehender Grenzwerte. Link: https://www.vcd.org/fileadmin/user_upload/Redaktion/Themen/Auto_Umwelt/CO2-Grenzwert/20150809_Hintergrundpapier_CO2-Vorgaben_fuer_Pkw_in_Gefahr.pdf

BAUA – Bundesanstalt für Arbeitsschutz und Arbeitsmedizin (2012): Bekanntmachung 911 „Fragen und Antworten zum Risikokonzept gemäß BekGS 910".

Büschenfeld, J. (1997): Flüsse und Kloaken: Umweltfragen im Zeitalter der Industrialisierung (1870-1918). (Industrielle Welt, Bd. 59). Stuttgart: Klett-Cotta.

Büschenfeld, J. (1998): Visionen des Fortschritts. Grenzwerte in der Gewässerschutzdebatte um 1900. In: Dienel (1988), S. 77-128.

Carson, R. (2002/1962): Silent Spring. Fortieth Anniversary Edition (Introduction by L. Lear; Afterword by E.O. Wilson). Boston/New York: Houghton Mifflin Harcourt.

DIFF – Deutsches Institut für Fernstudienforschung an der Universität Tübingen (Hg.) (1997): Veränderung von Böden durch anthropogene Einflüsse. Ein interdisziplinäres Studienbuch. Heidelberg: Springer.

Dienel, H.-L. (Hg.) (1998): Der Optimismus der Ingenieure. Triumph der Technik in der Krise der Moderne um 1900. Stuttgart: Franz Steiner Verlag.

EU KOM (2013): BERICHT DER KOMMISSION AN DEN RAT UND DAS EUROPÄISCHE PARLAMENT über die Umsetzung der Richtlinie 91/676/EWG des Rates zum Schutz der Gewässer vor Verunreinigung durch Nitrat aus landwirtschaftlichen Quellen auf der Grundlage der Berichte der Mitgliedstaaten für den Zeitraum 2008-2011. Link: http://www.agrarheute.com/sites/default/files/media/587347/587347.pdf

Großklaus, R. (2014): Nutzen-Risiko-Abschätzung von Mineralstoffen – ein Problem bei der Festlegung von Grenzwerten zwischen Essentialität und Toxizität. In: Hartwig, A.; Köberle, B.; Michalke, B. (Hg.), Nutzen-Risiko-Bewertung von Mineralstoffen und Spurenelementen, S. 7-41. OpenEdition Books. KIT Scientific Publishing. Link: http://books.openedition.org/ksp/101

Hecht, K. / Kern, M. / Richter, K. (Hg.) (2009): Warum Grenzwerte schädigen, nicht schützen – aber aufrechterhalten werden. Beweise eines wissenschaftlichen und politischen Skandals. Heft 4: Wirkungen des Mobil- und Kommunikationsfunks. Eine Schriftenreihe der Kompetenzinitiative zum Schutz von Mensch Umwelt und Demokratie e.V. Link: http://www.kom petenzinitiative.net/assets/heft4_grenzwert-broschuere_screen.pdf

IARC – International Agency for Research on Cancer of WHO (2015): Monographs on the Evaluation of Carcinogenic Risks to Humans. Volume 112 – Some Organophosphate Insecticides and Herbicides: Diazinon, Glyphosate, Malathion, Parathion, and Tetrachlorvinphos. 20.3.2015. Zugriff: http://monographs.iarc.fr/ENG/Monographs/vol112/index.php

ICNIRP – International Commission on Non-Ionizing Radiation Protection (2009): Exposure to high frequency electromagnetic fields, biological effects and health consequences (100 kHz-300 GHz) – Review of the Scientific Evidence and Health Consequences. München: ICNIRP.

Informationszentrum Mobilfunk (2014): Von der ICNIRP für den Frequenzbereich des Mobilfunks empfohlene Grenzwerte. Zugriff: http://www.izmf.de/de/von-der-icnirp-fuer-den-frequenzbereich-des-mobilfunks-empfohlene-grenzwerte

IFA – Institut für Arbeitsschutz der Deutschen Gesellschaftlichen Unfallversicherung (2011): Informationsblatt Asbest.

IFA – Institut für Arbeitsschutz der Deutschen Gesetzlichen Unfallversicherung (2015): Das Deutsche „Ampelmodell". Expositionsbeurteilung bei krebserzeugenden Stoffen. Das Risikokonzept des Ausschusses für Gefahrstoffe (AGS). Link: http://www.dguv.de/medien/ifa/de/fac/bilder_fac/erb_gr_2014.gif

Kortenkamp, A. / Grahl, B. / Grimme, L.H. (Hg.) (1990): Die Grenzenlosigkeit der Grenzwerte. Zur Problematik eines politischen Instruments im Umweltschutz. 2. Aufl., Karlsruhe: C.F. Müller Verlag.

Milles, D. / Müller, R. (1986): Die relative Schädlichkeit industrieller Produktion. Zur Geschichte des Grenzwertkonzepts in der Gewerbehygiene. In: Winter, G. (Hg.), Grenzwerte. Interdisziplinäre Untersuchungen zu einer Rechtsfigur des Umwelt-, Arbeit- und Lebensmittelschutzes. Düsseldorf: Werner, S. 227-262.

Nagel, H.-D. / Gregor, H.-D. (Hg.) (1999): Ökologische Belastungsgrenzen. Critical Loads und Levels. Ein internationales Konzept für die Luftreinhaltepolitik. Berlin/Heidelberg: Springer.

Niedersächsischer Landesbetrieb für Wasserwirtschaft, Küsten- und Naturschutz (2015): Nitratgehalte Niedersachsen 2012. Link: http://www.nlwkn.nieder sachsen.de/portal/live.php

Öko-Data – Gesellschaft für Ökosystemanalyse und Umweltdatenmanagement mbH (2014): Critical Load Überschreitung 2009. Überschreitung der CL für Eutrophierung durch Stickstoffeinträge. Stand 02/2014. Link: http:// www.oekodata.com/ablage/16-deutscher-critical-load-datensatz

Proplanta (2015): Presse-Mitteilung vom 14.10.2015. Umweltschutz in der Landwirtschaft kommt zu langsam voran. Link: http://www.proplanta.de/ Agrar-Nachrichten/Umwelt/Umweltschutz-in-der-Landwirtschaft-kommt -zu-langsam-voran_article1444807088.html

Renn, O. (2010): Akzeptabilität von Gesundheitsrisiken am Arbeitsplatz. Ein neues Konzept zur Bewertung von Risiken durch krebserzeugende Stoffe. Auf Grundlage einer Kurzstudie der Dialogik gemeinnützige GmbH von Ortwin Renn und unter Beteiligung des PG Risikoakzeptanz des AGS. April 2010. Link: http://www.baua.de/de/Themen-von-A-Z/Gefahrstoffe/ Risikobewertung/pdf/Akzeptabilitaet-Gesundheitsrisiken.pdf?__blob= publicationFile&v=2

Ricardo-AEA (2013): Low Emission Car Measures Under the EU's CO2 Regulations for Passenger Cars. Ricardo-AEA report for Greenpeace and Transport & Environment. Published 16.4.2013. Zugriff: http://www.green peace.org/eu-unit/en/Publications/2013/Report-Low-Emission-Car-Measures -Under-the-EUs-CO2-Regulations-for-Passenger-Cars/

Schulte, M. (2003): Handbuch des Technikrechts. Volume I. Springer: Berlin.

Strahlenschutzkommission (2011): Biologische Auswirkungen des Mobilfunks. Gesamtschau. Verabschiedet in der 250. Sitzung der Strahlenschutzkommission am 29./30.09.2011, S. 36.

UBA – Umweltbundesamt (Hg.) (2004): Späte Lehren aus frühen Warnungen: Das Vorsorgeprinzip 1896-2000. Berlin.

UBA – Umweltbundesamt (Hg.) (2014): Modellierung und Kartierung atmosphärischer Stoffeinträge und kritischer Belastungsschwellen zur kontinuierlichen Bewertung der ökosystemspezifischen Gefährdung der Biodiversität in Deutschland. Texte 63/2014 UFOPLAN des BMNUB, Forschungskennzahl 3710 63 246 UBA-FB 002007/4.

Walker, B. (2014): EU droht Deutschland mit Klage. Zu viel Nitrat im Trinkwasser. In: Stuttgarter Zeitung vom 5.8.2014.

WHO (2011): WHO research agenda for radiofrequency fields http://whqlib doc.who.int/publications/2010/9789241599948_eng.pdf, letzter Zugriff: 19.04.2011.

Wiedemann, P. (2010): Vorsorgeprinzip und Risikoängste. Zur Risikowahrnehmung des Mobilfunks. Wiesbaden: VS Verlag für Sozialwissenschaften.

Wieske, M. (2015): Das Risikokonzept in der neuen GefStoffV. Expositions-Risikobeziehungen. Wohin geht die Reise? WirtschaftsVereinigung Metalle. Vortrag am 22. September 2015 in Würzburg. 6. BDG-Umwelttag. Link: http://www.bdguss.de/fileadmin/content_bdguss/BDG-Service/Info thek/Sonderpublikationen/BDG-Umwelttage/6._Umwelttag/Das_Risiko konzept_in_der_neuen_GefStoffV_Dr._Martin_Wieske_WVMetalle.pdf

Zeschmar-Lahl, B. / Lahl, U. (1987): Wie wissenschaftlich ist die Toxikologie – Zur Problematik der Grenzwertfindung. In: ZfU, 1, S. 43-64.

Räume, Grenzen und Ränder – Aspekte gesellschaftlicher Raumorganisation

Olaf Kühne

1. Einleitung

Mit dem *spatial turn* in den Sozial- und Kulturwissenschaften ist das Bewusstsein um die räumliche Gebundenheit des menschlichen Lebens erneut in das Zentrum gerückt. Mit der Neufokussierung von Raum verbunden sind auch Fragen wie: Was wird eigentlich in welchem Kontext als Raum beschrieben? Wie werden Räume gebildet? Lassen sie sich – und aufgrund welcher Kriterien – voneinander abgrenzen? Und: Ist es immer sinnvoll, den Versuch zu unternehmen, Räume strikt voneinander zu trennen?

Gegenwärtig wird die soziale Konstruktion von räumlichen Einheiten zumeist an deren Abgrenzung – insbesondere an Verwaltungseinheiten – gebunden (Chilla et al. 2015). Lange Zeit bemühten sich die Raumwissenschaften, aber auch Politik und Administration um positivistische oder gar essentialistische Begründungen von Räumen und Grenzen, eine Position, die in der gegenwärtigen sozialwissenschaftlichen Raumforschung zunehmend hinterfragt wird.[1]

Grenzen haben stets die Funktion der Trennung von einem geringer komplexen Inneren zu einem komplexeren Äußeren (Luhmann 1984, S. 94ff.). Auf den räumlichen Kontext übertragen bedeutet dies, dass die ‚naturräumliche Einheit' Saar-Biesgau geometrisch abgegrenzt wird und

---

[1] Zum Beispiel Gailing 2012; Kühne 2006, 2008 und 2013; Kühne/Meyer 2015; Miggelbrink 2002; Schultz 1998; Werlen 1995 und 1997.

somit eindeutig im Raum fixiert, mit Kriterien (z.B. geologische Ausstattung: Muschelkalk) belegt, nicht einfach in Großbritannien verortet werden und mit dem Tertiär verbunden werden kann, ohne dass in der Fachwelt damit ein Verlust sozialer Anerkennung verbunden wäre. Noch deutlicher wird das Komplexitätsgefälle bei administrativ-politischen Einheiten: Das verräumlichte politisch-administrative Gebilde ‚Bundesrepublik Deutschland' ist im physischen Raum eindeutig gegenüber den vielen ‚Nicht-Bundesrepubliken Deutschland' abgegrenzt, diese Abgrenzung ist mit administrativ-politischen Entkomplexisierungen verbunden, so gelten weder die Gesetze der Republik Polen, noch darf die Luftwaffe Äthiopiens ungefragt im bundesrepublikanisch definierten Luftraum ohne Zustimmung der zuständigen bundesdeutschen Stellen Manöver abhalten.

Doch wird diese Gebietsbildung durch Grenzen gegenwärtig durch zahlreiche gesellschaftliche Prozesse unterminiert, wodurch eine Minderung der Wirkung der Komplexitätsreduktion von Grenzen erfolgt (Luhmann 2000; vgl. auch Kühne/Meyer 2015): Die ökonomische (globale Produktionsnetzwerke), soziale (z.B. internetgestützte soziale Netzwerke, internationale Migration), politische (z.B. EU, WTO, UN) und kulturelle (z.B. Verfügbarkeit von Kulturgütern via Internet), aber auch die ökologische (z.B. Klimawandel, Abbau stratosphärischen Ozons) Globalisierung verringert die autonome Handlungsfähigkeit von Nationalstaaten (Beck 1986 und 1997). Die Erosion der Wirkung von Grenzen setzt sich sowohl auf den untergeordneten politisch-administrativen Ebenen (z.B. Organisation von Regionalentwicklung in LEADER-Regionen statt in Landkreisen), aber auch in funktionalen Zusammenhängen von Zentren und Umländern fort: Internethandel, Fernpendeln, Telearbeit, Hochgeschwindigkeitseisenbahnverbindungen, Billigflieger u.v.m. unterminieren die klassische Ausrichtung von einem Umland auf ein Zentrum.

Der vorliegende Beitrag befasst sich bei der Untersuchung der Konstruktion von Räumen und ihren Abgrenzungen zunächst mit den theoretischen Grundlagen, hier wird kurz die sozialkonstruktivistische Perspektive erläutert. Im Anschluss daran wird die Frage behandelt, welche Raum- und damit auch Grenzbegriffe in der aktuellen sozialwissenschaftlichen Raumdiskussion zu finden sind. Die beiden Abschnitte anschließenden befassen sich mit zwei Aspekten der Entgrenzung von Räumen, ihren Veränderungen: Zunächst wird der Frage des begrifflichen Nachvollzugs der Hybridität von Kultur und Natur nachgegangen. Im Anschluss daran befasse ich mich mit der Hybridisierung von Stadt und Land und der Entstehung des räumlichen Pastiches[2] der ‚Stadtlandhybride' (Kühne 2012).

2. Die sozialkonstruktivistische Perspektive

Philosophisch lässt sich der Konstruktivismus, wie er heute weite Teile der Sozial- und Kulturwissenschaften prägt, an den Nominalismus rückbinden. Der Nominalismus ist von der Annahme geprägt, Begriffe wiesen keine eigene Realität auf, sondern seien vom Menschen erzeugte Abstraktionen. Entsprechend liegt die zentrale Annahme des Sozialen darin, dass das Wissen der Menschen über die Welt und sich selbst nicht abschließend und objektiv sein kann. Schließlich ist Wissen an Wahrnehmung gebunden, die eine Zusammenführung von Sinneseindrücken zu einem Gesamtbild darstellt und das Resultat „eines sehr komplizierten Interpretationsprozesses [ist], in welchem gegenwärtige Wahrnehmungen mit früheren Wahrnehmungen" (Schütz 1971, S. 123-124) in Beziehung gesetzt werden (Berger/Luckmann 1966). Jede Wahrnehmung basiert entsprechend neben den durch die Sinne übermittelten Informationen auf deren Interpretation, die auf Abstraktionen eines Vorwissens über die Welt basiert (Schütz 1971), weswegen es „nirgends so etwas wie reine und einfache Tatsachen" (Schütz 1971, S. 5) gibt, denn alles, was uns als Tatsache erscheint, ist bereits eine Deutung vor dem Hintergrund sozial vermittelter Abstraktionen und Typisierungen. Die Abstraktionen und Typisierungen entstammen nicht der unmittelbaren Beobachtung der Welt, der Wissensvorrat ist größtenteils „nicht unmittelbar erworben, sondern ‚erlernt'" (Schütz/Luckmann 2003, S. 332). Die individuelle Konstruktion von Welt bedeutet dabei „keine intentionale Handlung, sondern einen kulturell vermittelten vorbewussten Vorgang" (Kloock/Spahr 2007, S. 56).

In Bezug auf Räume und Grenzen bedeutet dies: Aufgrund unserer Sozialisation (z.B. im Geschichts- und Erdkundeunterricht), in der wir lernen, dass Räume eindeutig abgegrenzt zu sein haben, deuten wir die Welt später in eindeutigen räumlichen Zuordnungen. Räumliche Konstellationen, die mit dieser dichotomen Logik der Grenzbildung nur schwer

---

[2] Das Konzept des Pastiches bedeutet „nicht einfach Entdifferenzierung, sondern setzt Differenzbildung voraus, um dann zu Hybridkreuzungen, Rekombinationen, Reintegrationen zu führen" (Vester 1993, S. 29).

fassbar sind, lösen Unbehagen aus (siehe die Abschnitte 4 und 5 dieses Beitrages).

Menschen handeln „,Dingen' gegenüber auf der Grundlage der Bedeutungen [...], die diese Dinge für sie besitzen" (Blumer 1973, S. 81). ‚Dinge' können entsprechend sehr vielfältig sein, sie sind alles, „was der Mensch in seiner Welt wahrzunehmen vermag – physische Gegenstände wie Bäume oder Stühle; andere Menschen, wie Freunde oder Feinde; Institutionen wie eine Schule oder eine Regierung; Leitideale wie individuelle Unabhängigkeit oder Ehrlichkeit; Handlungen anderer Personen, wie ihre Befehle oder Wünsche; und solche Situationen, wie sie dem Individuum in seinem täglichen Leben begegnen" (Blumer 1973, S. 81). Die Bedeutung von ‚Dingen' ist für Menschen nicht zwingend stabil. Sie kann vielmehr revidiert werden: „Bedeutungen [werden] in einem interpretativen Prozess, den die Person in ihrer Auseinandersetzung mit den ihr begegnenden Dingen benutzt, gehandhabt und abgeändert" (Blumer 1973, S. 81). So können Zuschreibungen zu Räumen nicht nur zu einem Zeitpunkt variieren, sondern im Zeitverlauf setzen Deutungsverschiebungen ein, die wieder mit Rückwirkungen auf die Strukturierung physischer Räumen verbunden sind: So finden sich zum Ruhrgebiet Deutungen von ‚Region des Strukturwandels', ‚Problemraum' über ‚Tourismusregion', ‚Industriekulturregion' bis hin zu ‚Wissenschaftsstandort', wobei eine diskursive Verschiebung in Richtung der letztgenannten Deutungen erfolgt (vgl. zu diesem Prozess Kühne et al. 2014; Weber 2013).

Die sozialkonstruktivistische Forschungsperspektive geht entsprechend nicht der Frage nach, was Räume sind und wie sich diese eindeutig voneinander abgrenzen lassen, oder gar, worin das ‚Wesen' von Regionen liegt. Vielmehr rückt in den Vordergrund, „welche Wirklichkeitsdeutungen soziale Verbindlichkeit erlangen" (Kneer 2009, S. 5). In räumlichen Kontexten bedeutet dies, dass Fragen gestellt werden wie: Aufgrund welcher Mechanismen gelten Räume und ihre Abgrenzungen als ‚real'? Wer ist auf Grundlage welcher gesellschaftlichen Mechanismen berechtigt, Räume abzugrenzen? Wie konnte die Grenze zur räumlichen Fixierung von Regionen konzeptionelle Verbindlichkeit erlangen? Wie äußert sich diese? Welche Alternativen sind denkbar und warum wurde dennoch die Grenze diskursiv fixiert? Die Liste der Fragen lässt sich weiter ergänzen. Letztlich bedeutet dies jedoch, dass die sozialkonstruktivistische Forschungsperspektive alles hinterfragt, „was wir als selbstverständliche Verständnisse der Welt, einschließlich unserer selbst, verstehen" (Burr 2005, S. 2-3).

3. Räume und ihre Grenzen –
eine Betrachtung aktueller Raumvorstellungen in
den Raum- und Sozialwissenschaften

Die raumbezogenen Wissenschaften (eigens die Geographie, aber auch die Planungswissenschaften, die Raumsoziologie u.a.) haben mittlerweile eine schwer überschaubare Vielzahl an Raumkonzepten hervorgebracht. Allein für die Geographie hat Köck (2014) 21 unterschiedliche Raumbegriffe ausgemacht. Diese Vielzahl hat er mit der ironischen Frage kommentiert: „Jedem seinen Raum? Ist das der gemeinsame und doch verwirrende Nenner?" (Köck 2014, S. 3). Um die Komplexität des Themas für einen Beitrag, in dem es um das Verhältnis und Verständnis von Räumen und Grenzen (wie auch letztlich um Ränder) geht, sei diese Vielzahl im Folgenden zu acht Verständnissen ‚entkomplexisiert'.

1.   *Anthropozentrische traditionell-gesellschaftliche Raumvorstellungen.* Diese Raumverständnisse entspringen lebensweltlichem Raumerleben. Hier wird Raum in nur begrenztem Maße eine intersubjektive Eindeutigkeit beigemessen. Zentrum dieser Raumkonstruktion ist der eigene Körper, was sich in vormodernen Maßeinheiten wie Fuß, Elle, Morgen und Tagwerk ausdrückt. Gleichfalls deutet die etymologische Herkunft des Wortes ‚Raum' auf den lebensweltlichen Kontext des Menschen. ‚Raum' bedeutet nach der Wortherkunft Lichtung, die zwecks Urbarmachung in die Wildnis geschlagen wird (z.B. Bollnow 1963; Läpple 1991). Dieses Raumverständnis bedeutet auch, dass persönlich bekannte und symbolisch aufgeladene Orte und Räume als ausgedehnter erscheinen als persönlich nicht oder sporadisch gekannte Orte und Räume. In diesem Sinne kann dann der eigene Garten in Heusweiler/Saar so groß erscheinen wie Australien (siehe empirisch hierzu Kühne 2006).

2.   *Der Behälter- bzw. Containerraum.* Dieser stellt gegenüber dem traditionell anthropozentrischen Raum eine erhebliche Abstraktionsleistung dar: Raum wird hier als materielle – vom Menschen unabhängige – dreidimensionale euklidische, und entsprechend eindeutig vermessbare, Größe verstanden. Raum wird „eine Art Behältnis, in das

man etwas hinein tun kann und [das] mit Objekten ausgestattet (möbliert) ist" (Egner 2010, S. 98; Hard 1977). Dabei ist auch ein völlig leerer Raumcontainer denkbar, dieser könnte dann mit Objekten gefüllt werden. Dieses Raumkonzept geht in seinen Grundzügen auf die griechische Antike zurück. Seine verbindliche Ausprägung erhielt es jedoch zwischen dem 13. und dem 17. Jahrhundert. Der Behälter- bzw. Containerraum kann als eine Vereinfachung des Newtonschen Raumverständnisses verstanden werden, denn Newton konzipierte als Raum den absoluten Raum als einen unendlichen Raum und nicht als geschlossenen Behälter (z.B. Löw 2001). Dieses Raumkonzept ist bis heute weit verbreitet, es bildet die Grundlage für unterschiedliche raumbezogene Planungen, die dreidimensionale Fixierung von politisch-administrativen Einheiten, für Navigationssysteme u.v.m.

3. *Der relationale Ordnungsraum.* Dieses Raumkonzept betrachtet das Verhältnis von Raum und Dingen im Vergleich zum Behälter- bzw. Containerraum in umgekehrter Weise: Es wird nicht als ein bereits existent gedachter Raum mit Dingen gefüllt, vielmehr entsteht Raum durch die Anordnung von Dingen zueinander. Letztlich bedeutet dies: „Ohne Dinge gibt es keinen Raum" (Weichhart 2008, S. 79). Dieses Raumkonzept erhält beispielsweise durch den Bedeutungsgewinn von Zeitrelationen ein größeres Gewicht: Peripherie wird immer weniger eine containerräumliche Kategorie der metrischen Entfernung z.B. zu metropolitanen Räumen, sondern vielmehr eine zeitliche. Je mehr durch Schnellfahrtrassen der Bahn und Direktflüge die zeitliche Distanz zwischen Metropolregionen schrumpft, desto größer erscheint sie (zumindest relativ) zwischen Metropolen und Peripherien.

4. *Das Raum-Zeit-Kontinuum.* Gemäß diesem Konzept werden Raum und Zeit zu immanenten Kategorien: „Jede Veränderung im ‚Raum' ist eine Veränderung der ‚Zeit', jede Veränderung in der ‚Zeit' ist eine Veränderung im ‚Raum'" (Elias 1994, S. 75). Hier lässt sich an das oben genannte Beispiel anschließen: Die zur Überwindung physischer Räume benötigte Zeit ist von technischen Entwicklungen und deren Verfügbarkeit abhängig.

5. *Raum als logische Struktur bzw. Ordnungsstruktur.* Hier wird Raum nicht als etwas per se Existentes konzipiert, vielmehr steht er für „immaterielle Relationen, etwas Gedachtes" (Egner 2010, S. 98). Bei Gradnetzen, topographischen und thematischen Karten bezeichnet Raum „damit einen Akt des Ordnens" (Egner 2010, S. 98). Besonders prägnant tritt dieses Raumverständnis in raumbezogenen Planungen – in seinem Verhältnis zum Behälter- bzw. Containerraum – zutage: Ziel der Ordnungsstruktur des Plans (z.B. des Bebauungsplans) ist die normative Anpassung des Behälter- bzw. Containerraums an die planerische Ordnungsstruktur.

6. *Raum als Medium der Kommunikation.* Dieses Raumverständnis wird im Anschluss an die Systemtheorie von Niklas Luhmann konzipiert (insbesondere Klüter 1986). Raum wird „zunächst als Medium der Wahrnehmung, sowie zunehmend als Medium der Kommunikation verstanden" (Egner 2010, S. 99). Raum entsteht dabei in Kommunikationsprozessen. Wird er nicht kommunikativ erzeugt bzw. aktualisiert, ist er gesellschaftlich nicht vorhanden. Im praktischen Umgang mit Räumen findet dieser Ansatz z.B. in der Konstruktion von Marketingregionen (zumeist implizit) Anwendung: Wenn eine räumlich fixierte Marke ‚Mainfranken' gesellschaftlich relevant werden soll (z.B. mit dem Ziel, Wein oder touristische Destinationen zu vermarkten), muss über sie kommuniziert werden. Wird die Annahme des Kommunikationsvorschlags ‚Mainfranken' gesellschaftlich nicht akzeptiert, ist die Raumkommunikation gescheitert (vgl. z.B. Chilla et al. 2015).

7. *Der Erlebnis- bzw. Handlungsraum.* In diesem Kontext lassen sich Räume als durch kollektives Handeln verräumlichte soziale Strukturen fassen (Paasi 1986). Zwischen der materiellen und der sozialen Welt entsteht ein rekursives Verhältnis, indem sich handelnde Subjekte in ihrem alltagsweltlichen Handeln auf materielle Objekte beziehen, andererseits greifen sie gestaltend in die externe Welt ein (Werlen z.B. 1995 und 1997). So folgen Gebäude nicht allein ihrer Denotation (wie z.B. als Wohnhaus), mit ihnen verbinden sich vielfältige – und beobachterabhängige – Konnotationen (so kann ein Einfamilienhaus den Lebenstraum seiner Bewohner verkörpern, während es für den Innenstadtaktivisten zum Symbol von Spießigkeit wird und ein Element des ‚Landschaftsfraßes' darstellt).

8. *Das Raumkonzept von Pierre Bourdieu (1991).* Der französische
Soziologe bezieht drei Raumvorstellungen aufeinander: (a) Den sozialen Raum versteht er als Metapher für die Gesellschaft. Er ist dabei
als relationale Anordnung von Positionen bestimmter Formen von
Macht (oder Kapital) in der Gesellschaft zu verstehen (Bourdieu/
Wacquant 1996). (b) Der physische Raum wird hingegen als die Idee
eines willentlichen von dem Bewohnt-Sein und der Aneignung des
Menschen befreiten Raumes verstanden (vgl. Löw 2001), ein Raum,
der das materielle Ausgangssubstrat für die Aneignungs- und Um-
gestaltungsprozesse des Menschen liefert. (c) Diese Einschreibungen
definieren den angeeigneten physischen Raum: „Der auf physischer
Ebene realisierte (oder objektivierte) soziale Raum manifestiert sich
als im physischen Raum erfolgte Verteilung unterschiedlicher Arten
gleichermaßen von Gütern und Dienstleistungen wie physisch lokalisierter individueller Akteure und Gruppen (im Sinne von an einen
ständigen Ort gebundenen Körpern beziehungsweise Körperschaften) mit jeweils unterschiedlichen Chancen der Aneignung dieser
Güter und Dienstleistungen wie physisch lokalisierter individueller
Akteure und Gruppen" (Bourdieu 1991, S. 29).

Diese unterschiedlichen Raumkonzepte sind untereinander nicht zwingend disjunkt oder schließen einander gar zwingend aus: So ist das
Bourdieusche Raumkonzept mit dem Behälter- oder Containerraumkon-
zept – zumindest auf der Ebene des physischen Raumes – kombinierbar.
Jedes der genannten Konzepte ist in der Lage, das Phänomen unter bestimmten Rahmenbedingungen zu beleuchten. Im Folgenden soll nun
untersucht werden, ob und wie sich die Fokussierung bestimmter Welt-
und Raumverständnisse auf die Konstruktion von Räumen und ihren Abgrenzungen ausgewirkt hat.

4. Entgrenzungen von Natur und Kultur

Aus konstruktivistischer Perspektive lässt sich ‚Natur' – ebenso wie Raum
oder Landschaft – nicht als etwas fraglos ‚objektiv' Gegebenes bezeichnen. Was als ‚Natur' bezeichnet wird, ist das – vorläufige – Ergebnis
eines gesellschaftlichen Aushandlungsprozesses. Eine solche Konstruktion
vollzieht sich im Kontext westlicher kultureller Prägung – im Sinne der
Aufklärung –, indem Natur als „‚objektiv' existierendes, großes Uhrwerk,

das nach strengen, unabänderlichen Gesetzen in Raum und Zeit abläuft"
(Schafranski 2000, S. 182) definiert wird. In der Landschaftsforschung
findet die dichotome Konstruktion von Natur und Kultur in den Konzepten von Naturlandschaft und Kulturlandschaft ihren Ausdruck: Kulturlandschaft sei „im Gegensatz zur Naturlandschaft organisiert" (Carol 1973,
S. 147), diese Konzeption dient dazu „das menschliche [...] Wirken [...]
vom außermenschlichen, natürlichen Geschehen" (Siekmann 2004, S. 32)
abzugrenzen. Durch die Nutzung des Wortes ‚Kultur' wird auf den zeitlichen Charakter der in den physischen Raum eingeschriebenen Ergebnisse sozialen und individuellen Handels hingewiesen. In seiner klassischen Definition erklärt Schmithüsen (1973, S. 167) Kulturlandschaften
als „historisch geprägte Gebilde, in denen die Lebensformen und Ideen
früherer Gesellschaften auch in der Gegenwart noch in vielfältiger Weise
wirkende Realität sind". Die Einschreibungen durch den Menschen, die
aus Naturlandschaft Kulturlandschaft machten, seien Ausdruck von dessen Nutzenkalkül (Carol 1973).

In diesem Verständnis von Natur erfolgt eine dichotome Trennung
von Natur von Gesellschaftlichem/Kulturellem, in einem „Konstruktions-
prozess, der diese Bereiche erst definiert und hervorbringt, zugleich ver-
dunkelt" (Peuker/Voss 2006, S. 13), denn „[d]iese moderne Welt, wie sie
die Verfassung der modernen Welt beschreibt, hat es so nie wirklich gegeben. Tief unter den sauber getrennten Bereichen brodeln immer die
Hybride" (Passoth 2006, S. 46). Die dichotome Trennung von Natur und
Sozialem ist das Ergebnis bestimmter „Erkenntnispraktiken" (Zierhofer
2003, S. 199): „Natur und Kultur liegen der Erkenntnis nicht voraus, sondern umgekehrt, bestimmte Praktiken gehen der Unterscheidung von Natur
und Kultur voran" (a.a.O.). Die dichotome Trennung von Kultur/Zivilisa-
tion und Natur blendet die hybriden Doppelzuordnungen (normativ) aus
(Latour 1998, vgl. auch Zierhofer 1999 und 2003), so ist der Mensch sowohl biotisches als auch kognitives, soziales und kulturelles Wesen.

Mit dem westlichen Verständnis von Natur wird sie – wie gezeigt –
als „ein Stück Gegenerfahrung zur Sphäre der kulturellen Sinne" (Seel
1996, S. 115) konzipiert. Die Konnotationen, die mit dem, was als ‚Natur'
bezeichnet wird, einhergehen, sind dabei durchaus mehrdeutig: So bezeichnet Natur zum einen „das Ursprüngliche und Gute [...], das im
Gegensatz zu Gesellschaft als dem Künstlichen und gar Zerstörenden
steht", zum anderen auch das „Wilde und Bedrohliche, das zum Schutz
der Gesellschaft gezähmt wird" (Groß 2006, S. 5). Ein solches Verständ-

nis macht ‚Natur' zu einer Ressource für menschliche Nutzungen: „Die Gegenüberstellung von Natur und Gesellschaft ist eine Konstruktion des 19. Jahrhunderts, die dem Doppelzweck diente, die Natur zu beherrschen und zu kontrollieren. Natur ist unterworfen und vernutzt am Ende des 20. Jahrhunderts und damit von einem Außen- zu einem Innen-, von einem vorgegebenen zu einem hergestellten Phänomen geworden. Im Zuge ihrer technisch-industriellen Verwandlung und weltweiten Vermarktung wurde Natur in das Industriesystem hereingeholt. Zugleich ist sie auf diese Weise zur unüberwindlichen Voraussetzung der Lebensführung im Industriesystem geworden" (Beck 1986, S. 9). Doch nicht allein die Nutzung ‚natürlicher' Ressourcen wird durch die dichotome Trennung Natur-Kultur erleichtert, sondern auch das Bemühen um deren Schutz. Der Schutz des ‚Außens' der Gesellschaft lässt die Motive des Helfens uneigennütziger erscheinen (vgl. Spanier 2006), denn „Helfen ist Macht ohne Eigennutz, aber mit Selbsterhöhung" (Paris 2005, S. 25). Lucius Burckhardt führt den Gedanken des Schutzes auf kulturelle Bedingungen zurück: „Wir diskutieren heute unter dem Stichwort Ökologien verschiedene Strategien, die dazu dienen, Ressourcen zu sparen, Arten zu erhalten, natürliche Zyklen nicht zu zerstören; aber die obersten Ziele, an welchen wir uns orientieren sind nicht der Ökologie entnommen, sondern ästhetischer Natur" (2006, S. 67).

Auch in den landschaftsbezogenen Wissenschaften ist die dichotome Konstruktion von Natur- und Kulturlandschaft nicht unumstritten: Haber (2000) führt aus, Landschaft sei ein Ausdruck von Kultur und werde nur in kultureller Wahrnehmung ausgeprägt. Spanier (2001) spitzt diese Auffassung zu, indem er feststellt: „Es gibt keinen Gegensatz zwischen Kulturlandschaft und Naturlandschaft. Es gibt nur Kulturlandschaft" (S. 81). Die Ablehnung des Terminus der Naturlandschaft wird nicht allein auf den Konstruktionscharakter von Landschaft zurückgeführt, auch auf der Ebene des physischen Raumes stellt Konold (1996, S. 5) fest, „dass in Mitteleuropa fast alle Landschaft Kulturlandschaft ist, vom Menschen geformt nach seinen Bedürfnissen und seinen jeweiligen Möglichkeiten" angepasst (ähnlich Hauser/Kamleithner 2006). Tress und Tress (2001, S. 55) verdeutlichen – ebenfalls in positivistischer Denktradition – den Hybridcharakter von Landschaft: „Seitdem es Menschen gibt, haben sie Landschaften beeinflusst und verändert. Die Landschaften sind das sichtbare Produkt dieser Beeinflussung. Landschaft entsteht weder allein aus der Natur noch aus der Kultur heraus". Termeer (2007) begründet seine Kritik an dem Begriff der Kulturlandschaft etymologisch: Die Endsilbe *schaft* verweise, da sie etwas Geschaffenes bezeichne, bereits auf menschliche Tätigkeit. Entsprechend bedeute die Voranstellung von ‚Kultur' vor ‚Landschaft' einen Pleonasmus. Heiland (2006) hingegen plädiert für weitere Verwendung der Begriffe ‚Naturlandschaft' und ‚Kulturlandschaft' aus einem Kalkül der Idealtypenbildung heraus: Es gelte in der Landschaftsforschung keineswegs ausschließlich, aktuelle Zustände abzubilden, vielmehr bestünde ihre Aufgabe darin, „vergangene und zukünftige oder auch nur denk- oder wünschbare Zustände und Phänomene abzubilden (ansonsten gäbe es wohl kaum die Begriffe des Guten, der Wahrheit, der Freiheit, Gottes usw.)" (Heiland 2006, S. 49). Als „strategischen Pleonasmus" begründet Schenk (2011, S. 14) die weitere Verwendung des Begriffes der Kulturlandschaft, „um die Raumwirksamkeit des Menschen in einer historischen Perspektive in den Mittelpunkt [des] Interesses" (a.a.O.) zu rücken. In ironischer Weise verdeutlicht Burckhardt (2006) die Wirksamkeit des ‚strategischen Pleonasmus': „Die Höfe und Rieselfelder der Poebene, die Weingüter des Bordelais, die Büffelherden der römischen Campagna spiegeln uns die scheinbar zyklische Produktion und Reproduktion zeitloser Gesellschaften vor. ‚Die alten Kulturlandschaften' das klingt so wie ‚die Wiege der Menschheit'" (Burckhardt 2006, S. 91).

5. Die Hybridisierung von Stadt und Land

Die Moderne strebt – wie in Bezug auf die Dichotomie von Natur und Kultur deutlich wurde – nach Reinheit, mit der Folge, dass der Effekt des Reinigens „nicht nur der eigentlich angestrebte – nämlich die Herstellung von Reinheit – ist, sondern dass er zugleich zwei problematische ‚Nebenerscheinungen' mit sich bringt: Erstens produziert es Abfall, der ja überhaupt erst anfällt, wenn gereinigt wird, zweitens tritt als Folge des Reinigungsprozesses eine Verarmung der akzeptierten Wirklichkeit, eine Verringerung ihres Reichtums und ihrer Fruchtbarkeit ein" (Fayet 2003, S. 157). Ausdruck raumbezogenen Strebens nach Reinheit ist die (in der räumlichen Planung bis heute normative) Dichotomisierung von Stadt und Land. Im physischen Raum wurde diese Dichotomie, beginnend mit dem Bau von Straßen- und Eisenbahnen, später durch die verbreitete Verfügbarkeit des Automobils, differenziert: Es entstanden suburbane Siedlungen, die sich immer weiter in das Umland von Städten erstreck-

ten. Die historischen Zentren – sofern überhaupt vorhanden – erhielten
sukzessive Konkurrenz von neuen Zentren, in denen sich informations-
und kommunikationstechnologische Unternehmen ballen (sogenannte
Edge Cities; Garreau 1991). Schließlich setzten sich Standortstrukturen
von Unternehmen durch, die – sich entlang von Hauptverkehrsstraßen
erstreckend – keine wie auch immer geartete punktförmige Verdichtung
aufweisen (Edgeless Cities; Lang et al. 2009). Diesen linienhaften Strukturen wird zumeist weder eine Identität zugeschrieben noch werden „sie
als ein Ort wahrgenommen" (Lang et al. 2009, S. 732).

Mit der Suburbanisierung, der Bildung von Edge Cities und Edgeless
Cities, entstanden Siedlungen, die sich weder eindeutig dem Konzept des
Städtischen noch dem des Ländlichen zuordnen lassen: ‚Stadtlandhybride'
(Kühne 2012). Diese Hybridität äußert sich zum einen hinsichtlich der
gesellschaftlichen Vorstellungen von Landschaft, sie vollzieht sich aber
auch auf der Ebene des materiellen Raumes. Stadtlandhybride bilden sich
sowohl durch kognitive, ästhetische als auch emotionale Bezugnahmen
aus (Kühne 2012): Sie stellen für ihre Bewohner Heimat dar, sie drücken
die lebensweltlichen ästhetischen Präferenzen ihrer Bewohner aus, sie
sind Gegenstand der Forschung, sie sind aber auch Ausdruck des politischen Willens einer demokratisch-marktwirtschaftlichen Gesellschaft (in
sozialistischen Gesellschaften galten sie als unerwünscht, da sie als Ausdruck der Individualisierung betrachtet wurden; z.B. Domański 1997).
Stadtlandhybride lassen sich als Ausdruck der gleichzeitigen Sehnsucht
nach Urbanität und Ruralität beschreiben (siehe Sieverts 1997). Die Archi-
tektur orientiert sich an ländlich stereotypisierten Vorbildern (unabhängig von dessen räumlicher Verortung, so kann in deutschen Neubau-
gebieten ein kanadisches Blockhaus neben einem Haus, dessen Besitzer
sich an der Südstaatenarchitektur orientierten, neben einer Toskanavilla,
neben einem Schwedenhaus und einem Gebäude stehen, das autochthone
Bauernhäuser imitiert) in einem urbanen Umfeld. Zugleich repräsentieren
sie das Eindringen städtischer Funktionen und Lebensstile in vormals
ländlicher geprägte Gebiete (Ipsen 2006). Letztlich sind sie auch Ausdruck der Sehnsucht nach Inseln geringer Komplexität in einem hoch-
komplexen – und damit schwer überschaubaren – urbanen bis globalen
Kontext.

Abbildung 1: Die Hybridität von Natürlichem und Kultürlichem in Stadtlandhybriden

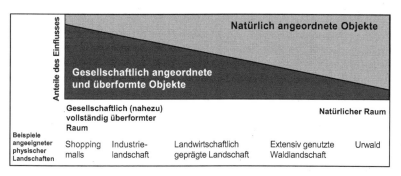

Quelle: Kühne 2012.

Die Hybridität von Stadt und Land präsentiert sich in großem Spektrum hinsichtlich der Dichte von Bebauung und Bevölkerung (von extrem dünn besiedelten desurbanen Siedlungen, in denen Ländlichkeit inszeniert wird, bis hin zu den neuen Verdichtungen der Edge Cities; siehe z.B. Kühne/Schönwald 2015). Zumeist werden Stadtlandhybride nicht durch einen Dichtegradienten von einem Zentrum zu einem ‚Außen' geprägt, sondern von einem Pastiche unterschiedlicher Dichten, Nutzungen und entsprechend auch Funktionen. Dabei weisen sie auch einen unterschiedlich hohen Grad an Vielfalt von als natürlich oder kultürlich geltenden Objekten im physischen Raum auf (Abbildung 1): Stadtcharakteristische und landcharakteristische Flora und Fauna durchdringen einander. Stadtlandhybride sind in der Regel durch vielfältige Autorenschaft gekennzeichnet: Dies gilt sowohl in Bezug auf die physischen Grundlagen als auch in Bezug auf die gesellschaftlichen Deutungen von Landschaft. Ausnahmen bilden im Pastiche der Stadtlandhybride durch Investoren (oder durch entsprechende Bebauungspläne) einheitlich designte Siedlungen bzw. insbesondere gated communities (Kühne 2012).

Stadtlandhybride verfügen nur in Ausnahmefällen über klare Außen- und Innengrenzen, letztlich lassen sie sich als ein omnipräsenter Rand – mit sporadisch eingelagerten Grenzen – interpretieren. Dieser omnipräsente Rand ist durch die ständige Kopräsenz von etwas charakterisiert, das in der normativen dichotomen Weltsicht nur antagonistisch gesetzt war, aber nicht zur selben Zeit am selben Ort auftreten durfte. Nach Ipsen (2003) lassen sich Grenzen und Ränder folgendermaßen charakterisieren:

1. Grenzen sind symbolisch und/oder materiell eindeutig, Ränder bleiben hingegen mehrdeutig,

2. Grenzen trennen sozialräumliche Einheiten, Ränder verbinden Einheiten, sie nehmen ausgewählte Teile in sich auf, Ränder werden so zu simultanen Räumen,

3. Grenzen sind als Linien gedacht, Ränder können flächig, saumartig oder bandartig ausgeprägt sein,

4. Grenzen weisen einen hohen kulturellen, sozialen bzw. materiellen Regulierungsgrad auf, während Ränder wenig reguliert sind.

Ränder implizieren einen höheren Grad an Unordnung, in ihnen sind Regelungsdichten verringert, sie bewirken beim „Beobachter die Leichtigkeit, das Heitere, aber auch wieder die Melancholie" (Ipsen 2003, S. 213). Insofern widersprechen sie der Ordnungsnorm der Moderne infolge ihrer Nicht-Eindeutigkeit.

Das hier dargestellte Konzept des Stadtlandhybriden repräsentiert die konstitutive Hybridität und die Pastichehaftigkeit postmoderner Siedlungen, wobei hier Postmoderne im Sinne von Welsch (1988, S. 4) als „Verfassung radikaler Pluralität" verstanden werden soll.[3] Stadtlandhybride lassen sich damit weder einfach nur als sub-urban beschreiben, schließlich ist auch Ruralität konstitutiv, oder als post-metropolitan, schließlich lassen sie sich nicht einfach genetisch von Metropolitanität ableiten. Vielmehr stellen sie eine postmoderne Emergenzebene räumlicher Entwicklung dar, deren notwendige, aber nicht hinreichende Bedingung in der Suburbanisierung zu finden ist (Kühne 2012).

In den häufig als ‚Mutterland der Suburbanisierung' (siehe Holzner 1994; Schneider-Sliwa 2005; Kühne 2012) apostrophierten Vereinigten Staaten von Amerika entstehen – auch aufgrund des deutlich geringen politisch-administrativen Einflusses auf das Siedlungsgeschehen – neue Erscheinungen der Stadtlandhybridität in besonderer Geschwindigkeit und Intensität. Als aktuelles Beispiel für diese Entwicklungen lässt sich das Aufkommen der Urbanizing Former Suburbs (URFSURBS; Kühne/

---

[3] Zur räumlichen Konzeptionalisierung des Postmodernebegriffs siehe unter vielen Ellin 1999; Soja 1989; Kühne 2006.

Schönwald 2015) interpretieren. Galten in den Vereinigten Staaten von Amerika in der jüngeren Forschung die Siedlungen des ,inneren Gürtels' der Suburbanisierung häufig als ,neue Slums' (Hesse 2008), werden sie bisweilen in den Re-Urbanisierungsprozess einbezogen. Zunächst spricht wenig für einen solchen Prozess: So weist die Bausubstanz der streetcar suburbs (so genannt, weil das Verkehrsmittel, mit dem ihre Entstehung verbunden war, die Straßenbahn ist) nach einer rund einem Jahrhundert dauernden Nutzung einen hohen Grad an Beanspruchung auf, zudem sind die Gebäude – an heutigen Maßstäben und Ansprüchen gemessen – eher klein bemessen, sowohl sanitäre Anlagen wie auch die elektrischen Anlagen sind nicht mehr zeitgemäß. In ihrer Gründungszeit am Stadtrand errichtet, finden sie sich heute nun im Transitbereich einer weiteren Desurbanisierung. Diesen eher ungünstigen Bedingungen zum Trotz finden sich abweichende Entwicklungen. Im südkalifornischen San Diego (Kühne/ Schönwald 2015) vollzieht sich, nach weitgehendem Abschluss der Gentrifizierung der historischen Downtown, deren Fortsetzung unter Einbeziehung der innenstadtnahen Suburbien (wie im East Village oder dem Barrio Logan). Diese Entwicklung greift auch in weiter von der Downtown entfernte Bereiche über, so nach Hillcrest, dem Zentrum der Homosexuellenkultur in San Diego, oder South Park (Abbildung 2), das zunehmend Ziel des kreativ-alternativen Milieus wird. Die bauliche Entwicklung im Kontext der URFSURB-Bildung umfasst vier Prozesse:

1. die Renovierung bestehender Gebäude bei gleichzeitiger Beibehaltung der Nutzung (zumeist Wohnen, seltener Einzelhandelsgeschäfte),

2. die Renovierung und anschließende funktionale Umnutzung bestehender Bausubstanz (in der Regel durch Umnutzung von Industriegebäuden zu Loft-Wohnungen, Einzelhandelsgeschäften bzw. Restaurants),

3. der Neubau insbesondere von Wohnungen, aber auch Gebäuden mit Einzelhandelsgeschäften, Restaurants, weniger Büroflächen, auf bislang nicht baulich genutzter Flächen (insbesondere auf Parkplätzen oder gewerblichen Betriebsflächen),

4. der Abbruch bestehender Gebäude und deren Ersetzung durch neue Gebäude (zumeist Appartementhäuser).

Abbildung 2: URFSURB-Entwicklung in South Park, San Diego:
Das ‚Tramway Suburb' entwickelt sich zum Anziehungspunkt
für Kreative

Bildnachweis: Kühne.

6. Fazit

Die Organisation von Räumen setzt die Auseinandersetzung damit voraus, was unter Raum verstanden werden soll. Mittlerweile haben zahlreiche Konzepte der sozial- und kulturwissenschaftlichen Raumforschung dem Verständnis von einem eindeutig gegebenen und intersubjektiv durch messen, durch wiegen und zählen abbildbaren materiellen Raum Alternativen hinzugefügt. Konstruktivistische Ansätze reflektieren die sozialen Raumkonstruktions- und -konstitutionsprozesse wie auch die gesellschaftlichen Aneignungsprozesse von Raum. Sozialkonstruktivistische Ansätze fokussieren dabei auch das rückgekoppelte Verhältnis zwischen Mensch, Gesellschaft und der Materialität von Räumen. Von besonderer Bedeutung ist dabei die Frage, wie sich gesellschaftliche Normvorstellungen auf gesellschaftliche Raumvorstellungen und letztlich auch die Organisation materieller Räume auswirken. Dieser Prozess wurde im vorliegenden Aufsatz in Bezug auf Vorstellungen von Natur und Kultur wie auch die Hybridisierung von Stadt und Land untersucht. Auch wenn der Konstruktions- bzw. Hybridcharakter von Natur und Kultur, von Stadt und Land in den raumbezogenen Wissenschaften weithin akzeptiert ist, wird bisweilen an positivistischen und dichotomen Konzepten festgehalten. Dieses Festhalten wird bisweilen strategisch – es ginge schließlich darum, etwas Wertvolles zu bewahren – oder im Sinne einer Idealtypenbildung begründet. Letzteres Argument lässt sich durchaus in einen Ansatz integrieren, der sich auf Hybridisierungstendenzen bezieht, auch hier lassen sich Polaritäten konstruieren, die die Extrempositionen der Hybridisierungsskala darstellen. Die Widerstände gegen die Anerkennung des Hybriden lassen sich – zumindest teilweise – in einer Beibehaltung der modernen Logik des Reinigens und der normativen Erzeugung von Eindeutigkeiten verorten. Die stärkere Ausprägung hybrider räumlicher Strukturen und Funktionen lässt sich auch in Form des Bedeutungsgewinns von Rändern in Vergleich zu Grenzen nachzeichnen. Das Ziehen von Grenzen (und dessen linienhafte kartographische Repräsentation) suggeriert eine Eindeutigkeit von Zuordnungen, die in der Postmoderne sukzessive an Bedeutung abnimmt[4].

Die Anerkennung des Hybriden in der Praxis räumlicher Planung könnte mit einer Stärkung des Gedankengutes nachhaltiger Entwicklung verbunden sein: Erstens wäre der Wunsch weniger präsent, Natur in der Stadt lediglich in domestizierter Form zuzulassen. Zweitens wäre der Blick bei der Beurteilung von Stadtlandhybriden weniger monothematisch und verallgemeinernd auf das Thema ‚Flächenverbrauch‘ fokussiert, sondern könnte die Entwicklungen jenseits von Stadt und Land aus einer anderen Perspektive konstruieren (z.B. höhere Artenvielfalt im Vergleich zu einer ackerbaulichen Raumnutzung). Drittens könnte das Abrücken von der Norm der ‚Reinheit‘ eine Steigerung der Priorisierung von nachhaltiger Entwicklung bedeuten, wenn diese den zentralen Differenzierungscode rein/unrein (bzw. geordnet/ungeordnet) ersetzen könnte.

---

[4] Siehe hierzu auch den Beitrag von Peter Finke in diesem Band.

322 Olaf Kühne

Literatur

Beck, U. (1986): Risikogesellschaft. Auf dem Weg in eine andere Moderne. Frankfurt a.M.: Suhrkamp.

Beck, U. (1997): Was ist Globalisierung? Irrtümer des Globalismus – Antworten auf die Globalisierung. Frankfurt a.M.: Suhrkamp.

Berger, P.L. / Luckmann, Th. (1966): The Social Construction of Reality. Doubleday: New York.

Blumer, H. (1973): Der methodologische Standort des symbolischen Interaktionismus. In: Arbeitsgruppe Bielefelder Soziologen (Hg.), Alltagswissen, Interaktion und gesellschaftliche Wirklichkeit, Bd. 1. Reinbek: Rowohlt.

Bollnow, O.F. (1963): Mensch und Raum. Stuttgart u.a.: Kohlhammer

Bourdieu, P. (1991): Physischer, sozialer und angeeigneter physischer Raum. In: Wentz, M. (Hg.), Stadt-Räume. Die Zukunft des Städtischen. Frankfurt a.M.: Campus, S. 25-34.

Bourdieu, P. / Wacquant, L. (1996): Reflexive Anthropologie. Frankfurt a.M.: Suhrkamp.

Burckhardt, L. (2006): Warum ist Landschaft schön? Die Spaziergangswissenschaft. Berlin: Schmitz.

Burr, V. (2005): Social Constructivism. London/New York: Routledge.

Chilla, T. / Kühne, O. / Weber, F. (2015): ‚Neopragmatische' Argumente zur Vereinbarkeit von konzeptioneller Diskussion und Praxis der Regionalentwicklung. In: Kühne, O.; Weber, F. (Hg.), Bausteine der Regionalentwicklung. Wiesbaden: Springer VS, S. 13-24.

Carol, H. (1973[1946]): Die Wirtschaftslandschaft und ihre kartographische Darstellung. In: Paffen, K. (Hg.), Das Wesen der Landschaft. Darmstadt: WBG, S. 322-352.

Carol, H. (1973 [1957]): Grundsätzliches zum Landschaftsbegriff. In Paffen, K. (Hg.), Das Wesen der Landschaft. Darmstadt: WBG, S. 142-155.

Domański, B. (1997): Industrial control over socialist towns. Benevolence or exploitation? Westport/London: Praeger.

Egner, H. (2010): Theoretische Geographie. Darmstadt: WBG.

Elias, N. (1994 [1984]): Über die Zeit. Arbeiten zur Wissenssoziologie II. Frankfurt a.M.: Suhrkamp.

Ellin, N. (1999): Postmodern Urbanism. New York: Princeton Architectural Press.

Fayet, R. (2003): Reinigungen. Vom Abfall der Moderne zum Kompost der Nachmoderne. Wien: Passagen-Verlag.

Gailing, L. (2012): Sektorale Institutionensysteme und die Governance kultur-
landschaftlicher Handlungsräume. Eine institutionen- und steuerungs-
theoretische Perspektive auf die Konstruktion von Kulturlandschaft. In:
Raumforschung und Raumordnung, 70(2), S. 147-160.

Garreau, J. (1991): Edge City. Life on the New Frontier. New York: Doubleday.

Groß, M. (2006): Natur. Bielefeld: Transcript.

Haber, W. (2000): Die Kultur der Landschaft. Von der Ästhetik zur Nachhaltigkeit. In: Appel, S.; Duman, E.; gr. Kohorst, F.; Schafranski, F. (Hg.), Wege
zu einer neuen Planungs- und Landschaftskultur. Festschrift für Hanns
Stephan Wüst. Kaiserslautern: TU Kaiserslautern, S. 1-20.

Hard, G. (1977): Zu den Landschaftsbegriffen der Geographie. In: Hartlieb von
Wallthor, A.; Quirin, H. (Hg.), „Landschaft" als interdisziplinäres For-
schungsproblem. Münster: Aschendorff, S. 13-24.

Hauser, S. / Kamleithner, Ch. (2006): Ästhetik der Agglomeration. Wuppertal:
Müller+Busmann.

Heiland, S. (2006): Zwischen Wandel und Bewahrung, zwischen Sein und Sollen Kulturlandschaft als Thema und Schutzgut in Naturschutz und Landschaftsplanung. In: Matthiesen, U.; Danielzyk, R.; Heiland, S.; Tzschaschel,
S. (Hg.), Kulturlandschaften als Herausforderung für die Raumplanung.
Verständnisse – Erfahrungen – Perspektiven. Hannover: ARL, S. 43-70.

Hesse, M. (2008): Resilient Suburbs? Ungleiche Entwicklungsdynamiken sub-
urbaner Räume in Nordamerika im Zeichen der Kreditkrise. In: Geographische Zeitschrift, 96(4), S. 228-249.

Holzner, L. (1996): Stadtland USA. Die Kulturlandschaft des American Way of
Life. Gotha: Perthes.

Ipsen, D. (2003): Städte zwischen Innen und Außen: Randbemerkungen. In:
Krämer-Badoni, Th., Kuhm, K. (Hg.), Die Gesellschaft und ihr Raum. Raum
als Gegenstand der Soziologie. Opladen: Leske+Budrich, S. 197-213.

Ipsen, D. (2006): Ort und Landschaft. Wiesbaden: VS.

Kloock, D. / Spahr, A. (2007): Medientheorien. Eine Einführung. München: Fink.

Klüter, H. (1986): Raum als Element sozialer Kommunikation. Gießen: Selbstverlag des Geographischen Instituts der Justus-Liebig-Universität.

Kneer, G. (2009): Jenseits von Realismus und Antirealismus. Eine Verteidigung
des Sozialkonstruktivismus gegenüber seinen postkonstruktivistischen
Kritikern. In: Zeitschrift für Soziologie, 38(1), S. 5-25.

Köck, H. (2014): Raumkonzepte in der Geographie – methodolgisch analysiert.
In: Geographie aktuell & Schule, 36(209), S. 3-14.

Konold, W. (1996): Vorwort. In: Konold, W. (Hg.), Naturlandschaft – Kulturlandschaft. Die Veränderung der Landschaft nach Nutzbarmachung des
Menschen. Landsberg: ecomed, S. 5.

Kühne, O. (2006): Landschaft in der Postmoderne. Das Beispiel des Saarlandes. Wiesbaden: Springer VS.

Kühne, O. (2008): Distinktion – Macht – Landschaft. Zur sozialen Definition von Landschaft. Wiesbaden: Springer VS.

Kühne, O. (2012): Stadt – Landschaft – Hybridität. Ästhetische Bezüge im postmodernen Los Angeles mit seinen modernen Persistenzen. Wiesbaden: Springer VS.

Kühne, O. (2013): Landschaftstheorie und Landschaftspraxis. Eine Einführung aus sozialkonstruktivistischer Perspektive. Wiesbaden: Springer VS.

Kühne, O. / Weber, F. / Weber, F. (2013): Wiesen, Berge, blauer Himmel. Aktuelle Landschaftskonstruktionen am Beispiel des Tourismusmarketings des Salzburger Landes aus diskurstheoretischer Perspektive. In: Geographische Zeitschrift, 101(1), S. 36-54.

Kühne, O. / Meyer, W. (2015): Gerechte Grenzen? Zur territorialen Steuerung von Nachhaltigkeit. In: Kühne, O.; Weber, F. (Hg.), Bausteine der Regionalentwicklung. Wiesbaden: Springer VS, S. 25-40.

Kühne, O. / Schönwald, A. (2015): San Diego – Eigenlogiken, Widersprüche und Entwicklungen in und von ‚America's finest city'. Wiesbaden: Springer VS.

Lang, R.E. / Sanchez, Th.W. / Oner, A.C. (2009): Beyond the Edge City. Office Geography in the New Metropolis. In: Urban Geography, 30(7), S. 726-755.

Läpple, D. (1991): Gesellschaftszentriertes Raumkonzept. In: Wentz, M. (Hg.), Stadt-Räume. Frankfurt a.M./New York: Campus, S. 35-46.

Latour, B. (1998): Wir sind nie modern gewesen. Versuch einer symmetrischen Anthropologie. Frankfurt a.M.: Suhrkamp.

Löw, M. (2001): Raumsoziologie. Frankfurt a.M.: Suhrkamp.

Luhmann, N. (1984): Soziale Systeme. Grundriss einer allgemeinen Theorie. Frankfurt a.M.: Suhrkamp.

Luhmann, N. (2000): Vertrauen. Stuttgart: Lucius & Lucius.

Miggelbrink, J. (2002): Konstruktivismus? ‚Use with caution'. Zum Raum als Medium der Konstruktion gesellschaftlicher Wirklichkeit. In: Erdkunde, 56(4), S. 337-350.

Paasi, A. (2008): Finnish Landscape as Social Practice. Mapping Identity and Scale. In: Jones, M.; Olwig, K.R. (Hg.), Nordic Landscapes. Region and Belonging on the Northern Edge of Europe. Minneapolis: University of Minnesota Press, S. 511-350.

Paris, R. (2005): Normale Macht. Soziologische Essays. Konstanz: UVK-Verlagsgesellschaft.

Passoth, J.-H. (2006): Moderne, Postmoderne, Amoderne. Natur und Gesellschaft bei Bruno Latour. In: Peuker, B.; Voss, M. (Hg.), Verschwindet die Natur? Die Akteur-Netzwerk-Theorie in der umweltsoziologischen Diskussion. Bielefeld: Tanscript, S. 37-52.

Peuker, B. / Voss, M. (2006): Einleitung. Vom realen Verschwinden einer Fiktion. In: Peuker, B.; Voss, M. (Hg.), Verschwindet die Natur? Die Akteur-Netzwerk-Theorie in der umweltsoziologischen Diskussion. Bielefeld: Tanscript, S. 9-36.

Schafranski, F. (2000): Ästhetisch bestimmte Beiträge zur nachhaltigen Landschaftsentwicklung. In Appel, S.; Duman, E.; gr. Kohorst, F.; Schafranski, F. (Hg.), Wege zu einer neuen Planungs- und Landschaftskultur. Festschrift für Hanns Stephan Wüst. Kaiserslautern: TU Kaiserslautern, S. 179-200.

Schenk, W. (2011): Historische Geographie. Darmstadt: WBG.

Schmithüsen, J. (1973 [1963]): Was ist eine Landschaft? In: Paffen, K. (Hg.), Das Wesen der Landschaft. Darmstadt: WBG, S. 156-174.

Schneider-Sliwa, R. (2005): USA. Darmstadt: WBG.

Schultz, H.-D. (1998): Deutsches Land – deutsches Volk. Die Nation als geographisches Konstrukt. In: Berichte zur deutschen Landeskunde, 72(2), S. 85-114.

Schütz, A. (1971): Gesammelte Aufsätze 3. Studien zur phänomenologischen Philosophie. Den Haag: Nijhoff.

Schütz, A. (1971 [1962]): Gesammelte Aufsätze 1. Das Problem der sozialen Wirklichkeit. Den Haag: Nijhoff.

Schütz, A. / Luckmann, Th. (2003[1975]): Strukturen der Lebenswelt. Konstanz: UVK Verlagsgesellschaft.

Seel, M. (1996): Eine Ästhetik der Natur. Frankfurt a.M.: Suhrkamp.

Siekmann, R. (2004): Eigenartige Senne. Zur Kulturgeschichte der Wahrnehmung einer peripheren Landschaft. Lemgo: Landesverband Lippe, Institut für Lippische Landeskunde.

Sieverts, Th. (2001 [1997]): Zwischenstadt. Zwischen Ort und Welt, Raum und Zeit, Stadt und Land. Braunschweig/Wiesbaden: Birkhäuser.

Soja, E.W. (1989): Postmodern Geographies. The Reassertion of Space in Critical Social Theory. London/New York: Verso.

Spanier, H. (2001): Natur und Kultur. In: Berichte der ANL, 25(2001), S. 69-86.

Spanier, H. (2006): Pathos der Nachhaltigkeit. Von der Schwierigkeit, „Nachhaltigkeit" zu kommunizieren. In: Stadt und Grün, 55, S. 26-33.

Termeer, M. (2007): Natur unter Kontrolle. Landschaften als Bilder dritter Ordnung. In: Engell, L.; Vogl, J.; Siegert, B. (Hg.), Stadt, Land, Fluss. Medienlandschaften. Weimar: Verlag der Bauhaus-Universität, S. 171-179.

Tress B. / Tress G. (2001): Begriff, Theorie und System der Landschaft. Ein transdisziplinärer Ansatz zur Landschaftsforschung. In: Naturschutz und Landschaftsplanung, 33(2/3), S. 52-58.

Vester, H.-G. (1993): Soziologie der Postmoderne. München: Quintessenz-Verlag.

Weber, F.D. (2013): Soziale Stadt – Politique de la Ville – Politische Logiken. (Re-)Produktion kultureller Differenzierungen in quartiersbezogenen Stadtpolitiken in Deutschland und Frankreich. Wiesbaden: Springer VS.

Weichhart, P. (2008): Entwicklungslinien der Sozialgeographie. Von Hans Bobek bis Benno Werlen. Stuttgart: Steiner.

Welsch, W. (1988): Unsere postmoderne Moderne. 2., durchges. Aufl., Weinheim: VCH.

Werlen, B. (1995): Sozialgeographie alltäglicher Regionalisierungen. Band 1: Zur Ontologie von Gesellschaft und Raum. Stuttgart: Steiner.

Werlen, B. (1997): Sozialgeographie alltäglicher Regionalisierungen. Band 2: Globalisierung, Region und Regionalisierung. Stuttgart: Steiner.

Zierhofer, W. (1999): Geographie der Hybriden. In: Erdkunde, 53(1), S. 1-13.

Zierhofer, W. (2003): Natur – das Andere der Kultur? Konturen einer nicht-essentialistischen Geographie. In: Gebhard, H.; Reuber, P.; Wolkersdorfer, G. (Hg.), Kulturgeographie. Aktuelle Ansätze und Entwicklungen. Heidelberg/Berlin: Spektrum, S. 193-212.

Grenzland in Bewegung – ein nachhaltiger Reurbanisierungstrend?

Dirk Löhr

1. Der Run auf die Städte

Angesichts massiver Suburbanisierungswellen wurde in Wissenschaft und Massenmedien noch Mitte der 1990er Jahre von Stadtflucht, der Auflösung oder sogar einem Verschwinden der Städte gesprochen (vgl. Krämer-Badoni/Petrowsky 1997). Verlierer dieses – maßgeblich durch den motorisierten Individualverkehr forcierten – Trends (OECD 2015, S. 27) waren die Innenstädte. Spätestens mit Beginn des 21. Jahrhunderts hat eine tiefgreifende Trendwende eingesetzt. Die Rede ist von der „Renaissance der Stadt" als Wohn- und Arbeitsort sowie von „Reurbanisierung" (vgl. Brachat-Schwarz 2008; Maretzke 2008). Offensichtlich dominieren mittlerweile zentripetal wirkende raumwirtschaftliche Kräfte – dabei scheint es sich um eine allgemeine, international feststellbare Entwicklung zu handeln (OECD o.J.).

Orientiert man sich an nachhaltigkeitspolitischen Kriterien, zeichnet sich folgendes Bild ab (BBSR 2012, S. 3; Röhl 2013):

– Aus ökologischer Perspektive scheinen die dominierenden raumwirtschaftlichen Kräfte zunächst einmal ein kompakteres Siedeln zu unterstützen. So sank in den letzten 15 Jahren die Flächenneuinanspruchnahme tendenziell ab. Deutschland ist zwar derzeit noch ein gutes Stück von der Erreichung des Ziels eines täglichen Flächenverbrauchs von 30-Hektar bis 2020 (Nachhaltigkeitsstrategie der Bundesregierung (Deutscher Bundestag 2015)) entfernt, doch bewegt man sich deutlich in die richtige Richtung.

– Raumwirtschaftlich besteht die Schattenseite v.a. im Niedergang der Peripherie. Damit gehen Beschäftigungsverluste und eine Entwertung der öffentlichen Infrastruktur sowie auch von privaten Investitionen in den betroffenen Regionen einher. Parallel hierzu treten in den Zentren teilweise schon Überlastungserscheinungen auf. Auf der Habenseite des beschriebenen Prozesses stehen die Effizienzgewinne bei Produzenten (v.a. durch höhere Skalenerträge und Clustereffekte bei hochwertigen Dienstleistungen) und der bessere Zugang zu einem vielfältigen Angebot an Konsummöglichkeiten und kulturellen Angeboten in den Zentren.

– Aus sozialer Sicht richtet sich der Blick zunehmend auf die steigenden Mieten und Immobilienpreise in den Zentren. Die Rede vom „Wohnen als Luxusgut" greift um sich.

Der Befund ist also gemischt. Vor diesem Hintergrund ergeben sich eine Reihe von Fragen: Welche Rolle spielen insbesondere die traditionell in der raumwirtschaftlichen Literatur betrachteten Transportkosten bei den skizzierten Entwicklungstendenzen? Und welche Bedeutung haben andere Kräfte, darunter auch die Entwicklung der Arbeits- und Kapitalkosten? Wird die beschriebene raumwirtschaftliche Entwicklung sich in den kommenden Jahren fortsetzen? Und: Bedarf es einer politischen Gegensteuerung? Dabei richtet sich unser Blick v.a. auf die Peripherie und damit auf das raumwirtschaftliche „Grenzland", in dem Wirtschaften gerade noch kostendeckend möglich ist. Nachfolgend wird zuerst eine Hypothese aufgestellt, danach eine Theorie formuliert und darauf aufbauend ein Modell entwickelt. Auf Grundlage dieses Modells werden Voraussagen in mehreren Szenarios angestellt und die Ergebnisse diskutiert. Dabei wird auch ein Vorschlag gemacht, wie die sich abzeichnende Entwicklung politisch gestaltet werden könnte.

2. Die Hypothese

Herkömmlicherweise stehen die Kosten der Raumüberwindung im Mittelpunkt von raumwirtschaftlichen Betrachtungen. Dabei kann der Begriff „Kosten der Raumüberwindung" in einem weiten Sinne verstanden werden. Im Mittelpunkt der Aufmerksamkeit stehen jedoch z.b. die klassischen Kraftstoffkosten[1], Straßennutzungsgebühren, aber auch die wirtschaftlichen Nachteile aufgrund eines unzureichenden Ausbauzustandes des Breitbandnetzes. Viele Bestandteile der Kosten der Raumüberwindung sind schwer zu fassen. U.a. angesichts der diesbezüglich dürftigen Datenlage soll für die Modellierung der Raumüberwindungskosten hilfsweise die Entwicklung der Kraftstoffkosten herangezogen werden, zumal der motorisierte Individualverkehr den wichtigsten Konkurrenten der Bahn darstellt (zumindest im Regionalverkehr). Nachfolgend werden denn auch die Begriffe „Kosten der Raumüberwindung" und „Transportkosten" synonym verwendet. Bei den Kraftstoffkosten spielt neben den Steuern der Ölpreis eine ausschlaggebende Rolle. Abbildung 1 lässt jedoch noch auf weitere mögliche Faktoren schließen, die für die in der letzten Zeit zunehmenden Reurbanisierungstendenzen mit verantwortlich sein könnten: Dies sind v.a. die seit der deutsch-deutschen Wiedervereinigung säkular sinkenden Kapitalkosten. Sinkende Kapitalkosten erleichtern Investitionen – und gerade kapitalintensive Investitionen werden stärker in Ballungsräumen anstatt in der Peripherie getätigt (Loehr 2014, S. 826-828). Von den sinkenden Kapitalkosten der jüngeren Vergangenheit dürften somit v.a. die Zentren profitiert haben. Auch die Entwicklung der Lohnstückkosten ist grundsätzlich von Bedeutung; diese verlief in den letzten drei Dekaden allerdings relativ moderat und berücksichtigte auch die unterschiedlichen raumwirtschaftlichen Bedingungen. Die Entwicklung dieser potenziellen Einflussfaktoren ist in Abbildung 1 dargestellt.

Gestützt wird dieses Bild, wenn man sich den statistischen Zusammenhang zwischen dem Anteil der Arbeitnehmerschaft in den Zentren und der Einkommensverteilung ansieht (dabei wollen wir unter „Zentren" schon Ortschaften mit mehr als 10.000 Einwohnern verstehen, was auch Mittelzentren einschließt): Für 1996 bis 2013 beträgt der Korrelationskoeffizient zwischen dem Anteil der Arbeitnehmer in den Zentren und dem

---

[1] Darüber hinaus auch die Fixkosten der Mobilität, die bei der hier vorgenommenen Marginalbetrachtung allerdings außen vor bleiben.

*Abbildung 1: Anstieg der Arbeits-, Kapital- und Transportkosten pro
Arbeitnehmer von 1980-2014*

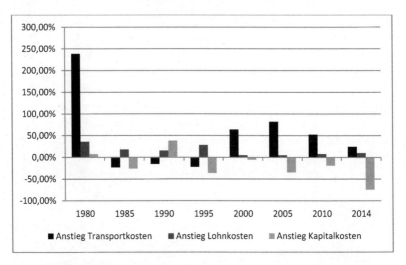

Quelle: Mineralölwirtschaftsverband e.V. (http://www.mwv.de/index.php/daten/statistiken
preise/?loc=4), Deutsche Bundesbank (2015) und eigene Berechnungen.

Anteil der Kapitaleinkommen am Volkseinkommen -0,93 (Signifikanzniveau 0,01). Von den mit der Niedrigzinsphase der letzten Jahre
einhergehenden Verteilungsverlusten der Kapitaleinkommen haben die
Arbeitseinkommen jedoch wenig profitiert. Betrug die Lohnquote 1996
noch ca. 71%, sank sie – bei zwischenzeitlichen Schwankungen – bis 2013
auf ca. 68% ab. Der Gewinner der Niedrigzinsphase war stattdessen offenbar der Boden mit seinen Erträgen (s. unten mehr), die wiederum stark
durch die Transportkosten beeinflusst sind. Dementsprechend verwun-
dert es wenig, dass die Korrelation zwischen der Transportkostenent-
wicklung und dem Anteil der Arbeitnehmer in den Zentren – spiegelbild-
lich zu der oben erwähnten – bei + 0,95 liegt (auf einem Signifikanzniveau
von 0,01). Die Vermutung liegt somit nahe, dass sinkende Kapitalkosten
und/oder steigende Transportkosten als zentripetale Kräfte im Raum
wirken. Bei den Arbeitskosten ist sowohl der historische Trend wie auch
der statistische Zusammenhang weniger eindeutig. Zumal außerdem steigende Lohnstückkosten nicht nur als Auslöser, sondern auch als Ergebnis
zentripetaler Kräfte gedeutet werden können, wird auf eine Analyse der

raumwirtschaftlichen Auswirkungen von Veränderungen der Arbeitseinkommen nachfolgend verzichtet.

Zweifellos ist auch die Entwicklung des Dienstleistungssektors in einem hohen Maße für die Reurbanisierungstendenzen mit verantwortlich. Sein Anteil an der gesamtwirtschaftlichen Leistung steigt fortwährend an; die hochproduktiven Dienstleistungen ballen sich dabei in den Zentren. Allerdings besteht – zumindest für die letzten Dekaden – auch ein hoher statistischer Zusammenhang zwischen der Entwicklung der Transportkosten und derjenigen des Dienstleistungssektors. Die Kosten der Raumüberwindung können sogar in einem weiten Verständnis als Opportunitätskosten der Entwicklung des Dienstleistungssektors (entgangene Skalen- und Agglomerationseffekte, die gerade auch für den Dienstleistungssektor von Bedeutung sind; vgl. Böventer 1962) interpretiert werden. Gerade wegen der fehlenden Unabhängigkeit wurde beim unten dargestellten Modell aber von der Aufnahme einer entsprechenden Variable abgesehen (im Übrigen verbot sich generell wegen der fehlenden Unabhängigkeit wichtiger Variablen die Durchführung multipler Korrelationsanalysen). Der Einfluss der Entwicklung der Wirtschaftsstruktur auf die raumwirtschaftliche Entwicklung wird daher – wenngleich sicher bedeutsam – vorliegend nicht weiter verfolgt; dies sei weiterer Forschung vorbehalten.

Nachfolgend wird daher davon ausgegangen, dass v.a. die Entwicklung der Kapitalkosten sowie der Transportkosten eine wichtige Einflussgröße für den Niedergang der Peripherie und die Reurbanisierungstendenzen (gemessen an der Entwicklung der Anzahl der in den jeweiligen Teilräumen beschäftigten Arbeitnehmer) darstellt. Die These lautet, dass der Reurbanisierungsprozess und der Niedergang der Peripherie auch auf absehbare Zukunft anhalten werden. Ein Simulationsmodell, in dem – basierend auf der nachfolgend dargestellten Theorie – aus der Vergangenheit in die Zukunft hochgerechnete Parameter verwendet werden, soll den Einfluss dieser Kosten und ihrer Variationen auf die Entwicklung der Räume verdeutlichen.

3. Theorie und Modell: Die Verschiebung des Grenzlandes

Die herkömmlichen Raumwirtschaftstheorien betrachten vor allem die Transportkosten als erklärende Variable für die ökonomische Entwicklung einer Region. Ihre Wirkung wird jedoch in den unterschiedlichen Theorien uneinheitlich beurteilt. Nach der New Economic Geography breiten sich ökonomische Aktivitäten ab einer bestimmten Schwelle (dem „Breakpoint") gerade aufgrund steigender Transportkosten im Raum aus: Diese erhöhen zwar den Distanznachteil von peripheren Regionen, reduzieren aber gleichzeitig den Wettbewerb mit den Produzenten in den Zentren (Weder 2004, S. 465). Unterhalb des „Breakpoint" befördern positive Transportkosten hingegen die Agglomeration. Meines Erachtens ist es aber schwierig, diese Schwelle zuverlässig empirisch festzumachen; zudem lassen sich auch aus anderen Gründen (u.a. wegen Hystereseeffekten) schwerlich eindeutige Kausalbeziehungen aus Transportkostensteigerungen ableiten (Reichelt 2008, S. 71). Schließlich werden im Modell der New Economic Geography die m.E. äußerst wichtigen Pendel- und Bodenkosten vernachlässigt. Die vorliegende Darstellung lehnt sich daher eher an das rivalisierende Konzept der New Urban Economics (NUE) an (Mainz 2005, S. 103-104). Allerdings schenkt keine der genannten Theorien der Entwicklung der Arbeits- und Kapitalkosten tiefere Beachtung, obwohl diese sehr wohl die raumwirtschaftlichen Kräfte beeinflussen können. Das Ergebnis des Wirkens der raumwirtschaftlichen Kräfte lässt sich am besten in den Bodenerträgen („Bodenrenten") und Bodenpreisen ablesen. Bodenrenten ergeben sich aus Ertragsdifferenzen zum „Grenzboden", auf dem gerade noch kostendeckend gewirtschaftet werden kann. Sie entstehen aufgrund von Vorteilen in der Lage (Transportkostenersparnis!), der Qualität oder der Intensität der betreffenden Standorte (Ricardo 2004 [1817]). Nachfolgend unterscheiden wir dementsprechend zwischen

– der Nachfrage nach Standorten durch die Unternehmen und Haushalte sowie

– dem Angebot an Standorten, das v.a. durch die öffentliche Hand erbracht wird.

Dabei wird in dem nachfolgend entwickelten, an von Thünen (1842), Ricardo (2004 [1817]) und die Physiokraten angelehnten Modell eine Grenzbetrachtung vorgenommen und vereinfachend eine geschlossene

Volkswirtschaft unterstellt. Es geht im vorliegenden Beitrag nicht darum, Aussagen zur Siedlungsgestalt oder zur Verteilung der Wirtschaftsstruktur im Raum zu treffen. Die Kategorien Zentrum und Peripherie sind vielmehr abstrakt, als ubiquitäre raumstrukturelle Idealtypen zu verstehen.

Die Nachfrage nach Standorten ist im raumwirtschaftlichen Zentrum dort am höchsten, wo auch die hochwertigsten Produkte und Dienstleistungen angeboten und das größte Bruttoinlandsprodukt pro Arbeitnehmer (also die höchste Produktivität) erzielt werden kann. Sie nimmt im Modell zur Peripherie hin mit logarithmischer Degression ab. Die Teilräume werden durch den Parameter x dargestellt. Da sich die ökonomische Bedeutung der verschiedenen Teilräume jedoch unterscheidet, werden im Modell sämtliche Werte auf die Anzahl der im jeweils betrachteten Teilraum (hier: Bundesland) beschäftigten Arbeitnehmer bezogen. Somit erhält man einen Produktivitätsgradienten (BIP pro Arbeitnehmer für jedes Bundesland).

Die raumwirtschaftliche Hierarchie ist jedoch nicht nur hinsichtlich der Produktion, sondern auch mit Blick auf den Konsum der Haushalte von Bedeutung. Schon Christaller zeigte in seiner Theorie der Zentralen Orte in Fortführung der Überlegungen von Thünens auf, dass das Angebot an hochwertigen Produkten (und Dienstleistungen) mit der Zentralität der Orte ansteigt.[2] In der Peripherie dürften zwar die Präferenzen der Haushalte für Wohnfläche leichter befriedigt werden, in den Zentren stehen aber wesentlich bessere und höherwertige Konsum-, Kultur- und Freizeitangebote zur Verfügung. Mit steigenden Haushaltseinkommen erhöhen sich nun aber die Ansprüche der Haushalte an den Konsum: Die Nähe zu hochwertigen Konsum-, Kultur- und Freizeitmöglichkeiten wird bei der Wohnortwahl im Vergleich zur Nähe zum Arbeitsplatz oder einer großen Wohnfläche entsprechend wichtiger.[3] Diese Präferenzverschiebung wirkt als zentripetale Kraft bei der Wohnortwahl umso intensiver, je höher die Differenzkosten der Raumüberwindung k für die Haushalte sind. Analoges gilt für die Standortwahl von Unternehmen. Die Kosten

---

[2] Christaller 1968 [1933]; Button 1998, S. 3. Auf die heutige Zeit bezogen geht es weniger um die Produktion als vielmehr den Vertrieb der betreffenden Güter – und Dienstleistungen.

[3] Dabei spielen auch intergenerationelle Muster eine große Rolle (für junge oder alte Leute ist die Größe der Wohnfläche nicht mehr so wichtig wie für Familien mit Kindern); de Groot et al. 2015, S. 58-71.

der Raumüberwindung k sind in der Peripherie höher als im Zentrum. Raumüberwindungskosten werden aus den Entgelten der mobilen Produktionsfaktoren bezahlt. Sie mindern v.a. das verfügbare Einkommen der Haushalte wie auch die Unternehmensgewinne in peripheren Lagen und damit deren Nachfrage nach Standorten (vgl. Mainz 2005, S. 84). Die Belastung durch höhere Raumüberwindungskosten drängt somit mehr Haushalte und Unternehmen in die Zentren; dies führt dort zu einer höheren Siedlungsdichte. Wirtschaftlich aktiv bleiben diejenigen vergleichsweise produktiveren Haushalte und Unternehmen (mit vergleichsweise hohem Flächenbedarf) in der Peripherie zurück, die die erhöhte Kostenbelastung auch tragen können. Zu erwarten ist damit, dass infolge steigender Raumüberwindungskosten die Produktivitätsunterschiede zwischen Zentrum und Peripherie abnehmen. Eine Zunahme der Transportkosten sollte sich also in einer Verflachung des Produktivitätsgradienten widerspiegeln. Dies ist tatsächlich zu beobachten: In Tabelle 1 wird der Produktivitätsgradient für verschiedene raumwirtschaftliche Ebenen dargestellt. Für Europa wurde er anhand der Produktivitätsdaten der verschiedenen Staaten, für Deutschland über die verschiedenen Bundesländer und für die einzelnen Bundesländer über die Kreise und kreisfreien Städte hin ermittelt. Das Ergebnis wiederum lässt auf die Selbstähnlichkeit des Zentrum-Peripherie-Schemas schließen; eine Unterteilung zwischen Zentrum und Peripherie lässt sich zudem auf jeder raumwirtschaftlichen Ebene anstellen. Die Produktivitätsunterschiede zwischen Zentrum und Peripherie nehmen also auf jeder raumwirtschaftlichen Ebene offenbar tendenziell ab (s. Tabelle 1) (United Nations 2014; vgl. auch Williamson 1965, S. 15).

Für 1996 bis 2012 betrug der Korrelationskoeffizient zwischen dem Produktivitätsgradienten und den angesetzten Transportkosten über die verschiedenen Bundesländer hinweg 0,96 (Signifikanzniveau 0,01). Dementsprechend wurde im unten erläuterten Modell der Produktivitätsgradient b (mit $b < 0$) als Funktion der Zeit t und der Transportkosten (pro Arbeitnehmer) k erfasst.

Tabelle 1: Tendenzielle Abflachung des Produktivitätsgradienten (BIP pro Kopf in Kaufkraftparitäten; Index EU 28 = 100)

Raum	Bezugs-zeitraum	Veränderung des Anstiegs des Produktivitäts-Gradienten (in v.H.)	Bestimmtheits-maß (R^2)
Europa (über die Staaten)[4]	2005-2014	-1,58	0,947
Deutschland (über die Bundesländer)	2004-2013	-1,64	0,935
Bundesländer (über die Kreise und kreisfreien Städte), darunter:			
Baden-Württemberg		0,04	0,824
Bayern		-0,15	0,792
Brandenburg		3,57	0,927
Hessen		-1,22	0,741
Mecklenburg-Vorp.		3,61	0,901
Niedersachsen		1,82	0,770
Nordrhein-Westfalen	2003-2012	-1,46	0,860
Rheinland-Pfalz		2,12	0,674
Saarland		-4,55	0,893
Sachsen		-2,64	0,901
Sachsen-Anhalt		-2,00	0,850
Schleswig-Holstein		2,72	0,950
Thüringen		-2,22	0,894

Quellen: Eurostat 2015 (http://ec.europa.eu/eurostat/tgm/table.do?tab=table&init=1&lan guage=en&pcode=tec00114&plugin=1); Statistische Ämter der Länder 2014a, Bd. 1, Tab. 3.1; Statistische Ämter der Länder 2014a, Tab. BIP je ET und eigene Berechnungen. Die Angaben für Europa sind auf Einwohner bezogen, diejenigen für Deutschland (Länder und Kreise) auf die Zahl der Erwerbstätigen.

[4] Einbezogene Staaten: Luxemburg, Norwegen, Schweiz, Irland, Niederlande, Österreich, Schweden, Dänemark, Deutschland, Island, Belgien, Finnland, Vereinigtes Königreich, Frankreich, Italien, Spanien, Zypern, Malta, Slowenien, Tschechei, Portugal, Slowakei, Litauen, Estland, Griechenland, Polen, Ungarn, Lettland, Kroatien, Rumänien, Türkei, Bulgarien, Montenegro, Mazedonien, Serbien, Albanien, Bosnien und Herzegowina.

Die Nachfrage nach Standorten ergibt sich, nachdem aus den produzierten und abgesetzten Gütern und Dienstleistungen sämtliche Abgaben und Kosten für die mobilen Produktionsfaktoren bezahlt wurden. Zudem müssen die v.a. in der Peripherie anfallenden Transportkosten k abgedeckt werden. Die durch Unternehmen und Haushalte erzeugte Nachfrage nach dem letzten Standort x lässt sich in der Grenzbetrachtung somit annähern durch

$$D(x) = m\,e^{b(t,k)\cdot x} - w - r - d - s - k \tag{1}$$

Die Variable x kennzeichnet dabei die verschiedenen Standorte. Aus Gründen der Datenverfügbarkeit und -vergleichbarkeit bezieht sich die Betrachtung auf die aggregierte Ebene der Bundesländer. Dabei bekommt das Bundesland mit der höchsten Produktivität (Hamburg) $x = 0$, das mit der geringsten (Thüringen) $x = 15$ zugewiesen. Durch m wird ein Niveauparameter bezeichnet, der das maximal im Zentrum erzielbare BIP pro Arbeitnehmer abbildet. Anders als Transportkostenänderungen, die v.a. die Peripherie belasten, zeigen Variationen der Kapitalkosten aber keine unterschiedlichen Auswirkungen auf die relativen Standortkosten in Zentrum und Peripherie. Auf die zusätzliche Aufnahme der Kapitalkosten als erklärende Variable für b wurde daher verzichtet. Die durchschnittlichen Zinslasten werden durch r, die Abschreibungen durch d und der Saldo aus indirekten Steuern und Subventionen durch s dargestellt – alle Größen sind dabei auf die Anzahl der Arbeitnehmer bezogen. Dabei wird r modellexogen durch den Kapitalmarkt bestimmt und im Modell variiert. Beim Faktor Arbeit wird vereinfachend – wie beim Faktor Kapital – von einem einheitlichen Lohn w pro Arbeitnehmer ausgegangen. Dieser Lohn wird im und durch das Grenzland x^* bestimmt – und umgekehrt. Insofern handelt es sich ebenfalls um eine exogene Variable. Aufgrund von Qualifikationsunterschieden und Mobilitätsbarrieren trifft ein einheitlicher Lohn zwar nicht die Realität in Deutschland (der Variationskoeffizient lag in Deutschland zwischen 15,6% (2000) und 13,6% (2014)).[5] Vor dem Hintergrund der vorgenommenen Marginalbetrachtung ist diese Ungenauigkeit aber nicht allzu dramatisch.

---

[5] Statistische Ämter der Länder 2014a, Bd. 5, Tab. 5.1.1 und eigene Berechnungen.

Das Angebot des Bodens im letzten Teilraum x geschieht durch die öffentliche Hand zu annualisierten Entwicklungskosten von p:

$$S(x) = p \qquad (2)$$

Das Gleichgewicht $D(x) = S(x)$ bezeichnet nun das Grenzland x^*. Hierbei handelt es sich um den Teilraum in der Peripherie, jenseits dessen die Kosten für die mobilen Produktionsfaktoren Arbeit und Kapital zuzüglich des relativen Einkommensnachteils k nicht mehr ohne Finanzausgleich bzw. Subventionen gedeckt werden können:

$$m \, e^{b(t,k) \cdot x} - w - r - d - s - k = p \qquad (3)$$

Das Grenzland x^* ergibt sich somit aus

$$x^* = \frac{\ln(m) - \ln(w + r + d + s + k + p)}{-b(t,k)} \qquad (4)$$

Das raumwirtschaftliche Grenzland x^* ist somit nicht als absolute, feststehende Kategorie zu interpretieren. Höhere Löhne w, höhere Kapitalkosten r, höhere Kosten der Raumüberwindung für die Haushalte k und ein geringeres Maximaleinkommen m lassen das Grenzland nach innen rücken und umgekehrt. Dabei gehen höhere Transportkosten k mit einem geringeren Absolutwert von b einher. Auch die Kapitalkosten wirken ambivalent (s. oben): Durch sinkende Kapitalkosten rückt zwar das Grenzland nach außen, neue Jobs entstehen aber v.a. in den Zentren. Im Rahmen der Regressionsanalyse wurden wegen der höheren Beschäftigungsdichte in den Zentren logarithmierte Beschäftigtendaten n zum Grenzland x^* in Beziehung gesetzt. Die Entwicklung der Beschäftigung in Zentrum und Peripherie hängt neben x^* allerdings auch von der Beschäftigungsdichte in den Teilräumen ab. Aus diesem Grunde wurde der Beschäftigungsanteil in Zentrum und Peripherie in Abhängigkeit sowohl von $b(t, k)$ als auch von x^* per Regressionsrechnung modelliert.

4. Methodik der Simulationsrechnungen

In den nachfolgend skizzierten Simulationsrechnungen wurden Daten für Teilräume verwendet, die sich auf administrative Gebietsabgrenzungen – nämlich die Ebene der Bundesländer – beziehen.[6] Die administrativen Grenzen sind zwar mit den raumwirtschaftlichen Grenzen nicht deckungsgleich, dennoch sind raumwirtschaftliche Schlussfolgerungen möglich. Sämtliche Daten sind als Nominalgrößen zu verstehen. Konjunkturelle Einflüsse sind aus der Betrachtung weitgehend ausgeschaltet.

Was die Nachfrage nach Land betrifft, wurden bezogen auf das BIP pro Arbeitnehmer die Werte für m und b von 1995-2012 sowie die Kosten der Raumüberwindung (hier: Kraftstoffkosten) über Regressionsanalysen ermittelt. Diese Werte wurden in Abhängigkeit von den untersuchten Variablen bis 2025 fortgeschrieben. Der Produktivitätsgradient $b(t, k)$ wurde auf Grundlage von Regressionsanalysen weitergeführt. So wurde auch mit den anderen Parameter auf der Nachfrage- und Angebotsseite (w, r, d, s, k und p) verfahren; allerdings wurde hier mit bundesweiten Durchschnittswerten gearbeitet.

Über die zu erwartende Entwicklung des Grenzlandes x^* in der Zukunft wurde dann per Regressionsrechnung die Entwicklung der Anzahl der künftigen Arbeitsplätze n abgeleitet (wegen der unterschiedlichen Beschäftigungsdichte in Zentrum und Peripherie wurde dabei n logarithmiert). In der Vergangenheit (1995-2012) korrelierte das Grenzland x^* mit der (wegen Wirkungsverzögerungen um zwei Jahre versetzten) Beschäftigtenzahl n mit $R = 0{,}86$ (Signifikanzniveau 0,01). Die voraussichtliche Flächeninanspruchnahme konnte wegen der uneindeutigen Wirkungen v.a. der Kapitalkosten per Regressionsanalyse nur mit Blick auf die Transportentwicklung abgeleitet werden (von 2000 bis 2014 statistisch signifikant mit $R = 0{,}94$ auf einem Niveau von 0,01).

Die Vergangenheitsanalyse wurde mit dem Jahr 2012 beendet, da bis hierhin alle notwendigen Daten zur Verfügung standen. Für die Jahre 2013 bis 2015 war dies nur teilweise der Fall. Die Daten beruhen im Wesentlichen auf der Volkswirtschaftlichen Gesamtrechnung der Länder (Statistische Ämter der Länder 2014a). Der eigentliche Forecast beginnt mit dem Jahr 2016. Die skizzierte Simulationsrechnung erlaubt, die Auswir-

---

[6] Die Daten können auf Wunsch zur Verfügung gestellt werden (d.loehr@umweltcampus.de).

kungen von kritischen Variablen auf Beschäftigung, Wachstum, Einkommensverteilung sowie den voraussichtlichen Flächenverbrauch zu ermitteln. Ferner wurde auch noch ein „Bodenrentenindex" ermittelt, indem der Anteil der Bodenrenten am Volkseinkommen in Relation zum Grenzland (also der bewirtschafteten Fläche) gesetzt wurde. Dies ist ein Indikator dafür, inwieweit Änderungen der Mieten als Folge der Variablenänderungen zu erwarten sind.

5. Ergebnisse der Simulationsrechnungen und Interpretation

Nachfolgend wird zunächst aus der Analyse der Vergangenheit ein Ausgangsszenario entwickelt, in dem die Wirtschaftsdaten aus der Vergangenheit im Wesentlichen fortgeschrieben werden. Dem werden Schockszenarios gegenübergestellt, in denen der Anstieg der Kosten der Raumüberwindung und die Kapitalkosten (isoliert und kombiniert) ab 2016 um 50% höher als in der Vergangenheit liegen

5.1 Ausgangsszenario und Analyse der Vergangenheit

Im Ausgangsszenario erhöhen sich auch in der Zukunft die Kosten der Raumüberwindung jährlich – wie im Durchschnitt des Zehnjahreszeitraums bis 2012 (vgl. Tabelle 2) – um ca. 4% pro Jahr. Gleichzeitig wird davon ausgegangen, dass in den Jahren 2016 bis 2025 die Arbeitnehmerentgelte ein wenig stärker als seit der Jahrtausendwende ansteigen (dies waren entsprechend unserer Berechnungen bis 2014 durchschnittlich ca. 1,4% pro Jahr), nämlich mit demselben Satz wie die Kapitalmarktzinsen (unterstellt: 1,8% pro Jahr). Durch diese Ausnahme wird u.a. eine zinsbedingte Umverteilung zwischen Kapital und Arbeit im Ausgangsszenario weitgehend ausgeschlossen und außerdem der Forderung vieler Politiker und Ökonomen nach einer dynamischeren Entwicklung von Löhnen und Gehältern Rechnung getragen.

Für die Zukunft zeigen die Simulationsrechnungen, dass die Beschäftigungsverluste in der Peripherie anhalten werden; infolge einer Hinausschiebung des Grenzlandes geschieht dies im Vergleich mit der Vergangenheit mit einer leicht geringeren Intensität. Die Zentren und umliegenden Mittelstädte gewinnen weiterhin, doch mit gegenüber der Vergangenheit reduzierter Dynamik. Dennoch ist im Ausgangsszenario zu erwarten, dass die Beschäftigungsverluste in der Peripherie deutlich durch Beschäftigungsgewinne in den Zentren überkompensiert werden können. Dabei muss allerdings angemerkt werden, dass mögliche Hystereseeffekte auf dem Arbeitsmarkt und eine sich dadurch möglicherweise herausbildende höhere Sockelarbeitslosigkeit in den Berechnungen nicht berücksichtigt sind. Unter den gegebenen Annahmen würde sich die Verteilungsposition des Faktors Arbeit leicht verbessern, der Faktor Kapital würde hingegen bei dem unterstellten anhaltend niedrigen Zinsniveau gegenüber dem Zehnjahreszeitraum bis 2012 deutlich verlieren. Was in der jüngeren Vergangenheit der Faktor Kapital verlor, gewann offensichtlich im Wesentlichen der Faktor Boden hinzu (die amtliche Statistik komprimiert die Einkommen aus Boden und aus Kapital in der Kategorie „Einkommen aus Unternehmertätigkeit und Vermögen"). Unter den gegebenen Annahmen dürften die Bodenrenten und Bodenpreise v.a. in den Agglomerationen und in deren Umland weiterhin stark ansteigen. Gerade die Bodenpreiszuwächse haben jedoch auch eine zentrifugale Wirkung; sie bremsen die zentripetale Kraft der steigenden Kosten der Raumüberwindung ab (vgl. Alonso 1964).

Tabelle 2: Beschäftigungs-, Wachstums- und Verteilungswirkungen im Ausgangsszenario

Beschäftigung und Wachstum	Gesamt-beschäft.	Peripherie	Mittelstädte und Zentren	Nachrichtlich: Wachstum
2016-2025	+ 1.139 T. + 3,01%	- 558 T. - 4,57%	+ 1.697 T. + 6,62%	+ 1,69%
2000-2012	+ 1.673 T. + 4,73%	- 671 T. - 5,30%	+ 2.344 T. + 10,31%	+ 2,26%
Verteilung (Anteil am Volks-einkommen)	Lohnquote	Kapital	Boden (netto) bzw. Wohnen	Nachrichtlich: Bodenrenten-index
2016-2025	68,0%	7,3%	17,7%	166
2000-2012	67,2%	15,0%	11,7%	100

Quelle: Eigene Berechnungen.

Was die ökologische Zielsetzung angeht, ist unter den Annahmen hinsichtlich der Lohn- und Transportkostensteigerungen von 2016 bis 2025 mit einer weiteren Abnahme der Flächenneuinanspruchnahme zu rechnen: Stieg die Siedlungs- und Verkehrsfläche im Zeitraum von 2000 bis 2012 im Durchschnitt um täglich rd. 107 Hektar pro Tag an (Daten auf einen gleitenden Vier-Jahreszeitraum bezogen), so würden es lediglich 49 Hektar pro Tag im Ausgangsszenario von 2016 bis 2025 sein. Nach den der Untersuchung zugrunde liegenden Berechnungen könnte das 30-Hektar-Ziel im Jahr 2024 erreicht werden.

5.2 Schockszenarien

Nachfolgend werden drei Schockszenarien durchgerechnet. In Szenario A wird ein 50%iger Transportkostenanstieg und in Szenario B ein 50%iger Anstieg des Zinsniveaus angenommen. Szenario C zeigt die Auswirkungen eines kombinierten Transport- und Kapitalkostenschocks auf. Unter den gegebenen Annahmen ergeben sich die in Tabelle 3 dargestellten Auswirkungen auf Beschäftigung, Wachstum und Verteilung.

Gegenüber dem Ausgangsszenario erzeugt ein Transportkostenschock geringere Auswirkungen hinsichtlich Beschäftigung und Wachstum als ein Kapitalkostenschock. Anders als ein Transportkostenschock wirkt sich zudem ein Anstieg der Kapitalkosten auf Zentrum und Peripherie gleichermaßen negativ aus. Zudem ergeben sich hierbei signifikante Verteilungswirkungen im Verhältnis zwischen den Faktoren Boden und Kapital. Die gravierendsten Auswirkungen zeigt ein kombinierter Transport- und Kapitalkostenschock. Weil in diesem Szenario einerseits die stärksten Migrationsbewegungen in die Agglomerationen zu erwarten sind, andererseits Höhe und Anteil der Arbeitseinkommen am Volkseinkommen relativ stabil bleibt, dürften auch die Bodenrenten in den Agglomerationen ansteigen. Generell zeigt sich, dass das Ausbluten des ländlichen Raums in allen Szenarien weitergehen wird, allerdings mit unterschiedlicher Intensität.

Hinsichtlich des künftigen Flächenverbrauchs ist bei einem Transportkostenschock mit einer geringeren durchschnittlichen Zunahme (33 Hektar pro Tag) als im Ausgangsszenario (rd. 49 Hektar pro Tag) zu rechnen. Das Ziel der Nationalen Nachhaltigkeitsstrategie, die Neuinanspruchnahme von Siedlungs- und Verkehrsflächen auf 30 Hektar pro Tag zu begrenzen, würde bis 2020 erreicht. Ein Kapitalkostenschock würde sowohl Zentrum wie Peripherie in Mitleidenschaft ziehen. Zumal die Nettoeffekte für die Teilräume mit der vorliegend verwendeten Methodik nicht hinreichend bestimmbar sind, wurde für den Kapitalkostenschock und den kombinierten Transport- und Kapitalkostenschock auf eine Aussage hinsichtlich der Auswirkungen auf die Flächenneuinanspruchnahme verzichtet.

Tabelle 3: Beschäftigungs-, Wachstums- und Verteilungswirkungen in den Schockszenarien

Beschäftigung und Wachstum	Gesamt-beschäft.	Peripherie	Mittelstädte und Zentren	Nachrichtlich: Wachstum
A: Transportkosten: + 50% (2016-2025)	+666 T. + 1,76%	- 706 T. - 5,79%	+ 1.372 T. + 5,35%	+ 1,61%
B: Kapitalkosten: + 50% (2016-2025)	-96 T. + 0,25%	-803 T. - 6,58%	+ 707 T. + 2,76%	+ 1,40%
C: Kombinierter Schock	-564 T. - 1,49%	- 949 T. - 7,78%	+ 385 T. + 1,5%	+ 1,32%
Ausgangsszenario 2016-2025	+ 1.139 T. + 3,01%	- 558 T. - 4,57%	+ 1.697 T. + 6,62%	+ 1,69%

Verteilung (Anteil am Volkseinkommen)	Lohnquote	Kapital	Boden (privat) bzw. Wohnen	Nachrichtlich: Bodenrenten-index
A: Transportkosten: + 50% (2016-2025)	67,8%	7,3%	17,9%	176
B: Kapitalkosten: + 50% (2016-2025)	68,0%	10,8%	15,3%	167
C: Kombinierter Schock	67,8%	10,7%	15,4%	180
Ausgangsszenario 2016-2025	68,0%	7,3%	17,7%	166

Quelle: Eigene Berechnungen.

6. Diskussion

Die Analyse der Daten vor dem Hintergrund des beschriebenen Modells legt die Annahme nahe, dass die von der Bundesregierung und den Bundesländern für sich in Anspruch genommenen Fortschritte bei der Erreichung der flächenhaushaltspolitischen Ziele in Wirklichkeit nicht nur das Ergebnis erfolgreicher Politikmaßnahmen sind, sondern in erheblichem Maße auch dem Wirken raumwirtschaftlicher Kräfte geschuldet sind, die von der Politik gar nicht intendiert waren. Diese könnten auch in Zukunft in ähnlicher Weise wie in der jüngeren Vergangenheit fortwirken. Ein Erreichen des 30-Hektar-Ziels bis 2020 scheint unter diesen Umständen zwar nur schwer möglich zu sein, doch dürften die Zielverfehlungen nicht zu groß ausfallen. Ein (weiterer) Anstieg der Transport- und Kapitalkosten dürfte die flächenhaushaltspolitischen Zielsetzungen unterstützen – allerdings um den Preis von Beschäftigungs- und Wachstumsverlusten. Vor allem in der Peripherie wurde in der Vergangenheit Kapital durch Land substituiert, das hier reichlich und billig vorhanden war: Der größte Flächenverbrauch fand daher in den ländlichen Kreisen statt (BBSR 2012). Positiv ist, dass sich in allen Schockszenarien keine wesentlichen Veränderungen bei der Verteilungsposition der Arbeitnehmer gegenüber dem Ausgangsszenario ergeben dürften. Allerdings wird bei anhaltend niedrigen Zinsen in allen Szenarien – und insbesondere im Falle eines Transportkostenschocks – das Wohnen in Zukunft noch teurer. In den oben diskutierten Trends nicht enthalten ist die Wirkung der Migrationswelle aufgrund der aktuellen Flüchtlingsströme, deren Konsequenzen derzeit nicht absehbar sind.

Für die Politik stellt sich die Frage nach der Bewertung dieser Trends: Soll eine Gegensteuerung erfolgen – und wenn ja, wie soll diese aussehen? Der mit dem Niedergang der Peripherie verbundene Trend zu kompakterem Siedeln bringt ja neben dem geringeren Flächenverbrauch auch eine Reihe weiterer positiver Folgen mit sich (s. das Eingangskapitel): Unter anderem sind hier weniger Stoffströme, höhere Skalenerträge in den Zentren sowie eine höhere Effektivität und Effizienz bei der Versorgung mit sozialer Infrastruktur zu nennen. Andererseits besteht eine außerökonomische – aber dennoch zu respektierende – Grundsatzentscheidung in Gestalt des grundgesetzlichen Postulats gleichwertiger Lebensverhältnisse – wie immer dies auch konkret zu interpretieren ist. Zudem ist die schiere Geschwindigkeit der raumstrukturellen Veränderungen ein Problem. Zunehmend droht eine Unterauslastung von Infrastrukturen und öffentlichen Diensten in der Peripherie bei gleichzeitiger Überlastung in den wachsenden Städten (Röhl 2013).

Das Aufzeigen von möglichen Wegen aus diesem Dilemma ist normativ. Unter nachhaltigkeitspolitischen Zielsetzungen liegt die Orientierung an den folgenden Kriterien nahe:

– mit Bezug auf die ökonomischen Aspekte sollten zumindest strukturkonservierenden Maßnahmen tunlichst vermieden werden, die steigende Arbeits-, Kapital- oder Raumüberwindungskosten zu reduzieren trachten. Hinsichtlich der Raumüberwindungskosten würde dies beispielsweise auf eine weitere Externalisierung hinauslaufen. Zumal Allokationseffizienz ein Mehr und nicht ein Weniger an Preiswahrheit bedeutet, sollten die heutigen – ohnehin schon hohen – Externalisierungen zurückgeführt (z.B. durch die Einführung von engpassorientierten Straßennutzungsgebühren) und nicht ausgeweitet werden. Unter dieser Prämisse sollten die Präferenzen der Marktakteure zum Zuge kommen, die sich im Zusammenspiel der raumwirtschaftlichen Kräfte offenbaren. Kompakteres Siedeln bedeutet im Übrigen auch höhere Ansprüche an die zentralörtlichen Infrastrukturen. Die Zentralen Orte müssen aber finanziell in die Lage versetzt werden, diese Bürde zu schultern.

– Ökologie und Planung: Die gezeichnete Linie gilt auch für die Raum- und Bauleitplanung. Die beschriebenen Tendenzen zu kompakterem Siedeln unterstützen diese grundsätzlich in ihren Zielsetzungen. Allerdings ist wünschenswert, dass auch eine entsprechende Compliance hinsichtlich der planerischen Vorgaben besteht. Schließlich sollte auch die regional- und siedlungspolitische Förderlandschaft nicht gegen die raumwirtschaftlichen Kräfte ankämpfen.

– Kompakteres Siedeln bedeutet eine höhere Dichte; dies wiederum bedeutet ceteris paribus höhere Bodenrenten und Bodenwerte. In sozialer Hinsicht gilt es daher, das Wohnen weiterhin bezahlbar zu halten. Höhere Bodenrenten und Bodenwerte, wie sie v.a. bei steigenden Raumüberwindungskosten zu erwarten sind, bewirken funktional eine Einkommens- bzw. Vermögensumverteilung zugunsten der Bodeneigentümer. Dies gilt es zu beschränken. Schließlich muss auch das Wegbrechen von Arbeitsplätzen in der Peripherie abgefedert werden.

In der Vergangenheit wurde die diesbezügliche Instrumentendiskussion oft aus der Perspektive der betroffenen Kommunen in der Peripherie unter der Prämisse der Strukturkonservierung geführt. Die Bemühungen um Industrieansiedlungen, um den Ausbau von Industrie- und Technologieclustern, um die Stärkung der regionalen Exportbasis und sonstige Maßnahmen der Regionalförderung können die peripheren Räume jedoch nur dann nachhaltig stärken, wenn sie sich nicht gegen die raumwirtschaftlichen Kräfte stemmen. Ähnliches gilt hinsichtlich der Verlagerung von Verwaltungsfunktionen in den ländlichen Raum, wie dies neulich der Freistaat Bayern vorgenommen hat. Eine höhere Zentralisierung und eine verstärkte interkommunale Kooperation innerhalb der Peripherie sind m.E. hingegen uneingeschränkt sinnvoll. So kann eine Stärkung der Mittel- und Unterzentren in den ländlichen Räumen erfolgen, insbesondere entlang der Siedlungs- und Verkehrsachsen.

Die Steuerpolitik hatte – anders als die Subventionspolitik – hingegen bei der Instrumentendiskussion bislang einen geringen Stellenwert. Dies, obwohl sie das gerade beschriebene, größtenteils zielführende Instrumentarium sinnvoll ergänzen könnte. Nachfolgend werden die Auswirkungen eines Tax Shift als Reaktion auf ein kombiniertes Schockszenario (Transportkosten- und Kapitalkostenschock) dargestellt. Der Tax Shift soll 15% des Aufkommens aus der Lohn- und Einkommensteuer hin auf die Grundsteuer betragen. Zudem wird unterstellt, dass die gegenwärtige, „verbundene" Grundsteuer in eine reine Bodenwertsteuer umgewandelt wird. Die Bodenwertsteuer ist – bei entsprechend stringenter Planung (!) – allokativ vollkommen neutral, zumal dann die Angebotsfunktion für den Faktor Boden vollkommen unelastisch ist. Diese Neutralität (auch in raumwirtschaftlicher Hinsicht) haben weder Ertragsteuern noch die Umsatzsteuer. Dies sei kurz für Unternehmen anhand der Formel für den Return on Investment (ROI) skizziert:

$$ROI = \frac{G}{U} \cdot \frac{U}{K} \qquad (5)$$

wobei G der Gewinn, U der Umsatz und K das Kapital darstellt. Die Umsatzrentabilität G/U ist in den Zentren im Allgemeinen höher als in der Peripherie, weil dort höherwertigere Güter und v.a. Dienstleistungen angeboten werden. Der Kapitalumschlag U/K hingegen ist im Allgemeinen in der Peripherie vergleichsweise höher; hier stehen z.B. die mit dem Auto gut erreichbaren Discounter und Fachmärkte. Ertragsteuern mindern nun über *G* die Umsatzrentabilität und schwächen die Zentren; die Umsatzsteuer hingegen stärker den Kapitalumschlag und belastet damit die Peripherie relativ höher.

Das vorliegend verwendete Modell kann diese Unterschiede nicht abbilden. Sowohl die Ertragsteuern wie auch die Mehrwertsteuer schmälern letztlich die Bodenrente („all tax comes out of land" (Gaffney 2009, S. 371ff.); s. unten mehr). Die Entscheidung für den Tax Shift fiel daher deswegen zu Lasten der Einkommensteuer aus, weil nach herrschender Meinung wegen der vergleichsweise engeren Bemessungsgrundlage mit dieser eine höhere steuerliche Zusatzlast als mit der Umsatzsteuer verbunden ist.[7]

Die negativen Beschäftigungsauswirkungen des kombinierten Schocks fallen v.a. in der Peripherie an. Sie könnten jedoch durch einen Tax Shift in Höhe von 15% der Lohn- und Einkommensteuer auf eine Bodenwertsteuer mehr als kompensiert werden, wobei sich die positiven Beschäftigungseffekte vor allem in den Zentren zeigen. Die Nettolöhne steigen unter den vorliegenden Annahmen weiterhin mit 1,8% an. Dennoch sinkt die Lohnquote wegen der sinkenden Lohnnebenkosten zu Lasten der Bodenrenten geringfügig ab.

Generell führen die sinkenden steuerlichen Zusatzlasten infolge des Tax Shift zu einem Anstieg der Bodenrenten. Die Bodenrenten können nämlich als Residuum („sozialer Überschuss") angesehen werden, das verbleibt, nachdem aus den erzielten Umsätzen die Kosten für die mobilen Produktionsfaktoren Arbeit und Kapital sowie die Steuern bezahlt wurden. Weil die Gewinne der Bodeneigentümer die ihnen mit dem Tax Shift zusätzlich aufgebürdeten Steuerlasten übersteigen, bedeutet dies einen leichten Anstieg der Kosten des Wohnens. Derlei unerwünschte Verteilungseffekte sind bei der Größenordnung des angenommenen Tax Shift marginal; sie würden aber entsprechend verstärkt, wenn der Tax Shift höher als angenommen ausfiele. Sie könnten vermindert oder kompensiert werden, wenn die neu entstandenen verteilungspolitischen Spielräume verstärkt zugunsten der Arbeitnehmer genutzt werden. Eine ambitioniertere Lohnpolitik (Lohn- und Gehaltssteigerungen von mehr als 1,8% pro Jahr) würde allerdings die positiven Beschäftigungswirkungen des Tax Shift für die Peripherie abschwächen. Die Alternative läge darin, es

---

[7] So z.B. Grossekettler 2001, S. 76; pessimistisch bezüglich der Mehrwertsteuer: Holcombe 2010.

Tabelle 4: Beschäftigungs-, Wachstums- und Verteilungswirkungen bei kombiniertem Schockszenario (Transport- und Kapitalkostenschock) – Tax Shift von 15% der Lohn- und Einkommensteuern

Beschäftigung und Wachstum 2016-2025	Gesamt-beschäft.	Peripherie	Mittelstädte und Zentren	Nachrichtlich: Wachstum
Tax Shift: 15% des ESt-Aufkommens	+ 28 T. + 0,07%	- 835 T. - 6,85%	+ 863 T. + 3,37%	+ 1,46%
Kombiniertes Schockszenario	- 564 T. - 1,49%	- 949 T. - 7,78%	+ 385 T. + 1,50%	+ 1,32%

Verteilung (Anteil am Volks-einkommen)	Lohnquote	Kapital	Boden (privat)	Nachrichtlich: Bodenrenten-index
Tax Shift: 15% des ESt-Aufkommens	66,5%	10,3%	16,8%	182
Kombiniertes Schockszenario	67,8%	10,7%	15,4%	180

Quelle: Eigene Berechnungen.

nicht bei einem aufkommensneutralen Tax Shift zu belassen, sondern zugunsten der kommunalen Haushalte die Grundsteuer stärker zu erhöhen, als die Lohn- und Einkommensteuer gesenkt wird. Über eine Bodenwert-steuer kann die Erhöhung der Abgaben ohne einen Wohlfahrtsverlust geschehen: Ein Teil der Einnahmen, die zuvor in die Kassen der privaten Bodeneigentümer flossen, würde nun in die Schatullen der öffentlichen Hand umgeleitet. Eine zusätzliche Kostenbelastung würde durch diese „Umleitung" aber nicht erzeugt. Bei kommunaler Steuersatzautonomie liegt das Ausmaß, in dem die Bodenrenten- und Bodenwertsteigerungen zugunsten der öffentlichen Hand umgeleitet werden, in der Hand der Kommunen.

Ein Tax Shift könnte zwar den Niedergang der Peripherie abbremsen, würde aber in noch wesentlich höherem Maße die Bedeutung der Zentren stimulieren. Damit dürfte aber auch die Belastung der Infrastruktur der Zentralen Orte zunehmen. Wie aber können die notwendigen Infrastrukturinvestitionen finanziert werden? Den Schlüssel zur Beantwortung dieser Frage liefert das Henry-George-Theorem (vgl. z.B. Arnott/Stiglitz 1979). Hiernach erhöht die öffentliche Infrastruktur die Bodenrenten; umgekehrt können die Bodenrenten auch zur Finanzierung der Fixkosten der öffentlichen Infrastruktur verwendet werden – dies ist das Prinzip der „sich selbst finanzierenden Infrastruktur" (Harrison 2006). Im Idealfall (Vollabschöpfung der Bodenrente, optimale Bevölkerungsgröße etc.) wären gar keine anderen Steuern für die Finanzierung der Fixkosten der Infrastruktur nötig (die alte Idee der „Single Tax"). Allerdings funktioniert das Prinzip der „sich selbst finanzierenden Infrastruktur" nur insoweit, wie die durch die (kommunale) Infrastruktur erzeugten Bodenerträge nicht in ganz andere Kassen fließen – seien diese nun privat oder öffentlich. Je höher (a) der Anteil der privatisierten Bodenrenten ist und (b) je stärker der Konnex „Infrastrukturinvestition – Finanzierung aus Bodenrenten" durch die Vergemeinschaftung von Steuern und den Finanzausgleich auseinandergerissen wird, umso mehr wird das Henry-George-Prinzip erodiert. Das Zusammenwirken von Privatisierung des allergrößten Anteils der Bodenrenten einerseits sowie von Gemeinschaftssteuern und Finanzausgleich andererseits zerreißt im gegenwärtigen institutionellen Umfeld den geschilderten Konnex aber systematisch. Obwohl gerade in den Stadtstaaten und kreisfreien Städten die Bodenrenten (und damit das öffentliche Finanzierungspotenzial nach dem Henry-George-Theorem) am höchsten sind, können diese daher den ebenfalls sehr hohen Fixkostenapparat aus den zentralörtlichen Einrichtungen nicht angemessen finanzieren. Die Folge ist eine entsprechend hohe Verschuldung. Abbildung 2 illustriert exemplarisch die Pro-Kopf-Verschuldung der Kommunen in Nordrhein-Westfalen, gereiht nach Gemeindegrößenklassen.

Damit Kommunen (und auch Länder) einen angemessenen Anteil des von ihnen erzeugten sozialen Überschusses bekommen, bedarf es neben der Stärkung der Grundsteuer (in Gestalt einer Bodenwertsteuer, denn nur diese kann die Bodenrente als sozialen Überschuss abschöpfen) daher auch am besten einer Herausnahme der Grundsteuer aus dem kommunalen und länderbezogenen Finanzausgleich (bei der Bemessung der Finanzkraft). Die Herausnahme der Grundsteuer aus dem Finanzausgleich wäre übrigens auch eine geeignete Grundlage für eine länderspezifische Regelung der Grundsteuer (bzw. eine länderspezifische Öffnungsklausel in einem bundeseinheitlichen Grundsteuergesetz). Dies alles wäre auch ein wichtiger Schritt in Richtung Wettbewerbsföderalismus.

Abbildung 2: Pro-Kopf-Verschuldung der Kommunen in Nordrhein-Westfalen, gereiht nach Gemeindegrößenklassen

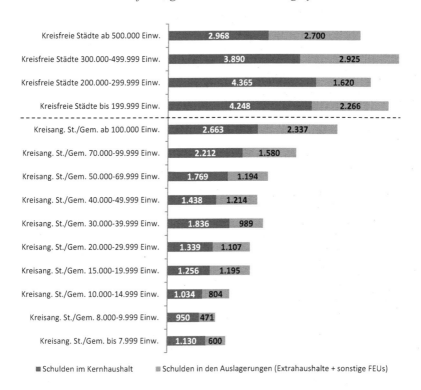

Quelle: http://www.haushaltssteuerung.de

7. Schlussfolgerungen

Die zentralen Aussagen dieses Beitrags basieren auf einer Simulationsrechnung, die v.a. in Anlehnung an die NUE und an alte physiokratische Einsichten vorgenommen wurde. Unter Zugrundelegung eines nachhaltigkeitspolitischen Bewertungsrasters kann das 30-Hektar-Ziel der Bundesregierung zwar bis 2020 nur schwer erreicht werden – die Zielverfehlung ist wahrscheinlich aber gering. Diese Aussage gilt aber nur ceteris paribus; eine große Unbekannte ist der Einfluss der Flüchtlingsströme. In ökonomischer und sozialer Hinsicht wäre aber ein hoher Preis für den ökologischen Erfolg zu zahlen. Die raumwirtschaftliche Peripherie wird auch in Zukunft weiter abbröckeln und die Kosten des Wohnens in den Zentren und in deren Umland werden weiter ansteigen. Die Geschwindigkeit dieses Prozesses wird ebenfalls durch die Entwicklung der Kosten der Raumüberwindung, der Kapitalkosten sowie der (in diesem Beitrag nicht intensiver untersuchten) Lohnstückkosten bestimmt. Es gilt also, die sich abzeichnende – ökologisch wünschenswerte – Entwicklung bezüglich einer Reduktion der ökonomischen und sozialen „Kollateralschäden" zu gestalten. „Gestalten" kann aber nicht bedeuten, sich wie Don Quichotte gegen säkular wirkende raumwirtschaftliche Kräfte zu stemmen. Vielmehr sollten die zu erwartenden Prozesse „moderiert" werden. Ein interessantes Instrument hierbei ist ein Tax Shift, der die Steuerbelastung hin zu einer stärkeren Belastung des Faktors Boden verschiebt. Eine Bodenwertsteuer ist allokativ neutral – auch in raumwirtschaftlicher Hinsicht. Folglich kann hiermit der Niedergang der Peripherie nur abgefedert, aber nicht aufgehalten werden. Entscheidend ist jedoch, dass die Auffang- und Kompensationsfunktion der Zentren wesentlich gestärkt wird. Mit dem Tax Shift sollte auch eine Reform des Finanzausgleichs verbunden werden, der die Grundsteuer nach Möglichkeit vollständig aus dem Umverteilungsmechanismus herausnimmt.

Literatur

Alonso, W. (1964): Location and Land Use. Towards a General Theory of Land Rent. Cambridge (Mass.).

Arnott, R.J. / Stiglitz, J.E. (1979): Aggregate Land Rents, Expenditure on Public Goods, and Optimal City Size. In: Quarterly Journal of Economics, 93, S. 471-500.

BBSR (2012): Trends der Siedlungsflächenentwicklung – Status quo und Projektion 2030. Bonn. Online: http://www.bodenwelten.de/sites/default/files/thema/docs/Siedlungsentwicklung_BBSR_2012.pdf

Böventer, E. von (1962): Theorie des räumlichen Gleichgewichts. Tübingen.

Brachat-Schwarz, W. (2008): Reurbanisierung – gibt es eine „Renaissance der Städte in Baden-Württemberg"? In: Statistisches Monatsheft Baden-Württemberg, 11, S. 5-13.

Button, K. (1998): Where did the „New Urban Economics" go after 25 Years?, Paper to the 38th Congress of the European Regional Science Association. Wien.

Christaller, W. (1933/1968): Die zentralen Orte in Süddeutschland. 2. Aufl., Darmstadt.

Deutsche Bundesbank (2015): Statistische Reihen BBNZ1.A.DE.N.G.0018.L und BBK01.WU0017. Online: http://www.bundesbank.de.

Deutscher Bundestag (2015): Deutscher Bundestag, 18. Wahlperiode. Antwort der Bundesregierung auf die Kleine Anfrage der Abgeordneten Christian Kühn (Tübingen), Peter Meiwald, Steffi Lemke, weiterer Abgeordneter und der Fraktion BÜNDNIS 90/DIE GRÜNEN, Drucksache 18/3974, Berlin.

Gaffney, M. (2009): The Hidden Taxable Capacity of Land: Enough and to Spare. In: International Journal of Social Economics, 36, S. 328-411.

Grossekettler, H. (2001): Die Umsatzsteuer aus ökonomischer Sicht. In: Kirchhoff, P.; Neumann, M.J.M. (Hg.), Freiheit, Gleichheit, Effizienz – Ökonomische und verfassungsrechtliche Grundlagen der Steuergesetzgebung. Bad Homburg, S. 71-84

De Groot, H.L.F. / Marlet, G. / Teulings, C. / Vermeulen, W. (2015): Cities and the Urban Land Premium. Cheltenham (UK)/ Northampton (Mass., US).

Harrison, F. (2006): Wheels of Fortune – Self-funding Infrastructure and the Free Market Case for a Land Tax. London (The Institute of Economic Affairs).

Burt, A. (2015): Pro-Kopf-Schulden der Städte und Gemeinden in Nordrhein-Westfalen im Größenklassen-Vergleich. Online: http://www.haushalts steuerung.de/weblog-pro-kopf-schulden-der-staedte-und-gemeinden-in-nord rhein-westfalen-im-groessenklassen-vergleich.html

Holcombe, R.G. (2010): The Value Added Tax: Too Costly for the United States, Working Paper, Mercatus Center, George Mason University. Online: http:// mercatus.org/sites/default/files/publication/VAT.Holcombe.pdf

Krämer-Badoni, T. / Petrowsky, W. (Hg.) (1997): Das Verschwinden der Städte: Dokumentation des 16. Bremer Wissenschaftsforums der Universität Bremen, 14.-16. November 1996. Bremen.

Loehr, D. (2014): The hidden rent seeking capacity of corporations. In: International Journal of Social Economics, 41, S .820-836.

Mainz, M. (2005): Ökonomische Bewertung der Stadtentwicklung. Göttingen, S. 103-104.

Maretzke, S. (Hg.) (2008): Städte im demografischen Wandel. Wesentliche Strukturen und Trends des demografischen Wandels in den Städten Deutschlands. (Materialien zur Bevölkerungswissenschaft, H. 125). Wiesbaden.

OECD (2015): The Metropolitan Century – Understanding Urbanisation and its Consequences. Paris.

OECD (o.J.): Trends in Urbanisation and Urban Policies in OECD countries: What Lessons for China? Online: http://www.oecd.org/urban/roundtable/45159707.pdf.

Radulescu, D.M. (2007): CGE Models and Capital Income Tax Reforms, The Case of a Dual Income Tax for Germany. Berlin/Heidelberg.

Ricardo, D. (2004 [1817]): On the Principles of Political Economy and Taxation. Liberty Fund, Allison Pointe Trail, USA.

Reichelt, R. (2008): Deutschland und seine neue ökonomische Geographie, Diss., FU Berlin. Online: http://www.diss.fu-berlin.de/diss/receive/FUDISS_thesis_000000003502

Röhl, K.-H. (2013): Konzentrations- und Schrumpfungsprozesse in deutschen Regionen und Großstädten bis 2030. In: IW Trends, 4, S. 81-97.

Statistische Ämter der Länder (2014a): Volkswirtschaftliche Gesamtrechnungen der Länder, Reihe 1, Länderergebnisse, Bd. 1-5. Frankfurt a.M.

Statistische Ämter der Länder (2014b): Volkswirtschaftliche Gesamtrechnungen der Länder, Reihe 2, Kreisergebnisse, Bd. 1. Frankfurt a.M.

von Thünen, J.H. (1842): Der isolierte Staat in Beziehung auf Landwirtschaft und Nationalökonomie. Rostock.

United Nations (2014): World Urbanization Prospects – The 2014 Revision, Highlights. New York. Online: http://esa.un.org/unpd/wup/Highlights/WUP2014-Highlights.pdf

Weder, R. (2004): Der Beitrag der realen Aussenwirtschaftstheorie zu Fragen der Regionalökonomie. In: Schaltegger, C.A.; Schaltegger, S.C. (Hg.), Perspektiven der Wirtschaftspolitik. Festschrift für R.L. Frey. Zürich, S. 459-468.

Williamson, J.G. (1965): Regional Inequality and the Process of National Development: A Description of the Patterns. In: Economic Development and Cultural Change, 13, S. 1-84.

Grenzen der Energiewende aus der Perspektive der Landwirtschaft

Axel Schaffer[*]

1. Einführung

In seiner „Umwelt-Enzyklika" ruft Papst Franziskus die Menschheit zur ökologischen Umkehr auf, um das Recht heutiger und zukünftiger Generationen auf eine intakte Umwelt zu schützen. Mit Blick auf den Klimaschutz sieht er insbesondere die reichen Industriestaaten in der Pflicht, zur Verringerung von Treibhausgasemissionen beizutragen und die Erderwärmung zu begrenzen. Diese Forderung steht im Einklang mit den Ergebnissen des IPCC, wonach die Menschheit schon bei einer globalen Erwärmung der Erdoberfläche von mehr als 2°C gegenüber der vorindustriellen Zeit – ein Wert der beim derzeitigen Emissionspfad deutlich überschritten würde – unbeherrschbaren Risiken gegenübersteht.

Die dazu notwendige (und angestrebte) Dekarbonisierung ist jedoch nur realisierbar, falls es nicht allein zu dringend notwendigen Einsparungen im Energieverbrauch kommt, sondern gleichzeitig der Übergang von fossilen auf regenerative Energieträger gelingt. Aufgrund des damit einhergehenden hohen Flächenbedarfs kommt dabei der Energiebereitstellung durch den Agrarsektor eine wachsende Bedeutung zu. Dies spiegelt sich auch in vielen Energiekonzepten des Bundes und der Länder wider. Beispielsweise rechnet die Bayerische Staatsregierung mit einem kontinuierlichen Anstieg des Anteils der Agrarenergie an der gesamten bayerischen Stromproduktion von aktuell 15 auf mehr als 30% im Jahr 2021 (Bayerische Staatsregierung 2011).

[*] Für hilfreiche Kommentare und Diskussionen bedanke ich mich bei Sebastian Brun und Claudia Düvelmeyer.

Ob dieses Ziel tatsächlich erreicht werden kann, hängt zweifellos von der monetären Incentivierung regenerativer Energien ab. Ein Blick auf die derzeitige Förderung, wie sie etwa durch das Erneuerbare-Energien-Gesetz (EEG) geregelt ist, zeigt jedoch, dass die Akteure sehr unterschiedlich auf diese Anreize reagieren. Dies deutet auf die Existenz anderer bestimmender Faktoren hin.

Der vorliegende Beitrag greift diese Thematik unter Bezugnahme auf zwei kürzlich erschienene Studien auf und identifiziert in den Abschnitten 2 und 3 zunächst treibende und limitierende Faktoren auf betrieblicher und regionaler Ebene.[1] Eine Wertung der Ergebnisse, insbesondere hinsichtlich der Identität und Integrität ländlicher Regionen, folgt im vierten Abschnitt. Der Beitrag endet in Abschnitt 5 mit einer Ableitung politischer Handlungsempfehlungen.

2. Vom Land- zum Energiewirt? –
Determinanten auf betrieblicher Ebene

Die Hauptaufgabe der Landwirte besteht in der Versorgung der Bevölkerung mit Nahrungsmitteln. Trotz einer zunehmend engeren internationalen Verflechtung streben die meisten Staaten diesbezüglich noch immer einen möglichst hohen Selbstversorgungsgrad durch die einheimischen Bauern an. In Deutschland liegt dieser Selbstversorgungsgrad bei über 85%. Zwar lässt sich diese Zahl aufgrund der Handelsströme nicht sicher ermitteln – Deutschland war 2012 weltweit gleichzeitig der zweitgrößte Agrarimporteur und drittgrößte -exporteur –, aber für einige zentrale Produkte wie Kartoffeln, Milcherzeugnisse, Schweinefleisch und Getreide kann sogar von einem Versorgungsgrad von über 100% ausgegangen werden (BMEL 2014).[2] Dennoch ist der Agrarsektor nicht auf die Nah-

---

[1] Bei den genannten Studien handelt es sich zum einen um eine breit angelegte Befragung bayerischer Bauern zum Thema Agrarenergie (Schaffer et al. 2015) und zum anderen um eine regionalökonomische Analyse der ländlichen Kreise in Bayern (Schaffer/Düvelmeyer 2015).

[2] Ein von der Erntestatistik ex post ermittelter Versorgungsgrad von 100% heißt nicht, dass die Bevölkerung in der betrachteten Periode ausschließlich einheimische Produkte konsumiert hat, sondern dass theoretisch die Möglichkeit bestanden hätte, die Bevölkerung zu 100% mit Produkten aus inländischer Erzeugung zu versorgen. In der Praxis weist ein Versorgungsgrad von über 100% darauf hin, dass die Landwirtschaft für diese Produkte (zumindest mengenmäßig) einen Handelsbilanzüberschuss erzielt hat.

rungsmittelproduktion beschränkt, sondern nimmt vielzählige andere Aufgaben wahr. Neben touristischen Dienstleistungen zählen dazu insbesondere der Anbau von Industriepflanzen sowie die Verfügbarmachung von Bio-, Solar- und Windenergie.

Vor dem Hintergrund der Energiewende gewinnt insbesondere der letzte Punkt an Bedeutung. Den Ergebnissen nationaler und internationaler Studien folgend, hängt die damit notwendigerweise einhergehende Bereitschaft der Landwirte, in erneuerbare Energien zu investieren, ganz entscheidend von der jeweiligen Betriebsstruktur ab, und zwar insbesondere von der Art sowie dem Professionalisierungsgrad des Betriebes.

Vieh- und Mischbetriebe weisen je Hektar beispielsweise deutlich höhere installierte Kapazitäten zur Produktion von grünem Strom auf als reine Agrarbetriebe. Bailey et al. (2008) sowie Brown und Elliot (2005) begründen dies einerseits mit dem höheren Energieverbrauch dieser Betriebe, dem die Bauern durch die eigene Produktion von Strom begegnen.[3] Andererseits verfügen diese Betriebe aufgrund der Viehhaltung über vergleichsweise gute Voraussetzungen zum Betrieb von Biogas- bzw. dachgebundenen Photovoltaikanlagen.[4]

Neben dem betriebsspezifischen Energieverbrauch sehen die meisten empirischen Studien auch die zunehmende Professionalisierung der landwirtschaftlichen Betriebe als Treiber des Ausbaus erneuerbarer Energien. Demnach installieren Betriebe, die von Landwirten im Haupterwerb geführt werden, je Hektar Land deutlich höhere Kapazitäten zur regenerativen Stromerzeugung als Nebenerwerbsbetriebe (Adams et al. 2011; Borchers et al. 2014). Erklären lässt sich dies u.a. mit der größeren Abhängigkeit der haupterwerblichen Landwirte vom Betriebsergebnis und der damit einhergehenden stärkeren Diversifikation der landwirtschaftlichen Produktion zur Sicherung und ggf. Erhöhung der Einkommen. Hierzu passt auch, dass ein Großteil der empirischen Studien einen positiven Zusammenhang zwischen der Betriebsgröße und der installierten Kapazität je Hektar Land aufzeigt (Borchers et al. 2014; Bailey et al. 2008; Panoutsou 2008; Tranter et al. 2011; Villamil et al. 2008).

---

[3] Entweder durch Eigennutzung des produzierten Stroms oder durch Netzeinspeisungen bei garantierten Vergütungen.

[4] Dies liegt einerseits an den weitläufigen Dachflächen der Stallbauten und andererseits an Rückständen der Tierhaltung (Gülle/Mist), die als Substrat für Biogasanlagen genutzt werden können.

Schließlich ist anzunehmen, dass die Bereitwilligkeit, in erneuerbare Energien zu investieren, von den bisherigen Erfahrungen abhängt. Fallen diese Erfahrungen, die sich sowohl auf administrative Barrieren als auch auf die technische Umsetzung beziehen können, überwiegend positiv aus, so wirkt sich dies positiv auf die weitere Investitionstätigkeit aus (Reise et al. 2012).

Mit Blick auf die in Tabelle 1 dargestellten Ergebnisse einer von Schaffer et al. (2015) analysierten Befragung von 640 bayerischen Bauern, finden die oben beschriebenen Zusammenhänge zumindest für die bayerische Landwirtschaft weitgehend Bestätigung.

Die Bereitschaft der bayerischen Bauern, in den Ausbau erneuerbarer Energien zu investieren, ist demzufolge in Vieh- und Mischbetrieben, vergleichsweise großen und/oder im Haupterwerb geführten Höfen signifikant größer als in reinen Agrar-, relativ kleinen und/oder im Nebenerwerb geführten Betrieben.[5] Ebenso werden weitere Investitionen signifikant häufiger von Landwirten geplant, die bereits in den Ausbau erneuerbarer Energien investiert haben ($\chi^2=25,895$, $p=0,000$).

Die Ergebnisse deuten zum einen darauf hin, dass sich der in Bayern beobachtbare Prozess der Konzentration und Professionalisierung in der Landwirtschaft positiv auf den angestrebten Ausbau der Agrarenergie auswirkt. Zwar könnte der gleichzeitige Rückgang von Viehbetrieben eine bremsende Wirkung erzeugen, da aber Rückstände der Tierhaltung in Bayern nur etwa 12% des gesamten Substrats für die Biogasproduktion ausmachen und zudem ein zunehmender Anteil der installierten Kapazität aus Photovoltaikanlagen auf die größeren Freiflächenanlagen entfällt, ist hier allenfalls mit einem kleinen gegenläufigen Effekt zu rechnen.

Eine limitierende Wirkung dürften eher Faktoren entfalten, die von den (potenziellen) Investoren selbst als problematisch eingestuft werden. Dies gilt insbesondere für die politischen Rahmenbedingungen und die hohen Anfangsinvestitionen, die von 47 bzw. 55% der Landwirte ohne Erfahrung im Energiebereich und immerhin von 36 bzw. 32% der Land- und Energiewirte kritisch gesehen werden.

---

[5] Das Signifikanzniveau bei den durchgeführten Chi-Quadrat-Tests liegt in allen drei Fällen bei einem p-Wert < 0,001 (Schaffer et al. 2015, S. 241ff.).

Tabelle 1: Merkmale landwirtschaftlicher Betriebe mit und ohne Produktion grünen Stroms

	Sample (gesamt)	Prozent	Land- u. Energie-wirte	Prozent	sonstige Land-wirte	Prozent
Betriebe	640		410		230	
Energieträger zur Stromproduktion[1]						
Solarenergie	388	*60,6%*	388	*94,6%*		
Windenergie	14	*2,2%*	14	*3,4%*		
Bioenergie (Biogasanlagen)	67	*10,5%*	67	*16,3%*		
Art des Betriebes						
Vieh- und Mischbetriebe	288	*45,0%*	205	*50,0%*	83	*36,1%*
reine Agrarbetriebe	329	*51,4%*	193	*47,1%*	136	*59,1%*
keine Angaben	23	*3,6%*	12	*2,9%*	11	*4,8%*
Betriebsgröße in Hektar						
< 5	39	*6,1%*	10	*2,4%*	29	*12,6%*
[5-20[	189	*29,5%*	104	*25,4%*	85	*37,0%*
[20-50[	180	*27,1%*	118	*28,8%*	62	*27,0%*
[50-100[	150	*23,4%*	116	*28,3%*	34	*14,8%*
≥ 100	82	*12,8%*	62	*15,1%*	20	*8,7%*
durchschnittliche Betriebsgröße		*50 ha*		*57 ha*		*38 ha*
Sozioökonomische Betriebstypen						
Haupterwerbsbetriebe	284	*44,4%*	202	*49,3%*	82	*35,7%*
Nebenerwerbsbetriebe	356	*55,6%*	208	*50,7%*	148	*64,3%*
Geplante Investitionen in erneuerbare Energien[2]						
Neue Investitionen in den nächsten 2 Jahren geplant	115	*18,0%*	95	*23,2%*	20	*8,7%*
Keine neuen Invest. in den nächsten 2 Jahren geplant	433	*67,7%*	247	*60,2%*	186	*80,9%*
noch unsicher	92	*14,4%*	68	*16,6%*	24	*10,4%*

1 mehrere Antworten möglich
2 Berücksichtigung von Re-Investitionen nur bei Ausweitung der installierten Kapazität

Quelle: Schaffer et al. 2015, S. 241f.[6]

[6] An dieser Stelle bedanke ich mich bei Frau Andrea Lill von der Versicherungskammer Bayern für die Organisation und Durchführung der Befragung.

Abbildung 1: Barrieren für den Ausbau erneuerbarer Energien
auf Betriebsebene

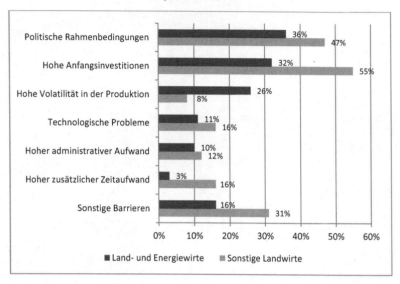

Quelle: Schaffer et al. 2015, S. 245.

Die Kritik an den politischen Rahmenbedingungen bezieht sich dabei weniger auf die aktuellen Fördersätze – die meisten Bauern halten die Förderung im Energiebereich sogar für einträglicher als bei der Nahrungsmittelproduktion –, sondern auf die geringe (oder gar ausbleibende) Förderung neuer Biogasanlagen und die nicht zufriedenstellende Regelung zur Eigennutzung des produzierten Stroms (Schaffer et al. 2015).

Als weitere Hürden werden neben der hohen wetterbedingten Volatilität mögliche technische Probleme sowie ein zusätzlicher bürokratischer und zeitlicher Aufwand gesehen.

3. Local buzz? – Determinanten auf regionaler Ebene

Der Begriff *local buzz* wird in der Literatur in der Regel im Zusammenhang mit industriellen Clustern verwendet. Er bezeichnet ein lokales Rauschen, eine Atmosphäre oder ein Milieu, das durch den Austausch von Informationen, gemeinsame Erfahrungen der regionalen Akteure, kognitives Lernen oder eine geteilte Tradition bezüglich einer Branche entsteht. Im günstigen Fall fördert der *local buzz* Innovationen der Unternehmen und die regionale Wettbewerbsfähigkeit. Umgekehrt kann er im negativen Fall aber auch zu einem kollektiven Versagen führen.

Ein Blick auf die Entwicklung der bereitgestellten Agrarenergie in Bayern zeigt, dass der Ausbau in den letzten Jahren von allen ländlichen Regionen getragen wurde (Abbildung 2). Eine Clusterbildung ist hierbei nicht zu erkennen. Dennoch offenbaren sich regionale Unterschiede, die vermuten lassen, dass sich die Entwicklung nicht nur durch betriebliche Merkmale, sondern auch durch die Existenz regionsspezifischer Faktoren bzw. eines *local buzz* erklären lassen. Schaffer und Düvelmeyer (2015) nehmen sich dieser Thematik an und legen in ihrer räumlich-ökonometrischen Analyse das Hauptaugenmerk auf die regionale Transformationsfähigkeit, die landwirtschaftliche Struktur sowie die Existenz von Nachbarschaftseffekten.

Abbildung 2: Regionaler Ausbau erneuerbarer Energie in Bayerns ländlichen Regionen

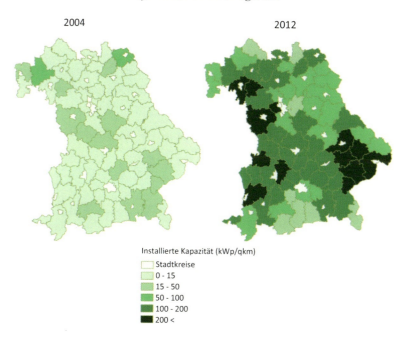

Quelle: Schaffer/Düvelmeyer 2015, S. 12.

Die Transformationsfähigkeit einer Region gilt im Allgemeinen als umso
höher, je schneller die regionalen Akteure Innovationen auf- und übernehmen. Nach Rogers (1962) lassen sich die Regionen diesbezüglich in
vier Gruppen einteilen: *early adopting regions, early majority, late majority*
und *laggards*. Bei einem wie in Abbildung 3 für die Ausbreitung von
Biogasanlagen dargestellten s-förmigen Diffusionsverlauf lässt sich die
Gruppe der *early adopting regions* anhand des sogenannten *takeoff point*
bestimmen. Dieser Punkt markiert den Wendepunkt von der anfänglich
zögerlichen zu einer raschen Übernahme der Innovation durch die regionalen Akteure.[7]

Aus innovationstheoretischer Sicht sind die *early adopting regions* aus
zwei Gründen von besonderem Interesse: Erstens haben diese Regionen
Vorbildcharakter für benachbarte Regionen, deren Akteure die jeweilige
Innovation mit (kurzer) zeitlicher Verzögerung ebenfalls übernehmen.
Zweitens erreichen diese Regionen in der Regel auch die höchsten Sätti-
gungsmengen, woraus sich soziotechnische Grenzen der Durchdringung
ableiten lassen.[8]

Hieraus folgt unmittelbar, dass die Verfügbarmachung von Solar-, Wind-
oder Bioenergie zur Stromerzeugung umso größer ausfällt, je früher der
regionale *takeoff point* der entsprechenden Technologie (Photovoltaik-,
Windkraft- oder Biogasanlagen) in der betrachteten Region liegt. Abbildung 3 illustriert dies beispielhaft für die Diffusion dachgebundener Photovoltaikanlagen.[9] Die statistisch ermittelten *takeoff points* liegen für die

---

[7] In der Regel lässt sich der takeoff point der Periode zuordnen, in der die installierte
Kapazität relativ zur Vorperiode am stärksten zugenommen hat. In der graphischen
Darstellung markiert der Punkt den stärksten Knick im Verlauf.

[8] Diese Grenzen sind jedoch nur temporär relevant und können durch neue technologische Entwicklungen oder eine Veränderung der institutionellen Rahmenbedingungen überwunden werden. Als Beispiel hierfür könnte das Re-Powering der Windkraftanlagen an den Küsten herangezogen werden. Hier führte die Entwicklung effi-
zienterer und größerer Anlagen zu einer deutlichen Anhebung der Sättigungsgrenze.

[9] Zu den dachgebundenen Installationen zählen Anlagen mit einer Kapazität von mindestens 16 und maximal 30 kWp. Kleinere Anlagen werden in der Regel nicht der
Agrarenergie zugeordnet, da sie ebenso auf Dächern von privaten Reihen-, Doppel-
oder Einfamilienhäusern installiert werden können. Größere Anlagen erfordern eine
Netzverträglichkeitsprüfung und werden zumeist auf Freiflächen installiert. Aufgrund der unterschiedlichen Anforderungen werden die Freiflächenanlagen in der
vorliegenden Arbeit separat betrachtet.

Regionen Dingolfing-Landau, Landshut Land und Berchtesgadener Land in den Jahren 2006, 2007 bzw. 2008.

Abbildung 3: Regionaler Ausbau erneuerbarer Energie in Bayerns ländlichen Regionen

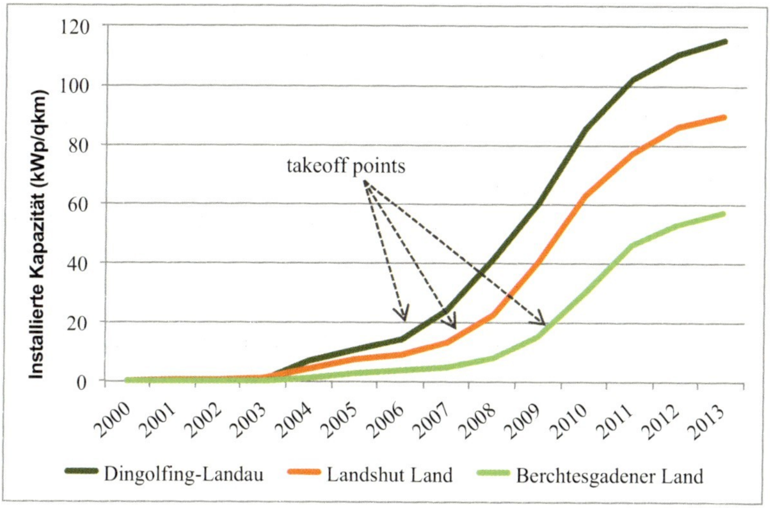

Quelle: In Anlehnung an Schaffer/Düvelmeyer 2015, S. 6.

Neben der regionalen Transformationsfähigkeit könnte sich insbesondere die Struktur der regionalen Landwirtschaft auf den Ausbau der erneuerbaren Energien auswirken. Erstens lässt sich auch auf regionaler Ebene ein positiver Effekt einer zunehmend professionalisierten Landwirtschaft vermuten. Dies ist sicher nicht unabhängig vom Trend auf der betrieblichen Ebene zu sehen, geht aber doch darüber hinaus. Zum einen ist die Professionalisierung häufig mit einer besseren Vernetzung der Landwirte untereinander, dem Aufbau lokaler Institutionen und der Etablierung von Lobbymechanismen verbunden, so dass von schnellerem und gezielterem Wissens-Spillover ausgegangen werden kann. Zum anderen werden Regionen mit einer hohen Anzahl professionell geführter Betriebe in der Regel auch leichteren Zugang zu komplementären Diensten haben (z.B. Wartung der Anlagen).

Zweitens könnte sich eine gemeinsame Ausrichtung der Landwirte an Prinzipien der ökologischen Landwirtschaft als wichtige Einflussgröße herausstellen. Ob sich dies eher positiv oder negativ auf den Ausbau erneuerbarer Energien auswirkt ist a priori nicht eindeutig zu sagen. Einerseits folgen beide Konzepte der Idee eines geschlossenen Ökokreislaufes und einer Minimierung des Einsatzes fossiler Energieträger (Jørgensen et al. 2005; SRU 2007). Aufgrund des Verzichtes auf Kunstdünger und Pestizide ist der ökologische Anbau zudem anfälliger für Ernte- und Einkommensausfälle, so dass die Diversifikation der Produktion besonders wichtig erscheint (Cooper et al. 2011). Andererseits erfordert der Ausbau der erneuerbaren Energie in der Regel eine weitere Intensivierung der landwirtschaftlichen Fläche, die dem Konzept einer extensivierten ökologischen Landwirtschaft klar widerspricht. Hinzu kommt, dass auch der mit dem Ausbau der Bioenergie zunehmende Anteil von Monokulturen (Mais und Raps) mit den Zielen einer ökologischen Landwirtschaft (insbesondere bzgl. Biodiversität) in Konflikt steht (Graß 2008; Stürmer et al. 2013).

Schließlich ist anzunehmen, dass sowohl die Transformationsfähigkeit als auch die Struktur der Landwirtschaft einer Region nicht auf den jeweiligen Landkreis begrenzt sind, sondern auch Einfluss auf die benachbarten Regionen ausüben. Daraus folgt, dass der Ausbau erneuerbarer Energien auch von Nachbarschaftseffekten getragen wird. Dies gilt umso mehr, als benachbarte Regionen häufig über vergleichbare physische Bedingungen verfügen. Neben Solarstrahlung und Windverhältnissen zählt hierzu auch die Bodenqualität.

Schaffer und Düvelmeyer (2015) analysieren die Bedeutung der diskutierten regionalen Faktoren für den Ausbau der Agrarenergie daher unter Berücksichtigung regionaler Nachbarschaftseffekte anhand eines „*spatial lag*"-Modells gemäß Gleichung (1):

$$\ln y_i = \rho W \ln y_i + \beta \ln X + u \tag{1}$$

y_i: n-elementiger Vektor der installierten Kapazität bzgl. Technologie i, n: Anzahl der betrachteten Regionen (hier 72 Landkreise), ρ: Autoregressionsparameter, W: Nachbarschaftsmatrix ($n \times n$), β: k-elementiger Vektor der Korrelationskoeffizienten, k: Anzahl der erklärenden Variablen, X: Matrix der erklärenden Variablen ($n \times k$), u: n-elementiger Vektor des normalverteilten Fehlerterms.

Die in Tabelle 2 dargestellten Ergebnisse zeigen, dass sich die zeitliche Verzögerung des *takeoff point* in allen Fällen mit hoher Signifikanz negativ auf die kumulierten Kapazitäten auswirkt (Windkraftanlagen bleiben hierbei unberücksichtigt, da noch keine Sättigung erkennbar ist). Im Umkehrschluss folgt, dass frühe Anwenderregionen wie erwartet ein höheres Sättigungsniveau aufweisen. Dagegen wirkt sich der ökologische Anbau von Nahrungsmitteln durchgehend negativ aus (mit Ausnahme der Durchdringung von Windkraft auch mit hoher Signifikanz). Zumindest für die untersuchten bayerischen Regionen kann daher von einem Konflikt zwischen dem Ausbau erneuerbarer Energien und der ökologischen Landwirtschaft ausgegangen werden.

Weniger eindeutig sind die Ergebnisse zur Bedeutung der durchschnittlichen Betriebsgröße bzw. zur Flächenbewirtschaftung im Vollerwerb. Zwar wirkt sich eine zunehmende Professionalisierung, die durch vergleichsweise große Betriebe und hohe Flächenbewirtschaftung im Vollerwerb charakterisiert ist, tendenziell positiv auf den Ausbau der Agrarenergie aus, aber die Ergebnisse liefern hier kein eindeutiges Bild. Die Installation dachgebundener PV-Anlagen profitiert beispielsweise eher von einer hohen Betriebsdichte mit vielen kleinen Höfen als von wenigen großen Höfen.

Bezüglich der physischen Produktionsbedingungen ist weder ein Zusammenhang zwischen Solarstrahlung und der Installation von PV-Anlagen noch zwischen Bodenqualität und der Installation von Biogasanlagen (die zum Großteil lokal angebaute Energiepflanzen als Substrat verwenden) zu erkennen.[10] Dies lässt sich durch die geringen regionalen Unterschiede in der Ausprägung dieser Variablen erklären. Einzig der Bau von Windkraftanlagen scheint stark mit den Windverhältnissen zu korrelieren.

Schließlich ist in allen Fällen ein signifikanter und positiver Nachbarschaftseffekt zu erkennen. Wie es scheint, lässt sich dieser jedoch nur in geringem Maße durch ähnliche physische Bedingungen der Nachbarregionen erklären (diese haben ja an sich kaum eine Relevanz für den Ausbau der Agrarenergie). Vielmehr scheinen sich unterstützende Strukturen

---

[10] Einige Studien kommen zu dem Ergebnis, dass Energiepflanzen überwiegend auf Böden mit geringer Qualität angebaut werden, wohingegen die besonders fruchtbaren Böden mehrheitlich für den Anbau von Nahrungsmittelpflanzen Verwendung finden (Shortall 2013).

zwar regional aber eben nicht innerhalb administrativer Kreisgrenzen zu
entwickeln.

*Tabelle 2: Regionale Treiber und limitierende Faktoren des Ausbaus
der Agrarenergie*

	Koeffi-zienten	Standard-fehler	Signifikanz (p-Wert)	z-Wert	Kollineari-tät (VIF)
PV-Anlagen (dachgebunden)					
Zeitverzögerung *takeoff*	-0,154**	0,054	0,005	-2,826	1,273
Durchschnittl. Betriebsgröße	-0,426**	0,145	0,003	-2,936	1,475
Flächenbewirtschaftung im Vollerwerb	1,161**	0,355	0,001	3,271	1,866
Anteil ökologischer Anbau	-0,190***	0,056	0,001	-3,343	1,350
Solarstrahlung	-0,624	0,720	0,386	-0,867	2,162
ρ	0,474***		0,000		
PV-Anlagen (Freifläche)					
Zeitverzögerung *takeoff*	-0,181*	0,082	0,027	-2,219	1,273
Durchschnittl. Betriebsgröße	0,760***	0,203	0,000	3,740	1,475
Flächenbewirtschaftung im Vollerwerb	-0,152	0,508	0,764	-0,300	1,866
Anteil ökologischer Anbau	-0,414***	0,085	0,000	-4,869	1,350
Solarstrahlung	1,559	1,096	0,155	1,422	2,162
ρ	0,438***		0,001		
Landwirtschaftl. Biogasanlagen					
Zeitverzögerung *takeoff*	-0,439***	0,088	0,000	-4,988	1,048
Durchschnittl. Betriebsgröße	0,575*	0,274	0,036	2,099	1,099
Flächenbewirtschaftung im Vollerwerb	1,108*	0,604	0,067	1,834	1,079
Anteil ökologischer Anbau	-0,397**	0,121	0,001	-3,287	1,096
Bodenqualität	0,054	0,367	0,884	0,146	1,122
ρ	0,428**		0,001		
Windkraftanlagen					
Durchschnittl. Betriebsgröße	2,834***	0,763	0,000	3,716	1,113
Flächenbewirtschaftung im Vollerwerb	-1,531	1,566	0,328	-0,978	1,034
Anteil ökologischer Anbau	-0,246	0,305	0,420	-0,807	1,186
Durchschnittl. Windgeschwindigkeit	5,373*	2,106	0,011	2,552	1,210
ρ	0,390***		0,006		

Signifikanzniveaus: 0,001'***', 0,01'**', 0,1'*'

Quelle: Schaffer/Düvelmeyer 2015, S. 16ff.

4. Ausbau der Agrarenergie im Kontext regionaler Integrität und Identität

Die Ergebnisse lassen keinen eindeutigen Schluss zu, wie lange und in welcher Intensität der Ausbau der Agrarenergie noch anhalten wird. Mit Blick auf die bereits erreichte oder zumindest absehbare Sättigungsgrenze der installierten Kapazitäten aus Photovoltaik- und Biogasanlagen scheint das ambitionierte Ziel der Bayerischen Staatsregierung, den Anteil der Agrarenergie an der Stromproduktion bis zum Jahr 2021 auf mehr als 30% zu erhöhen, nicht ohne begleitende Maßnahmen seitens der Politik umsetzbar. Zu diesen Maßnahmen zählen sowohl direkte als auch indirekte Maßnahmen.

Erstere inkludieren monetäre Anreize, etwa in Form garantierter Einspeisevergütungen wie sie im Rahmen des EEG festgesetzt sind. Die letzten Novellierungen des EEG deuten jedoch darauf hin, dass diese Form der Förderung zukünftig an Relevanz für den Ausbau der Agrarenergie verlieren könnte. So sieht beispielsweise die Fassung von 2014 keine erhöhte, einsatzstoffbezogene Vergütung, z.B. für den Anbau von Energiepflanzen, mehr vor (BGBI 2014). Da diese in Bayern jedoch einen erheblichen Anteil des verwendeten Substrats für die Stromerzeugung aus Biogas ausmachen (> 60%), wird der Neubau landwirtschaftlicher Biogasanlagen für die Landwirte deutlich weniger attraktiv.

Umso mehr Gewicht kommt zukünftig indirekten Fördermaßnahmen zu. Hierzu zählen insbesondere die Unterstützung einer zunehmenden Professionalisierung der Landwirtschaft sowie die Förderung von Innovationen bzw. deren Diffusion in den angewandten Technologien der Agrarenergie.

Vieles spricht dafür, dass ein entsprechendes Maßnahmenbündel die Sättigungsgrenze weiter anheben und den Ausbau der Agrarenergie vorantreiben kann. Die mögliche Verschiebung der meist (sozio-)technischen Grenzen sollte jedoch nicht darüber hinwegtäuschen, dass die Energiewende mit maßgeblichen Veränderungen des Agrarbereichs einhergeht und wesentlichen Einfluss auf die Integrität und Identität ländlicher Regionen nehmen könnte.

Regionale Integrität bezieht sich hierbei auf die Aufrechterhaltung der wesentlichen Funktionen des ländlichen Raumes, zu denen neben der *Sicherung eines angemessenen Lebensstandards* (endogene Funktion) die *Agrarproduktions-*, *Erholungs-* und *ökologische Funktion* (exogene Funk-

tionen) zählen (Henkel 2004). Die diesbezüglichen Folgen einer kontinuierlichen Ausweitung der Agrarenergie sind nicht eindeutig zu bewerten.
Positiv ist insbesondere die Sicherung und ggf. Steigerung der Einkommen im ländlichen Raum zu werten, von denen insbesondere die
Landwirte bei genossenschaftlichem Betrieb, aber auch andere Einwohner
profitieren könnten (endogene Funktion). Abbildung 4 verdeutlicht, dass
diese Vorteile von den Landwirten sehr wohl wahrgenommen und als
Gründe für eine (mögliche) Investition in den Ausbau der Agrarenergie
gesehen werden. Nahezu zwei Drittel der Energiewirte und immerhin
mehr als ein Drittel der sonstigen Landwirte hält die Generierung zusätzlicher Einkommen für einen wichtigen Beweggrund, in entsprechende
Technologien zu investieren. Hinzu kommen die hohe Rentabilität der
Anlagen, die Diversifizierung der Einkommen und die Unabhängigkeit
vom Strompreis.

Abbildung 4: Gründe für einen (möglichen) Ausbau der Agrarenergie

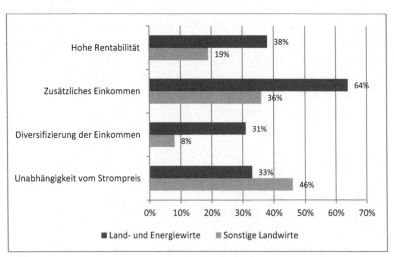

Quelle: Basierend auf Quelldaten der in Kapitel 2 beschriebenen Befragung von 640
bayerischen Landwirten.

Allerdings deuten die Ergebnisse verschiedener empirischer Studien darauf hin, dass die höhere Inwertsetzung der landwirtschaftlichen Fläche
durch die Anhebung der Pachten hauptsächlich den Grundbesitzern zu-

gutekommt (Theuvsen et al. 2011). Aus Tabelle 3 ist ersichtlich, dass sich auch für die betrachteten bayerischen Regionen ein klarer Zusammenhang von installierter Kapazität je Hektar und den korrespondierenden Pachten ergibt. Da die Pachtentgelte auf regionaler Ebene nur für ein Jahr vorliegen, bleibt aber die Kausalität unklar. Hohe Pachten könnten, wie oben angedeutet, eine Reaktion auf den vorangetriebenen Ausbau der Agrarenergie darstellen. Denkbar wäre aber ebenso, dass Landwirte in Regionen mit traditionell hohen Bodenpreisen und Pachten ein besonderes Interesse an der Generierung zusätzlicher Inwertsetzung der gepachteten Fläche haben.

Tabelle 3: Korrelationsanalyse zur möglichen Beeinträchtigung der verschiedenen Funktionen des ländlichen Raumes durch den Ausbau der Agrarenergie

	Pachtentgelte (2012)	Veränderung der zum Anbau von Lebensmittelpflanzen genutzten Fläche (ha) (2003-2012)	Veränderung von Wiesen- und Weidenflächen (ha) (2003-2012)	Veränderung der Ernte aus Nahrungsmittelpflanzen (t) (2003-2012)
PV-Anlagen (kWp/ha) (dachgebunden)	0,555***	-0,087	-0,299*	-0,055
PV-Anlagen (kWp/ha) (Freiflächen)	0,552***	-0,132	-0,203*	0,021
Landwirtschaftl. Biogasanlagen (kWp/ha)	0,486***	-0,305*	-0,395***	-0,078
Windkraftanlagen (kWp/ha)	-0,184	-0,238*	-0,069	0,057

Signifikanzniveaus: 0,001 '***', 0,01 '**', 0,1 '*'

Quelle: Basierend auf Quelldaten der in Kapitel 3 beschriebenen regionalen Analyse.

Ambivalent ist der Einfluss auf die klassische Agrarproduktionsfunktion zu sehen. Einerseits kommt es durch den Ausbau der flächenintensiven Nutzung erneuerbarer Energien zu einer immer stärkeren Flächennutzungskonkurrenz zwischen dem Anbau von Nahrungsmittel- und Energiepflanzen. Andererseits mündet dies bis dato nicht in ernsthaften Erntekonflikten. Vielmehr konnte die Ernte im Nahrungsmittelbereich in den letzten Jahren aufgrund steigender Hektarerträge trotz abnehmender Fläche konstant gehalten werden. Eine Abnahme des Selbstversorgungsgrades durch die Produktion der einheimischen Landwirtschaft war somit nicht erkennbar (Tabelle 3).

Überwiegend negative Auswirkungen sind dagegen bezüglich der Erholungs- und der ökologischen Funktion zu erwarten. Steinhäußer et al. (2015) verweisen in diesem Zusammenhang auf die Beeinträchtigung des Erholungswertes durch Verletzungen der Landschaftsästhetik, wie sie etwa durch die zunehmende Verspargelung (Windkraft), Verspiegelung (PV-Freiflächenanlagen) oder Geruchsentwicklung (Biogasanlagen) forciert wird. Zudem beschleunigt der Ausbau der Agrarenergie nach heutigen Erkenntnissen den Verlust von Wiesen und Weiden und fördert den Trend hin zu Monokulturen, wodurch die Erholungsqualität weiter abnimmt (Tabelle 3). Noch entscheidender ist in beiden Fällen jedoch die Verletzung der ökologischen Funktion des ländlichen Raumes, insbesondere durch den Verlust an Biodiversität.

Während sich der Ausbau der Agrarenergie schon heute auf die unterschiedlichen Funktionen des ländlichen Raumes auswirkt, sind die Folgen für die *regionale Identität* in Ermangelung eines einheitlichen Verständnisses und der damit einhergehenden Unschärfe des Konzeptes nur schwer bestimmbar. Blotevogel (2001, S. 5) schlägt daher vor, drei raumbezogene Identitätskonzepte zu unterscheiden:

- *Region als Aspekt der personalen Identität.* Regionale Herkunft ist, wie Geschlecht, Alter oder Hautfarbe, integraler Bestandteil der individuellen Selbstwahrnehmung.

- *Region als Aspekt sozialer Identität.* Regionale Herkunft als integraler Bestandteil des Wir-Konzeptes einer sozialen Gruppe.

- *Identität der Region.* Identifizierbarkeit, Eigenart und Unverwechselbarkeit einer Region als territoriale Einheit.

Die bereits diskutierten Einschränkungen der Erholungs- und ökologischen Funktion deuten in diesem Zusammenhang zunächst auf einen Verlust der (bisherigen) Identität der Region hin. Dies wird auch von einigen Landwirten so gesehen, die im Rahmen der in Abschnitt 2 vorgestellten Befragung den intensiven Ausbau der Agrarenergie als „Frevel an unserer Heimat" bezeichnet und ihren Verzicht auf die Nutzung erneuerbarer Energien mit der damit verbundenen „Orts- und Landschaftsverschandelung" begründet haben (Schaffer et al. 2015).

Zur Eigenart der bayerischen Landwirtschaft gehören zudem eine vergleichsweise kleine Betriebsgröße sowie ein hoher Anteil an Nebenerwerbsbetrieben. Beides sind Merkmale, die bei einer fortschreitenden Professionalisierung der Betriebe, wie sie augenscheinlich mit dem Ausbau der Agrarenergie einhergeht, verloren gehen. In welcher Form und wie stark sich die zunehmende Konzentration auf die regionale Identität auswirken wird, ist aus heutiger Sicht nur schwer abzuschätzen. Es ist durchaus möglich, dass sich die Region als territoriale Einheit dadurch nur graduell verändert. Ebenso scheint es aber denkbar, dass sich mit der strukturellen Veränderung die bis dato enge Verbundenheit der regionalen Bevölkerung mit der Landwirtschaft abschwächt und die Region als Aspekt der personalen Herkunft an Bedeutung verliert.

Die Überlegungen zur regionalen Integrität und Identität stellen den Ausbau der erneuerbaren Energien, der schon aufgrund der Flächeninanspruchnahme zu wesentlichen Teilen vom ländlichen Raum getragen werden muss, nicht grundlegend in Frage. Vielmehr sind ländliche (ebenso wie städtische) Räume einem ständigen Wandel unterzogen. Veränderungen, die heutige Generationen als störend oder zumindest landschaftsuntypisch empfinden, könnten sich als identitätsstiftend für zukünftige Generationen erweisen. Wo bayerische Kinder heute in ihren Landschaftsbildern noch immer Kühe auf die Wiesen malen mögen, finden sich bei Kindern in Küstennähe vermutlich schon Windräder.

Dennoch bleibt festzuhalten, dass die an sich nachhaltige Transformation des Energiesystems möglicherweise nur durch eine tiefgreifende Transformation des Agrarsystems, und damit verbunden einem Wandel der Funktionen und der Identität des ländlichen Raumes, zu bewerkstelligen ist. Ein solcher Wandel ist jedoch nur vorstellbar, wenn er von den regionalen Akteuren aktiv mitgestaltet und -getragen wird.

5. Fazit

Der Erfolg der Energiewende beruht zu wesentlichen Teilen auf dem Ausbau der erneuerbaren Energien im ländlichen Raum. In diesem Zusammenhang spielt die Bereitschaft der Landwirte, in entsprechende Technologien zu investieren, eine Schlüsselrolle. Zweifellos fußt diese Bereitschaft auf monetären Anreizen, wie sie insbesondere durch die im EEG festgesetzten Einspeisevergütungen für einen langen Zeitraum garantiert werden.

Gleichzeitig lässt die regional unterschiedliche Nutzung der erneuerbaren Energien vermuten, dass es neben den monetären Anreizen weitere Faktoren gibt, die den Ausbau der Agrarenergie beschleunigen bzw. limitieren können.

Auf betrieblicher Ebene erweist sich der Grad der Professionalisierung als wichtige Determinante. Große, im Vollerwerb geführte Betriebe installieren demzufolge je Hektar landwirtschaftlicher Fläche größere Kapazitäten zur Stromproduktion als vergleichsweise kleine und/oder im Nebenerwerb geführte Betriebe. Außerdem werden neue Investitionen überwiegend von Landwirten getätigt, die bereits Erfahrungen mit der Energieproduktion haben.

Auf regionaler Ebene hat insbesondere die Transformationsfähigkeit der Region eine beschleunigende Wirkung. Dagegen wirkt sich ein vergleichsweise hoher Anteil ökologisch bewirtschafteter Fläche limitierend auf den Ausbau der Agrarenergie aus. Für alle betrachteten Technologien ist zudem von einer signifikanten Bedeutung von Nachbarschaftseffekten auszugehen.

Die bisherigen Ergebnisse legen nahe, dass der Ausbau der Agrarenergie durch gezielte politische Maßnahmen weiter vorangetrieben werden kann. Die intensivierte Nutzung erneuerbarer Energie ist jedoch aller Voraussicht nach mit einem Wandel der Funktionen des ländlichen Raumes und einer Beeinträchtigung der regionalen Identität verbunden. Mit Blick auf eine nachhaltige Entwicklung ist hier zuvorderst auf den beschleunigten Rückgang von Wiesen und Weiden und damit verbunden von Biodiversität hinzuweisen.

Da sich die hier zugrunde gelegte Datenbasis – sowohl auf betrieblicher als auch auf regionaler Ebene – auf den ländlichen Raum in Bayern bezieht, sind die Ergebnisse nicht ohne weiteres auf andere Länder übertragbar. Aufgrund der vergleichbaren Struktur der Landwirtschaft dürften sich Parallelen am ehesten für die benachbarten süddeutschen Bundesländer und für Österreich ergeben.

Welche Konsequenzen sind nun konkret aus der Analyse für die erfolgreiche Fortführung der Energiewende zu ziehen und welche Grenzen (oder Limitierungen) bleiben dennoch bestehen?

Die Energiewende stellt für Politik, Wirtschaft und Gesellschaft aufgrund ihrer Komplexität eine enorme Herausforderung dar. Die Voraussetzungen für ein Gelingen sind daher mannigfaltig und können hier nicht abschließend diskutiert werden. Aus den vorliegenden Ergebnissen, lassen sich aber unmittelbar drei wichtige Handlungsempfehlungen ableiten.

Erstens deuten die Diffusionskurven bezüglich kleiner und großer Photovoltaik- sowie Biogasanlagen auf eine Sättigung in der Ausbreitung hin. Eine deutliche Anhebung dieser Sättigungsgrenze, die mit Blick auf die anvisierte Steigerung der Stromproduktion mithilfe der Agrarenergie dringend erforderlich wäre, scheint mit den bisherigen Anreizmechanismen nicht machbar zu sein. Dies gilt umso mehr, als die Förderung von neuen Biogasanlagen durch das EEG zukünftig stark eingeschränkt ist. Hier bedarf es neuer Anreizstrukturen, die im Idealfall auch regionale Besonderheiten berücksichtigen. Frühe Anwenderregionen mit vergleichsweise hoher Durchdringung könnten beispielsweise von technischem Support bei der Umstellung auf neue Technologien profitieren. In Regionen mit geringer installierter Kapazität gilt es dagegen, Einstiegsbarrieren zu verringern, z.B. durch Investitionszuschüsse bei der erstmaligen Installation der Anlagen.

Zweitens offenbaren die Ergebnisse einen Konflikt zwischen dem Ausbau der Agrarenergie und der Ausweitung der ökologischen Bewirtschaftung der Böden.[11] Da beide Trends eine hohe Dynamik vorweisen, sollten Konzepte zur besseren Vereinbarkeit ausgearbeitet und vermittelt werden. Dies inkludiert sowohl technische Lösungen wie den verstärkten Betrieb von Biogasanlagen, deren Rückstände als Dünger in der ökolo-

---

[11] Diesen Konflikt greift auch die Neufassung des EEG auf und definiert in §90 Nachhaltigkeitsanforderungen für den Betrieb von Biomasseanlagen (BGBl 2014, §90). Die Aufrechterhaltung der ökologischen Funktion wird somit geltendes Recht. Die an früherer Stelle in diesem Band von Helge Rossen-Stadtfeld aufgestellte These, wonach „gesellschaftlich verbindliche Grenzen immer rechtsgesetzt sind" (S. 152), findet somit auch hier ihre Bestätigung.

gischen Landwirtschaft Verwendung finden könnten, als auch stärkere monetäre Anreize zum Erhalt von Grünland und zur Vermeidung von Monokulturen bei der Kultivierung von Energiepflanzen.

Drittens zeigen die Ergebnisse, dass es durch den Ausbau der Agrarenergie zu einer immer engeren Verzahnung von Energie- und Agrarproduktion kommt. Landwirte werden zukünftig nicht mehr „nur" Nahrungsmittel, sondern in beträchtlichem Maße auch Energie bereitstellen. Diese Vermengung der Aufgaben und der Produktion findet in den politischen Institutionen bislang keine, zumindest aber keine adäquate Entsprechung. Hier ist eine deutlich engere Verknüpfung von Agrar- und Energiepolitik notwendig. Dies reicht von der Abstimmung der Anreizmechanismen bis hin zur Bildung gemeinsamer Institutionen.

Aber auch wenn die genannten (und andere) Voraussetzungen erfüllt sind, bleiben dennoch Grenzen für die Energiewende im Allgemeinen und den Ausbau der Agrarenergie im Besonderen bestehen. Aus meiner Sicht wird es sich dabei weniger um technische Grenzen handeln.[12] Vielmehr könnte der Ausbau von Bioenergie zunehmend in Konflikt mit natürlichen Grenzen, wie sie etwa durch die natürlichen Reproduktions- und Regenerationszeiten und die Verfügbarkeit wichtiger Ressourcen gegeben sind[13], stehen. Diese Grenzen zu missachten ist zwar temporär möglich, eine dauerhafte Überschreitung wird jedoch aller Wahrscheinlichkeit nach eine permanente Schädigung der Integrität des ländlichen Raumes nach sich ziehen. Die Grenzen zu respektieren könnte dann auch damit verbunden sein, gerade nicht an die Grenze des technisch Machbaren zu gehen.[14]

---

[12] Häufig ist zu beobachten, dass zur Umsetzung politisch vereinbarter Ziele verstärkt finanzielle Mittel zur Erforschung und Anwendung neuer Technologien bereitgestellt werden. Mit Blick auf den nun vorliegenden Weltklimavertrag, der eine Begrenzung der globalen Erwärmung auf unter 2°C vorsieht, ist beispielsweise zu erwarten, dass sich institutionelle Fondanleger zunehmend erneuerbaren Energien und korrespondierenden Technologien zuwenden, so dass mittelfristig erhebliche finanzielle Mittel zur Lösung technischer Probleme bereitstünden.

[13] Siehe hierzu die Beiträge von Eva Lang und Orhan Uslu in diesem Band.

[14] In diesem Zusammenhang sei auf den Beitrag von Martin Schneider in diesem Band verwiesen, der im Rahmen einer Herleitung ethischer Grenzziehungen auch der Frage nachgeht, wo die Grenze „zwischen einem Fortschritt, der dem Menschen dient und einem Fortschritt, der in eine prinzipielle Selbstüberforderung des Menschen mündet" (S. 64) verläuft.

Literatur

Adams, P.W. / Hammond, G.P. / McManus, M.C. / Mezzullo, W.C. (2011): Barriers to and drivers for UK bioenergy development. In: Renewable and Sustainable Energy Reviews, 15(2), S. 1217-1227.

Bayerische Staatsregierung (2011): Bayerisches Energiekonzept „Energie innovativ". München: Bayerisches Staatsministerium für Wirtschaft, Infrastruktur, Verkehr und Technologie.

BGBI (Bundesgesetzblatt) (2014): Gesetz zur grundlegenden Reform des Erneuerbare-Energien-Gesetzes und zur Änderung weiterer Bestimmungen des Energiewirtschaftsrechts, BGBI 2014 Teil 1, Nr. 33.

Blotevogel, H.H. (2001): Regionalbewusstsein und Landesidentität am Beispiel von Nordrhein-Westfalen. Diskussionspapier 2/2001 am Institut für Geographie, Universität Duisburg.

BMEL (Bundesministerium für Ernährung und Landwirtschaft) (2014): Landwirtschaft verstehen – Fakten und Hintergründe. Berlin: BMEL.

Bailey, J.A. / Gordon, R. / Burton, D. / Yiridoe, E.K. (2008): Factors which influence Nova Scotia farmers in implementing energy efficiency and renewable energy measures. In: Energy, 33, S. 1369-1377.

Borchers, A.M. / Xiarchos, I.M. / Beckman, J. (2014): Energy Policy, Determinants of wind and solar energy system adoption by U.S. farms: A multilevel modeling approach. In: Energy Policy, 69, S. 106-115.

Brown, E. / Elliot, R.N. (2005): On-Farm Energy Use Characterizations. Report Number IE052. Washington, D.C.: American Council for an Energy-Efficient Economy.

Cooper, J.M. / Butler, G. / Leifert, C. (2011): Life cycle analysis of greenhouse gas emissions from organic and conventional food production systems, with and without bio-energy options. In: NJAS – Wagening Journal of Life Science, 58, S. 185-192.

Graß, R. (2008): Energie aus Biomasse im Ökolandbau. In: AgrarBündnis e.V. (Hg.), Der kritische Agrarbericht 2008. Hamm: ABL Verlag, S. 95-99.

Henkel, G. (2004): Der ländliche Raum. Berlin/Stuttgart: Borntraeger.

Jørgensen, U. / Dalgaard, T. / Kristensen, E.S. (2005): Biomass energy in organic farming – the potential role of short rotation coppice. In: Biomass and Bioenergy, 28, S. 237-248.

Panoutsou, C. (2008): Bioenergy in Greece: policies, diffusion framework and stakeholder interactions. In: Energy Policy, 36(10), S. 3674-3685.

Reise, C. / Musshoff, O. / Granoszewski, K. / Spiller, A. (2012): Which factors influence the expansion of bioenergy? An empirical study of the investment behaviours of German farmers. In: Ecological Economics, 73, S. 133-141.

Rogers, E.M. (1962): Diffusion of Innovations. Glencoe: Free Press.

Schaffer, A. / Brun, S. / Düvelmeyer, C. (2015): Drivers and barriers of energy farming in Bavaria – an analysis from farmers' perspective. In: Zeitschrift für Umweltpolitik & Umweltrecht, 38(2), S. 232-252.

Schaffer, A. / Düvelmeyer, C. (2015): Region-specific factors of the energy transition – a spatial regression analysis for Bavaria's rural regions. GFS Working Papers No. 6. München: Gesellschaft zur Förderung der regionalen und urbanen Strukturforschung.

Shortall, O.K. (2013): „Marginal land" for energy crops: Exploring definitions and embedded assumptions. In: Energy Policy, 62, S. 19-27.

SRU – Sachverständigenrat für Umweltfragen (2007): Klimaschutz durch Biomasse. Sondergutachten. Berlin: Erich Schmidt Verlag.

Steinhäußer, R. / Siebert, R. / Steinführer, A. / Hellmich, M. (2015): National and regional land-use conflicts in Germany from the perspective of stakeholders. In: Land Use Policy, 49, S. 183-194.

Stürmer, B. / Schmidt, J. / Schmid, E. / Sinabell, F. (2013): Implications of agricultural bioenergy crop production in a land constrained economy – The example of Austria. In: Land Use Policy, 30, S. 570-581.

Theuvsen, L. / Emman, C.H. / Plumeyer, C.H. (2011): Endbericht zum Projekt: Einfluss der Biogasproduktion auf den Landpachtmarkt in Niedersachsen. Diskussionspapier Nr. 0705 am Department für Agrarökonomie und Rurale Entwicklung, Georg-August-Universität Göttingen.

Tranter, R.B. / Swinbank, A. / Jones, P.J. / Banks, C.J. / Salter, A.M. (2011): Assessing the potential fort he uptake of on-farm anaerobic digestion for energy production in England. In: Energy Policy, 39(5), S. 2424-2430.

Villamil, M.B. / Silvis, A.H. / Bollero, G.A. (2008): Potential miscanthus' adoption in Illinois: information needs and preferred information channels. In: Biomass and Bioenergy, 32(12), S. 1338-1348.

Verzeichnis
der Autorinnen und Autoren

Peter Finke (geb. 1942), Studium in Göttingen, Heidelberg und Oxford, Habilitation 1979 Bielefeld, Privatdozent in verschiedenen Ländern. 1982 Lehrstuhl für Wissenschaftstheorie Bielefeld. 1996 Gregory-Bateson-Professor ad personam Privatuniversität Witten-Herdecke. Ehrendoktor Lajos-Kossuth-Universität Debrecen 2004. 2005 freiwillige Lehrstuhlaufgabe als Protest gegen die europaweit politisch verordnete „Bologna-Reform".
Jüngere Veröffentlichungen u.a.: Finke, P. (2005): Die Ökologie des Wissens. Exkursionen in eine gefährdete Landschaft. Freiburg (Br.); Finke, P. (2013): The Ecology of Science and its Consequences for the Ecology of Language, in: Language Sciences 41, 71-82; Finke, P. (2014): A Brief Outline of Evolutionary Cultural Ecology, in: Arnold, D.P. (ed.), Traditions of Systems Theory: Major Figures and Contemporary Developments, New York; Finke, P. (2014): Citizen Science. Das unterschätzte Wissen der Laien, München; Finke, P. (Hg.) (2015): Freie Bürger – freie Forschung. Die Wissenschaft verlässt den Elfenbeinturm, München.

Susanne Hartard (geb. 1962), Professur Industrial Ecology an der Hochschule Trier, Umwelt-Campus Birkenfeld (UCB), FB Umweltwirtschaft/ Umweltrecht. Schwerpunkte in der Forschung sind innovative Konzepte in der Recyclingwirtschaft, Öko-Industrielle Netzwerke und Parks, Life Cycle Assessment/Carbon Footprint für Produkt- und Prozessinnovationen, Angewandte Fragen der Material- und Energieeffizienz. Direktorin im Institut für Angewandtes Stoffstrommanagement (IfaS) und im Institut für das Recht der Erneuerbaren Energien, Energieeffizienzrecht und Klimaschutzrecht (IREK) am UCB. Wissenschaftlicher Beirat der Deutschen Gesellschaft für Abfallwirtschaft (DGAW e.V.) Mitglied in der International Society of Industrial Ecology (ISIE) und im Deutschen Netzwerk für Industrielle Ökologie, Netzwerk-Tätigkeit BilRess-Bildung in der Ressourceneffizienz, Berufenes Mitglied im Demografiebeirat des Landes Rheinland-Pfalz, Vereinigung für Ökologische Ökonomie e.V.

Jüngere Veröffentlichungen: Helmers, E., Dietz, J., Hartard, S. (2015): Electric Car Life Cycle Assessment Based on Real-world Mileage and the Electric Conversion Scenario. International Journal of Life Cycle Assessment; Hartard, S. (2014): Resilienz durch nachhaltige Ressourcenwirtschaft, in: Schaffer, A., Lang, E., Hartard, S. (Hg.), Systeme in der Krise im Fokus von Resilienz und Nachhaltigkeit, Marburg; Hartard, S., Liebert, W. (Hg.) (2014): Competition and Conflicts on Resource Use, Heidelberg.

Klaus Kraemer ist Universitätsprofessor für „Angewandte Soziologie: Wirtschaft, Organisation, Soziale Probleme" am Institut für Soziologie der Universität Graz. Zuvor Forschung und Lehre an den Universitäten Münster, Bochum und Siegen. Promotion und Habilitation im Fach Soziologie. Forschungsschwerpunkte: Wirtschaftssoziologie, Finanzmarktsoziologie, Prekarisierungsforschung, Umweltsoziologie.

Ausgewählte Bücher: Kraemer, K., Nessel, S. (Hg.) (2013): Entfesselte Finanzmärkte. Soziologische Analysen des modernen Kapitalismus, Frankfurt a.M./New York; Kraemer, K. (2008): Die soziale Konstitution der Umwelt, Wiesbaden; Kraemer, K. (1997): Der Markt der Gesellschaft. Zur soziologischen Theorie der Marktvergesellschaftung, Opladen; Kraemer, K., Nessel, S. (Hg.) (2015): Geld und Krise. Die sozialen Grundlagen moderner Geldordnungen, Frankfurt a.M..

Olaf Kühne ist Professor für Ländliche Räume/Regionalmanagement an der Hochschule Weihenstephan-Triesdorf. Promotionen in Geographie und Soziologie (in Saarbrücken und Hagen), Habilitation im Fach Geographie in Mainz. Forschungsschwerpunkte: Inter- und transdisziplinäre Landschaftsforschung, Stadtentwicklung, Regionalentwicklung, Energiewende.

Wichtige Veröffentlichungen: Kühne, O., Schönwald, A. (2015): San Diego-Biographien der Eigenlogiken, Widersprüche und Entwicklungen in und von ,Americas finest city', Wiesbaden; Kühne, O. (2013): Landschaftstheorie und Landschaftspraxis. Eine Einführung aus sozialkonstruktivistischer Perspektive, Wiesbaden; Kühne, O. (2012): Stadt-Landschaft-Hybridität: Ästhetische Bezüge im postmodernen Los Angeles mit seinen modernen Persistenzen, Wiesbaden.

Eva Lang war Professorin für Wirtschaftspolitik an der Universität der Bundeswehr München. Promotion und Habilitation im Fach Volkswirtschaftslehre. Ihre Forschungsschwerpunkte liegen in der Sozialökologischen Ökonomie insbesondere der Postwachstumsökonomie, den sozialökonomischen Herausforderungen durch demografischen Wandel sowie in einer sozialökologischen Wirtschafts- und Finanzpolitik des Staates.

Ausgewählte Publikationen: Lang, E. (2014): Krisen – Chancen und Gefahr für eine nachhaltige Entwicklung, in: Schaffer, A., Lang, E., Hartard, S. (Hg.), Systeme in der Krise im Fokus von Resilienz und Nachhaltigkeit, Marburg, 69-86; Lang, E., Wintergerst, T. (2013): Das gute lange Leben. Wie unsere alternde Gesellschaft eine Zukunft haben kann, in: Netzwerk Vorsorgendes Wirtschaften (Hg.), Wege Vorsorgenden Wirtschaftens, Marburg, 349-384; Lang, E. (2013): Nachhaltige Finanzpolitik, in: von Hauff, M., Nguyen, T. (Hg.), Nachhaltige Wirtschaftspolitik, Baden-Baden; Lang, E., Wintergerst, T. (2011): Am Puls des langen Lebens. Soziale Innovationen für eine alternde Gesellschaft, München; Lang, E. (2007): Finanzpolitik des Staates auf dem Prüfstand der Nachhaltigkeit, in: Lang, E., Busch-Lüty, C., Kopfmüller, J. (Hg.), Wiedervorlage dringend. Ansätze für eine Ökonomie der Nachhaltigkeit, München, 172-185.

Anton Lerf, Chemiestudium an der Ludwig-Maximilians-Universität in München, abgeschlossen 1976 mit der Promotion, seit 1976 wissenschaftlicher Mitarbeiter am Walther-Meißner-Institut der Bayerischen Akademie der Wissenschaften. 1991 Habilitation für Festkörperchemie an der Fakultät für Chemie der TU München, 2003 apl. Professor an der Fakultät für Chemie der TU München, seit August 2013 im Ruhestand, weiterhin Wahrnehmung von Lehraufgaben an der Carl-von-Linde Akademie an der TUM.

Dirk Löhr (geb. 1964), Professor für Steuerlehre und Ökologische Ökonomik an der Hochschule Trier, Umwelt-Campus Birkenfeld. Nebenberufliche Tätigkeit u.a. als Steuerberater, als Consultant für die GIZ, Mitglied im Gutachterausschuss für Grundstückswerte des Bereichs Rheinhessen-Nahe sowie des Oberen Gutachterausschusses Rheinland-Pfalz. Vor der Berufung Manager in der Deutsche Bahn AG und Aufsichtsratsmitglied in der DB Dialog GmbH. Mitglied im Wissenschaftlichen Beirat der Freiherr-vom-Stein-Akademie für Europäische Kommunalwissenschaften. Zuvor Prokurist der IFA Hotel & Touristik AG. Veröffentlichung einer Reihe von Artikeln zu den Themen Eigentumsrechte, Rentenökonomie, Land Use Management und Grundsteuer.

Friedrich Lohmann (geb. 1964) ist seit 2011 Professor für Evangelische Theologie mit dem Schwerpunkt Angewandte Ethik an der Universität der Bundeswehr München. Zuvor war er ab 2002 Privatdozent an der Eberhard Karls Universität Tübingen und 2008-2011 Professor für Systematische Theologie mit dem Schwerpunkt Ethik an der Humboldt-

Universität zu Berlin. 2004/05 Forschungsaufenthalt am Center of Theological Inquiry in Princeton NJ. Arbeitsschwerpunkte: Ethik von Krieg und Frieden, Menschenrechte, Umweltethik.

Alfons Matheis (geb. 1957), Professor für Kommunikation und Ethik an der Hochschule Trier, Umwelt-Campus Birkenfeld; Leitung des Büros für Mediation und Konfliktmanagement (BMKM); Gründungsmitglied des „Institutes für angewandtes Stoffstrommanagement (IfaS)"; verantwortlich für die wissenschaftlichen Weiterbildungsangebote „Wirtschaftsmediator (FH)", „Promotor für Nachhaltigkeit und Innovation" und „Systemischer Business Coach"; Mitglied des Deutschen Netzwerks Wirtschaftsethik (DNWE); Mitglied des Expertenrates „Chemie hoch drei" der deutschen Chemie-Industrie.

Publikationen u.a.: Hormann, J., Matheis, A. (2014): Konfliktmanagement in Hochschulen – Aspekte systematischer Konfliktbearbeitung in ausgewählten Hochschulen der Bundesrepublik Deutschland, Frankfurt a.M.; Dittrich, K., Matheis, A. (2013): Der Innovationspreis für die kreativste Kollegenattacke geht in diesem Jahr an..., in: Die Wirtschaftsmediation 4/2013, 23-27; Matheis, A. (2013): Wirtschaftsethik – Praktischer Diskurs und Mediation: Die Figur des Mediators, in: Beckers, J.O., Preußger, F., Rusche, Th. (Hg.), Dialog – Reflexion – Verantwortung. Zur Diskussion der Diskurspragmatik. Dietrich Böhler zur Emeritierung, Würzburg, 187-206; Matheis, A. (2012): Konfliktpotenziale in Hochschulen. Anmerkung zur intelligenten Handhabung, in: Die Neue Hochschule (DNH) 4, 2012, 134-136.

Helge Rossen-Stadtfeld (geb. 1955) hat seit dem Jahr 2000 die Professur für Öffentliches Recht an der Fakultät für Wirtschafts- und Organisationswissenschaften der Universität der Bundeswehr München inne. Nach Studien der Rechtswissenschaften und der Philosophie in Tübingen hat er an der Fakultät für Rechtswissenschaften der Universität Bielefeld promoviert und sich dort auch habilitiert. Er hat drei Jahre als Wissenschaftlicher Mitarbeiter beim Bundesverfassungsgericht in Karlsruhe gearbeitet und eine einjährige Fellowship am Wissenschaftskolleg zu Berlin wahrgenommen. Die Schwerpunkte seiner Forschung liegen in den Bereichen des Medienrechts (Schwerpunkt Rundfunkrecht), des allgemeinen Verwaltungsrechts, des Verfassungsrechts und der Rechtstheorie.

Beate Sauer (geb. 1981) hat an der Universität Regensburg sowie an der University of Leicester, Großbritannien, Volkswirtschaftslehre studiert. Anschließend wechselte sie an die Universität der Bundeswehr München, wo sie im Bereich der monetären Makroökonomik promovierte (2011). Dort ist sie derzeit an der Professur für Volkswirtschaftslehre, insb. Makroökonomik und Wirtschaftspolitik, als Post-Doc beschäftigt und forscht im Bereich der Geld- und Währungspolitik. Zudem ist sie als Dozentin für volkswirtschaftliche Vorlesungen an der Hochschule des Bundes für öffentliche Verwaltung tätig.

Axel Schaffer hat seit dem Jahr 2012 die Universitätsprofessur für „Wandel und Nachhaltigkeit" an der Fakultät für Wirtschafts- und Organisationswissenschaften der Universität der Bundeswehr München inne. Nach dem Studium des Wirtschaftsingenieurwesens und der Promotion zur ökologischen Input-Output-Analyse habilitierte er sich am Karlsruher Institut für Technologie im Fach Volkswirtschaftslehre. Er war jeweils für ein Semester an der University of Arizona (Tucson) und der San Diego State University als Gastwissenschaftler tätig. Aktuell liegen seine Forschungsschwerpunkte im Bereich der Agrar- und Energieökonomik (insbesondere räumliche Verteilung erneuerbarer Energien) sowie der Ökonomie des Klimawandels.

Martin Schneider (geb. 1971), studierte Katholische Theologie, Philosophie und Germanistik. Promotion an der Ludwig-Maximilians-Universität München zum Verhältnis von Raum, Mensch und Gerechtigkeit (Sozialethische Reflexionen zur Kategorie des Raumes, 2012). Mehrere Jahre Tätigkeit als Bildungsreferent bei der Katholischen Landvolkbewegung Bayerns und als Projektentwickler in der Dorf- und Regionalentwicklung. Derzeit theologischer Grundsatzreferent des Diözesanrats der Katholiken der Erzdiözese München und Freising, Lehrbeauftragter an der Katholischen Stiftungsfachhochschule München, Abt. Benediktbeuern, sowie wissenschaftlicher Mitarbeiter am Lehrstuhl für christliche Sozialethik, Ludwig-Maximilians-Universität München. Mitglied im Forschungsverbund ForChange (www.forchange.de) und in der Bayerischen Akademie Ländlicher Raum. Forschungsschwerpunkte: Räumliche Gerechtigkeit (spatial justice), Nachhaltigkeit und Resilienz, Gemeingüter, Prekarisierung der Arbeitswelt, Asylrecht.

Orhan Uslu (geb. 1944 in Istanbul) Studium und Promotion (1974) an der Technischen Universität München (TUM). Wissenschaftlicher Mitarbeiter (1970-1974) und Lehrbeauftragter (1974-1976) an der TUM. Forschungsaufenthalte in den Niederlanden, Frankreich, England und den USA. Forschungsschwerpunkt: Mathematische Modellierung von Wasser- und Umweltsystemen. Habilitation (1979) und Professur (1988) an der Dokuz Eylül Universität in Izmir. Vorsitz des Departments für Umweltingenieurwesen (1982-1991); Direktor des Instituts für Meereskunde (1991-2001). Seit 2006 emeritiert. Fortsetzung der Lehrtätigkeit an der Yeditepe Universität in Istanbul.